陈淮

1952年2月出生，1966年初中一年级未能读完便因动乱辍学；1969年4月作为“知青”在内蒙古生产建设兵团二师上山下乡；失学12年后，于1978年3月作为“文革”后恢复高考的第一届大学生考入北京经济学院政治经济学系；1982年2月至1988年8月为中国人民大学工业经济系硕士、博士研究生，1988年获博士学位，是我国工业经济专业第一位博士学位获得者；1988年在中国人民大学被破格提拔为副教授；1989年调任国务院发展研究中心区域发展部，1993年获研究员职称；1999年任国务院发展研究中心市场研究所副所长；2004年调任建设部政策研究中心主任；为享受国务院特殊津贴专家；兼任中国社科院大学建设经济系博士生导师、研究员。

曾于1987至1989年在日本东海大学作访问学者，1992年至1993年在美国斯坦福大学作客座研究员；出版有《工业化——中国面临的挑战》《日本产业政策研究》《对话“十五”——中国中长期发展战略再审视》《走过世纪之交：战略与政策研究》《热点随想》《大道至简——讲给EMBA的经济学》《地产中国：引导我国房地产业健康发展研究》《城市对话：国际性大都市建设与住房研究》《广厦天下：房地产经济学ABC》等专著十余部，公开发表论文数百篇；主要研究领域为工业化理论、产业结构理论、区域经济理论、人口就业理论、城市化理论及房地产经济学等；曾获国家科技进步二等奖（集体），国家发展奖一、二等奖（集体），国家教委优秀著作奖（个人），辽宁省社会科学一等奖（个人）；主持过《跨世纪战略发展过程中的中国经济结构研究》《世纪末的中国经济增长》《过剩经济：形势与对策》《重要基础产业的资产重组研究》《1999：中国中长期发展战略再审视》《中国国有投资公司在发展与改革过程中的战略定位》《保障国家石油安全的战略思路》等重大课题研究。

AN ECONOMIST'S TALK ON REAL ESTATE

广厦天下

房地产经济学ABC

陈 淮 著

修 订 版

REVISED EDITION

企业管理出版社
ENTERPRISE MANAGEMENT PUBLISHING HOUSE

图书在版编目（CIP）数据

广厦天下：房地产经济学 ABC / 陈淮著 . —修订本 . —北京：企业管理出版社，2021.5

ISBN 978-7-5164-2248-9

Ⅰ. ①广… Ⅱ. ①陈… Ⅲ. ①房地产经济－研究－中国 Ⅳ. ① F299.233

中国版本图书馆 CIP 数据核字（2020）第 188289 号

书　　名：广厦天下：房地产经济学ABC（修订版）

作　　者：陈　淮

责任编辑：尚元经　郑小希

书　　号：ISBN 978-7-5164-2248-9

出版发行：企业管理出版社

地　　址：北京市海淀区紫竹院南路17号　　　邮编：100048

网　　址：http：//www.emph.cn

电　　话：总编室（010）68701719　发行部（010）68701816

编辑部（010）68414643

电子信箱：qiguan1961@163.com

印　　刷：三河市东方印刷有限公司

经　　销：新华书店

规　　格：170毫米×240毫米　16开本　35印张　500千字

版　　次：2021年6月第1版　2021年6月第1次印刷

定　　价：188.00元

修订版前言

房地产业怎样改变了中国

拙作《广厦天下：房地产经济学ABC》2011年7月由中国发展出版社出版，转眼已近10年。在这个过程中，此书被多所院校列为房地产专业的教科书；其间虽经加印，但三四年前就已脱销，以至于有研修班老师求助于我，我也只能推荐他们到“孔夫子旧书网”上搜寻救急。本书当年在中国发展出版社的责任编辑，现任企业管理出版社财经分社总编辑的尚元经先生深以为此书尚有价值，特约我修订后出版。于是就有了这个和读者说几句话的机会。好在我虽已经从住房和城乡建设部政策研究中心主任岗位退休多年，但学者的身份还在，教授、研究员和博士生导师的名头还在；且仍一直关注中国的房地产业发展，经常参与有关的课题研究和一些论坛、研讨等学术活动。以下的话，就是以学者个人身份的所思所想。

2019年末，有人根据这一年的历程回顾与前瞻，说过一句意味深长的话：2019是过去10年最差的一年，但将是未来10年最好的一年。2019是不是未来10年最好的一年，现在当然尚未可知。但进入2020年以来，我们的确面对着“新冠”疫情、中美关系恶化、国民经济负增长以及内外种种难以述说的挑战，经历了前所未有的大变局。

大变局中，中国的房地产业会否受到影响？当然会。但究竟会受到什么影响，诸多不确定因素交错，我也并无预知天下未来的神功。唯以2019年初在纪念改革开放40周年的一次论坛上演讲奉上，权作本书修订版的前言，或可有助亲爱的读者们作出自己的判断。

这个演讲的题目，叫做“改革开放40年，房地产业怎样改变了中国”。

2017年，党的十九大提出了一个新的长期发展战略。按照这个战略，我们的国家要在2035年基本实现社会主义现代化，到2050年我国将建成为富强民主文明和谐美丽的社会主义现代化强国。与这个战略相应，十九大还提出，我国社会主要矛盾已经转化为人民日益增长的美好生活需要和不平衡不充分的发展之间的矛盾。

房地产怎样改变了中国，咱们就从十九大报告中这个基本矛盾的判断讲起，从人民群众对美好生活的向往和需要讲起。

一、房地产告诉人们：消费随着发展而升级

在过去很长一段历史时期内，我们这个国家的价值取向认为，生产、贡献、增加物质财富才是值得弘扬的善；消费、花钱、减少财富是一种恶。在我曾经经历过的时代，人们受到的教育是时刻要为社会主义事业添砖加瓦；是“革命加拼命，拼命干革命”；是“活着一分钟，奋斗60秒”；是“小车不倒只管推”。那时，我们的社会中只有生产者的概念，根本就没有消费者的概念。那个时候，如果有谁想吃得好点、穿得好点、住大房子、过舒服一点的日子，就会被认为是“受到了资产阶级思想的腐蚀”。轻则要自我“斗私批修”“狠斗私字一闪念”，重则要对你进行“组织帮助”，把你“从修正主义的泥坑中挽救回来”。

在我所经历的那个时代，人们熟悉的口号是“军队向前进，生产长一寸”；是“抓革命，促生产”；是“发展经济，保障供给”。这种重生产、轻消费，甚至是贬消费、抑消费的认识并不是没来由的。因为从贫困、短缺走来的人们很容易认为，经济要想发展，社会要想富裕，老百姓要想增加收入，首先当然得是努力挖更多的煤，发更多的电，炼更多的钢等。不把东西生产出来，消费

从何谈起呢？我是马克思主义经济学科班出身的。马克思主义经济学强调，社会经济循环包括生产、交换、消费、分配四个环节；在四个环节中，生产是第一位的，在四个环节中占有决定性地位。这个认识对不对呢？在工业化的初中期，这个认识确实是对的。在那个阶段，扩张生产确实是社会经济发展的关键。马克思主义经济学就诞生在资本主义工业化的初中期，所以马克思在《资本论》中格外强调生产对其他三个环节的决定性作用。但到了工业化中后期，这个认识就不适应了。为什么呢？因为在工业化中后期，怎么扩张生产能力，怎么挖更多的煤、发更多的电、炼更多的钢，已经不困难了。难的是什么呢？是怎么把高效率、成批量生产出来的东西卖掉、消费掉。用经济学的话说，在工业化中后期，社会经济发展的主要障碍已经从生产领域转移到了消费、需求领域。

当前，我们国家就已经发展到了工业化的中后期。过去一些年，“扩大内需”“消费结构升级”“淘汰过剩产能”等说法已经为人们所普遍熟悉。可以这样说，真正促进我们国民经济长期可持续稳定发展的基础，已经不是如何形成更多、更大的生产能力，而是建立起与生产相匹配的、相适应的社会消费能力和消费结构。

老百姓对美好生活的需求，就是对更高消费层次的需求。可持续地扩大内需，不可能依靠老百姓在原有消费结构基础上吃得更多、穿得更好来实现；必须依靠消费结构升级和开拓新的消费领域。城镇居民对住房条件改善的追求，造就的就是这个消费结构升级、新消费领域开拓的物质基础。不论人们意识还是没有意识到，房地产业的发展实际上已经根本改变了社会对消费的认知。

二、房地产告诉人们：现世幸福是正当追求

当前，不论是买了房子而窃窃自喜的，还是没买房子正愤愤不平的，人们心里想的其实都是同一念头，想这辈子过得好点。

承认、鼓励人有追求这辈子过得好点的权利，这个认知是一个巨大的社会进步。在过去很长一段历史时期中，如我年龄的一代人都曾被教育为，要为伟大的理想奋斗终身，要为光辉的未来贡献一切。

人应不应该有远大理想，应不应该有奉献精神？当然应该。人需不需要懂得自律，力戒贪婪？当然需要。这是人类文明的组成部分，绝无争议。但这些都不能、不应成为否定人追求现世幸福的合理性、正当性的理由。

十九大报告说，要满足人们不断增长的对美好生活的需求，就是承认人们想这辈子过得好点的需求是一种善，就是在鼓励人们追求现世幸福。

当买房置业成为人们的普遍经济行为时，不论你是否意识到，人们正在把对美好生活的需求从未来、从来世、从子孙转向当下、现世、自身。而正是房地产业多年来的发展，为人们的这一转变提供了现实的途径。

三、房地产告诉人们：有产是善

今天，当人们买了房子时，买到的仅仅是一处可以居住的空间吗？不是，买到的是一份资产；一份属于私人的、可以带来收益的、可以传承的资产。当人们抱怨房价难以承受时，内心承受的恰恰是与成为有产一族之间存在距离的焦虑。

2020 年是建设全面小康社会的收官之年。什么是全面小康社会？在一定意义上说，就是在普遍实现衣食有余的基础上，越来越多的人群拥有私人资产不断累积能力的社会，就是逐步让普通百姓成为有产者的社会。

十九大报告说，要满足人民群众对美好生活的需求。人们在吃饱穿暖之后，收入进一步提高所带来的需求，就必然和私人资产的不断累积相联系。近年来，在人们谈论的话题中，保值增值、防通胀、汇率升贬、银行理财等都是和私人资产累积相关的词汇。可以说，买房置业已经成为百姓私人资产累积最普遍的选择。仅仅一代人，有产是善的观念已经成为我们这个社会普遍接受的价值取向。

这个天翻地覆般的转变，正是由房地产业的发展推动和造就的。

四、房地产告诉人们：城市化是必由之路

中国自改革开放以来所取得的成就，是世所公认、有目共睹的。我们最重要的经验之一，就是城市经济的快速发展。没有深圳一座新城的崛起，我们有不了“珠三角”这样一个对外开放的窗口、参与国际竞争的第一梯队；没有上海浦东开发，我们有不了“长三角”这个国民经济新的增长带头地区。

我们找到这样一条城市经济发展之路并不容易。

在相当长的一段时期内，我们曾经认为，城市是恶，农村才是善。我是正宗的“老三届”知青，曾“上山下乡”多年。在那个年代，年轻人仅仅因为生于长于城市，就被认为世界观一定是资产阶级的，需要到农村去接受贫下中农的“再教育”。在计划经济年代的第三到第五个五年计划期间，我们曾经按照“靠山、分散、进洞”的方针，在长达15年中把基本建设投资的70%投入到了远离大城市的西部深山。

十九大报告提出，我国社会主要矛盾已经转化为人民日益增长的美好生活需要和不平衡不充分的发展之间的矛盾。而最根本的发展不平衡就是城乡发展不平衡。改革开放40余年来，我们得出的一条最重要经验就是，要真正解决农村、农民、农业的“三农问题”，根本出路就在于减少农民。迄今中国在反贫困上取得了巨大成就，最重要的措施就在于打破城乡壁垒，让2.9亿农村剩余劳动力进城经商务工，获取工资性收入。

进城，让更多人住到城里去，这不仅是人们对美好生活需求的题中应有之义，也是中国经济与社会发展的必由之路。在过去40余年中，中国的城镇人口从1978年的1.7亿人增长到了2019年的8.5亿人；在人口快速、大规模增长的过程中，城镇人均居住面积反而从改革开放初期的5.4平方米提高到了2019年的39平方米。当前，我国新型城镇化战略的途径之一，是进一步解决

“三个1亿人”的问题，即促进约1亿农业转移人口落户城镇，改造约1亿人居住的城镇棚户区和城中村，引导约1亿人在中西部地区就近城镇化。正是房地产业的发展使中国城镇化的奇迹成为可能。

潜移默化中，不知不觉中，房地产业已经极大地改变了中国。这个改变不是谁事先设计的，而是在历史的发展过程中不断累积、自然发生的。这就叫客观规律。只要中国的改革开放还将继续，我们的房地产业就一定会在改变中国的过程中为百姓、为民族、为历史创造出更多、更大的奇迹。

陈　淮

2021年2月8日于北京

目　录

背景与国情篇

理论与市场篇

背景与国情篇

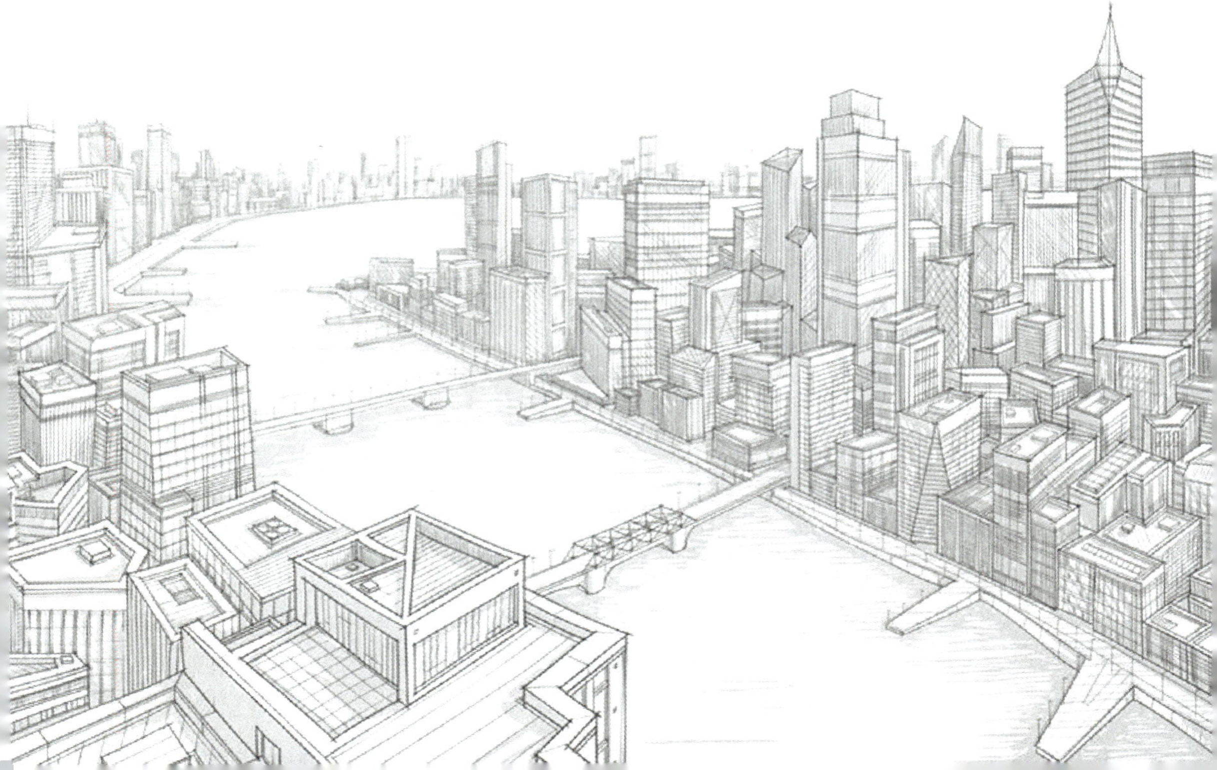

第一讲

中国出了个房地产

开讲之前，先声明几句话。

在我们这个讲座中，通篇不涉及房价会涨会跌的“预测”，也没有任何“下一步会出什么政策”的“内幕”。

房价涨跌、市场走势，上帝才知道呢；“下一步出什么政策”，国务院领导才知道呢；您现在该不该买房子，您太太才知道呢。

第一讲，我们讲“中国出了个房地产”。

什么主旨呢？讲讲中国为什么需要个房地产业，这个产业和国民经济发展以及咱老百姓有什么必然联系，究竟什么是房地产业市场，中国的房地产市场有什么特点等。用个学术化的词儿说，这一讲的任务是概述产业发展的背景。

1 中国为什么需要房地产业

- 改革开放起步时，中国的城镇真的是面临严重的房荒，严重的住房危机。
- 改造城市、建设城市、扩张城市规模迫切需要获取新的动力；房地产业发展不过是中国城市化的一个承担者、推动者。
- 在我国“改善住房条件”目标是和“拥有自己的产权房”目标交织在一起的。

【1-1-1】小平一口气提出了 10 个问题，40 余年过去，我们把这 10 个问题回答清楚了吗？恐怕远未。

在过去近 20 年来，房地产业几乎始终是社会关注的舆论焦点、百姓谈论的热点、政策调控的重点、学者褒贬发挥的兴奋点。谈价格、话规模、说信贷、问走势、议冷热、吁公平、论财富、侃排行。大声疾呼的、忧心忡忡的、冷嘲热讽的、建言献策的、痛加斥责的、奔走呼号的，都有。当然，在这个过程中，话题的核心点也有变化。大约说，2002 ~ 2008 年间以“怨”为主，“泡沫”“房奴”“暴利”等就产生于这个区间；此后到 2012 年间，以“控”为主，频出的政策调控，目标是“让房价回归合理水平”；再到 2017 年左右，以

"建"为主，3600万套保障房以及后来的公租房、"棚户区"改造等把供给改善推到了社会关注的前沿；再此后迄今，以"稳"为主，外加"限"字，稳预期、稳房价、稳供求以及限购、限售、限买、限贷甚至"限离婚""限迁户"等成为"关键词"。

咱们的话题就从中国为什么会出了个房地产开始。

在过去很长一段经济建设的历史时期内，包括计划经济时期和改革开放初期，中国并无一个叫"房地产"的产业，当然也就没有房地产市场。但是，在20世纪80年代初期，在酝酿1980年到2000年那个"翻两番"战略时，就不断有学者提出"住房制度改革"和"住房商品化"的问题了。但当时，说住房"商品化"，也就是房子可以买卖，这提法很是让人有"石破天惊"的感觉。

尽管当时几乎所有人都觉得让百姓自己买房子住是个遥不可及的事，但开始这方面的探索却千真万确是历史必然。现在的"40后""50后"甚至"60后"都会记忆犹新，那个时候中国的城镇真的是面临严重的房荒、严重的住房危机。危机到什么程度？20世纪70年代末，当时北京的领导人推动，在北京的"前三门"地区盖了一大批高层建筑。这可以视为是长期动乱之后，在我们国家开创了给老百姓大规模建住房的先河。但这批住房建成后，用"杯水车薪"都不足以形容供求差距之大。最后，这批房子需中央政治局开会定方案才最终分下去。从当时人民群众普遍的住房困难状况看，即使是北京"前三门"这样规模的建房，哪怕是初步缓解也将是遥遥无期。再往下该怎么走？这成为人们思考的一个战略性焦点问题。

1980年4月，邓小平同志在一次与中央负责同志的谈话中提出：关于住宅问题，要考虑城市建筑住宅、分配房屋的一系列政策。城镇居民可以购买房屋，也可以自己盖。不但新房子可以出售，老房子也可以出售。可以一次性付款，也可以分期付款，10年、15年付清。住宅出售以后，房租恐怕要调整。要联系房价调整房租，使人们考虑买房合算。因此要研究逐步提高房租。房租太低，人们就不买房子了。繁华的市中心和偏僻地方的房子，交通方便地区和不方便地区的房子，城区和郊区的房子，租金应该有所不同。将来房租提高了，对低工资的职工要给予补贴。这些政策要联系起来考虑。建房还可以鼓励公私合营或民建公助，也可以私人自己想办法。农村盖房要有新设计，不要老是小四合院，要发展楼房。平房改楼房，能节约耕地。盖什么样的楼房，要适合不同地区、不同居民的需要。

不能不说，小平同志真是伟人，真是最好的经济学家。时光荏苒，40 年过去，这段话完全不过时。

小平的讲话一口气提出了 10 个问题。住房建设要走商品化之路的问题，发育旧房交易的二级市场和租赁市场的问题，房价与租金合理比例关系的“租售比”问题，按揭贷款买房和配套金融市场发展的问题，不同地区房价、租金的“级差地租”问题，对低收入群体的补贴、保障问题，多种途径加快住房建设的问题，新农村建设中的农民住房向城镇生活方式靠拢的问题，住房建设要注重节约土地等资源的问题，要因地制宜地满足人民群众住房需求的问题。

这些问题是不是仍为我们认识、探索、构建有中国特色的住房制度的基本问题、核心问题、迫切问题？40 余年过去，我们把这 10 个问题回答清楚了吗？恐怕远未。我们迄今仍在寻求市场和保障的合理界限；房地产业依赖程度最高的土地和资金这两种要素，其供给仍基本掌握在政府手里；“租购并举”“多主体供应”“多渠道保障”是近年才提出，但政策对“多套房”和发展租赁市场之间关系仍存在很大模糊；真正把进城农民工住房问题提上日程的“三个 1 亿人”战略刚拉开帷幕且进展并不如预期；说了多年的房地产业从“间接融资”为主转变为“直接融资”为主，可以说并无多少实质性成果。

【1-1-2】我国的房地产业发展实际上肩负着一个非常重大的历史使命。这个使命就是把住房这一在计划经济下归国家所有、政府所有、公有制单位所有的资源不断媒介到市场中来。

中国出现了房地产业和房地产市场，有四个客观原因。

首先，是改善人民群众住房困难状况的迫切之需。无须讳言，改革开放初期，我国城镇居民的住房水平处于极其低下的状况。低到什么程度？低到甚至不如20世纪50年代初期。迫切的住房脱困需求和当时百废待兴的国民经济形成尖锐的矛盾。到20世纪末期，依靠政府、财政、单位的公有制建房，传统的福利分房，已经再也承受不了住房建设的巨大投入。发挥市场作用，努力提高效率和推进资源优化配置，多管齐下，调动多方面的建房积极性，成为一个必然的选择。

其次，是向市场经济转变的迫切之需。在改革开放初期的二十余年中，我们逐步完成了产品的市场化进程，绝大部分产品已经形成了市场化的资源配置方式。但要素的市场化，特别是土地以及不动产的市场化进展不快。我国的房地产业发展实际上肩负着一个非常重大的历史使命。这个使命就是把住房这一在计划经济下归国家所有、政府所有、公有制单位所有的资源不断媒介到市场中来。一定意义上可以说，国民财富中所占比重最大的这一部分资源充分进入了市场，我们向社会主义市场经济转变的改革才能真正完成。

再次，是加快城市化历史进程的迫切之需。随着国民经济的不断发展，城市化已经成为转变经济发展方式、根本解决“三农”问题、提高国际竞争力和实现可持续发展的关键。改造城市、建设城市、扩张城市规模，迫切需要获取新的动力。房地产业发展不过是中国城市化的一个承担者、推动者。

最后，也是最值得强调的，是全面小康社会建设和向现代化阶段转变的迫切需要。2012年，党的十六大报告提出，到2020年，我们要建成全面的小康社会。什么是全面的小康社会？明确说，就是大多数人有产的社会。从1980年到2000年的“翻两番”，社会利益诉求的重点是解决“温饱”，不断提高收入。在2001年到2020年的“翻两番”中，社会利益诉求的重心，已经发展为提高收入和实现私人资产的累积并重。实际上，在我国目前的房地产业发展问题上，“有房子住”“改善住房条件”的目标是和“拥有自己的产权房”的目标密切交织在一起的。2017年，党的十九大报告提出，到2035年，我们要基本建成现代化，到2050年，我国将建成为社会主义的现代化强国；并提出，在向现代化转变的过程中，社会主要的矛盾已经转化为人民日益增长的美好生活需要和不平衡不充分的发展之间的矛盾。人人有房住，越来越多的人拥有自己的住房，普通百姓的居住条件不断改善和向更高层次升级，这理所当然是人民日益增长的美好生活需要的组成部分。

2 市场化之路是必然的选择

- 市场经济之所以是公平的经济，在于其是否定一切社会身份差别的经济。
- 在福利分房的每一环节都存在着人为操作的可能，都存在着权力寻租的机会。
- 房地产业和房地产市场的发展打碎了隔绝在中国普通老百姓与住房之间的诸多体制藩篱。
- 房地产业和房地产市场在中国推动了一场社会价值观的深刻革命。
- 全面小康和走向现代化的社会将是一个绝大多数人都“有产”的社会。

【1-2-1】有必要一语点破的是，人们对开发商、暴利、房价等质疑、诘难、声讨、痛斥的背后，其深层次的提问是，在住房问题上，我们为什么需要“市场”“价格”参与其中？

人们经常说，房地产业是在国民经济中对上下游产业拉动作用最大的产业。在我国目前的发展阶段，这的确是个客观存在的事实，也是房地产业在国民经济中重要地位的体现。但这只是房地产业存在的结果。以此来解释中国需要房地产业、房地产市场的根本原因并不充分。因为人们很容易发问，那政府来建住房不是一样可以拉动上下游产业吗？这个问题的核心是，中国究竟应不应当、有没有必要推动住房商品化的改革？事实上，有必要一语点破的是，这些年来，人们对开发商、暴利、房价等质疑、诘难、声讨、痛斥的背后，其深层次的提问是，在住房问题上，我们为什么需要“市场”“价格”参与其中？

咱们撇开现象，直入主题，讨论两个深层次的问题。这两个问题都和认识房地产业、房地产市场存在和发展的根本意义密切相关。

【1-2-2】市场经济下的交易是完全否定一切人身依附关系，否定一切超经济强制，否定一切社会身份差别的交易。交易成功与否只取决于一个没有质的差别，只有可比较的量的差别的因素。这个因素就是用货币单位衡量的价格。

一是，市场经济是否是一种公平的经济制度。

很长时间以来，相当多的声音质疑房地产的理由之一，就是这个产业、这个市场导致了两极分化，导致了社会分配不公，导致了富人疯狂聚敛财富，导致了“穷人买不起房”。

这个质疑直指对市场经济的优劣判断。

首先说，这个质疑有道理，有事实依据。但我们同时还是得说，而且是明确无误、坚定不移地说，市场经济是人类迄今最公平、最具文明价值的经济。

市场经济的基础是什么？是等价交换。等量价值相交换，这是市场经济的第一块基石。这个判断是谁说的？是马克思说的。

等价交换不是公平么？多劳多得不是公平么？优胜劣汰不是公平么？但这还不是最能说明市场经济的公平性的依据。

市场经济之所以是迄今人类的最公平的经济，在于市场经济是一种否定一切社会身份差别的经济。

经济学认为，工业化导致了广泛的社会分工，才有了市场经济。区别于自给自足、男耕女织的自然经济，在市场经济下，人们得通过交易的方式和社会打交道。广泛交易才能确立分工，才能形成社会化大生产的基础。而市场经济下的交易是完全否定一切人身依附关系，否定一切超经济强制，否定一切社会身份差别的交易。不论你是贵族还是平民，男人还是女人，城市户口还是农村户口，你爸爸是副部级还是老农民，不论血缘、种族、信仰，交易成功与否只取决于一个没有质的差别，只有可比较的量的差别的因素。这个因素就是用货币单位衡量的价格。100 元和 99 元，其中每一单位货币，也就是每一元钱，没有任何质的差别。100 元多于 99 元，差别只是量。于是 100 元成交，99 元不能成交。

这个社会约定有多重要？有了这个制度性的社会约定，社会化大生产下使用价值各不相同，也就是有用性各不相同的万千产品才有了在量上相互比较的基础，人类才找到了对抗王权、推翻贵族制度的经济制度，社会交易才能在高效率、低成本的基础上顺畅进行，有限资源才能不断地实现最优化配置。

【1-2-3】其实，人们今天面对的房价，不过是把诸多不可比较的因素全部外化为了一个叫做“价格”的东西。人们在获取住房上有了早或晚、远或近、大或小的自主选择，有了根据自己风险承受能力利用信贷资源的机会。赋予每个人平等的、充分自主选择的权力，这本身就是一种公平。

这和说明“中国需要房地产”这个命题有关系吗？有着非常重要的关系。在福利分房制度下，所有单位都要为分房设立不知多少“打分”的条件。工龄、年龄、学历、厂龄、职务、职称、是否双职工、家庭人口、子女是否同性别，甚至出勤率、和领导的关系、一共上过多少次夜班等，都是决定“排队”次序的因素。这么复杂的因素，且不说不同因素之间根本无法相互比较，更大弊端是，在福利分房的每一环节实际上都存在着人为操作的可能，都存在着权力寻租的机会。这是公平吗？在福利分房下，“领导干部多占房”的弊端曾说了多年而始终无法革除，为什么？就是因为资源配置方式过多地依附于了权力。

其实，人们今天面对的房价，不过是把诸多不可比较的因素全部外化为了一个叫做“价格”的东西。在价格这个唯一因素面前，人们尽管直观地感觉到了与住房之间的以货币单位衡量的距离，但人们在获取住房上有了早或晚、远或近、大或小的自主选择，有了根据自己风险承受能力利用信贷资源的机会。赋予每个人平等的、充分自主选择的权力，这本身就是一种公平。

有人说，让收入水平各不相同的人在同样的价格面前“平等”选择，这怎么能说是公平呢？这个质疑很对。市场经济的公平性只是和此前各种人类经济制度相比较而言的，是有局限性和缺陷的。这种制度的确造就着差别，造就着富人更多占有资源，造就着结果的不平等。但这些是可以通过社会的再分配制度、保障制度加以校正和调节的。在社会还不具备建立更公平制度的物质基础时，市场经济就是最优的选择。

我想大声地告诉人们，是市场经济，是房地产业和房地产市场的发展，打碎了隔绝在中国普通老百姓与住房之间的身份差别等诸多体制藩篱，而不是相反。当你看得见与目标之间的距离时，这个距离不论多远，都是可以走得到的。当你的视线被体制障碍隔绝在目标之外时，那个目标根本不属于你。一个最显然的例证，如果不是有了一个房地产市场，农民几乎永远不可能在城镇获取住房。

【1-2-4】我们这个社会终于认识到，“有产”不再是罪恶，而是一种“善”。追求有产是人们正当合理的人生诉求，是社会应当鼓励、保护和促进实现的价值取向。

二是，房地产为中国贡献了什么。

房地产对中国的贡献仅仅是房子吗？不是。房地产业和房地产市场在中国推动了一场社会价值观的深刻革命。

三十多年前，在我们这个国家，几乎人人都是“无产者”；社会普遍接受的价值观是“越穷越光荣”“越穷越革命”。那时，“有产”是一种罪，一种“恶”；有产者是社会的敌人，是应当被打倒的对象。今天，当万万千千的老百姓迫切诉求，要求拥有属于自己的住房时，实际上，人们追求的已不仅是“有房子住”本身，而且还有资产。我们这个社会终于认识到，“有产”不再是罪恶，而是一种“善”；追求有产是人们正当合理的人生诉求，是社会应当鼓励、保护和促进实现的价值取向。

追求“有产”并非仅仅是人们利己之心的体现，这已经成为我们这个社会力求实现的发展目标，成为了中国共产党“执政为民”的重要落脚点。

有必要对这个问题稍微多说几句。

改革开放以来，我们已经奔了两回“小康”。

第一次是 1980 年到 2000 年，那次的小康目标是“温饱”。40 余年前，我们的改革开放是怎么起步的呢？是从解决“吃不饱饭”的问题开始的。因为农民吃不上饭了，要饿死人了。于是就有了安徽小岗村农民按血手印“包产到户”的改革。1984 年庆祝建国 35 周年时，邓小平同志在天安门城楼上阅兵。说实在的，和 2009 年建国 60 周年以及 2019 年建国 70 周年的两次大阅兵不一样，1984 年那次阅兵真正要“阅”的并非是“兵”，而是在“吃饱饭”问题上的成就。在那次阅兵的整个过程中，游行队伍通过时放的是什么音乐呢？是《在希望的田野上》。

我们一起回顾一下这首歌的歌词，它是很有意思的：“我们的理想在希望的田野上，禾苗在农民的汗水里抽穗，牛羊在牧人的笛声中成长，西村纺纱东港撒网，北疆播种南国打场。”

大家仔细琢磨一下，这首歌描述的是个什么景象？就是吃饱饭的景象。整个歌曲唱的都是和吃饱饭相关的事。直到那个时候，我们认为，希望的田野是什么呢？就是老百姓都能实现温饱的田野。

到 2000 年时，我们实现了这个目标没有呢？毫不夸张地说，我们超额实现了这个目标。不是说在那以后中国已经没有吃不饱饭的人了，2000 年时我们还有不到两千万的绝对贫困人口。但是绝大多数中国人已经实现了“温饱有余”“衣食有余”。吃得饱、穿得暖，而且还“有余”，这叫不叫“小康”？当然叫小康。但如同党的十六大报告所说，这仅仅是初步的小康，总体的小康。

2002年党的十六大提出，从2001年到2020年，我们还要再奔一回“全面小康”。这个“全面小康”和前一个“总体小康”的区别何在？如果说，“总体小康”是“衣食有余”的“小康”，那么“全面小康”就是“殷实之家”的“小康”。十六大报告开宗明义就有一段话：“我们要在本世纪头二十年，集中力量，全面建设惠及十几亿人口的更高水平的小康社会，使经济更加发展、民主更加健全、科教更加进步、文化更加繁荣、社会更加和谐、人民生活更加殷实。”

什么叫“殷实之家”呢？显然，“殷实之家”还远不是大富大贵。和“衣食有余”相比，“殷实之家”指的就是有“家底”的家，也就是更多人民群众成为“有产”一族。十六大报告明确提出，全面小康的目标之一，就是“家庭财产普遍增加，人民过上更加富足的生活”。家庭财产普遍增加，而不仅仅是收入水平不断提高。

这个说法非常重要。2020年是全面小康建设的收官之年。在全面小康建设的战略发展过程中，我们这个社会的收入水平一直在提高，人们在收入之外所享受的社会福利也一直在增加。但这并非评价全面小康社会成功与否以及社会富裕程度高低的最重要指标。最重要的评价指标是什么？是私人财富的累积程度。在2007年时，党的十七大的报告曾提出，要创造条件，让更多人民群众拥有财产性收入。什么叫“财产性收入”呢？就是凭借对财富的占有获取的收入。2017年党的十九大报告更进一步提出，在全面小康建设之后，我们的新战略是实现现代化，把我国建设成为一个现代化强国；在这个过程中，我们要努力满足人民日益增长的美好生活需要。这里郑重强调一个认识，借助于房地产业的发展，我们在全面小康社会建设的过程中已经实现了越来越多的百姓“有产”，在建设现代化的过程中我们还将实现大多数百姓“有产”。

【1-2-5】马克思主义经济学有个极为重要的基本论断，就是社会的经济关系总是在物质资料再生产过程中被同时地再生产出来的。大多数人有产，那么大多数人不断富裕的经济关系就将自动地被再生产出来。

在人民安居乐业、丰衣足食的基础上，造就这样一个大多数人有“产”的社会好不好呢？非常好。马克思主义经济学有个极为重要的基本论断，就是社会的经济关系总是在物质资料再生产过程中被同时地再生产出来的。大多数人有产，那么大多数人不断富裕的经济关系就将自动地被再生产出来。造就这样一个社会基础，我们才能真正实现繁荣昌盛和长治久安。

过去一些年，人们从媒体揭示的诸多“首富”排行榜中，发现房地产大亨们云集其中，于是就以为房地产业只是造就“亿万富豪”的产业。这是一种误解。因为这只是现象，一时的现象。诸多发达国家的共同经验普遍证明，房地产业是造就一个庞大中产阶级的最好“摇篮”。努力扩大中等收入者阶层的社会比重，让更多老百姓“有产”，这个社会价值观的重大变化，这个社会发展的长远战略目标，已经并且正在通过房地产业和房地产市场的发展逐步变成现实。

3 究竟什么是房地产市场

- 房地产市场的本质是所有利益相关者的经济关系总和。
- 房地产市场的特点是，不论是否自用，都具有投资的性质。

- 在市场上交易的物权，实际上在很大比重上是银行的债权。
- 住房价格在很大程度上不取决于建筑成本，而取决于级差地租。

【1-3-1】市场是一切经济关系的总和。房地产市场就是房地产资源的所有利益相关者之间各种经济关系的总和。所有关于“价格”“泡沫”“公平”“风险”“波动”“政策”等种种说法，实际上都是各种利益关系的客观反映或评判，主观认知或调整。

什么是房地产市场呢？人们很容易回答，开发商卖房子的地方就是房地产市场。

没那么简单。在理论意义上，房地产市场的概念有四种基本含义。

其一，指通过公开、自由交易以实现土地、建筑物的所有权、使用权、经营权等物权让渡的场所。简单说，就是物权交易的买卖行为发生地。这个“发生地”有多种形式，可以是常设性场所，也可以是非常设性的场所，例如拍卖场所；可以是有形的场所，也可以是无形的私下交易、网上交易等。

其二，指在土地、建筑物的所有权、使用权、经营权等物权交易过程中的需求一方。“有没有市场”“市场大小”等说法中的“市场”都是这种含义，指的是有无需求、需求大小。

其三，指土地、建筑物的所有权、使用权、经营权等物权交易过程中供求双方的力量对比与利益的均衡程度。“房地产市场形势”，实际上指供求双方的力量对比形势以及由供求关系决定的交易双方利益变动形势。

其四，指公开、自由交易对土地、建筑物等资源配置的推动力量。“市场配置资源”，就是指通过公开、自由交易配置资源。通常所说的“市场化”程度，指的就是上述物权交易过程的公开、自由程度。

再说深一点。按照马克思主义经济学的基本观点，市场是一切经济关系的总和。房地产市场就是房地产资源的所有利益相关者之间各种经济关系的总和。所有关于“价格”“泡沫”“公平”“风险”“波动”“政策”等种种说法，实际上都是各种利益关系的客观反映或评判，主观认知或调整。

按照交易的对象分，房地产市场可分为地产市场和房产市场两个部分。按照交易对象的属性分，可分为交易增量资源，也就是新房的一级市场，及交易存量资源，也就是旧房的二级市场。按照交易对象的权属性质分，可分为交易所有权的产权市场和交易使用权、居住权或经营权的租赁市场。按照交易对象的用途分，可分为住宅市场、商用房市场、工业用房市场等专业市场。按照与交易过程的结合关系分，还可进一步延伸出房地产金融市场、保险市场、中介服务市场等。

【1-3-2】房地产市场的交易行为可以分为以自然属性为交易目的的行为和以社会属性为目的的行为。除住宅租赁市场的需求可以视为是单纯的消费性需求，其余交易过程中的首要对象都是产权。购买产权的行为就是投资。

说了什么叫市场，还得说这个市场由哪些基本要素构成。房地产市场由交易对象、市场参与者、价格和资金四个基本要素组成。

其一，交易对象。从自然属性看，房地产市场的交易对象是土地和建筑物。从社会属性看，房地产市场的交易对象是物权，包括所有权和使用权以及经营权等。在理论上，从需求方的角度看，房地产市场的交易行为可以分为以自然属性为交易目的的行为，例如居住或开设商铺；以社会属性为目的的行为，例如出租获取租金或期望升值、规避通货膨胀风险等。但在实际市场活动过程中，一般说，除住宅租赁市场的需求可以视为是单纯的消费性需求，其余交易过程中的首要对象都是产权。购买产权的行为就是投资。房地产市场的特点是，不论是否自用，都具有投资的性质。

其二，市场参与者。一般说，房地产市场的参与者包括企业、居民个人、政府和土地所有者。从我国的实际情况看，政府既是土地的唯一所有者和供应者，也是制度和政策的制定者与市场的调节者。企业和个人均可以供给者和需求者的身份参与市场。其中从供给方看，参与房地产市场的企业包括开发地产或房产的开发商，以及建筑企业、中介服务企业等。个人可以通过从资本市场上购买股票的形式参与投资，甚至也可参与土地的“招、拍、挂”竞标。从需求方看，不论是一级市场还是二级市场、租赁市场，企业和个人都可成为参与者。

其三，价格。价格是房地产市场参与者之间经济关系的最重要体现形式。影响房地产市场价格的因素，一是成本，包括土地成本、建材成本、资金成本以及建设过程中的劳动力成本等；二是供求关系；三是级差地租；四是社会对通胀的普遍预期。

在市场经济下，成本变动和级差地租变动引起的价格变化是正常合理的价格变化。由于房地产具有投资的功能，供求关系的变化经常是和通胀预期变化密切联系在一起的。简单说就是，通胀预期强烈时，人们会趋向于把货币资产转换为实物资产，房地产需求会被不断放大；在通缩预期强烈时恰好相反。

其四，资金。不论从国外经验还是我国的实践看，房地产市场的运行一定需要大量的资金周转。当开发贷款和按揭贷款普遍存在并占有较大比重时，在市场上交易的物权，实际上在很大比重上是银行或其他金融形式的债权。例如如果开发贷款占到总投资的70%，那么新房出售的价款中有七成是购买的银行债权。从这个意义上说，房地产市场和金融市场实际上是相互延伸的关系。房地产市场的所谓风险，主要指房地产价格变动时对债权人资产形成的风险。房地产市场风险的最后警戒线是，市场交易价格仍能高于交易对象中所含的债权规模。

房地产市场本来就是一个高风险的市场。很多人把房地产市场存在的风险和“泡沫”等同起来，这个认识是不正确的。风险是什么？是不确定性。房地产市场的风险大于一般市场，其原因在于两个方面的不确定性。

一是价格的不确定性。住房价格在很大程度上不取决于建筑成本，而取决于级差地租。很正常地，同样的住宅，一通轻轨，价格立刻就大幅上扬。而我国的情况是，绝大部分土地和住房未经历过充分的反复交易，级差地租实际上是未被发现的。目前很多城市核心市区房价的波动，不应简单归结为“投机”或“炒作”因素，这其中有很大成分是级差地租自发“寻价”的过程所致。在这种情况下，房价上下波动的风险就尤其大。

二是需求的不确定性。仅从有多少人没房住或打算改善住房条件来分析需求是不充分的。仍从我国的实际情况看。改革开放的第一个10年，老百姓生活改善的标志是收入增长；第二个10年，改善的标志是存款增长；第三个10年及此后，改善的标志是拥有住房等不动产的产权。再具体说，在通胀预期面前，第一个10年我们靠物价补贴就能保护老百姓的利益，第二个10年我们靠“保值储蓄”就能保护老百姓的利益。到进入21世纪后，老百姓私人的存量资产普遍增多，而且人们日益懂得了通胀时货币资产“缩水”而实物资产“涨水”的道理，人们就一定明白，积极地依靠市场来完成货币资产与实物资产之间的转换才能更好地维护自己的资产利益。这种由通胀预期产生的需求具有非常大的不确定性，而且人们的私人财富累积的程度越高，宏观经济运行过程中的波动越大，其不确定性就越大。

曾在很长一段时期中，一些公众舆论把我国的房地产市场描述得一团漆黑，进而把我国在过去一些年中的住房制度改革描述得一无是处。这完全不是事实。事实是什么呢？事实是我国过去40余年来的城镇住房建设、住房制度改革和房地产市场上取得的成绩是一个世界奇迹。就可查数据看，1990年，我国城镇实有住宅建筑面积为20亿平方米，2010年为140亿平方米。这是一个数。再一个数是，从2008年起，国家统计局每年发布的国民经济统计公报中不仅公布商品房竣工面积，而且单列住宅竣工面积。2008～2019年的12年间，每年商品房住宅竣工面积累计相加是84.4亿平方米。注意，这只是城镇每年新增的商品房住宅，不包括农民自建房和城乡接合部所谓的“小产权房”，也不包括城镇居民自建改建住房。84.4亿平方米新建住宅，大约相当于8000万套住宅。大家可以想见，在过去三四十年中我们盖了多少房子！为什么说这是一个世界奇迹呢？1978年我国的城镇人口数是1.7亿人，2019年末为8.35亿人；1978年时我国城镇家庭人均住房面积仅为5.4平方米，2019年时为39平方米。在全世界过去200余年的工业化、城市化历史上，从来没有哪一个国家、哪一个时代有过这么短时期内城市人口有如此增长的，更没有哪一个国家、哪一个时代在这样短的时间内有这么大规模的人口住房得到如此迅速的改善。

4 我国的房地产市场和企业与发达国家有何主要区别

- 我国房地产价格形成过程几乎全部取决于短期性因素，社会长期利益的影响力极小。
- 我国房地产企业的特点是对政府依赖程度高，抗风险能力弱，社会公信力差。
- 供给占主导地位，这是工业化初期的特有现象，也是新兴产业发展初期的特有现象。
- 与政府的关系远比与市场的关系密切，这是我国房地产企业的最大特点。
- 在市场价格波动中最受伤害的往往是抗风险能力很低的普通居民。

【1-4-1】我国城镇正在从“住房公有”制度向“住房私有”转变的过程中。从社会发展水平上看，城镇居民中的主体正处在从“无产”走向“有产”，从拥有少量金融资产走向拥有不动产的过程中。

中国的房地产市场是一个发展历史短、发展不平衡、城市化进程远未结束的新兴的市场。与国际上发达国家的成熟市场比较，可以概括出以下特点。

一是产业整体的市场化程度还很低。在发达国家，整个房地产业运行的所有交易环节都已经充分市场化了。供求关系变化，以及原材料价格、通货膨胀、国际汇率等的变化，在上游环节就可以被有效竞争消化掉一部分，不必全部集中到房价一个环节释放。而在我国，房地产业虽然已经具备一定规模，但房地产业运行的各个环节，市场化程度还很低。例如，土地“招、拍、挂”政策虽然已经实行了一段时间，但进入市场的土地价格实际上仍不是市场竞争形成的真实价格。房地产金融还远不发达，一方面，进入房地产业的资金相当大比重是银行资金，利用债市、股市、房地产基金等市场化渠道的直接融资迄今远没有形成足够规模；另一方面，银行资金也远未形成针对房地产业和房地产市场风险特点的市场化品种。房地产交易环节中价格形成过程并未真正取决于竞争，几乎全部取决于短期性因素，例如土地供给政策、利率、炒作性资金规模、拆迁量等。社会的长期利益在价格形成中的影响力极小，例如长期按揭对消费者的可能风险、节能省地的政策要求、住房持有环节的税负等等。

二是普通居民正在处于私人资产累积的初级阶段。发达国家的住房在历史上几乎全部都是私有制的。由此而来，在社会居民的私人资产中，金融资产与不动产的组合关系已经趋于相对稳定。只在发生明显的宏观失衡，例如通胀或通缩时，这个比例才会有一定变化。

从改革进程上看，我国城镇从“住房公有”制度向“住房私有”的转变刚刚经历不久，有关私人产权的很多法律、制度规定仍存模糊不清部分。从社会发展水平上看，城镇居民中的主体正处在从“无产”走向“有产”，从拥有少量金融资产走向拥有不动产的过程中。实际上，当前房地产需求中真正能够推高房价的，除少量投机资金外，主要是大量渴望拥有自己“产权房”的城镇中等收入者阶层，而不是低收入和特困居民群体。目前社会中“居者有其屋”的舆论，实际上是把“人人有房子住”和“人人有属于自己的房子”两方面要求混淆在一起了。这是我国房地产特定发展阶段必然遇到的一个特殊性需求。简单说就是，发达国家只有在通胀预期明显时才会有人把一部分货币资产转换为实物资产，而中国是不论通胀还是通缩，在现在和未来的社会财富水平上，人们都会倾向于把一部分货币资产，包括未来的货币收入，转换为实物资产。人们要求在自己的私人财富中有“站着房子躺着地”的资产。

【1-4-2】政策是负责非市场化资源配置的。这个非市场化配置的部分做到“最后住不上房子的人都由政府兜底”的程度，房地产市场才能真正发育成熟。

三是人口向城市积聚的城市化历史进程仍处于高潮。发达国家的“发达”标志之一，就是城乡人口的分布比例已经基本稳定。住在城里的人不会因经济进一步发展而增多，农村人口也不会因为房价的涨落而向城市迁徙。

我国的情况正好相反。在未来很长一段历史周期内，数亿农村居民仍要通过向城镇集中才能有更多机会分享国民经济发展的好处。农村人口向城镇转移是一个不可避免并且不可后推的历史进程。从 1980 年到 2019 年，中国城镇居民人口从 1.9 亿增长到 8.5 亿。在未来 30 年左右周期内，我国城镇居民保守估计也将再增 3 亿人。由此产生的需求可能给房地产市场带来的需求压力将比目前的投机资金强大得多。一个基本估计是，这样一个农村人口的转移过程决不会被房价“吓住”而退回农村去。

四是住房保障体系尚远未完善。发达国家的房地产市场之所以成熟，很关键的一点在于住房保障体系比较完整有效。一批需要通过政府、社会的帮助才能解决基本住房问题的群体不会加入到房地产市场的供求竞争中来。简单说就是，有住房需求而没有买房能力，甚至没有租房能力的人不会直接对房地产市场提出需求。政策和市场存在着明显的界限。这个体系保证了市场需求更趋于真实的有效需求。

我国目前已经建立了相对完整的住房保障体系，例如公积金、经济适用房、贴息、贴租、廉租房、公租房等。但覆盖面远不充分，保障程度也比较低。而且由于区域间发展不平衡，大城市和中小城市、市场经济发达地区和老工业基地、沿海与内地之间保障水平存在很大差别。政策是负责非市场化资源配置的。这个非市场化配置的部分只有做到“最后住不上房子的人都由政府兜底”的程度，房地产市场才能真正发育成熟。

五是市场结构明显不合理。一个成熟的房地产市场构成包括一级市场、二级市场、租赁市场、中介市场等。而且二级市场的交易规模通常会远大于一级市场。目前发达国家中每年住房交易总量中八成以上是二级市场的成交。租赁市场也相应发达。即使是在经济发达的美国，租房住的人也接近 40%。二级市场、租赁市场和中介市场的存在，使人们的住房需求在很大程度上可以通过存量资源的重新优化配置得到满足。

由于发展历史短，我国目前的房地产市场结构过度倚重一级市场。说到房价涨落，几乎说的就是新房价格的涨落。由此造成，一方面新房面临过大的需求压力；另一方面大量存量资源被不合理地闲置。近年来在一线城市，由于租赁市场发展，住房闲置的不合理状况有所好转。但三四线城市的资源闲置状况仍比较严重。从 2017 年党的十九大提出“租购并举”以及“多主体供应”思路以来，进一步完善和发展二级市场、租赁市场、中介市场已经引起了各地的普遍重视。

【1-4-3】公平地说，在我国房地产市场从无到有、从小到大的发展过程中，开发商发挥了非常重要的作用；但由于市场中普遍存在的不规范，“官商勾结”的腐败、对消费者的欺诈、房价中包含的暴利等问题使房地产企业的社会形象受到很大影响。

由于中国的房地产市场是一个新兴的市场，参与这个市场的房地产企业也就具有了很多与发达国家、成熟市场不同的特点。

我国房地产企业虽有伴随着市场经济的发展而发展的一面，但也有计划体制的痕迹深重、与政府的关系远比与市场的关系密切等特点。这是我国房地产企业与发达国家相比的最大区别点。

从总体上说，发达国家的房地产企业是和房地产市场相伴相随发展起来的。房地产企业几乎不会受到政府政策的格外扶持。如果说这些企业和政府政策有什么关系的话，他们只能间接地受惠或受制于政府鼓励或限制住房消费的政策。例如美国是鼓励个人住房消费的，个人买房可以享受个税抵扣的好处；日本是限制住房消费的，买大房子要缴纳很高的不动产税。国外的房地产企业也并不都是资本实力雄厚、规模巨大的企业。除极少数特大城市外，在很多中小城市中，中小企业仍是开发商中的主体，而且项目公司占有主要比重。

我国的房地产企业，不论是握有大量银行信贷资源的大国企，还是在市场中自发地发展起来的民、私营企业，通常都具有如下特点。

一是对政府依赖程度高。前期在土地协议转让的政策下，我国房地产企业的兴衰和从政府手里“拿地”的能力联系紧密。有地就能赚钱。又由于我国正处于城市化加速发展过程中，房地产开发和城市扩张、城市改造联系密切。不论在大中小城市，房地产项目经常是和政府的城市升级改造意图密切联系在一起的。此外，我国城市中的拆迁、上下水及煤气等公用事业的接入等也离不开政府部门的支持。房地产企业和政府的这种相互依赖关系很容易造成寻租腐败、野蛮拆迁等弊端和对消费者的轻视。

二是抗风险能力弱。自有资金比例低是我国房地产企业共有的弱点，大量依靠银行的开发贷款或者按揭贷款是开发商的基本操作手法。这既有发展不足的明显痕迹，又有我国房地产金融不发达的客观原因。在这种情况下，一旦市场有变，企业的通常做法就是“一走了之”“一散了之”，把风险留给社会，留给政府，留给银行。

三是环境、资源等公共利益的约束力很低。尽管一段时期来很多开发商在市场上大打“绿色”“环保”“宜居”的牌号，但实际上真正注重环境、资源等公共利益要求的并不多。前期多发的建在风景名胜区的项目、热衷于建造低密度别墅项目等现象就是很显然的例证。过去20余年中，我国新建住房中超过95%都是不符合节能标准的。

四是社会公信力差。公平地说，在我国房地产市场从无到有，从小到大的发展过程上，开发商发挥了非常重要的作用。但由于市场中普遍存在的不规范，“官商勾结”的腐败、对消费者的欺诈、房价中包含的暴利等问题使房地产企业的社会形象受到很大影响。企业的公信力很差。

【1-4-4】土地供给存在垄断性，直接融资渠道狭窄，房地产企业通过违规手段获取这些要素的做法反过来又拖拽以至抑制了房地产市场的规范、健康发展。

依据国际比较，可以对我国房地产目前的发展阶段有如下基本评价。

从我国自身的发展形势判断，我国房地产市场仍处于良性发展态势。其基本依据是自主性的供求都很旺盛。从国际比较看，我国房地产市场处于初级发展阶段。这个阶段的基本特点可以概括为供给方占据市场的主导地位，需求方存在较大盲目性，要素制约力大，制度体系不健全四个方面。

一是供给方明显占据主导地位。判断市场经济发展程度的最重要依据就是供求关系的对比状态。供给方占据主导地位，这是工业化初期的特有现象，也是新兴产业发展初期的特有现象。从我国看，供给方在供求关系中占主导地位的例证俯拾皆是。例如开发商在社会舆论上的主导权，供给方在定价上的主动权，住房销售合同中的对消费者的不平等约定等。从深层次看，开发商能够轻易地向银行转嫁风险，也是供给方主导地位的必然体现。

二是需求方存在较大盲目性。我国房地产市场发展的不成熟性不仅体现在开发商、供给方，而且存在于需求方。由于发展历史短，人们改善生活和拥有资产的愿望迫切，我国市场上的需求方普遍存在着盲目性。例如超过自身积累及收入增长能力去买“一步到位”的大房子，要求社会在短期内满足所有中低收入者的住房需求，对利率、租税、通胀与通缩等对持有住房带来的长期性风险普遍估计不足，指望短期“暴富”而跟风投资房产等都是需求方盲目性的明显体现。

非理性需求在成熟市场中也存在，否则就不会有日本、中国香港等地房地产“泡沫”的产生。但发达国家的非理性需求是和大量过剩资本的存在密切相连的。我国的经济发展程度远未达到实物投资领域无法容纳货币资本的程度，大量过剩资本成为投机性“热钱”的物质基础并不充分，因此不宜过高估计我国房地产市场上投机资本的规模。但在我国，由于需求方存在着上述盲目性，普通居民已经形成的初步投资能力很容易在少量投机资本的带动下“跟风”。我国这种特点的潜在危险在于，在市场价格波动中最受伤害的往往是抗风险能力很低的普通居民。

三是要素约束力大。我国房地产市场不成熟的一个重要体现是土地、资金等要素对市场发展的约束力极大。一方面，在我国，政府是土地的唯一供给者，又是土地政策的唯一决定者，土地供给存在着垄断性；另一方面，由于房地产金融不发达，直接融资渠道狭窄，房地产投资的资金来源只能主要依靠银行。由于相关市场发育程度低，房地产企业通过违规手段获取这些要素的做法反过来又拖拽以至抑制了房地产市场的规范、健康发展。

四是制度体系不健全。在我国现有发展阶段上，房地产业不仅是连接国民经济诸多产业的重要环节，而且是连接投资与消费、政府与市场、眼前利益与长远利益、私人利益与公共利益、经济发展与自然环境和资源之间关系的关键环节。在所有发达国家，一方面，房地产都是高度市场化的产业；另一方面，房地产业又是制度约束最严密的产业。促进公平、保护消费者等约束性政策体系包括保持社会稳定、改善环境、节约资源、促进公平、保护消费者、调整供求、维护市场秩序等多个方面。相比之下，我国的政策本身还较多停留在“对症下药”的阶段。从长期看，房地产市场和房地产业规范、健康发展还需要加强制度体系的建设，建立长效机制。

第二讲

我们离城市文明还有多远

先讲个十几年前的故事。

2008年8月，北京奥运会隆重举办。无疑，这是中国走向世界的一次盛举，是我们民族的一件盛事。在这次奥运会的开幕式上，著名艺术家张艺谋先生导演了一台宏伟大气、美不胜收的开幕式表演。大家都印象深刻。但大家有没有想过，张艺谋导演的所有场景，所展示的中华民族数千年灿烂文化，无一不是建立在农耕文化、手工劳动、自然经济基础上的文明。而在这一届奥运会的闭幕式上，英国作为下一届主办国，在其带来的“伦敦八分钟”表演中，通过公共汽车、变形金刚等场景，向我们中国传达了一个信息。什么信息呢？这就是城市文明、机器文明对农耕文明、手工劳动的挑战！

这没有什么了不起。我们可以很骄傲地向全世界宣告，中华民族正在大踏步地走向那个叫做“城市化”的殿堂。

2010年上海世博会的主题就是“城市让生活更美好”。进入21世纪以来，全世界城市人口的增长，除了叙利亚等战乱地方难民涌入欧洲城市外，几乎全是中国农村人口向城镇转移的贡献。从2004年迄今，每年欧盟主要城市的住房竣工总量加到一起，还赶不上北京或者上海一座城市的竣工总量。在过去20年中，全世界新建的30层以上的摩天楼，有九成建在中国；中国每两年半的住房建设总量就相当于新建一个纽约或者伦敦。中国从2017年起推进的新型城镇化战略的途径之一，就是进一步解决“三个1亿人”的问题，即促进约1亿农业转移人口落户城镇，改造约1亿人居住的城镇棚户区和城中村，引导约1亿人在中西部地区就近城镇化。

中国的房地产，不过是这个伟大的城市化历史进程的一个组成部分而已。认识中国的房地产，一定要从认识中国的城市化入手。

1 中国房地产的历史任务是建设城市

- 我们正在从一个“大多数人住乡下”的民族向“大多数人住城里”的民族转变。
- 中国要想强大，中华民族要想富裕，就得完成用机器取代手工劳动的工业化，就得推进城市化。
- 解决中国诸多重大难题的相交之点就在于城市化发展。
- 中国正在进入一个城市经济“边际效益迅速递增”的发展阶段。

【2-1-1】两个人种地一定比一个人种地打粮食多，但一百个人种地不一定比五十个人种地打粮食多，这叫辩证法。历史发展到“越少的人种地打粮食越多”的阶段了，这个阶段叫“城市化”。

中国的房地产并非仅仅是在建住房或者商铺，而是在建城市。

改革开放40余年来，我们发现了一个数千年没整明白的历史秘密。什么秘密呢？原来越多的人种地不一定打粮食越多，越少的人种地反而可以打更多的粮食。

我们中华民族，是一个有着数千年农耕文明历史的民族。数千年来，人们一直坚信，要吃饱饭就得多打粮食；要多打粮食，就得有更多的人种地。在几千年的历史发展过程中，人们一直遵循着一个简单逻辑，那就是应当把一切可以动员的人力物力都投入到直接谋取吃穿用等消费资料的生产活动中来。

大家肯定在卡拉 OK 唱过一个歌，《夫妻双双把家还》。这首歌表达了咱们中国老百姓几千年来对理想社会的向往。几千年，老百姓向往的理想社会什么样呢？很浪漫，讨个仙女做老婆。这个歌就来自一个叫“天仙配”的美丽故事。但这首歌接着往下唱就有了经济学了。把仙女娶到家，要过个什么日子呢？“你耕田来我织布”“我挑水来你浇园”。也就是说，仙女也得下地干活去，咱们才能“从此不受那人间的苦”。

把仙女都打发下地干活去了，几千年，人们打的粮食够吃了没有？不够吃。脸朝黄土背朝天啊，赶上风调雨顺，也就是“糠菜半年粮”；一遇天灾人祸，全社会打的粮食就不够养活全社会的人口。那怎么办？社会矛盾一旦尖锐到这个地步，没有别的出路，只能是对抗解决。农民起义、诸侯纷争、北方民族入侵、改朝换代。直到人口和土地的承载力恢复新的平衡，社会才能又稳定一段时期。几千年，我们的历史就是这么循环往复地走过来的。

直到 1949 年之后的很长一段历史时期内，我们仍然坚信“越多的人种地打粮食越多”的逻辑。曾执行多年的“以粮为纲”战略，含义就是一切资源配置都要首先服从农业生产的需要。知识青年到农村去，把数千万城镇新成长劳动力动员到农村去种地。“工人也要学农”“解放军也要学农”“机关干部、知识分子也要学农”，这叫“五七指示”。“五七干校”这个名字就是这么来的。在一个很长的时期内，解放军都在营区养猪种菜，产业工人都在厂区旁边开“小片荒”种萝卜，我们打的粮食够吃了没有？还是不够吃。够吃了就不会有安徽小岗村农民按“血手印”包产到户的创举，也就有不了我们今天改革开放的伟大成就。

今天，我们不用动员数千万知识青年到农村去了，国家统计局 2020 年初在“国民经济统计公报”中发布的官方数据，到 2019 年末，在城镇中经商务工的农民工达 2.91 亿人。我们打的粮食够不够吃？总量是吃不了！

2015 年到 2019 年这 5 年间，中国的粮食总产量分别为 6.21 亿吨、6.16 亿吨、6.18 亿吨、6.59 吨亿和 6.64 亿吨。养活咱们 14 亿中国人，每年有 4.7 亿到 4.9 亿吨粮食，人吃马嚼、工业用粮都够了。也就是说，目前中国自己的粮食生产就总量上说是供大于求的。我们确实每年还需进口相当数量的粮食，但那主要是出于品种调剂、质量调剂的需要，而并非总量短缺。当然，我们的农业生产基础总体仍很薄弱，粮食的质量和品种构成还不能满足需要，抵抗自然灾害的能力仍比较低，农业技术水平仍很落后，生态脆弱的状况仍未根本改观。但我们养活 14 亿人的农业生产物质基础是实实在在地具备了。2009 年时，曾有人质疑中国的粮食产量和存粮数，国务院专门组织了一次比较彻底的“盘库”，查明，我们的国库存粮就达 2.25 亿吨，还不算民间存粮。“账”“实”基本相符，并无“水分”。近年来，根据自然气候趋势、人口增长情况、国际环境变化等因素，估计我国粮食安全储备只会加强，不会减弱。

两个人种地一定比一个人种地打粮食多，但一百个人种地不一定比五十个人种地打粮食多。这叫什么？这叫辩证法。历史发展到“越少的人种地居然打粮食越多”的阶段了。这个阶段叫“城市化”。

我们中华民族现在走到了一个重大的历史转折点，我们正在从一个“大多数人住乡下”的民族向“大多数人住城里”的民族转变。这个转变，注定要在你我这代人和我们的儿子那代人手里完成。

中国要想强大，中华民族要想富裕，我们就得完成用机器取代手工劳动的工业化。要想完成工业化，就得推进城市化。世界各国的经验反复证明，工业化和市场经济结合的空间交点在哪里呢？就在城市。

【2-1-2】我们已经走过了城市化进程的初级阶段。先期的大量投入不仅拉动了当年的 GDP，推动了当期的经济增长，而且快速聚集起了数亿城市人口，形成了极为巨大的城市固定资产和基础设施，为今后经济增长不断快于投入增长提供了强大物质基础。

在过去40余年的改革开放过程中，特别是在进入21世纪以后20年中，支持中国国民经济增长的主要力量之一就是城市化。

再给大家说个相去不远的故事。在2008到2009年的世界金融危机中，全世界的大国，包括美国和中国，都出台了强力刺激经济的财政政策、货币政策。到今天大家回首想想，美国的政策和中国的政策有什么区别吗？很容易概括。美国的政策资源都干什么了？美国财政拿钱的政策和货币当局印票子、扩张信贷的政策都用于抢救他们那些濒临破产的企业了。通俗比喻就是，都交了“医药费”了。用于给这个那个企业“打强心针”“输血”“上呼吸机”了。中国的政策资源干啥了？我们的政策资源，包括积极的财政政策和相对宽松的货币政策，实实在在地用在了给咱们家“添产置业”上了，用在“铁（路）、公（路）、基（础设施）”上了，用在改造和扩张城市上了，用在廉租房建设和棚户区改造上了。国家统计局在2019年8月13日发布的“新中国成立70周年经济社会发展成就报告”中提供的数据，到2018年末，我国高铁营业总里程达3万公里，是仅仅10年前的2008年的44.5倍。我国的高铁营业里程超过世界高铁总里程的三分之二，居世界第一位。2019年，我国高铁通车里程又增长了3103公里。

中美之间为什么会有这个差别？因为中国正处于城市化进程的高潮中，而美国早就过了这个阶段。从两国政府刺激经济政策的差别上，人们不难想见，在下一阶段的发展中，中美两国谁更有增长的潜力。

1978年，中国的城市人口为1.7亿人，城市人口在总人口中所占比重仅为17.92%；根据第六次人口普查结果，2010年末，这两个数据分别为6.66亿人和49.68%；到2019年末，这两个数据分别为8.48亿人和60.60%。40余年间，中国的城市人口增长了将近7亿人，在总人口持续增长的基础上，城镇人口所占比重每年提高1个百分点以上。

我们的城市化进程，不仅表现在城市人口及其所占比重的增加上，而且表现在城市固定资产的大规模形成和基础设施的大规模建设上。根据国家统计局公布数据，1981年、1990年、2000年、2008年和2017年，中国城市建成区面积分别为0.74万平方公里、1.29万平方公里、2.24万平方公里、3.63万平方公里和 5.62 万平方公里。2017 年与 1981 年和 2000 年相比，分别增长了 6.6 倍和 1.5 倍。2005 年到 2018 年城镇房地产企业竣工成套住宅 8607 万套。1990 年时中国城镇实有住宅建筑面积为 20.0 亿平方米，2008 年时为 124 亿平方米，再加上 2008 年至 2019 年商品房住宅竣工总面积 84.4 亿平方米，大致推算，2019 年末时我国城镇实有住宅总面积应在 200 亿平方米以上。按照这个推算数据，我国 2019 年的城镇住房存量资源总量是 1990 年的 10 倍！

我们已经走过了城市化进程的一个初级阶段。这个过程的大量投入不仅拉动了当年的 GDP，推动了当期的经济增长，而且快速聚集起了数亿城市人口，形成了极为巨大的城市固定资产和基础设施，为今后经济增长不断快于投入增长提供了强大物质基础。

在过去 40 余年中，特别是进入 21 世纪后的 20 年发展历程中，我们已经在快速的城市化过程中初步完成了规模化生产、普遍分工和广泛利用先进技术手段所必需的人口聚集、固定资产形成、基础设施完善等条件；已经造就了数亿人口享受城市化生活方式的社会物质基础。

【2-1-3】我们面对的是新兴的、朝气蓬勃的城市化，而发达国家面临的是过度饱和的、老化的、衰退的城市化。广阔的城市投资空间和城市投资持续递增的边际效益，这就是中国信心的重要所在。

中国有句成语，叫“厚积薄发”；经济学上有个专有名词，叫做“边际效益”。中国正在进入一个城市经济“边际效益迅速递增”的发展阶段，即少量追加投入将不断诱导出“产出投入比”迅速提高的阶段。前期大量投入所形成的大规模生产力、消费力将会随着今后一段时期的发展集中地、爆发式地形成和显现出来。

人们很容易理解，北京 2008 年的奥运会，上海 2010 年的世博会和广州

2012年的亚运会，一定是沿海超大城市基础设施、城市建设大规模投入过程。不仅如此，在1992年上海浦东新区、1994年天津滨海新区之后，城市新区开发建设又成为我国新型城镇化的重要途径。自2010年起，国务院又陆续批准了重庆两江新区、浙江舟山群岛新区、兰州新区、广州南沙新区、陕西西咸新区、贵州贵安新区、青岛西海岸新区、大连金普新区、四川天府新区、湖南湘江新区、南京江北新区、福建福州新区、云南滇中新区、哈尔滨新区、长春新区、江西赣江新区、河北雄安新区等近20个国家级城市新区建设。近年来，我国又推进了陆上和海上丝绸之路的“一带一路”建设、新一轮京津冀协同发展、特色小镇建设、长江“黄金水道”整治以及粤港澳“大湾区”建设、海南自由贸易区建设等。这一系列“大动作”都标志着我们的城镇化正在进入新一轮的高潮。这些城市建设过程中的大规模扩张、基础设施投入、公共建筑和民用住房建设等必将成为新一轮生产与消费扩张的起点。

中国的城市化已经走过了单纯的住房脱困、城区扩张、成片改造、“靓化美化”这个初级阶段，提高城市的综合承载力、实施城市群战略、推进城乡协调发展、调整城市产业结构、形成现代化的城市服务体系、改善环境和提高宜居性、实现资源节约和与自然界关系协调、加快中小城镇建设以及实施城市更新战略等已成为新的发展目标。

城市化不仅是支持中国经济增长的强大动力，而且还是解决我们面临的一系列重大战略难题的共同出路。解决中国的就业、产业结构升级、扩大对外开放、调整供求失衡、完善基础设施、提高企业国际竞争力、克服资源“瓶颈”和实现可持续发展等诸多重大难题的相交之点就在于城市化发展。农村剩余劳动力的出路在哪里？在于向城镇和非农产业转移。产业结构调整的主战场在哪里？在于城市经济资源的重新优化配置，城市经济系统的再组合。城市是区域经济扩大对外开放的窗口，是腹地资源加入全球化竞争的门户。更多的人进入城市，创造出更多的城市型消费群体，是实现扩大内需战略的必然选择。世界各国的经验都证明，资源、人口向城市集中，是优化基础设施资源配置，缓解人类经济系统与自然界之间矛盾的最优方案。

2009年初，在世界金融危机的重压下，全球弥漫着一种极度悲观的情绪。

当时我在《经济参考报》上发表过一篇文章，题目就是“2009：中国为什么有信心”。在这篇文章中我说，如果用一句话概括中国和发达国家的经济体的区别，那就是，我们面对的是新兴的、朝气蓬勃的城市化，而发达国家面临的是过度饱和的、老化的、衰退的城市化。广阔的城市投资空间和城市投资持续递增的边际效益，这就是中国信心的重要所在。

认识中国的房地产，一定要放在中国城市化的大背景下去看。其实，房地产供求关系、房价、“地王”“蜗居”等种种问题或说法，都可以从“城市化”这个背景中找到答案。这些问题我们在以后各讲中再说。

2 迄今我们对城市文明的认识仍不充分

- 中国的城市在历史发展中，“城”是绝对地排斥市场之“市”的。
- 房地产业实际上是在为改革开放前的 30 年和改革开放初期的 20 年补课。
- 汶川地震让人们恍然大悟，宽马路大广场是城市必不可少的减灾防灾设施。
- 中国城市的建设规模、速度和质量决定着国民经济未来的发展规模、速度和质量。

【2-2-1】田园牧歌的小农经济绝非诗人描述的那般美好，它代表的是农业文明，在此基础上形成的社会价值观中，城市代表的商业文明往往受到否定。

可以说，中华民族是最早对城市有所了解、最早形成城市的民族。“完璧归赵”的故事讲的就是 2000 多年前的战国时期秦国打算用 15 座城市和赵国换一块玉的故事。这个故事还留下了另一个成语，叫做“价值连城”。

但另一方面，我们又不得不承认，我们是对城市的功能、作用以及发展规律了解甚少的民族。中国是一个有着几千年农耕文明历史的国家。田园牧歌的小农经济绝非诗人描述的那般美好，它代表的是农业文明，在此基础上形成的社会价值观中，城市代表的商业文明往往受到否定。我们得承认，直到现在，这种认识也还有深厚的社会基础。从“知识青年到农村去，接受贫下中农再教育”到前些年媒体对城市扩张中“宽马路、大广场”的种种批判，我们都能找到这种思维的影子。

在中国的汉语词汇中，“城市”这个词是由“城”和“市”两个部分组成的。实际上中国的城市在历史发展中，“城”是绝对地排斥市场之“市”的。

前些年电视台播放过不少关于北京“老字号”的电视剧。其实在旧北京的城中，商业、商人、市场、资本是没有立足之地的。他们在哪里聚集呢？在前门外。也就是“城”之“外”。北京南城虎坊桥那个地方有座清末的湖广会馆，当初是富可敌国的商人们聚集的地方。那座建筑雕梁画栋之奢华，一点不亚于北京城里的那些王府。现在这个建筑已经改造为一座湖北菜馆和一个京剧博物馆。但就是这样一座当时最有钱人的高端“企业家俱乐部”，它的周边是什么呢？东边是天桥，是耍把式、卖膏药、撂地摊说相声的江湖人士的谋生之地；南边是青楼聚集的“八大胡同”；北边是陶然亭，其实就是埋冻饿街头无人收尸的“倒卧”的乱葬岗子；西边就更有名，是专门砍头行刑的菜市口。在中国的城市中，“市”的地位如何，由此可见一斑。

直到 1949 年之后，我们仍把城市称为“工业基地”。以为城市就是工厂区加“工人新村”。就是现在，我们很多人对城市的认识也还停留在人口的大规模聚集点或者是工厂聚集区的水平上。显而易见，这种认识已经远远不能适应国民经济发展的客观需要了。我们需要重新认识城市，重新认识城市的深层次内涵。

各国在自己的历史发展过程中都曾留下很多著名城市。西方有一句谚语，叫做“罗马不是一天建成的”。欧洲的著名城市，例如罗马、巴黎等，都是先建地下的排污设施，在地下的暗沟上面建城市。那里的人们在很早时候就知道城市基础设施的必要性了。这些暗沟至今仍在使用。我们得承认，中国历史上的城市没有一个有这种科学的基础设施。人们看到一些清宫戏中，皇帝所住的皇宫也是靠人力畜力来收集、运送粪便、污水和其他垃圾的。大家到北京故宫去参观时，稍微留心的话就会发现那里院落相隔的高墙上开有专门为垃圾车进出的门。

在我国 1949 年以来的发展过程中，在发展战略问题上，城市化战略是一个最摇摆不定的战略，也是教训最多的战略。从建国初期起，我们就一直致力于要把北京从消费型城市改造成生产型城市，硬把北京的城墙和很多古建筑给拆了，在城区内建了很多大大小小的工厂。在 20 世纪 50 年代、60 年代和 70 年代，我们建起了很多“工业基地”式的新兴城市。但这些城市自身的产业单一，对自然资源的依赖程度很高，可持续发展能力很差。不仅如此，这些工业城市与当地的区域经济格格不入，形成了城乡对立的“二元结构”。20 世纪 60 年代到 70 年代，在“要准备打仗”的思想指导下，“靠山、分散、进洞”的“三线建设”使城市建设几乎完全停滞。北京在 20 世纪 70 年代曾建过不少所谓的“简易楼”。在主管城乡建设的住建部正对面就有一大片，直到 2017 年才拆掉。为什么建“简易楼”呢？因为那时认为，“帝修反亡我之心不死”，不知哪一天炸弹就会落下来把城市夷平。当时的一句口号叫“打完仗再建设”。那些“简易楼”简易到什么程度？就是四面黏土砖加预制板垒起来，连把预制板和墙体连为一体的构造柱都没有。一遇到地震，整个楼房就会散架。曾持续十多年的“上山下乡”更是城市化进程的一场大倒退。

从 20 世纪 80 年代初期的改革开放以来，我国的城市化战略实际上仍表现出了很大的摇摆性。例如，在改革开放的前 10 年中，作为中国工业重心所在的上海竟然被“遗忘”了整整 10 年。在这 10 年中，人们在不停地争论，上海究竟该扩张还是不该扩张，究竟该发展什么产业。除了改革开放初期上马的宝钢和金山石化两个重化工项目，城市建设几乎没有多大动作。10 年时间就这样在争论中等待过去了。大家现在看到的这个很漂亮、很具有现代化气息的上海，这是 20 世纪 90 年代初期浦东开发以来才有的变化。

从20世纪80年代中期开始，农民自己创造出了一种农村工业化的形式，叫做乡镇企业。到90年代初期的时候，我国的财政税收、出口创汇和GDP总值，乡镇企业的贡献都超过1/3。当时乡镇企业在国民经济中的地位是“三分天下有其一”。邓小平曾盛赞乡镇企业是“异军突起”。但一直到20世纪90年代后期，我们给乡镇企业的政策一直是让农民“离土不离乡、进厂不进城”。请注意这个政策的核心词，就是“不离乡”“不进城”。亚洲金融危机爆发后，为确保1998年国民经济增长速度不低于8%，我们急于寻求增长的支持力量。这时人们才发现，这个“不离乡”“不进城”，把工业化和城市化割裂开来的政策给乡镇企业的发展留下了多大的隐患，例如无法达到经济规模，基础设施严重缺失，与环境保护的矛盾非常尖锐，远离市场造成信息不灵，各种要素很难实现优化配置等。从那以后，乡镇企业逐步销声敛迹。

当然，影响城市化进程的并非全是战略选择上的失误，也有一些客观原因。例如西部很多省区在20世纪90年代中后期“八七扶贫攻坚战”中不得不把可动用的资源更大程度地投入到扶贫中去。地方财力、区域内的资源很难向城市集中。实际上一直到21世纪第一个10年时，东西部发展差距的拉大也主要在于城市发展差距的拉大。

【2-2-2】很多尖锐的社会矛盾和老百姓反映强烈的社会热点，很大程度是在“补课”过程中，我们不得不把30年甚至50年的城市建设、城市扩张、城市改造以及城市产业结构调整的任务叠加在一起引起的。

上述这个历史发展过程和房地产有什么关系？一个最基本的关系是，进入21世纪后的20年来，我们的房地产实际上一直是在为改革开放前的30年和改革开放初期的20年补课。在计划经济时期，工业学大庆，大庆人说要“先生产后生活”；农业学大寨，大寨人说要“先治坡后治窝”。在改革开放的前

20年，也只是建了一大批只具有满足基本住房需求功能的“脱困房”。在房地产问题上，近年来很多尖锐的社会矛盾和老百姓反映强烈的社会热点，例如拆迁、征地、房价以及房地产市场有没有“泡沫”、开发商有没有暴利等，很大程度是在“补课”过程中，我们不得不把30年甚至50年的城市建设、城市扩张、城市改造以及城市产业结构调整的任务叠加在一起引起的。进入21世纪的20年中，有个叫“万达”的开发商发明了一个开发模式，叫做“城市综合体”。就是把城市商业中心、大型会展场馆、写字楼、星级酒店甚至政府办公楼与住宅项目结合到一起建。如同这个企业自我宣传的广告语，“一座万达广场就是一个城市中心”。后来很多房地产企业仿效，也采取了这种“城市综合体”的开发模式。“城市综合体”的这个名字没有起错。这种模式之所以受到各地方政府的普遍欢迎，就在于它实际上已经不是一个单纯的房地产项目，而是在对城市区域重新规划，在此基础上，对城市基础设施、城市产业结构、城市商业业态、城市公共建筑再加上城市居民住宅一起进行了一个系统性的全面升级。这种“城市综合体”的开发模式集中体现了中国房地产业与城市建设、城市改造和城市扩张之间的内在联系。

到今天，我们对城市化规律是否认识充分了呢？很遗憾，仍远没有。举几个例子。

目前北京建有180多座立交桥，而且每座桥和每座桥不一样。有的鸟瞰像蜻蜓点水，所以叫“玉蜓桥”；有的桥像蝴蝶振翅，有的桥像奔马奋蹄，还有的桥像雄鹰展翅。这些设计思想都够美妙的。但设计者忘了一个最重要的问题，这就是，立交桥是干什么的？立交桥是一个交通设施。它的基本功能和第一目标应当是提高通行效率。怎么才能提高通行效率呢？立交桥的设计越简单、重复率越高，通行效率就越高。因为越简单、重复率越高，交通参与者，例如机动车司机的学习过程就越短。过了第1座桥就知道后面的99座桥怎么通过。如果一座桥和一座桥不一样，那么司机就得每过一座桥学习一次。过完第100座桥，第1座桥怎么过已经忘了。司机到了桥上经常是左旋右转找不到出口，这样通行效率怎么会高呢？这是一个像修摩天大楼没建厕所一样的低级错误。但这个错误并不是因为我们的桥梁专家太笨，而是因为迄今我们对城市的认识实在还处于一个起步阶段。

类似这样的问题还有很多。20 世纪 90 年代中期，北京在回龙观、西三旗等地建设能容纳 30 万到 50 万人的居民小区。集中建小区是城市功能分区的一个进步。但 30 万到 50 万人的集中居住小区，居然只留一个到高速路的进出口，迄今几经改造，上下班高峰时那里仍是堵车的频发点。

【2-2-3】我们的国民经济始终存在着一个明显的缺陷，这就是城市化远滞后于工业化。我们的产业结构调整、产业技术进步、产业生产能力扩张，最缺乏的并非是投资，而是具有足够综合承载力和充分效率能力的城市资源。

我们总是对城市化的规模和速度估计不足。

2001 年建成的北京首都机场 2 号航站楼就是为 2008 年奥运会准备的。当时认为这个新航站楼足够满足奥运会需要了，原来的 1 号航站楼已经准备拆除了。后来的结果是，2 号航站楼投入使用的第二年就全面饱和，不仅 1 号楼不得不重新装修起来使用，奥运会之前还得再抢建 3 号航站楼。上海也同样。2002 年投入使用的浦东机场本来是为世博会准备的，但仅过一年就全面饱和，不仅虹桥机场得重新进行改造扩张，而且浦东机场也不得不进行二次扩建。

中国的钢产量在 1980 年时仅有 3600 万吨，2000 年时达到 1.2 亿吨。这个规模是远超当初 1 亿吨目标的。因此到 2003 年，中国钢产量达到 2.4 亿吨，三年再翻一番时，很多人认为中国的钢产量“绝对过剩”了，要出现供大于求的危机了。在这个认识下，政策就开始强力调控钢铁生产能力和投资规模，于是就出了个江苏的“铁本事件”。常州有个民营企业家想上个 300 万吨规模的钢铁企业。当地政府力劝他搞到 800 万吨规模。没想到企业刚上马就遇到了钢铁调控，这个企业被当成公然违反国家调控政策的典型，当事人被追责。但后来的发展很出乎人们的预料。到 2007 年，中国的钢产量再翻一番，达到 4.8 亿吨，不仅没“过剩”，全卖出去了，而且卖得价钱还不错。常州那个“铁本”不仅没有下马，在被宝钢接过去后还进一步扩大规模建成投产了。是什么支撑了中国的钢铁市场？是中国的城市化。2010 年，中国的钢产量达到 6.30 亿吨，2019 年达到 9.96 亿吨。现在回头看，2002 年仅 2.4 亿吨就担心过剩是多么不切实际。

2004 年，媒体舆论曾众口一词地开展了一场对“宽马路、大广场”的讨伐。不顾老百姓死活、不顾当地发展实际需要的“政绩工程”当然要制止。但城市是否真的不需要“宽马路、大广场”？ 2008 年的汶川地震让人们恍然大悟，原来“宽马路、大广场”是城市必不可少的减灾防灾设施。

2007 年上半年时，因为股市出现暴涨，国内就出现一种很强的声音，说“流动性过剩”了、“信贷规模过大”了，于是“回收与分流流动性”“升息”“紧缩信贷”的政策频出，形成了对房地产与城镇化“刹车”的一个趋势。其实，当时美联储已经在连续降息。紧随其后的 2008 年世界金融危机爆发，我们的政策不得不 180 度大转弯，变为“出手要快，出拳要重”，不仅出台了投资“4 万亿”的刺激政策，而且一下把房地产业提到了经济增速“保 8”的前台，出台了“购房两成首付，利率七折优惠”和二手房交易契税全免等政策。后来看，那个“流动性过剩”的判断不仅是对宏观经济形势的一次错判，而且是对城市化进程估计不足的一次误判。

在 2009 年应对世界金融危机的“保增长”过程中，房地产业发挥了功不可没的作用。但即或如此，此后仍一直有不少声音说，依靠房地产“保增长”是个错误，从来没有一个国家是依靠房地产实现了现代化的；目前的房地产建设规模是在吹大“泡沫”，政策应当力求把投资集中到实业领域中去。

这个貌似有理的说法，其实是个不懂得客观规律、不懂中国国情的伪命题。在过去很长时间的发展历史上，包括改革开放的前 20 年，我们的国民经济始终存在着一个明显的缺陷，这就是城市化远滞后于工业化。我们正在补这个“课”。当前，我们的产业结构调整、产业技术进步、产业生产能力扩张，最缺乏的并非是投资，而是具有足够综合承载力和充分效率能力的城市资源！从没有谁说要永远依靠房地产实现现代化。俗话说，“十六七八，吃死爹妈”。人在十几岁长身体的时候，就得吃得特别多。在城市化进程中，包括住房建设在内，城市固定资产的大规模形成过程必然是投资向这一领域积聚、集中的过程。可以这样说，当前包括房地产业在内，中国城市的建设规模、速度和质量，决定着中国未来达成现代化目标之前经济发展规模、速度和质量。

3 住房建设要立足于城市的科学发展

- 住房建设、房地产业发展必须和城市的科学发展密切联系在一起。
- 年轻人买不起房的问题和农民工被动返乡是源于同一个“病根”，即中小城市发展滞后。
- 包括北京、上海在内，我国的城市几乎无一不是在城市危机的临界点运行着。
- 缓解大城市房价上涨压力有一个重要途径，就是把核心市区就业功能向卫星城疏散。
- 城市化发展和住房建设上，需要格外注重增加和改善社区共享资源。
- 建成现代化强国的过程中，依靠农民自己为农民建设城镇和住房的时代正在到来。

【2-3-1】我国大中小城市结构不合理是个“老病”了，农民工被动返乡是这个“老病”的第二次发作。如果这个“老病”第三次发作，那我们可能就没这么幸运了，现在孟买、马尼拉、里约热内卢等城市的贫民窟现象就会大面积形成。

住房建设和城市化紧密联系在一起，这既是客观规律、国际经验，也是中国特色。

所有国家的大规模住房建设都是和城市化加速密切联系在一起的。这是国际经验。当然，这个国际经验有成功也有教训。工业革命以后，最早实现人口向大城市聚集的伦敦，用了 100 年时间才最终消除了“贫民窟”。美国的纽约用了 50 年才消除了“贫民窟”。日本的城市化过程中虽然没有出现“贫民窟”，但特大城市的过度发展带来了区域经济的“过密化”和“过疏化”问题。韩国 4700 多万人口，有 2200 多万人聚集在大首尔地区，特大城市的房价成为了困扰社会发展的一大难题。尽管一些发达国家多年来致力于形成不同收入人群混合居住的社区，但迄今还没有哪一个国家解决好“穷人应该住在哪”的问题。

中国特色在于四个方面。一是城市人口的住房改善和大批农村人口快速向城市转移交织在一起；二是城市基础设施薄弱，综合承载力差；三是各地区发展很不平衡；四是土地等资源的约束性非常大。因此，中国的住房问题绝不仅仅是“建房子”和“控房价”的问题，住房建设、房地产业发展必须和城市的科学发展密切联系在一起。

与房地产、住房建设相联系，城市的科学发展涉及四个主要方面。

一是形成合理城市结构的问题。

在进入 21 世纪的第一个 10 年中，我国的城市化重心在沿海特大城市。这一趋势确实有客观原因使然。2008 年北京要开奥运会，这是我们民族向世界展示发展成就的重大机会，要不要集中人力物力努力提升城市的现代化水平？2010 年上海要办世博会，中国要走向世界，要不要努力把上海的城市竞争力提高到国际一流水平？广州、深圳、青岛等都面对类似的机遇。我们需要抓住机遇，让中国的大城市发展水平上一个台阶，让中国的城市化与现代化更加靠拢。但由此也不可避免地留下了一个重要的发展缺陷，那就是沿海超大、特大城市与内地城市、中小城市的发展差距拉大。

2008 年末，世界金融危机越演越烈，我国经济社会发展遇到严重困难。2009 年初，我国沿海外向型经济集聚的沿海发达地区遭遇前所未有的冲击，出口订单大幅萎缩，一大批企业关厂或放长假。由此导致两千多万农民工被动返乡。这个现象暴露出了我国城市化的一个重大缺陷，即大、中、小城市结构的严重失衡。

迄今，在我国的城市化过程中，由于中小城市发展不足，农村剩余劳动力转移只能在沿海超大、特大城市和偏远农村两极之间摆动：要么到广州、深圳、上海、北京等沿海特大城市打工，要么直接返回贵州、四川深山沟的老家，中间几乎没有任何缓冲的层次。

我国的大、中、小城市结构不合理是个“老病”了。2008 年世界金融危机冲击下农民工被动返乡是这个“老病”的第二次发作。第一次发作是 20 世纪 90 年代末亚洲金融危机时。那时的表现是一大批乡镇企业无力生存而销声敛迹，曾经容纳上亿农村剩余劳动力的“蓄水池”找不到可以实现转移的中小城市。如果这个“老病”第三次发作，那我们可能就没这么幸运了。那时农民工可能就不会像今天这样简单地返乡，而可能大量地滞留在城市中了。如果出现那样的情况，现在孟买、马尼拉、里约热内卢等城市的贫民窟现象就会大面积形成。这个问题值得我们高度警惕。

【2-3-2】我们得明白一个浅显的道理。房地产再怎么调控，光靠沿海大城市发展是无论如何也不可能满足住房需求的。出路只有一个，就是加速发展中小城市。

其实，数千万农民工被动返乡只是中小城市结构不合理的反映形式之一。在过去若干年中，我国房价上涨过快的问题其实主要集中在沿海少数几个超大、特大城市。在一定意义上说，年轻人买不起房的问题和农民工被动返乡是源于同一个“病根”，即中小城市发展滞后。沿海大城市优先发展，资源向这些城市高度集中，势必导致这些城市的现代化进程加速，大城市与中小城市的发展差距拉大。由此带来，城市人口的增长主要集中在沿海大城市。当这些大城市的容纳力、承载力趋近于极限时，房价的异常暴涨就不可避免。其本质，不过是人口过度饱和的城市对新增人口的一种市场化的排斥反应。

我们得明白一个浅显的道理。房地产再怎么调控，光靠沿海大城市发展是无论如何也不可能满足城市化进程中的住房需求的。出路只有一个，就是加速发展中小城市。我们的城市化重心已经到了向中小城市转移的转折点。

2014 年时，国家发改委曾制定了一个《国家新型城镇化规划》的文件。这个文件把我国的城市按照建成区人口规模分为了超大城市、特大城市、大城市和中小城市、县城和中心镇几类，提出要把加快发展中小城市作为优化城镇规模结构的主攻方向。2017 年时，党的十九大报告进一步指出，要以城市群为主体构建大中小城市和小城镇协调发展的城镇格局。中国有个成语叫“釜底抽薪”。积极推进城市结构调整，大力发展中小城市，实际上就是对大城市“房价上涨过快”问题的“釜底抽薪”。从战略意义上可以说，最终完成中国的城市化，最终实现“大多数人住在城里”的目标，必然得依靠大中小城市的协调发展。

【2-3-3】全世界的大城市都不可避免地面对一个共同的难题：普通居民总是面对要么其贵无比的房价，要么奇远无比的距离。简单地调控房价是不可能解决这个难题的。

二是进一步完善城市基础设施和提高城市综合承载力的问题。

在收入与房价的矛盾关系上，全世界 500 万人口以上的大城市都不可避免地面对一个共同的难题：普通居民总是面对要么是其贵无比的房价，要么是奇远无比的距离的两难选择。在过去几年中，很多收入并不算低的“白领”群体抱怨在北京、上海、广州、深圳买不起房子。其实，这些城市有没有他们买得起的房子呢？有。但是距离工作地非常远，上下班的时间长到了无法忍受的地步。

简单地调控房价是不可能解决这个难题的。从国际经验看，其出路在于大力发展高效、高速的城市立体交通体系。城铁、地铁等城市轨道交通就是立体交通体系最重要的组成部分。要靠现代化的立体交通体系，通过缩短通勤时间来相对缩短空间距离。纽约上班的“白领”中，相当大的部分住在新泽西州；东京上班的职员们中，很多人得住在乘高速“电铁”也要一个多小时的神奈川县。在发达国家的特大城市中，中产阶级通常也要住到距离核心市区 30 到 100 公里半径的区间内。进入 21 世纪以来，我国的城市轨道交通已经进入了一个快速发展期。目前中国已经不仅是在几十个城市同时挖地铁了，新的建设目标是城际轨道交通的公交化，即用快速轨道系统把城市与城市连接起来，而且城际轨道的运行频率要像城市公共汽车一样密集，乘降要像城市公共汽车一样方便。实际上，这个目标目前已经在珠三角、长三角和京津冀等地基本实现。我们可以毫不夸张地说，中国的地铁、城轨的设计能力、施工能力、设备制造能力在全世界已经是无出其右的了。

轨道交通只是城市基础设施的一个方面。城市地下管网、减灾防灾设施、通讯能力、社会公共服务体系等都是城市基础设施的组成部分。有必要强调指出，虽然我国很多大城市的地表建筑、城市景观确实可以媲美全世界几乎所有国际大都市，但就基础设施来说，包括北京、上海等现代化程度最高的城市在内，我国的城市几乎都是在城市危机的临界点运行着。在过去十余年中，城市内涝成为我国从南到北每年频出的灾害，以至于媒体创造出一个说法，叫做“到城里去看海”。加快完善城市的基础设施、提高城市的综合承载力已经迫在眉睫。

从 2010 年以来，我国城市基础设施建设开始了一个全新战略，这就是城市市政管廊建设。目前市政管廊已经从规划走向了实施。大家别以为城市市政管廊就是在地下挖出线路、管道敷设的暗道。能够同时容纳上下水、燃气、通信缆线等的现代化市政管廊的技术含量绝不亚于地铁，而且其单位长度所需的投资额甚至比地铁还高。在对传统的基础设施“补短板”的同时，建设“海绵城市”“智慧城市”的任务也已经提上日程。

不过，这里得特别提示一下的是，城市的基础设施越完善，城市的管理水平越高，城市房价也会越高。那怎么办？从国际经验看，解决这个矛盾的途径就是推进城市的科学规划，优化城市的功能分区，疏解核心市区的就业功能，在超大、特大城市周边发展卫星城。从 2015 以来，北京疏解非首都功能已经成为新的城市发展目标。

三是大力增加社区共享资源的问题。

改善人民群众的住房条件，并非就是住新房子、住大房子。环境好坏也是住房水平的重要体现方式。城市是一个系统。这个系统的功能并非仅仅取决于住房资源总量，除了基础设施之外，社区共享资源也是城市系统的重要组成部分。

发达国家的共同经验，在住房改善上，人们在走出“脱困”阶段后，住房面积的扩大就逐步退居次要地位。在这些国家，普通居民的住房面积高度集中和稳定于 80 到 200 平方米这个区间，而且其分布高度向中值集中。即使社会经济再发展，收入水平再提高，这个套型面积的区间也不会再突破。而环境优劣、社区共享资源多寡会成为人们改善住房条件的主要关注点。

我国是一个土地资源等各种资源高度匮乏的国家。一方面，政策一定要引导社会形成节约资源、健康文明的住房消费模式；另一方面，人们在住房改善上的主要取向也会从“住得大”逐步转向“住得好”。在我国的城市化发展和住房建设上，需要格外注重增加和改善社区共享资源。要更加重视交通、绿化等基础设施条件的完善和商业服务、医疗、教育等设施的配套。城市建设和住房建设的结合点要落在改善居住环境和提高居住质量上。

【2-3-4】我们得承认，进城经商务工的“农民工”未真正在城市中落下脚来，并未真正融于城市。我们已实现的城市化，实际上是不稳定的城市化、低质量的城市化、初级阶段的城市化。

四是解决农业转移人口“落户”和小城镇发展的问题。

到 2019 年末，我国城市人口所占比重已达 60.60%。应当说，我们已经创造了世界历史上城市化速度最快的奇迹。但这并不是终点。一方面，就城市人口所占比重说，世界平均水平是 55%，发达国家是 85%，美国是 95%。以现代化强国为目标，我们仍然任重道远。另一方面，我们得承认，目前在我国的城镇人口中，还有相当大比重是进城经商务工的“农民工”。尽管他们已经“常住”城里，但他们的社会身份仍是“农民”。他们并未真正在城市中落下脚来，并未真正融于城市。因此，我们已实现的城市化，实际上是不稳定的城市化、低质量的城市化、初级阶段的城市化。每年的“春运”就是我们目前的城市化水平远不稳固的明显例证。

实事求是地说，一方面，中国城市化的核心任务是农村剩余劳动力向城镇转移；但另一方面，我们的城市远未做好接纳数亿农业人口的准备。

2014 年国家发改委公布的《国家新型城镇化规划》曾清醒地指出，虽然我国的城镇人口所占比重每年都在明显提高，但这个城镇化率是按照城镇常住人口统计的。如果按照城镇户籍人口算，那我国的城镇化率要比按常住人口计算的低 17 个百分点以上。这 17 个百分点涉及 2.4 亿人。也就是说，我们目前的人口城市化率是低质量的、不稳定的。从 2010 年以来，我国一直把解决符合条件的农业转移人口逐步在城镇就业和落户作为推进城镇化的重要任务。请注意这里的“落户”两个字。农业转移人口在城镇“落户”，这意味着不仅要有“户口”，而且要有住房。

把解决农业转移人口在城镇落户作为推进城镇化的重要任务，主要落实措施在于大力发展和建设小城镇。在未来一个中、长期发展过程内，小城镇发展将是中国城市化进程的一个新的重心所在，是城乡协调发展的重要落脚点，是让更多人民群众分享城市化好处的必经之路。如果说，进入 21 世纪之后的前 20 年我们主要依靠农民工为城市居民建了城市和住房；那么到 2035 年基本实现现代化和到 2050 年建成现代化强国的过程中，依靠农民自己为农民建设城镇和住房的时代正在到来。

第三讲

房地产要有颗“中国心”

还是先讲个故事。

2009年时，有媒体报道，说某专家说的，如今丈母娘相女婿的第一条件就是要有房，因而是“丈母娘需求”推高了房价。一时这个说法被“热炒”。后来这个专家专门声明，说从未说过此话，纯属记者杜撰。凑巧，这一年我和我的课题组为调查农村危旧房改造，深入到了8省区的数百个自然村。我们发现，在中国农村，不论南方还是北方，要想给儿子娶媳妇，一定要先给儿子盖房，否则女方肯定是“非诚勿扰”。也就是说，原来中国农村普遍存在着“丈母娘需求”，只是这个“丈母娘需求”从来如此，并非自近年始。

这就是国情。中国特有的国情。

编这个“八卦”的记者没弄明白的是，其实这个“丈母娘需求”决定的只是谁“买单”，并不会因此增加社会住房需求总量。有多少新人结婚就需要多少新房，这和有多少新郎就会娶多少新娘是一个道理。绝不存在“丈母娘需求”推高房价的事。

在我们的讲座中，通篇要研究两个事。一个是客观规律，一个是中国国情。规律是事物发展的一般性，国情是事物发展的特殊性。

这一讲的主题就是“房地产发展与中国国情”。

1 研究房价要先认识国情

- 研究房价，一定要先认识国情，国情重于价格。
- 对国情重要性的认识是我们对客观规律认识上的一个伟大飞跃。

【3-1-1】价格是短期利益，国情是长期利益；价格是随机波动的，国情是相对稳定的；价格是“软”调整力量，国情是“硬”约束条件；价格是内在因素的外在反映，国情是外在表现的内在依据；价格是人们主观选择的结果，国情是自然、社会等客观存在的必然。

很长一段时期以来，社会对房地产业的关注点高度集中于“价格”。从各种公众性信息中可以明显感到，好像房地产业健康与否，唯一的评判标准就是价格。“价格泡沫”“房价收入比”等成为人们议论、评价房地产业时出现频率最高的词汇。

价格重要吗？非常重要。市场经济下，价格是一切社会经济关系协调与否的综合体现。但既然价格体现的是社会经济关系，这个社会属性就不可能离开特定环境的特殊性约束。应当格外强调指出的是，研究房价，一定要先认识国情，对中国房地产业来说，国情重于价格。中国的房地产业是否处于健康发展状态，首要标志是这个产业的发展是否符合中国当前和长远战略发展过程中的国情。

为什么说国情重于价格？这个问题不难回答。

因为价格是短期利益，国情是长期利益；价格是随机波动的，国情是相对稳定的；价格是“软”调整力量，国情是“硬”约束条件；价格是内在因素的外在反映，国情是外在表现的内在依据；价格是人们主观选择的结果，国情是自然、社会等客观存在的必然。从根本上说，是国情决定价格、价格服从国情，而绝不是相反。

【3-1-2】对国情重要性的认识，是我们这个民族、这个国家、这个社会以及我们的执政党在长期的实践与理论发展中，在对客观规律的认识上的一个伟大的飞跃。

2007年党的十七大曾指出，“当前我国发展的阶段性特征，是社会主义初级阶段基本国情在新世纪新阶段的具体表现”；强调要把社会主义初级阶段基本国情“作为推进改革、谋划发展的根本依据”。2017年党的十九大就我国国情进一步指出，“中国特色社会主义进入新时代，我国社会主要矛盾已经转化为人民日益增长的美好生活需要和不平衡不充分的发展之间的矛盾”。

引述这些原文，就是想强调把握国情对认识中国房地产业特有规律的重要性。对国情重要性的认识，是我们这个民族、这个国家、这个社会以及我们的执政党在长期的实践与理论发展中，在对客观规律的认识上的一个伟大的飞跃。

2 历史和体制因素形成为中国房地产运行的特殊环境

- 中国的城镇住房尚处于“绝对短缺”状态。
- 城市化的核心问题是人，是人口向城市的聚集。
- “吃穿用比重不超过 30%”是“买得起房”的临界点。
- 未来 20 年，中国现有城镇住房中有一半需要拆了重建。

【3-2-1】中国的情况是，全社会的城镇住房资源加在一起，与全社会合理水平的住房需求总量相比还差得很远。妨碍中国城镇老百姓改善居住条件的第一位问题，首先还不是房价太高，而是房子盖得还远不够多。

在前面两讲中，我们实际上已经在不断涉及“国情”的问题了。这一讲我们再做个系统的归纳。

中国的国情是什么？

对房地产业来说，中国的国情包括十大方面，或者说，房地产产业发展的“中国特色”包括十大要点。

一是，中国房地产的基本供求关系是“绝对短缺”。

在前一讲，我们已经讲过中国的城市化问题了。如今走遍全国，完全可以用“日新月异”来形容各地的城市。进入21世纪以来，我国的城市建设已经进入了一个加速期。我们也强调指出了我国在城镇住房建设上所取得的巨大成就。但即或如此，我们还得明确一个判断，中国的城镇住房仍处于“绝对短缺”状态。

什么叫“绝对短缺”？我们先举个汽车的例子来说明。

美国的汽车早就普及到私人家庭，市场处于饱和状态了。那美国还卖得出去汽车吗？卖得出去。因为汽车是需要更新的。根据国际经验，汽车平均的更新年限是5到7年；其中货车的更新年限是3到4年，小型乘用车是8到10年。因此，影响美国汽车市场供求关系的因素已很单纯，就是短期经济的景气状况。经济景气，人们对未来预期看好，大家就提前换新车，社会普遍的更新年限就缩短，这一年就是汽车销售的“大年”；经济不景气，金融危机了，白领的“饭碗”都可能保不住了，人们就推迟更新，这一年就是汽车销售的“小年”。美国汽车销售逢“大年”时，一年能卖1600万辆汽车；2009年金融危机，美国的汽车销量只有不到850万辆。这里外里能差出近一半去。

而中国不一样。中国家庭买私家车差不多都是从无到有的第一次。2002年是中国私人购车的“汽车元年”，那一年私人购车数量第一次超过了公务用车。2009年，让全世界汽车厂商都目瞪口呆的是，就在世界金融危机和全球汽车市场大“滑坡”的背景下，中国汽车的产销量双双暴增45%，突破1300万辆。这不仅创下了历史纪录，而且从那年起，中国的汽车产量和销量一直稳居世界第一位。2010年，中国的市场上卖掉了1800万辆汽车。2019年，中国的市场卖掉了2577万辆汽车。

社会发展了，私家车正在逐步成为“社会必要标准”的生活必需品，2019年我国私人轿车的保有量是13701万辆，与上年相比，一年就增加了1112万辆。但中国14亿人口，约合4.38亿个家庭，按家庭计算的私人轿车普及率只有31.2%；同年我国城镇人口8.48亿人，约合2.65亿个家庭，即使这1.37亿私人轿车都是城镇居民所拥有，按家庭计算的私人轿车普及率也只有51.7%，即平均每两户家庭拥有一辆。那么，中国汽车市场面对的国情就是，迄今仍有极大规模的中国家庭还没拥有私家车，市场不仅要面对常态的更新需求，而且面对着一个巨大的新进入者群体。这就叫“绝对短缺”。“绝对”的含义是，不是当年汽车生产和汽车消费相互对比的短缺，而是社会保有量和社会需求量相比明显不足的短缺。

近年来，关于中国的城镇住房是否盖够了，甚至盖多了的争论一直很激烈。为了说明这个“绝对短缺”的判断，就再举一个更通俗的例子。假定我们今天开会，到会 100 人，主办方只准备了 80 个盒饭，那么不论这 80 个盒饭的价格高低涨落，注定了将有 20 个人吃不上饭。这就叫绝对短缺。这个短缺不是因为盒饭的价格太贵才导致的。因为即使盒饭的价格降到零，也还是会有 20 个人吃不上饭。

再回到房子上来。

欧美等发达国家还缺房子吗？不缺。把全美国的人口装到全美国的住房中，房子有富余。也就是说，在这些国家，住房供求的基本关系处于长期均衡状态。影响这些国家住房市场供求关系的因素主要就是短期经济景气状况下的更新年限。

同样是世界经验，民用住宅的更新周期是 50 年。也就是说，每年社会需要更新的民用住宅只是社会住房资源总量的五十分之一。每年发达国家市场能卖掉多少房子？很容易算。就是社会住房资源总量的五十分之一乘上一个人口变动系数，再乘上一个社会收入水平变动系数，再乘上一个经济景气系数。影响发达国家房地产市场的“大、小年”的，主要就是最后的这个“经济景气系数”。经济景气，人们都提前更新住房，这一年就是市场需求的“大年”；经济不景气，人们都推迟更新住房，这一年就是“小年”。

中国不是。

中国是什么情况呢？中国的情况是，全社会的城镇住房资源加在一起，与全社会合理水平的住房需求总量相比还差得很远。这就叫“绝对短缺”。中国的房地产，首先还不是价格高低、买得起与否的问题。简单说就是，妨碍中国城镇老百姓改善居住条件的第一位问题，首先还不是房价太高，而是房子盖得还远不够多。房价就是跌到零，也还是会有很多人无法满足合理改善的需求，全社会的房子仍不能满足全社会的正常需求。

我们在前面章节说过“三个1亿人”的问题，这“三个1亿人”其实就基本说明了我国城镇住房的短缺究竟在哪儿。简单说，迄今我国城镇中仍有20%左右的家庭，也就是5200万户仍为无房户或住房严重困难；此前已经拥有住房的城镇居民，近年来正在成规模、群体性地进入改善期、升级期，需要把满足基本居住需求的住房置换为满足改善性、舒适性需求，甚至享受性需求的住房；已经在城市经商务工的农村人口迫切需要在城镇定居落户；仍在农村的剩余劳动力需要实现就地城镇化。

在改革开放以来的40余年中，我们已经解决了大多数人有房子住的问题，但我们还没能解决所有人都有房子住的问题。从0到1，也就是无到有的阶段尚未全部走完，从1到2，也就是从有到改善，到宜居，到舒适的问题的又叠加上来。这就是中国的国情。

【3-2-2】人口向城镇集中的这一趋势不过是刚刚拉开“帷幕”，接下来一个显而易见的问题就是，人口大规模向城市聚集，就得有房子住。不仅要有房子住，而且还要有商场、医院、学校、写字楼、体育场馆等各种城市公共建筑。

二是，中国正处于人口向城镇大规模集中的高潮阶段。

人们经常用所谓的“国际惯例”来比较中国的房地产。但很多人经常忽略的一点是，欧洲在过去200余年来，北美在过去100余年来，东亚在过去40至50余年来，已经完成了人口向城镇集中的过程。在这些国家，人口在城乡之间的分布结构已经趋于基本稳定。而中国恰恰相反，我们正处于人口向城镇大规模集中的高潮阶段。我们多次说到，到2019年，中国的城镇人口已经达到8.48亿人，比改革开放初期增长了四倍还多。

这个趋势好不好呢？非常好。没有这个趋势，中国就成不了世界经济强国，就实现不了城乡协调发展，就无法根本解决“三农”问题，就不可能达于现代化。早在2002年时，中国共产党十六大报告就在“全面建设小康社会”的战略设想中明确将“城镇人口的比重较大幅度提高”列为了基本标志。

人口向城镇集中的这一趋势不过是刚刚拉开“帷幕”。按照过去 40 余年城镇人口所占比重平均每年提高一个百分点计算，假定 14 亿人的总人口不再增长，每年也将有 1400 万左右的农村人口转移到城市。未来 10 年，就是 2.6 亿～2.8 亿人！接下来一个显而易见的问题就是，人口大规模向城市聚集，就得有房子住。不仅要有房子住，而且还要有商场、医院、学校、写字楼、体育场馆等各种城市公共建筑。

我们正逢一个民族发展历史上的重大转折过程。完成与工业化并进的城市化是走向现代化不可逾越的历史过程，这已经为发达国家的历史经验和发展经济学的理论所证明。中国的房地产业正承担着为中国的城市化提供物质基础的历史使命。判断中国城市固定资产投资规模的大小，不能简单地和历史比，而要和承载巨大人口规模的城市建设需要比；研究中国的房价，不能仅仅从一定时段的上涨速度出发，而要从人口在空间上的分布合理性出发。

【3-2-3】当某一阶层人群的正常生活支出所占比重仍在 70% 以上时，这个阶层是不具备“购房置业”的资产累积能力的。即使房价跌到他们付得起“月供”的程度，他们也承受不了长期负债和持有房产的风险。妨碍他们拥有自己产权房的第一障碍并非房价，而是私人资产的累积能力不足。

三是，人民群众的私人资产累积能力普遍不足。

2009 年末，有次在北京电视台做访谈节目。台下一个年轻姑娘问，说我每月 4000 余元的收入，但北京的房价早就涨到我买不起的程度了，凭什么啊？

我反问了一个问题。我说你每月正常生活，不用刻意节衣缩食，也不浪费，要花多少钱？回答是怎么也得 3000 元以上。根据这个回答，答案已经显然。当某一阶层人群的正常生活支出在收入中所占比重仍在70%，甚至80%时，不论房价高低涨落，这个阶层是不具备“购房置业”的资产累积能力的。因为即使房价跌到他们的支出剩余付得起“月供”的程度，他们也承受不了长期负债和持有房产的风险。妨碍他们拥有自己产权房的第一障碍并非是房价，而是私人资产的累积能力不足。

可以和美国等发达国家的情况作个对比。发达国家的“发达”体现在什么上呢？并非仅仅体现在收入水平上，更重要的是体现在一个叫“支出收入比”的指标上。简单说，发达国家中绝大多数家庭“吃穿用”的花费在收入中所占比重都已不超过30%。这个“吃穿用比重不超过30%”的“支出收入比”，其实就是具备“买得起房”的私人资产累积能力的临界点。

我们中国一个不可忽视的国情是，30余年前，中国的老百姓几乎百分之百都是“无产者”。在改革开放的过程中，我们已经完成了让绝大多数人实现“温饱有余”的目标，人民群众的收入水平普遍有了较大程度的提高。但在吃穿用之外，这个“有余”的程度还远不充分。我们已经走过了改革开放初期的住房“脱困”阶段，走到了普遍改善阶段、完善保障阶段和越来越多的人民群众拥有不动产形式的私人资产阶段。一方面，“买房置业”正在成为人民群众普遍的资产累积形式；但另一方面，真正具备持有不动产能力的家庭仍还是少数。

中产阶级在社会人群中占有主要比重，这在发达国家已经实现的社会结构，在我国才是方兴未艾的起步阶段。

2002年党的十六大报告要“扩大中等收入者比重”；2007年十七大报告提出要实现“中等收入者占多数”的收入分配格局；2017年十九大提出要实现“人民生活更为宽裕，中等收入群体比例明显提高”，要“鼓励守法致富，扩大中等收入群体”，要让“城乡居民收入增速超过经济增速，中等收入群体持续扩大”。

注意，上述文件所提的还都是“中等收入者群体”，还不是“中产阶级”。这两者有什么区别呢？区别就在于是否具备较为充分的私人资产累积能力。“中产阶级”这个概念中的那个“产”字，指的就是资产能力，而不是收入高低。但显然，“中等收入者”群体的持续扩大是“中产阶级”所占比重提高的前提。

持续让大多数人从“无产者”成为“有产者”，逐步让“中等收入者群体”发展到“中产阶级”，这就是中国房地产业面对的国情。实际上，在过去几年中，人们对投资性需求和自住性需求之间关系、价格与收入之间关系的争论，本质上并非仅仅是改善住房条件和是否买得起房的利益诉求。这个争论所反映的，是老百姓的资产累积时间短、累积程度低的现实与拥有房产这种高价值资产之间存在尖锐矛盾的国情。

四是，房地产业的发展总是伴随着城市大规模拆、改、扩、建的过程。

与发达国家相比，中国房地产业的一个显著特点是，其发展总是和城市的大规模拆、改、扩、建联系在一起。

前面我们曾提到一个城市化“补课”的说法。在建国之后的一个很长的发展过程中，由于多种复杂的历史原因，城市固定资产、城镇住房的质量普遍很差，值得长期保留的不多。尽管改革开放 40 余年来我们已经改造了相当规模，但即或如此，从现在起的未来 20 年左右的周期内，中国现有城市住房中至少还得有一半需要拆了重建！

这个判断，我在 2008 年时就说过。当时一些媒体为吸引眼球，既不提我所说的时间周期，也不讲我所提出的理由，只恶炒为一句话：“住建部专家说中国房子要拆一半。”由此还引来国务院领导批示住建部查问。我坚持未作更正，只把为何这样说的理由重申了一遍。后来住建部是如何回复国务院领导的，我就不知道了。

为什么如此判断？理由如下。

中国房地产业发展和城市的拆、改、扩、建相联系，是特定的体制条件和历史条件决定的。

我们可以分几个阶段说。

1949 年以前，中华人民共和国建立之前的住房，除了很少一些具有历史、文物价值的以外，一般民房都没有保留价值了。这些住房的房龄，至少都是 70 余年了。这部分住房、街区，甚至是成片的老城区，现在都是各城市危旧房改造的重点。

1949年到1979年这30年建的住房，也没有多少保留价值了。与1949年前的住房同样，除了少数具有历史、文物价值的以外，其余的出路就是一个“拆”字。20世纪50年代以来，在“重工业优先发展”的计划经济条件下建设起的一批老工业基地城市、“工人新村”，在“靠山分散进洞”和“要准备打仗”“备战备荒”思想指导下形成的“三线建设”和城市简易房、“战备房”，以及在“先生产后生活”“先治坡后治窝”原则下形成的城市格局与基础设施条件都亟待改造。在2009年“保增长”的政策体系中，国家财政曾专门拨款用于“棚户区”改造。这个“棚户区”主要就是由当年的“工人新村”演变而来的。

1979年到1999年是我国大规模兴建城市住房的一个重要时期。这个阶段仍延续了计划经济时代“福利分房”的制度，基本政策是“鼓励单位自建住房”。依靠这个阶段兴建的住房，我们走过了城镇“住房脱困”的最初阶段。这一时期兴建的住房是现在“二手房”市场中所谓“房改房”的主体。这些“房改房”的特点，一方面基本都是成套住宅，一般具备厨房厕所、上下水道等配套条件；但另一方面，由于以“脱困”为目标，不仅套型面积普遍很小，而且在功能、环境、质量等方面也具有很大缺陷。目前这些住房已不能适应人民群众改善住房条件的需要。随着我国城市现代化、国际化程度的不断提高，城市功能的不断完善，这些住房也将逐步失去保留价值。由此判断，未来20年中，中国现有城镇存量住房将有一半需拆了重建。一半，只会多不会少。

城市大规模的拆、改、扩、建过程，一定是城市资源的重新优化配置过程，城市人群的利益结构重组过程。在这个过程中，个别利益与整体利益之间、短期利益与长远利益之间、商业利益与公共利益之间、城乡利益之间关系必定会不断出现矛盾冲突。因此，在中国房地产业的发展过程中，协调、兼顾各方利益的要求就格外突出。这个国情，我们务必不要忽略。

3 产业发展的约束条件不以人的主观意志为转移

- 中国是一个自然禀赋条件差、资源严重匮乏的国家。
- 房地产业必须面对发展不平衡带来的各种矛盾冲突，承担起缩小不平衡差距的历史任务。
- 对城市资源的国际化竞争使房地产业已经面对全球化的挑战。

【3-3-1】发达国家城市化进程的历史经验都不适宜在中国简单套用。中国的房地产业必须走出一条具有中国特色的节地、节能、节水、节材和与环境友好的新路来。

五是，自然禀赋条件差，土地、能源等基础性资源严重短缺。

在所有国家，城市化进程一定是一个“高资源指向”的发展阶段。而我国房地产业发展过程中不可忽视的一个重要国情恰好是，中国是一个自然禀赋条件差、资源严重匮乏的国家。不仅土地资源必须严守 18 亿亩耕地的“红线”，而且在相当多的城市，水资源也严重短缺。能源更是中国经济发展的“瓶颈”制约。我国石油后备资源的人均储量只相当于世界平均水平的 16%，天然气相当于世界平均水平的 4%，煤炭也只相当于世界平均水平的 54%。大规模住房和城市基础设施建设不可或缺的钢材、水泥也面临资源严重不足的约束。此外在我国，不论是东部沿海经济发达地区还是西部发展相对滞后地区，环境承载力都已经趋于极限。过去多年来，因环境污染、气候变异等引起，在多个城市连续爆发的水危机已经不断向我们提出了警告。近年来，从北到南，每年频发的大面积雾霾天气甚至让清洁空气、蓝天白云都成为了人们的企盼。

目前看，发达国家或地区城市化进程中的历史经验都有值得我们学习借鉴的地方，但都不适宜在中国简单套用。中国的房地产业要想健康发展，必须走出一条具有中国特色的节地、节能、节水、节材和与环境友好的新路来。

六是，多重发展不平衡并存，社会各群体之间差距明显。

中国工业化的发展历史短、基础差是一个无需论证的事实；中国还是一个正处于从计划经济体制向社会主义市场经济转轨过程中的国家，资源优化配置的机制力量尚不完善；再加上我国还必须在自己的经济发展中实行工业化与现代化并举的战略；国民经济的各环节、各领域发展不平衡就成为一个必须面对的国情。

中国的发展不平衡是多重的。城乡发展不平衡，东西部之间发展不平衡，大中小城市之间发展不平衡，城市经济规模与城市基础设施和城市综合承载能力不平衡，城市人口急剧增长与城市保障性福利资源的累积程度不平衡，以及城市各群体之间的收入不平衡等，构成了中国房地产业发展的特定外部环境。

发展不平衡决定了中国房地产业不仅必须同时面对多样化的需求，必须面对多种不平衡带来的复杂的种种矛盾冲突，而且还必须承担起缩小而不是扩大、激化各种不平衡差距的历史任务。

【3-3-2】中国的房地产市场是一个新兴的市场，作为这个市场供给方的房地产业是一个新兴的产业。在这个市场和产业的发展过程中，完善资源配置的机制体系可能尚需一个较长的时期。

七是，市场体系和保障体系均不完善，资源配置力量存在着多方面扭曲。

中国的房地产市场是一个新兴的市场。作为这个市场供给方的房地产业是一个新兴的产业。在这个市场和产业的发展过程中，完善资源配置的机制体系可能尚需一个较长的时期。这也是中国房地产业发展面临的现实国情。

中国房地产市场体系不完善主要表现在四个方面。其一，短期利益的约束力、诱导力强，而社会稳定、改善环境、节约资源、促进公平、保护消费者等长期利益的约束力、影响力很弱。其二，保障体系和市场机制尚未形成相互补充、无缝对接的资源配置体系。其三，新房交易的一级市场和“二手房”交易的二级市场、使用权交易的租赁市场的发展远不平衡，存量住房资源不能充分动员到满足实际住房需求的过程中来。其四，要素供给的市场化程度不高，土地、资金等的供给仍处于政府垄断或严格控制下。

市场体系和机制不完善导致两个不良后果。其一，市场参与者行为被扭曲，短期市场信号成为引导供求关系的主因素。近年来，消费者“买涨不买落”的行为、开发商“囤地”行为、土地“招拍挂”中的“地王”现象均源出于此。其二，整个产业的各种风险高度集中于交易环节，原材料价格上涨、通货膨胀、国际汇率变化以及信贷风险等都只能在交易环节的博弈中体现，关于“取消预售房”的争论、用“假按揭”套取银行贷款的违规行为、二手房交易中的税负转嫁行为等均源出于此。

中国的房地产业将在一个从不完善走向逐步完善的制度环境下运行。这个国情决定，其健康发展的过程实际上将是一个“游戏规则”不断摸索、完善的过程。

八是，对城市资源的国际化竞争日益激烈，房地产业已经面对全球化的挑战。

过去几年，在对房地产业健康发展的研究中，人们日益注意到，伴随着对外开放的发展，中国房地产业的国际化程度已经越来越高。

中国房地产业的国际化主要体现在三个方面。其一，外资对中国城市资源的竞争日益激烈。我国一些沿海大城市中，外资购楼置业曾引起过政策的高度关注。获取中国城市的优质房地产资源已经成为国际资本进军中国市场的重要登陆点。这些外资购楼置业的价格参照物，不是当地居民的收入水平，甚至不是国际上同类城市的房价水平，而是投资中国的“机会收益”，即把商务总部搬到中国的城市中能获取多大的商业利益。其二，国际性房价波动对国内市场的影响日益增大。在中国经济发展过程中，我国城市在世界经济格局中所占地位也是快速上升的。由此而来，一方面，我国城市房价将不可避免地出现向国际同类城市靠拢的趋势；另一方面，国际房价的波动也将日益明显地影响我国的房地产市场。其三，人民币汇率变化导致外资对市场的干扰。2017 年前较长一段时间内，在人民币升值的预期推动下外资曾呈加速涌入中国房地产市场的趋势。那时国际资本为中国城市化的前景所吸引，为人民币升值的预期所吸引，曾千方百计地通过推动中国房地产企业海外上市、并购或收购中国房地产企业资产、直接参与房地产成片开发以及种种合规或者违规的途径参与到中国的房地产领域中来。2018 年以后，人民币汇率出现了升贬值交替的波动，再加上一段时期美元升息的预期，外资“出逃”对市场预期影响很大。2019 年人民币贬值时，一些曾依靠境外发债融资的房地产企业用人民币结算时被迫面对还本付息时的财务费用大幅上升。甚至一些境外房地产投资机构因种种原因不断成规模地出售资产，明显表现出退出这个市场的意图。

国际化竞争是全球普遍的，但在中国的具体体现则是充满特殊性的。上述国际化动向都不是短期的。中国的国民经济发展和城市化进程已经驶入了“快车道”，中国市场的潜力正在成为世界经济增长的新“引擎”。但目前看，由于国际环境的新变化，人民币汇率已经进入到不稳定期。从 2020 年的情况看，我们在过去几年曾设想和推进的人民币国际化进程可能无法按照此前的预期实现。这个国情，同样成为中国房地产业发展必须面对的环境条件。积极参与到这个国际化竞争中去并且在竞争中取胜，这是我国房地产业不可回避的历史使命。

4 产业与市场均处于初级发展阶段

- 我国房地产企业普遍缺乏市场竞争的充分“洗礼”。
- 房地产业健康发展过程应当是形成健康文明的住房消费模式的过程。

【3-4-1】在住房消费上力求“一步到位”、攀比求大，超出自己的资产累积程度和收入水平购房，不考虑长期风险的过度负债购房等现象是不应鼓励的。

九是，产业技术创新能力、盈利模式、抗风险能力、产业组织结构等均处于初级阶段。

中国的房地产业已经成为国民经济的重要支柱产业。在未来至少 20 年内，房地产业仍将是社会固定资产投资最主要的聚集领域。这个领域的投资规模决定着社会投资增长速度、区域经济及城市经济增长速度。房地产业还是一个前后关联度非常巨大的产业。这种关联度不仅在于工业再生产链中的上下游关联度极高，而且在于与金融、土地等各种要素配置状况、配置效率以及配置风险的关联度极高。房地产业的这一特点是任何其他产业都不具备的。

但另一方面，中国房地产业自身又是一个发展时间短、基础薄弱的产业。由产业发展的历史条件决定，我国房地产企业普遍存在着对政府依赖程度高，缺乏市场竞争充分“洗礼”的特点。由于我国正处于城市化加速发展过程中，房地产开发和城市扩张、城市改造联系密切。不论在大中小城市，房地产项目经常是和政府的城市升级改造意图密切联系在一起的。这种先天条件决定，我国房地产企业的抗风险能力普遍偏弱。大量依靠银行的开发贷款或者按揭贷款是开发商的基本操作手法。

我国房地产业的技术创新能力也不够强。尽管一段时期来很多开发商在市场上大打“绿色”“环保”“宜居”的牌号，但实际上过去几年中我国新建住房的绝大部分都是不符合节能标准的。此外在产业组织结构中，大中小企业的合理构成状态也远未形成。目前中国最大的房地产企业所占市场份额还不到4%。“群雄并起”仍是产业组织结构的基本特点。

由于体制性的地域分割和市场竞争不充分等原因，改变中国房地产业的这种状况可能需要一个较长时期。中国房地产市场要实现健康发展，必将需要一个产业自身健康发展的过程。

十是，社会消费观念尚需长期引导。

在中国的传统文化中，购房置业、拥有属于自己的住房是人生成功的重要标志。不仅如此，在住房消费上力求“一步到位”，攀比求大的消费观念也颇为人们所接受。由此而来，超出自己的资产累积程度和收入水平购房，“三代人集资购房”，超出实际需要地追求大户型，不考虑长期风险地过度负债购房等现象，就成为中国房地产市场上特有的一个普遍现象。由于资源限制和实现可持续发展的需要，这种消费观念是不应鼓励的。中国房地产业的健康发展过程应当是合理引导消费，形成健康文明的住房消费模式的过程。

第四讲

政策能“包治百病”吗

19世纪末时，经过百年的工业化进程，市场经济已经在欧洲逐步得以确立。从“文艺复兴”时期开始的以否定神权、王权为核心的人本主义思潮开始转向对社会不平等、专制、贫困、资本财富聚敛、人在市场机制面前的软弱无力等问题的思考。由此，在已被资本剥夺了生产资料而沦为“自由雇工”的无产者，被“翻手为云、覆手为雨”的市场经济摆布得命运无定的小资本者以及一批具有社会批判精神的学者中间产生出了两个截然对立，但都被称为“革命党”的理论派别。其中一派称为“无政府主义”。他们认为，政府是暴力、掠夺、不平等、贫困等现象的万恶之源。只要有了市场完全自由的充分竞争，拥有超经济强制力的政府已经成为多余，社会完全可以由市场来自行决定资源配置、自发地实现供求平衡、自动地协调各种社会利益关系。另一派称为“社会主义”。他们认为，市场竞争只会导致供不应求和供大于求的反复波动，导致社会资源的巨大浪费，导致人的命运完全被市场操控，导致两极分化和极端的不平等；解决这些问题就得有一个拥有巨大权威、直接占有一切财富、时刻代表社会全体成员的共同利益、能够预先优化地计划和配置资源的强大政府。

20世纪整整百年的人类实践证明，没有政府、取消政府的市场经济不行；否定市场、否定个别利益的计划经济也不行。那什么行？人们在市场和政府之间找到了一个叫做“政策”的东西，在尊重市场、尊重客观规律的前提下，依靠政策来实现社会主观意志对市场的有限干预，维护社会的公共利益、长远利益。

这一讲，我们就讲影响房地产的政策体系。

1 政策是认识客观规律基础上的一个体系

- 客观规律甚至不以大多数人的主观意志为转移。
- 政府办不到“让所有穷人买得起房”，但可以通过保障让穷人住上房。
- 影响房地产业的政策也是一个多重的政策体系。

【4-1-1】绝大多数人的共同意志并不能让房价“保持合理水平”，但“有形之手”可以调整房价波动的幅度和周期。在市场经济下，顺从客观规律，积极、主动地认识客观规律，对自发过程施以调整的措施，就叫“政策”。

市场经济是一个讲求效率和优化的社会经济形态。

市场经济的效率和优化是从哪里来的呢？从竞争、分散决策、各种资源的自发动员能力等方面来。市场经济并不是一个完美的社会经济形态。就是最崇尚市场经济的经济学家也得承认，市场经济是有缺陷的经济形态。在市场经济的运行中，不可避免地存在着一个很重要的基本矛盾，这就是政府和市场的矛盾。政府要统一意志，市场要自发竞争；政府要维护长远利益、整体利益，市场要追求眼前、局部利益；政府要缩小差距，市场要优胜劣汰；政府要实现社会发展与经济发展的协调，市场要实现利润最大化。

解决这个矛盾，人们很容易想到的一个办法就是，让政府把市场管起来。直到今天，在我们的房地产市场发展问题上，要求政府把市场“管”成理想化状态，“管”成一个按照人们主观意志行事的“好孩子”的声音仍然层出不穷。

坦率说，近年来各地频出的限购、限贷、限价、限卖甚至限离婚、限分户等行政性措施，其思路就出于这种“政府管市场”“政府万能”的认识。若干年前，媒体曾大声质问，这房价究竟“是总理说了算，还是总经理说了算”？其潜台词就是，政府就应当对市场、对企业有“说了算”的绝对控制力。

但很不幸，这办不到。

为什么办不到？因为市场运行遵循的是客观规律。什么是客观规律呢？客观规律是不以人的主观意志为转移的必然趋势。这个“不以人的主观意志为转移”，包括不以出于多么良好愿望的主观意志、不以谁“官大”的主观意志、不以人们如何大声疾呼的主观意志，甚至不以大多数人的主观意志为转移。

那政府怎么履行其职能？政府只能在认识客观规律、顺从客观规律、把握客观规律的基础上，按照符合客观规律的方式去对自然、自发过程施以必要的调整。人无法不让老天下雨，但人可以努力预知下雨，可以出门带伞。政府永远办不到“让所有穷人买得起房”，但政府可以通过提供社会保障让穷人住上房。绝大多数人的共同意志并不能让房价“保持合理水平”，但“有形之手”可以调整房价波动的幅度和周期。在市场经济下，顺从客观规律，积极、主动地认识客观规律，对自发过程施以调整的措施，就叫“政策”。

政策是政府干预经济的行为，是对市场运行偏差的强制校正。就像人体在自身抵抗力不能对抗疾病的侵袭时需要药物的帮助一样，市场经济也需要政策的干预。完善的政策体系是房地产业健康发展不可或缺的重要基础。

【4-1-2】影响房地产业的政策是一个多重的政策体系，这个政策体系包括各自独立又互有交叉的三个组成部分，即公共政策、产业政策和宏观政策。

人们说，中国的市场是政策市，股市、楼市莫不如此。这话也对。每次政府出政策，市场必定应声而动。于是人们就对影响房地产的政策寄予了无限希望，有说让政府实行“一户一房制”的，有说应当“取消开发商”的，有说“必须恢复福利分房”的，还有说“建议政府包建住房”的。大家可以上网检索一下有关房地产的信息，探讨市场规律的寥寥无几，建议政策、揣测政策、解析政策、批评政策的遍地都是。

真有能“包打天下”的政府？真有能“包治百病”的政策？

我们务必强调的是，政策是市场经济下的政府行为。如果离开了市场经济这个前提，政府干预经济的行为就不叫“政策”而叫“计划”了。

在过去几年中，经常有人批评宏观调控政策，说政府的宏观调控政策是失败的，是“空调”，依据是调控了半天，穷人还是买不起房。这个指责批错了对象。穷人怎么住上房子的问题，不归宏观调控政策管，而归公共政策管。

房地产业对国民经济和社会发展的影响作用是多重、多层次的，因而影响房地产业的政策也是一个多重的政策体系。这个政策体系包括各自独立又互有交叉的三个组成部分，即公共政策、产业政策和宏观政策。

什么是公共政策呢？公共政策是指维护社会整体利益、长远利益的政策。其主要职能，是保障基本人权、通过对资源的再分配维护社会公平、实现社会稳定。住房保障体系就是房地产领域的最主要的公共政策。

什么是产业政策呢？产业政策是产业的战略发展政策，包括促进资源向重点产业集中的扶持政策、防止外来竞争对产业形成发展障碍的保护政策、促进设备工艺不断提高的技术政策、调整产业规模及产业与国民经济之间关系的退出政策、力求资源节约和实现可持续发展的环境政策、形成大中小企业合理构成的组织政策等。

什么是宏观政策呢？宏观政策是对国民经济整体短期运行状态的调整政策，而且宏观政策调整的是总量平衡关系，即总供给和总需求之间的平衡关系。宏观政策的目标是维护国民经济的稳定运行，防止通胀、通缩引起的“大起大落”。宏观政策的主要调控手段是货币政策和财政政策。

如果综述一下上述三方面政策的关系，在这三方面政策构成中，公共政策是保障“人人有房住”的政策，因而是保障房地产业发展要达于起码目标的政策；产业政策是促进产业不断加快发展、健康发展的政策，力求实现最优目标的政策；宏观政策是维护产业发展过程的稳定性的政策，是短期对策性的调整政策。

可以打个比方。在人们的家庭生活中也需要三个政策。把家庭的优质资源集中用于子女，让他们上名校，为他们请家教，努力给他们提供最好的营养。这就是家庭生活中的“产业政策”，孩子就是家庭的“战略重点产业”。这个“政策”力求的是家庭发展前景最大、长远收益最高。但居家过日子光有这个政策还不行。谁家不需要赡养老父母？谁敢担保自己不得大病？谁能预料家人不会遇到各种天灾人祸的意外？人们还需要留出抵御各种危机和不确定性的“后手”。妥善安排好应对各种风险、实现基本保障的资源，这个安排就是家庭的“公共政策”。只有“产业政策”和“公共政策”就行了吗？还不行。还需要经常地随天气变化增减衣服以适应环境，注意讲求卫生以避免疾病侵害，否则孩子三天两头发烧感冒，再好的营养也很难有个强壮的体魄。“看天气增减衣服”的政策就是家庭生活中“宏观政策”。国民经济整体也好，房地产业也好，居家过日子也好，这三方面政策全面完善、均衡覆盖且灵敏有效，人们希望的发展目标才能顺畅实现。

2 宏观调控政策的职能是维护国民经济的稳定运行

- 宏观调控政策不过是一个“看天气增减衣服”的政策。
- 政府并非仅仅是当“裁判员”，必要时还得直接“进场”去影响“比赛”。
- 房地产业必须要学会在常态的政策环境中生存和发展。

- 我国利率水平仍处于长期低点，这个利率水平不可能长期维持。
- 把短期房价作为税收调控目标的政策最终一定会退出对房地产业的调控。

【4-2-1】宏观调控政策的职能是维护国民经济整体的稳定运行，而且宏观政策调整的只是短期的经济运行状态，只是总量平衡关系，即总供给和总需求之间的平衡关系。

很长时间来，颇有不少声音把化解收入与房价的矛盾，协调城市扩张中征地、拆迁引起的利益冲突，抑制收入差距拉大，甚至抓贪官、反腐败等职能都加到了宏观调控政策的头上，指望宏观调控政策能够有个“一揽子”的办法，“毕其功于一役”。这不现实。也有一些媒体，对矫正国民经济短期运行状态的一些政策统统都说成是“打压”房地产，数年不变地总是把房地产市场形势说成是“迷雾重重”。这不客观。

别夸大宏观调控政策的职能，也别神话宏观调控政策的作用。宏观调控政策不过是一个“看天气增减衣服”的政策。

宏观调控政策的职能是维护国民经济整体的稳定运行，而且宏观政策调整的只是短期的经济运行状态，只是总量平衡关系，即总供给和总需求之间的平衡关系。什么叫维护国民经济的稳定运行呢？简单说，就是防止“过热”或“过冷”导致恶性“通胀”或者“通缩”，避免“大起大落”。

宏观政策的主要调控手段是货币政策和财政政策。货币政策主要包括提高或降低存款准备金率、提高或降低利率、提高或者降低信贷门槛等调整信贷规模、调整流通中货币供应量的政策。财政政策主要包括调整税种或税率、调整财政负债规模、调整政府支出或投资预算等政策。提高利率、增税等抑制经济扩张的政策叫做“紧缩性政策”，紧缩性政策主要用于经济“过热”、国民经济增长速度过快、物价上涨过快时。降低利率、减税、增发国债以扩大政府投资规模等刺激经济的政策叫做“扩张性政策”，扩张性政策主要用于经济过冷、失业率过高、物价持续负增长时。

【4-2-2】世界金融危机从本质上说，和20世纪30年代那场“大萧条”一样，都是严重的供大于求累积而成的“过剩”危机；只不过“大萧条”时的“过剩”形式是“穷人没钱买东西”，最近一次世界金融危机的“过剩”形式是人们过度地“借钱买东西”。

宏观经济学、宏观调控、宏观政策的诞生和人们经常提到的20世纪30年代那场世界经济大危机有关。

在19世纪中期，马克思曾在他的经济学名著《资本论》中预言，工业化和市场经济的发展过程中存在着一个基本矛盾，这就是生产的无限扩大和有支付能力的需求相对缩小的矛盾，这个矛盾将会导致全面的过剩危机。但在那个时代没有人相信他的话。人们认为，市场经济下，供大于求时的价格下降就会导致市场的自动收缩，供不应求时的价格上涨就会导致市场的自动扩张，怎么会有东西卖不出去的全面过剩危机呢？很多人嘲笑马克思，说他肯定是老糊涂了。

但不幸的是，1929年，马克思的预言真的应验了。一场猝不及防的全面过剩危机降临到当时的所有工业化国家。仿佛在一夜之间，什么东西都卖不出去了，需求萎缩、物价下滑、股票暴跌、企业破产、工人失业、老板跳楼。从1929年到1933年，世界经历了一场大危机、大萧条。

这个教训太惨痛了。在总结经验的基础上，就诞生了以“凯恩斯主义”为代表的宏观经济学。这个宏观经济学与以往西方经济学理论的最大不同就是，强调政府对经济干预的必要性。但我们还得特别指出一点，宏观经济学强调的政府干预并非是现在很多人说的“制定规则”和“维护秩序”，而是运用一定的资源配置力量直接影响总供给和总需求之间的平衡关系。通俗说就是，政府并非仅仅是当“裁判员”，必要时还得直接“进场”去影响“比赛”。

宏观调控理论的确有效。战后很多发达国家越来越少地发生那种危机性的供求失衡了，这和政府主动调整经济运行状态的政策行为密切相关。

但就在人们沉溺于这些成功时，市场又提出了新的挑战。2008年下半年，世界金融危机爆发。从本质上说，这次危机和 20 世纪 30 年代那场“大萧条”的“病根”一样，都是总供给和总需求之间矛盾发展到对抗程度的危机，都是严重的供大于求累积而成的“过剩”危机。只不过“大萧条”时的“过剩”形式是“穷人没钱买东西”，这次世界金融危机的“过剩”形式是人们过度地“借钱买东西”。

这场金融危机对传统的宏观经济学、宏观调控理论也提出了挑战。在实践中，财政政策扩展到了政府直接收购企业。2009 年请求破产保护的“百年老店”通用汽车公司，其股价从 99 美元直线跌至不到 1 美元！怎么拯救呢？改组方案中 80%以上的股份为政府持有，其中美国政府持有 70%，另 10%为加拿大政府持有；另有近 20%为工会持有。其实通用并非是被政府出手“国有化”的第一家。AIG，也就是美国国际集团，世界最大的保险公司，也是通过政府注资和收购不良资产才免于“猝死”的。货币政策也扩展到不惜大规模增发货币的程度。美国花旗银行就是靠美联储“印票子”，然后闭着眼高价收购其不良资产才幸免于难的。这场金融危机中，政策手段差不多是扮演了一个“危机保险公司”的角色。可以预见，危机过后，以往宏观调控理论的教科书恐怕要全部重写。

【4-2-3】人们经常希望专家能“预测”利率的变化，这种“预测”的可靠程度是很低的。因为影响货币政策的因素经常是“双向”存在的，但货币政策的长期走势则是相对确定的。

回到中国经济和中国的房地产问题上来。

宏观调控政策的职能并不包括对产业发展状态的调整。为什么人们很容易把宏观调控政策和房地产联系起来呢？原因并不复杂。房地产市场是一个对货币政策、财政政策高度敏感的产业。

房地产业运行的最大特点就是负债。开发商建房子要通过开发贷款负债，老百姓买房子要通过按揭贷款负债。扩张或收缩信贷、提高或降低贷款门槛，对房地产市场的供给或需求都会产生重大影响。这在任何国家都同样。由于短期宏观经济形势总是复杂多变的，利率等货币手段的变化是一种常态的政策环境。中国的房地产业必须要学会在这种常态的政策环境中生存和发展。

针对宏观经济运行状况的利率政策未必是专门针对房地产的，但政府的确也可以专门针对房地产业采用一定的货币政策加以调控。例如在2009年“保增长”中，把开发商获取开发贷款的自有资本金比例降低到20%的政策，允许改善性住房按揭贷款两成“首付”的政策，以及2010年针对部分城市房价上涨过快采取的提高“二套房贷”首付比例的政策等，都是对房地产业的区别化调控政策。

人们经常希望专家能“预测”利率的变化。短期变化确实可以从宏观经济的运行状况中有所分析。例如根据物价总水平涨落、本币升贬值趋势、资本市场的冷热情况以及国际货币的利率水平高低等有所预期。但是这种“预测”的可靠程度是很低的。因为影响货币政策的因素经常是“双向”存在的。例如物价上涨可能会引起升息，但人民币升值压力又会抑制升息。

虽然货币政策的短期变化具有很大的不确定性，但其长期走势则是相对确定的。例如，从2015年以来市场不断对“降息”“降准”持有强烈预期，因为从那时到现在，抑制国民经济增速下滑一直是宏观经济调整的首位目标。到2020年开年，“新冠”疫情影响下，国民经济增速在二季度甚至跌到负增长，尽管政策决策部门一再强调，绝不采用“大水漫灌”式的宽松货币政策，但“定向宽松”实际上不可避免。宏观调控政策本来就具有“相机决策”的特点。异常的“倒春寒”来临，您就得把本来已经准备收藏的棉衣拿出来穿上。这就叫“相机决策”

但是否可以预期目前相对宽松的货币政策能长期持续呢？肯定不能。在20世纪90年代中期，我国曾面临过一轮恶性通胀，那时我国的利率水平曾达到过历史高位，仅一年期定期存款利率就高达12.98%！当时宏观调控政策的基调叫做“全党抓通胀”。但很快，1998年亚洲金融危机突然爆发，“确保国民经济增速不低于8%”又成为宏观调控政策的首要指向。此后货币政策迅速全面转向，利率持续下降。后来利率已经低到降无可降的地步时，我们甚至出台了征收20%利息税的政策。这个货币与财政手段混用的政策，旨在对存款人形成实际的降息。此后迄今的20余年来，除了2008年一段短暂的上调区间外，利率总体上一直在历史低位运行。

2008年真是神奇的一年。那年的三季度时，国际油价和粮价持续暴涨，在此影响下，7月份时我国的通胀率一度高达接近恶性通胀的6.8%，以至于在北京奥运会开幕式上歌手刘欢高唱的英文歌“You and Me”被人们谐音调侃为“油和米”。但仅仅两三个月后，美国金融危机爆发，世界金融危机接踵而至，世界各国全部紧急采取货币“放水”的政策以挽救经济。我国的宏观调控政策也同样从防通胀急转为防通缩。

回顾这一过程，一方面我们可以看到宏观调控政策会经常性地反复多变，但另一方面，我们还须强调指出，已经持续20余年的总体低利率状态不可能再长期持续。除非中国经济从此步入衰退，否则这个利率水平绝不可能长期维持。须知，中国作为一个发展中国家，作为一个发展不平衡的国家，3%～5%的通胀率是一个良性、温和通胀区间，而与此通胀率对应的利率水平至少应比2020年目前的水平高一倍。

中国的房地产业对税收政策也很敏感。由于我国的房地产市场是一个新兴的市场，市场的景气状况在一段时期内对投机性需求的依赖程度很大。抑制投机性需求的一些税收政策，例如对二手房交易中营业税征免年限的调整，就很容易形成对正常需求的抑制。因为在交易环节增税，实际上都会转嫁到买方头上，形成买方价格的组成部分。通俗说就是，都得由买方“买单”。

税收调控房地产短期运行状况是中国的一大特色。因为在发达国家，针对房地产开发、交易、持有等环节的税赋体系是相对稳定、很少变动的。这是因为我国房地产领域税赋结构仍处于调整期，政府与市场之间、中央政府与地方政府之间、房地产交易环节与持有环节之间、自住需求与投资性需求之间、合理居住需求与奢侈性需求之间的多重需要税收调整的关系尚未找到合理的均衡点。因此，一方面税收政策多变仍会持续一段时期；另一方面这种把短期房价作为税收调控目标的政策最终一定会退出对房地产业的调控。

税收政策、税收制度可不可以干预房地产市场的供求关系，影响住房资源的配置状况呢？当然可以。多年来，人们普遍关心的房地产税，其核心是对存量资源、对持有环节征税，就是干预、影响房地产市场供求关系和资源配置状况的税种。但特别强调，这个税不是相机决策的政策，而是长期稳定的制度，其调整的不是短期经济运行状态，而是长期的资源配置效率和政府与市场之间关系。这个问题，我们另有专门章节讨论。

对中国房地产业影响大的还有一个土地政策。土地政策实际上不属于宏观政策范畴。土地政策调控房地产也是中国特色。坦率说，这种调控不是什么创新，而是政府如何履行公共职能的制度尚不完善的反映。目前，中国房地产业发展中最大的不确定因素就在土地制度上。土地出让的“招拍挂”制度、地方政府依靠卖地筹集建设资金的“土地财政”现象、70 年土地使用权制度、农村集体建设用地入市、农民宅基地流转以及和农民宅基地政策联系的“小产权房”问题等已经多年处于“混沌”状态，迄今尚没有看到实质性的解决方案。

3 产业政策仍是政策体系中的薄弱环节

- 产业政策在日本经济赶超中发挥了非常重要的作用。
- 我国迄今仍没有形成针对房地产的完整产业政策。
- 产业政策不完善使产业整体对市场风险的承受能力非常薄弱。

【4-3-1】产业政策是政府干预经济的另一种政策，包括战略重点产业选择、对重点产业实行市场保护、给予重点产业优惠的税收和贷款支持、实行加速折旧制度、强力促进企业兼并重组、规定企业规模起点等。

产业政策是继宏观政策之后，政府干预经济的另一种政策。

产业政策最初是日本人提出来的。20 世纪 50 年代初期，日本作为后起的工业化国家要实现经济赶超，但欧美发达国家已经把最赚钱的行业都给垄断了，它们的企业也已经非常强大了。在这种“先行者利益”面前，日本人认为，要造就具有强大竞争力的出口产业、真正成长为经济强国，政府就必须对产业的发展给予扶持，提高产业的国际竞争力，主动推进产业结构升级才行。由此就诞生了一个专门研究产业发展、产业结构升级和政府产业政策的经济学领域，叫做产业经济学。

日本的产业政策包括战略重点产业选择、对重点产业实行市场保护、给予重点产业优惠的税收和贷款支持等。具体的政策措施中，发挥作用比较大的主要有政策性银行提供出口或进口信贷、实行加速折旧制度、强力促进企业兼并重组，以及对衰退产业生产能力实行政策性赎买、设置外资进入的限制性门槛、规定企业规模起点等。总体上说，日本的产业政策是成功的。这个政策在日本经济赶超中的确发挥了非常重要的作用。当然，产业政策也有缺陷。1997 年亚洲金融危机爆发，在这场危机中，依靠政府扶持的企业固有的脆弱性相当明显地暴露了出来。此后，人们开始对产业政策也提出了很多反思和批判。

【4-3-2】我国对房地产的政策仍在“鼓励”还是“限制”两方面呈现为摇摆不定的态势。社会对房地产业的指责，从根本上说并非产业之“恶”，而是产业政策残缺不全、产业定位飘忽不定、产业发展迷失战略导向所致。

在我国，一方面，房地产业的产业政策与产业自身发展相比并不晚。例如国务院在 2003 年就下发过“关于促进房地产市场持续健康发展”的 18 号文件。该文件明确指出，要“充分认识房地产市场持续健康发展的重要意义”；“房地产业关联度高，带动力强，已经成为国民经济的支柱产业”。但另一方面，我国迄今仍没有形成针对房地产的完整产业政策。总的政策指向仍在“鼓励”还是“限制”两方面呈现为摇摆不定的态势。

在一个不短的时期中，社会对房地产业的指责，例如“纳税侏儒”“暴利掠夺”“挟持国民经济”“上市圈钱囤地”等，从根本上说都并非产业之“恶”，而是产业政策残缺不全、产业定位飘忽不定、产业发展迷失战略导向所致。迄今在房地产业税赋结构中对在二手房交易环节征收营业税的政策、抑制外资涌入的“限外”政策等都带有明显的短期对策痕迹。

由于产业政策的不完善，一方面，产业发展过程中的明显缺陷无法得到及时纠正，例如产业整体对市场风险的承受能力非常薄弱，主要风险仍被转嫁于银行和购房者；另一方面，“反腐败”“缩小财富差距”等社会发展目标又被加到了产业发展的责任中。

在平衡总量关系的宏观政策不断加强的背景下，在我国房地产业的政策体系中，产业政策已成为明显的薄弱环节。进一步加强和完善我国房地产业的产业政策研究，形成符合中国国情的产业政策体系，已成为房地产业健康发展的迫切之需。

4 公共政策尚需进一步完善

- 把公共政策职能强加到宏观政策头上，这是不可能实现的政策目标。
- 援助年轻人购房、支持改善性住房需求已逐步纳入公共政策的范围。

【4-4-1】影响房地产的公共政策还有许多尚须完善的方面，如在土地出让中扮演好公共利益维护者“角色”的问题，实现城乡协调发展的科学规划、提供完善的城市基础设施、改善居住环境的问题等。

在过去多年的政策调控实践中，我们已经注意到，抑制房价过快上涨的确需要有包括完善的住房保障体系在内的公共政策相配套。但企图用宏观政策来解决“穷人住房问题”，是把长期性公共政策职能强加到了短期宏观政策头上。这是不可能实现的政策目标。

从 2006 年以来，国家各项有关文件中一直强调要扩大廉租房覆盖范围，要实现“应保尽保”，要大大增加廉租房建设以及棚户区改造的政府投入。2014 年后，实物型保障房建设把“廉租房”“公租房”统一为了“政策性租赁住房”。一段时期以来，针对社会低收入群体的公共政策确实是大大加强了。从目前看，再有三到五年左右的周期，“兜底”的住房保障任务可以基本完成。到 2017 年，党的十九大判断，我国覆盖城乡居民的社会保障体系已基本建立，保障性住房建设在稳步推进；进一步的住房保障政策将是加快建立多主体供给、多渠道保障、租购并举的住房制度，让全体人民住有所居。这个政策目标意味着，援助年轻人购房、支持改善性住房需求的政策也在逐步纳入公共政策的范围。

除住房保障体系外，影响房地产的公共政策还有许多尚须完善的方面。例如进一步完善城市改造、扩张过程中的征地拆迁制度，完善物权法基础上的住房产权制度，建立和完善对居民持有住房过程中的风险救济制度；进一步调整中央和地方政府的利益关系，解决好地方经济发展对“土地财政”的依赖问题；在土地出让中扮演好公共利益维护者“角色”的问题，以及实现城乡协调发展的科学规划、提供完善的城市基础设施、改善居住环境的问题等。

第五讲

住房基本保障是天赋人权

前几年有部美国电影，叫《国家宝藏》，讲的是一伙人企图盗窃美国“独立宣言”原件的故事。“独立宣言”可是美国的国宝。美国人一天到晚给别人讲“人权”，依据的就是这个“独立宣言”中阐述的基本精神。

“独立宣言”中讲什么了？

1776年7月4日，北美13个英属殖民地宣告自大不列颠王国独立，他们签署的一份文告在这一天由“第二次大陆会议”批准。这就是“独立宣言”。此后7月4日就成为美国的“独立纪念日”。

在这个文件中，有这样一段话：“我们认为下面这些真理是不言而喻的：造物者创造了平等的个人，并赋予他们若干不可剥夺的权利，其中包括生命权、自由权和追求幸福的权利。”这段话后来被中国人简化为“人人生而平等，有追求幸福的权利”。

别小看这两句话，它的确是人类文明进步的重要标志。第一句，“人人生而平等”，这是对当时欧洲贵族等级制度、对王权的彻底否定。第二句，人“有追求幸福的权利”，这是对神权的彻底否定。

但是到20世纪50年代，美国人也发现，这个人权观并不完整。“人人有追求幸福的权利”，追求上幸福的人固然好，还有人没追求上幸福怎么办？于是社会又发展了，人们提出“人人生而有享受社会基本保障的权利”。

这一讲，我们就讲符合中国国情的住房基本保障体系。

1 人人生而有享受住房保障的权利

- 可以把“保障”简单地理解为生存、生活的“安全线”。
- 住房保障是一种具有公共产品性质的保障。
- 我国的基本保障体系起步迄今尚不到20年。

【5-1-1】只要是人生存必需的条件，都应当由社会、政府提供的基本保障作为“兜底”的安全线。但发达国家的基本保障也并不是“全覆盖”的，就是在号称“天赋人权”的美国，也在很长时期内一直没有建立社会基本医疗保障体系。

“保障”这个词人人都懂，但未必人人都能把基本含义说清楚。

可以把“保障”简单地理解为生存、生活的“安全线”。用老百姓的话说就是，在碰到过不去的难关时“有靠”。个人存钱，在收入中留出一部分以应对不时之需，就是保障。但这种靠个人“留后手”的保障方式显然不足以抵御自然属性、社会属性的各种天灾人祸。人得病就是自然属性的风险，下岗失业就是社会属性的风险。在工业化、社会化大生产和市场经济不断发展过程中，人们已经创造出了更有效、安全性更高、成本更低的社会统筹保障方式。

社会统筹的保障方式也分两大类。一类是属于公共产品性质的保障，通常由政府组织和提供。“全民医保”就是政府提供的基本医疗保障方式。其基本运行模式是每个人都交点钱，大家的钱凑到一块儿，谁得病援助谁，钱不够政府贴补。当然政府的钱最终也是来自老百姓交的税。另一类是商业保险。其模式和政府提供的基本保障只有两个区别，一是没有政府补贴，而且保险公司还要从投保人的保费中赚钱；二是出险理赔和投保金额挂钩，多投多赔。我们这一讲所说的保障，专指由政府提供的、具有公共产品性质的社会保障。

住房保障就是一种具有公共产品性质的保障。在社保体系完善的发达国家，人们缴纳的社保税中已经含有住房保障中应个人缴纳的部分，符合保障条件的人群可以按照规定享受住房保障的政策覆盖。在我国，目前社会就业人群所缴纳的社保基金中尚不含住房保障的缴费，低收入群体住房保障的成本基本上是由政府一力承担的。

市场经济条件下，社会保障体系包括贫困救济、失业保障、医疗保障、养老保障以及灾难救济等很多方面。住房保障体系也是社会保障体系的重要组成部分之一。

理论上说，只要是人生存必需的条件，都应当由社会、政府提供的基本保障作为“兜底”的安全线。但发达国家的基本保障也并不是“全覆盖”的。就是那个在“独立宣言”中号称“天赋人权”的美国，也在很长时期内一直没有建立社会基本医疗保障体系。有钱人买商业医疗保险，一些特殊群体，如教师、学生、警察等，也可以享受有政府政策性补贴的商业保险。但低收入群体则处在完全没有任何医疗救助保障的风险下，这个群体要占到美国总人口的15%左右。也就是说，直到2009年奥巴马的医疗改革之前，世界最富有、最发达的美国居然有高达4500万左右的人群没有基本的医疗保险！好不容易到2009年有所改变了，2017年特朗普上台，这个医疗改革又被废除了。

【5-1-2】人活着就得有房子住。住房保障体系要解决的问题是社会基本保障的问题。保证人人有房子住，这是社会文明进步不可或缺的重要体现方式。

我国的基本保障体系起步比较晚。晚到什么时候？迄今还不到 20 年。由于历史及渐进性改革过程中措施不完善等原因，我国的社会化保障体系实际是从 1998 年才开始逐步建立和完善的。此前的改革，主要集中于“打破大锅饭”“调动各方面积极性”“多种所有制并存”“国有企业内在运行机制转变”和“价格的市场化形成机制”“资本市场发育”等领域。20 世纪 90 年代末，亚洲金融危机爆发，与此同步，我国市场供求之间的基本关系也从“卖方市场”转为了“买方市场”。当时大量的国有企业出现了停产、半停产，原包含在企业内部的就业、医疗、养老等保障性福利已经难以为继。当时有“企业的三大负担”之说，指“冗员负担”“债务负担”和“企业办社会”的负担。其中“企业办社会”的负担就是指由企业把职工生、老、病、死全部“包下来”的负担。就是在这种形势下，我们才开始了社会保障体系的建立和完善工作。

应当说，仅仅近 20 年时间，作为一个人口大国，一个体制“转轨”过程中的国家，我们在建立社会保障体系上的步伐是相当快的。在亚洲金融危机之后短短几年的时间中，我们就逐步建立起了城市最低生活费标准、最低工资标准、失业保障、养老金社会统筹发放等多方面社会化的保障体系。在“保吃穿”“保就业”“保养老”的体系逐步建立和完善的基础上，到 2004 年，“保住房”的问题提到了日程上，完善社会住房保障体系成为了社会关注的焦点。

住房是基本生存资料，人活着就得有房子住。住房保障体系要解决的问题是社会基本保障的问题。保证人人有房子住，这是社会文明进步不可或缺的重要体现方式。

2 住房保障体系是市场经济发展的必然要求

- 保障体系的分配方式越完善，市场经济的原则才能贯彻得越彻底。
- 住房保障并非仅是“天赋人权”，而且也是市场经济不可或缺的组成部分。
- 住房保障要解决的是“有人买不起房子怎么办”的问题。
- 没有完善的住房保障体系，就实现不了价格水平的稳定性和合理性。
- 保障性住房建设并非全得由政府财政“包下来”。

【5-2-1】市场经济如同奥运会比赛，跑得快、跑第一的人多得“奖金”。没有这个原则，奥运会就实现不了人类“更高、更快、更强”的梦想，市场经济就无法带来效率和优化的好处。

住房首先是一种生活资料。市场经济分配生活资料、消费资料的基本原则有两条。一条是“等价交换”。“天下没有免费的午餐”，你为社会做一份贡献，你才能从社会领取一份生活资料。另一条是“优胜劣汰”。资源有限，只能通过竞争来分配资源。这如同奥运会比赛，跑得快、跑第一的人多得“奖金”。

这个分配原则好不好呢？好。没有这个原则，奥运会就实现不了人类“更高、更快、更强”的梦想，市场经济就无法带来效率和优化的好处。

但新的问题出来了。因为种种原因，给社会做不了贡献的人，例如重度残疾人、无人赡养的孤寡老人，该怎么办？在竞争中，跑不了“第一”，甚至连终点都跑不到的人该怎么办？这就需要社会保障体系的存在。

社会保障体系的分配原则和市场经济正相反，是谁给社会做不了贡献给谁房子住；谁在竞争中“跑不快”，或者一时“跑不快”就给谁保障。人们早就认识到，这个和市场经济完全相悖的资源分配体系越完善，市场经济的原则才能贯彻得越彻底。这也如同奥运会比赛，如果受伤退出比赛的运动员都无人救助，那下次比赛时给有实力的运动员“下绊”的事就会多起来。用到社会生活中，如果没有完善的社会保障体系，市场经济下的竞争就一定会导致社会矛盾不断趋于激化。

我们特别强调，住房保障体系并非仅仅是一种文明，是“天赋人权”，而且也是市场经济发展不可或缺的重要组成部分。

【5-2-2】除非到了物质极大丰富的理想社会，“人人买得起房”，或者“人人在需要的时候就能买得起房”是个永远不可能办到的事。全世界的年轻人都得面对一个共同的难题，就是结婚娶媳妇在前，攒够买房子的钱在后。

很长一段时间来，住房保障体系究竟该“保”什么，社会上颇有不少似是而非的说法。例如很多人认为，住房保障体系的目标应当是“人人买得起房”。这个认识有很大片面性。根据国际经验和我国的国情，住房保障体系完善的首要标志，是“人人享有适当住房”。

人们常说，住房是生活必需品。这个说法无须论证。但住房是生活必需品并不等于人人都必须通过“买”这种经济行为来满足这种基本需求。

事实上，除非到了物质极大丰富的理想社会，“人人买得起房”，或者“人人在需要的时候就能买得起房”是个永远不可能办到的事。因为社会中总会有一部分低收入群体、特困群体因为种种原因一辈子也无法获取足够的收入来买房子。还有一个占比重更大的工薪阶层，他们虽然有可能积攒起一些买房子的钱，但他们的购买力累积程度相对于其需求来说存在着“时滞”，即需要满足住房需求的时间在前，逐步有能力支付购房款在后。这在各国皆然。全世界的年轻人几乎都得面对一个共同的难题，就是结婚娶媳妇在前，攒够买房子的钱在后。

在市场经济下，为了保障每个人都有房子住，政府就需要实施一些特殊的政策措施来帮助这些单纯依靠市场解决住房有困难的群体。这个政策体系的总称，就叫做住房保障体系。

住房保障体系是世界各国普遍采用的一项公共政策。从本质上说，“住房保障”要解决的，不是“人人买得起房”的问题，而是“有人买不起房子，或者一时买不起房子该怎么办”的问题。其目的，不仅在于保障社会成员的生存权利，而且在于维护社会稳定和促进社会公平。

【5-2-3】指责政府建保障房是“影响了商品房的购买力”，这个认识更是片面。莫非为了保证海鲜大酒楼的生意，整条街就不许卖盒饭的、卖家常菜的餐馆存在吗？这显然荒唐。

还有人说，保障性住房应当和商品住房分开，保障房归政府，商品房归市场，并由此提出，政府的政策不应当干预商品住房范畴中应当建什么房子、建多大房子的事。2011 年“十二五”规划中提出要建设 3600 万套实物型保障房，当时就有一些声音指责政府建保障房是“影响了商品房的购买力，打击了房产市场”。这个认识更是片面的。莫非为了保证海鲜大酒楼的生意，整条街就不许卖盒饭的、卖家常菜的餐馆存在吗？这显然荒唐。

住房保障体系是一种公共产品，应当由政府提供。建立和完善住房保障体系是政府的职责。这没有疑义。但住房保障体系的完善和发展是一种对市场发展非常有利的事，保障与市场是互相联系的。

根据国际经验，住房保障体系和市场化的商品房市场之间的基本关系主要体现在三个方面：其一，是把买不起房的人群从市场中分离出来，使市场需求能够真实地体现为有效需求；其二，是通过一定形式的援助性保障，把滞后的有效需求提前，实现供求在时间上的对接；其三，是通过政策性干预，平衡“居住”这种有用性需求和“增值”这种财产性需求之间关系，促进资源的优化配置程度和利用效率。可以说，没有完善的住房保障体系，就实现不了价格水平的稳定性和合理性。

【5-2-4】如果把资源配置完全交给市场，那么结果一定是富人的住房需求优先得到满足。政府需要通过干预土地资源配置比例、户型面积结构等方面政策，保障迫切需要改善的人群的需求优先得到满足。

从我国的国情出发，住房保障体系和商品房市场之间还有以下三方面特殊性的关系。其一，在资源配置上优先满足住房困难群体的改善性需求。我国是一个发展中国家，人民群众的住房条件总体上还不高，与发达国家相比，住房困难和住房条件亟待改善的居民群体所占比重还很大。在一个有限时间内，例如一年，社会所能提供的土地、资金等资源总是有限的。如果把资源配置完全或者主要交给市场，那么在“等价交换”“价格竞争”等市场原则的作用下，符合逻辑的结果一定是出价最高的人群优先改善，总是富人的住房需求优先得到满足。显然，这不符合社会公平和我国社会实际需求的国情。因此，政府就需要在一个特定发展阶段中，通过干预土地资源配置比例、户型面积结构等方面政策，保障迫切需要改善的人群的需求优先得到满足。其二，积极推进城镇化和优化城市土地资源配置。我国的重要国情之一，就是我们正处于城镇化快速发展的历史进程中。城市改造、城市扩张、城市基础设施完善、城市合理规划和城市资源的重新优化配置等，不可避免地一定要伴随着大规模的“拆”“改”“征”等过程。保障性住房建设是加快这一进程，对宝贵的城市土地资源实行重新优化配置，维护社会公共利益、整体利益、长远利益的客观要求。“拆”“改”“征”的进程顺利了，商品房建设才能有机会获得更多的优质土地，房地产市场发展才有更大空间余地。其三，利用市场化手段促进保障性住房建设。保障性住房建设，以及保障性住房政策并非全得由政府财政“包下来”。同样是中国的国情决定，中央和地方政府的财力不可能在短期内具备满足住房困难群体的脱困性、改善性需求的充分财力。实际上，目前已在探索中通过政府担保、贴租等形式的政策介入，利用“房地产信托投资基金”（即 Reits）方式筹集廉租房建设资金，就是一种利用市场化方式推进住房保障体系的好方法。此外，在总结国际经验、完善风险规避措施的基础上，把发行“次级债”和“信贷资产证券化”结合起来，在一定制度设计下，也可作为一项援助低收入群体、满足他们住房需求的市场化政策措施。

3 住房保障体系应实现多重保障交叉与全覆盖

- 那些完全无力解决住房问题的社会群体，他们的住房需求就应当由政府“包下来”。
- 救助性保障不能指望短期内的突击建设能够“毕其功于一役”。
- 援助性保障的对象是自我改善能力不足或严重不足的人群。
- 住房补贴是在世界各国采用最为广泛的保障性政策。
- 自助性保障就是在政策扶持下自己帮助自己的一种保障方式。

【5-3-1】在任何国家，社会总会有一部分人群因种种原因无力自行解决住房问题。我国作为一个发展中国家，一个发展不平衡的国家，粗略估计，在城镇人口中大约有15%～20%的人群属于上述低收入范围。

根据国际经验和我国的实践，完善的住房保障体系应当包括救助（救济）性保障、援助性保障、互助性保障和自助性保障四个层次。这四个层次的“无缝对接”和一定程度的交叉覆盖，才能真正实现“人人享有适当住房”的目标。

一是救助（救济）性保障。实物型的廉租房就是救助性保障。简言之，对那些完全无力或基本无力解决住房问题的社会群体，他们的住房需求就应当由政府“包下来”。廉租房就是通过不要钱，或者基本不要钱的方式，由政府向社会低端群体提供救助性保障的基本方式之一。

廉租房的覆盖对象是低收入群体。2007年国务院“关于解决城市低收入家庭住房困难的若干意见”的24号文件指出，城市廉租住房制度是解决低收入家庭住房困难的主要途径。

从我国的实际情况看，低收入群体包括两部分人群。一部分是特困群体，主要指城镇中享受“低保”的人群，因种种原因丧失劳动能力的人群；另一部分是困难群体，主要指虽然有劳动能力，有工作，有收入，但家庭主要劳动力月收入只能略高于当地最低工资标准线的人群。这两部分人群中，住房困难的家庭就应当通过廉租房方式保障其住房需求。

在任何国家，不论经济多么发达，社会总会有一部分人群因种种原因无力自行解决住房问题。例如重度残疾人、无人赡养的孤寡老人、家庭暴力受害者、未婚先孕的单亲母亲等。美国，需要政府救助的无家可归者所占比重仍达6%左右。我国作为一个发展中国家，一个发展不平衡的国家，粗略估计，在城镇人口中大约有15%～20%的人群属于上述低收入范围。

救助性保障是一种由政府“兜底”的保障。这一层次保障的特点是必须做到应保尽保。

“应保尽保”的含义，一是覆盖范围足够大；二是实现即时保障，即需要时能够立即获得。在一定意义上说，房地产业健康发展的关键环节是保障完善，保障完善的关键环节是廉租房做到应保尽保。2007 年国务院 24 文件曾规定，2007 年底前，所有设区的城市要对符合规定住房困难条件、申请廉租住房租赁补贴的城市低保家庭基本做到应保尽保；2008 年底前，所有县城要基本做到应保尽保。事实上，这个政策目标未能充分估计到我国东西部、大中小城镇发展不平衡的现实。到 2009 年时，这一目标并未充分实现。2009 年，在“保增长”的政策体系中，政府又拿出了高达 9000 亿元的资金用于廉租房和棚户区改造。后来发现，这个“兜底”的任务并非那么简单。到 2011 年时，“十二五”规划再次提出在全国建设 3600 万套实物型保障房的任务。

救助性保障不是一个一劳永逸的事，不能指望短期内的突击建设能够“毕其功于一役”。这不仅是因为在市场经济下，需要政府救助才能满足基本住房需求的人群始终存在，而且因为这个“基本住房需求”的标准也是随着社会发展而不断提高的。进入 21 世纪后，日本住房保障体系发展的一个重要体现就是，政府把 20 世纪 60 ~ 70 年代在住房脱困阶段和初步改善阶段修建的一大批保障性住房“团地”购回，经修缮和功能完善后再重新提供给需要救助的人群。

廉租房保障实际上是一种政府贴租的保障形式，因而并非一定是实物性保障。2007 年国务院 24 号文件规定，“城市廉租住房保障实行货币补贴和实物配租等方式相结合，主要通过发放租赁补贴，增强低收入家庭在市场上承租住房的能力”。就是说，货币贴租也是廉租房保障的实现方式之一。

廉租房保障是救助性的保障，因而其保障水平是基本住房需求的低限。按照我国目前的保障标准，廉租住房套型建筑面积控制在 50 平方米以内。

实物性的廉租房并非全部得由政府出资兴建。其政策创新的方式之一，是采取由社会投资者出钱建，政府长期反租、财政贴租的方式，使财政资金起到“四两拨千斤”的作用。

作为社会投资品种的廉租房建设模式并不复杂。政府可把拟建廉租房的产权提前卖给社会投资者，承诺政府将通过财政贴租的方式长期反租（例如 20

到 30 年），并允许其产权上市流通。只要租金高于银行利息，这种投资品种就一定会有人买。因为其最大特点是具有长期稳定收益。国外很多基金等大投资机构，非常欢迎这种能够长期获取稳定收益的投资品种。对政府来说，无需本金就可以成规模地建设廉租房，政策性投入的资金可以起到“四两拨千斤”的作用。对投资者来说，一方面可以获得稳定且高于银行利息的租金收益，由于是财政贴息，理论上说，这种租金还可附以免个人所得税等政策；另一方面还可以有土地升值的收益预期，因为从长期看，城市化发展一定会导致部分低端住房不断被改造。

【5-3-2】住房能力不足的人群本身是一个复杂的构成。在十成能力中，只有一成能力和有九成能力的都属于能力不足。因此，援助性保障本身也需要针对不同层次采取不同的援助方式。

二是援助性保障。援助性保障的对象是有一定自我改善能力，但能力不足或严重不足的人群。援助的含义是政府通过一定的政策方式提高低、中端群体的住房消费能力，帮助迫切需要改善的人群及时获取住房。

住房能力不足的人群本身是一个复杂的构成。例如在城镇中，家庭负担较重的普通工人和高学历的年轻“白领”都包括在内；中等偏下收入的人群和中等偏上人群都包含在内。简言之，在十成的购房能力中，只有一成能力和有九成能力的都属于能力不足。因此，援助性保障本身也需要针对不同层次采取不同的援助方式。

对于有一点自我购房能力，但能力严重不足的人群，援助型保障仍需和实物型住房供给相联系。在 21 世纪初期，我国曾在一段时期内采取的典型措施是建经济适用房。

经济适用房是一种带有商品房性质的政策性保障房。其特点，首先是政策保障房。政策体现主要是免交土地出让金、政府规定准入“门槛”和由政府分配住房等。其次又具有一定的商品房性质，因为经济适用房毕竟要“买”。

经济适用房的覆盖范围和廉租房有一定交叉。2007 年国务院 24 号文件在规范和完善经济适用房制度上做出了很多明确规定，例如，购房人只拥有有限产权，购买经济适用房不满 5 年不得直接上市交易；购房人因各种原因确需在 5 年内转让的由政府回购；购房人住满 5 年转让时须按届时地价水平补交土地出让金，且政府可优先回购等。经济适用房的保障水平是 60 平方米左右等。

经济适用房政策设计的初衷是不错的。但设计者没有估计到的是，由于经济适用房在一定程度上和产权挂钩，当房价快速上涨时，经济适用房成了获取资产收益的工具，这就偏离了公共资源保障基本住房需求的目标。近年来，经济适用房这种实物型保障方式已经逐步退出了政策体系。

由于我国人群的收入结构呈现为“金字塔”型，援助性保障覆盖范围内，需要一定程度的实物型保障的人群规模也比较大。粗略估计，应在城市人口的 15%左右。目前，一些地方在实践中推出了“公共租赁住房”，简称“公租房”。这是一种介于救助性和援助性之间的保障形式。这种形式有利于两个层次的保障政策实现无缝对接和交叉覆盖。近年来，有关政策已经将廉租房和公租房的覆盖范围合并，在政策分类上统一称为“保障性租赁住房”。

由于经济适用房的政策设计的确存在着一定缺陷，一直以来，很多人对实物型保障房和产权相联系的方式持完全否定的态度。其实，因为援助性保障面对的覆盖人群是一个很宽泛的群体，具有保障性质的住房同时具有和产权相联系的资产意义，这种保障方式也是有特定合理性和存在必要的。

目前在发达国家，例如英国的住房保障体系中，一直存在着一种叫做“Affordable House”，意即“与支付能力相称的房子”，或“买得起的房子”。这种住房不仅价格便宜，而且可以先租后买，或分次购买产权。其建筑档次大致与中国此前的经济适用房相仿；土地供应、建设规划以及持有和流通都由政府给予政策支持，专门面向中低收入群体。近年来，我国也开始探索类似的实物型保障房，这就是所谓的“共有产权房”。共有产权房其实就是半租半买。居住者只购买部分产权，未购买的部分由政府指定的政策性机构持有。理论上说，以后部分产权的持有人在具备一定能力时，可以逐步将另部分产权按照一定的政策价购回。但目前我国各地对共有产权房的规定并不一致，有的地方规定，部分产权的持有人不论是否购回政府产权部分，最终出售时只能按政策规定价格卖给政府。显然，这种规定其实已经让“共有产权”中的资产意义基本丧失了。

援助性保障中覆盖面最广的是发放住房补贴。按照我国住房保障制度的有关规定，2002 年住房制度改革前没有享受过福利分房的员工都应当享受按照职级待遇发放的住房补贴。但这一制度目前只在机关事业单位和部分国有大企业中实行较好。

住房补贴是在世界各国采用最为广泛的保障性政策。其性质，实际上是一种货币化保障性住房。或租或买，或远或近，或大或小，住房人可根据自己的需要灵活选择。

在我国的住房保障体系中，一个创造性的保障方式是“两竞两限”（竞地价、竞房价，限套型、限面积）房。2006 年国办发 37 号文件规定，各地新审批、新开工的住房建设，套型建筑面积 90 平方米以下住房面积所占比重，必须达到开发建设总面积的 70%以上。这就是所谓“90/70”政策。

“两竞两限”房的性质是带有政策保障性质的商品房。其性质首先是商品房，购房人拥有全产权。但由于政府在土地供应、房价限制、供给结构和套型面积等方面的干预，这类住房又带有优先保障基本住房需求的政策性质。“两竞两限”房的保障对象是援助性保障对象中的相对高端人群。

根据国际经验，援助性政策应当是多样化的。其形式，还可以有贴息、贴租、个税返还、贷款担保、部分产权房等。

2009 年以来，在“保增长”的政策实施过程中，一些地方为了促进房地产业发展，采用了“购房退税”的政策，即部分购房支出可享受个人所得税返还。在当前的舆论中，质疑这种政策“托市”“帮富人”的声音不断。这些质疑确有一定道理，但并未说到根本。其实，“购房退税”是一种在很多国家都采用的保障性政策，用以援助积累能力尚不充分的家庭及时满足住房需求。例如美国，长期实行的政策就是每一个美国人一生中都有一次享受“购房退税”的机会，不过其“退税”指的是购房按揭时支付利息的部分由政府通过退个人所得税的方式补贴。但这种“购房退税”通常只适用于长期性的政策。例如美国的“购房退税”是和其发展到“后工业化阶段”以后，供大于求已经成为供求关系的常态密切相关。在这个发展阶段，经济增长的主要障碍已经从生产方、供给方转移到了消费方、需求方，刺激和保持足够的有效需求已经成为经济增长的关键。作为调整短期经济运行状态的政策，“购房退税”的确存在着可能导致富人、收入较高群体受益更大的弊端。从 2019 年 1 月起，我国在个人所得税改革中也已开始实施，按揭贷款购房时，每月的“月供”中偿还利息的部分可以抵扣应税收入。简单说就是，贷款买房时，相当于贷款利息部分的收入免缴个人所得税。

【5-3-3】公积金是一项帮助普通工薪阶层弥补购买力不足，能够较早、较快，实现购房目标的互助性保障制度，其特点是通过大家缴存、有购房需求的人借贷的方式实现互助。

三是互助性保障。

互助性保障的基本形式是公积金。公积金制度包括雇主与雇员共同缴付、对缴纳公积金部分的收入免征个人所得税、利用公积金贷款购房实行优惠利率等几个组成部分。

公积金是一项强制与鼓励相结合的制度，是一项帮助普通工薪阶层弥补购买力不足，能够较早、较快实现购房目标的互助性保障制度。其特点是，公积金账户中的钱是缴存人个人所有的钱，通过大家缴存、有购房需求的人借贷的方式实现互助。

住房公积金制度之所以是一项政策性的保障制度，和把钱直接发给雇员的不同之处就在于，其一，“强制”地调整人们的消费结构，人们必须把一部分收入积累起来用于住房消费；其二，增强工薪阶层购房能力，雇主必须按 1∶1 的比例在缴存人账户中存入等额的钱，就是说每从你的工资中扣缴一元钱，你的账户中可实际增加两元钱；其三，具有强大的互助功能，人们可以从社会归集的公积金中贷款用于住房消费；其四，公积金账户缴存的钱免缴个人所得税；其五，公积金贷款可享受低于商业银行普通住房贷款利率的政策性优惠利率。

公积金制度在我国实行以来，在保障中低收入群体住房需求方面已发挥很大作用。目前的问题，一是个人账户覆盖面尚不充分，二是代际互助功能过于弱小。

【5-3-4】自助性保障的主要形式是住宅银行或个人住房储蓄账户。个人自愿存入的钱可以享受减或免个人所得税的政策优惠。这种自助性保障方式的实质，是政府通过减免税赋的方式鼓励个人对满足自己的住房需求承担更大责任。

四是自助性保障。顾名思义，自助性保障就是在政策鼓励、扶持下自己帮助自己的一种保障方式。

目前在我国的住房保障体系中，自助性保障部分尚缺乏制度性的形式。从国外经验看，自助性保障的主要形式是住宅储蓄银行或个人住房储蓄账户。个人自愿存入住宅银行或住房储蓄账户的钱可以享受减或免个人所得税的政策优惠，但这部分储蓄的最终用途必须是自住型的住房消费。

这种自助性保障方式的实质，是政府通过减免税赋的形式鼓励个人对满足自己的住房需求承担更大的责任。实际上，“住房储蓄账户”等自助性保障和“购房退税”异曲同工。不过前者是限定用途、直接减免、逐步累积，后者是特定用途、事后返还而已。

“住房储蓄账户”的自助性保障还具有动员需求者亲朋好友等社会关系力量的作用。由于购房人的收入存入特定用途的账户可以减免“个税”，人们很容易想到，通过亲朋对日常生活支出的帮助，就可以尽量多地享受政策性补贴。这个过程实际上就增大了社会整体的购房支付能力。

我国是一个发展不平衡的大国，从我们的具体国情出发，住房保障制度还需要有针对特殊性问题的设计。例如，我国最大的国情之一，是我们正处在大量农村剩余劳动力向城镇转移的过程中。几亿农村人口要在一个不太长的时间内转移到城市，我们对如何保障这样一个庞大人群的住房需求还非常缺乏经验。再如，参加工作时间不长的年轻人购房显然存在困难。个人积累不足、工资不高，成家生子又使他们对住房的需求十分迫切。他们的住房需求同样应当有专门的政策保障。又如，城市化进程中的大规模拆迁，造成一部分低收入群体居住地远离核心市区，出现了“有了房子却坐不起车”的问题；此外还有城乡接合部出现的“城中村”问题；老工业基地等的“棚户区”改造问题等。这些问题都是迫切需要我们深入研究并尽快完善的方面。

有必要强调指出，作为一个人多地少、资源有限的国家，在一个相当长时间内，我国住房保障体系还只能以“低水平、广覆盖”为目标。在我国住房保障体系中曾规定，廉租房 50 平方米、经济适用房 60 平方米以及“两竞两限房”90 平方米，这些规定都是以保障不同层次基本住房需求为限的；援助性、互助性以及自助性的保障政策可在一定程度上兼顾改善型需求。我们还不可能和发达国家去比较居住条件，也不可能和这些国家去比保障水平。此外，即或今后社会的富裕程度提高了，我们的政策也不可能去鼓励奢侈性的住房消费，不会去保障人们买大房子。因为我们没有那么多土地，没有那么多能源。节能省地是我们住房政策中最重要的基本原则。

第六讲

合理房价只是个传说?

20世纪90年代初期，海外时尚之风北渐。有个小贩从广州贩来一批时装，标价100元没人买。小贩一气之下，在标价后面再加一个“0”，1000元一件，居然都卖出去了！

价格真是个神奇的东西。尽管人们每天都和它打交道，但要说清楚什么是价格，什么是价格变动的规律，这并非易事。

2010年时，有位专家发给我一个“在全球主要城市购买一套120平方米公寓的价格几何”的图表，按美元/平方米标价，其中2000美元以下的有开罗、利马、圣地亚哥、雅加达、吉隆坡，2000到4000美元的有伊斯坦布尔、布达佩斯、马里兰、布宜诺斯艾利斯、马拉喀什港、圣保罗、曼谷、北京、上海、墨西哥城，4000到6000美元的有华沙、台北、开普敦、布拉格，6000到8000美元的有特拉维夫、悉尼，8000到12000美元的有孟买、新加坡，12000到16000美元的有莫斯科、香港、纽约、伦敦。当然这个资料不一定十分准确。其中最引人注意的还不是北京、上海的房价，而是吉隆坡和新加坡的房价差异。大家知道，新加坡是从马来西亚独立出去的一个城市国家，现在新加坡的房价居然是马来西亚首都吉隆坡的6倍。谁的价格是合理的？

这一讲，我们讨论住房的“合理价格”问题。

1 人们普遍关注价格是社会进步的反映

- 价格是平衡各种社会利益关系的“杠杆支点”。
- 在市场经济条件下，价格是社会评判优劣的最重要尺度。
- “拿价格说话”，这种尺度的单一性是人类文明进步的重要标志。
- 社会普遍关注房价，说明家庭收入已经越过对“衣食”敏感的阶段，进入了对“住行”敏感的阶段。

【6-1-1】分工就要交换，交换就得对不同有用性的东西有个能够互相比较的尺度。人类在市场经济的发展过程中创造了一个重要的文明结晶，这就是货币。人们共同约定，用货币单位来衡量所交换物品的多少，这就是价格。

公元前200年多时，古希腊一位叫做阿基米德的天才学者说过一句著名的话：给我一个支点，我能撬动地球！

价格就是市场经济下平衡各种社会利益关系最重要的杠杆，或者更准确地说，叫“杠杆支点”。

价格是个市场经济的范畴。小农经济、自然经济的典型生产方式是自给自足，分工和交换只是附属性的偶然过程，因而人们无需特别关心价格。价格在社会经济生活中并不重要。在“一大二公”的计划经济下，价格也不重要。因为那时的价格只是生活资料的配给制以及计划分配物资的一种核算工具，价格高低与供求平衡几乎无关。市场经济才讲究价格。因为市场经济的基础是社会化的普遍分工。分工就要交换，交换就得对不同有用性的东西有个能够互相比较的尺度。人类在商品交换，特别是市场经济的发展过程中创造了一个重要的文明结晶，这就是货币。人们共同约定，用货币单位来衡量所交换物品的多少，这就是价格。

市场经济中存在着很多社会利益的矛盾关系。供求之间的矛盾是最普遍的矛盾。人们从菜市场讨价还价的常识可知，萝卜白菜的价格贵一分，菜贩子的利益就多一分；价格降一分，消费者的利益就多一分。双方最后成交的价格就是双方利益的平衡点。用理论化的语言说，叫做供求双方的利益在这样一个价格点上实现了均衡。不仅供求之间，而且供给方内部、需求方内部也普遍存在着利益矛盾。所有厂家都希望买方优先买自己的产品，“打折”就是他们最常用的价格竞争手段；供给有限，“价高者得”就是买方竞争的基本方式。价格就是这些矛盾关系的一个“杠杆”，移动这个“杠杆”的支点，杠杆两端的物体就可以得到平衡。

价格对社会利益关系的平衡作用并非总是自发的。社会的主动干预也可以通过价格发挥作用。例如对奢侈品征高税，对“新能源轿车”提供财政补贴等。前者卖方没多得，买方得付高价；后者卖方没吃亏，买方可以少付钱。

价格还是优化配置资源的杠杆。市场经济下的参与者都是平等的。要获取有限的资源、市场、机会，就得参与竞争，证明自己比别人更优。竞争过程就是社会的优化选择过程。优化选择就得有个尺度。价格竞争是市场经济下最基本的竞争形式。其他所有竞争形式，包括品牌竞争、质量竞争、服务竞争、品种竞争以及技术竞争等，都只能是价格竞争的延伸。在市场经济下其他所有形式的竞争力都是可以换算为价格的。特别有必要指出一个深层次的道理：市场经济的最大特点就是把交易过程中的一切条件都换算为单一的货币单位。用通俗的话说，就是“拿钱说话”，“拿价格说话”。这种尺度的单一性是人类文明进步的重要标志。在这个“拿价格说话”的过程中，有限的资源就被配置到了那些优秀生产者手中。

【6-1-2】改革开放的每一步都始终伴随着人们对价格现象的认识深化。社会普遍关心价格，关心价格水平的变化趋势，说明市场经济正在取得长足的进步，说明人们的就业、收入、财富、投资和国民经济运行状况的联系已经变得越来越紧密。

价格首先是市场经济的产物。我们的改革目标不就是要完成向社会主义市场经济的转变吗？人们普遍关心价格，企业普遍学会用价格和社会对话，这是一种历史进步，是市场经济制度发展的表现。

在一定意义上说，改革开放的每一步都始终伴随着人们对价格现象的认识深化。现在人们已经普遍懂得，价格水平是国民经济运行状况的重要标志。所谓通货膨胀或者通货紧缩，说的就是CPI，也就是“居民消费价格”这个社会价格水平指标的变动情况。“宏观调控”的基本目标就是要把CPI的变化控制在一个良性区间。社会普遍关心价格，关心价格水平的变化趋势，说明市场经济正在取得长足的进步，说明人们的就业、收入、财富、投资和国民经济运行状况的联系已经变得越来越紧密。

【6-1-3】人们普遍关心房价，说明人们离“买得起房”之间的距离在缩短。经济学上有个道理，当社会购买力远离某种商品的价格时，人们是不会对其价格敏感的。

人们普遍关心房价，抱怨房价，甚至诅咒房价，这同样是社会发展、进步的标志。这说明社会中“买得起房”的人数在增多，而不是在减少；人们离“买得起房”之间的距离在缩短，而不是在拉大。经济学上有个道理，当社会购买力远离某种商品的价格时，人们是不会对其价格敏感的。20 世纪 80 年代初、中期，结婚没房子的出路是在院子里搭“抗震棚”；20 世纪 90 年代初、中期，结婚没房子的出路是想法挤到能享受福利分房的父母家。那时社会住房水平比现在困难得多，但房价并非人们关注的焦点。就在 20 世纪 90 年代末，亚洲金融危机的时候，人们对扩大内需的一个基本共识是，社会购买力已经越过了“万元级”阶段，但还没到“10 万元级”及以上的“买车购房”阶段。所以 2001 年开始实施的“十五”计划在扩大内需上的提法是，“拓宽消费领域，在提高居民吃穿用等基本消费水平的基础上，重点改善居民居住和出行条件”。现在，社会普遍关注房价，说明越来越多的家庭，其收入已经越过了对“衣食”价格敏感的阶段，进入了对“住行”敏感的阶段。

2 “大多数家庭买得起房”是一个长期目标

- 在衣食尚不饱暖阶段，房价无所谓合理，因为购房是个遥不可及的目标。
- 对房价过快上涨的谴责反映了普通老百姓的心声，是合理诉求。
- 家庭月收入水平在当时当地平均商品房价 1 平方米以上的家庭为有完全住房支付能力的家庭。
- 判断房价合理与否，先要判断社会收入水平是否达到普遍“买得起房”的程度。

【6-2-1】关于“价格泡沫”“房价收入比”“公布建房成本”“开发商暴利”以及“房奴”等热点话题所反映的，实际上都是对“合理价格”的探求。

市场经济条件下，价格是各种社会经济关系的总和。住房价格的变化不仅反映着供求关系的平衡程度，而且反映着各种资源要素的稀缺程度，反映着国民经济的发展水平，反映着社会对宏观经济运行中总量平衡关系的预期，反映着社会各群体之间的利益关系是否趋向于协调。

房价具有其他各种商品价格的共同属性。住房价格持续超出合理区间，要么导致宝贵的资源被浪费，要么引起社会利益关系的趋于激化。

那么，什么是房价的合理水平？这个问题并不简单。从理论上说，房价合理与否，需要从价格总水平、价格的稳定性、房价与利率和租金之间的比值关系，以及风险在整个交易链条的各环节配置的均衡状况四个方面综合评判。

一是价格的总水平。

过去几年来，人们在对房地产业的讨论中一直在力图找出一个“合理房价”的水平。关于“价格泡沫”“房价收入比”“公布建房成本”“开发商暴利”以及“房奴”等热点话题所反映的，实际上都是对“合理价格”的探求。

房价究竟有没有一个客观的合理水平呢？肯定有。

【6-2-2】恶性通胀或通缩背景下的价格涨跌，实际上是币值出现了异常“缩水”或“涨水”的变化。就好比衡量长度的尺子本身出毛病了，这个时候量出来的“房价”或者“长度”是不足为凭的。

我们得说明，这里要探讨的房价合理水平只是一个理论判断标准，或者说叫做“一般标准”。

说明这个标准，需先做几个假定。一是假定社会经济发展已经度过了“温饱”阶段。在不同发展阶段，社会经济发展的首要任务不同，人们的主要利益诉求也不同。20 世纪 80 年代，我国国民经济发展的首要任务是实现“温饱”。在衣食尚不饱暖的阶段，房价无所谓合理。因为不论房价高低，购房对普通老百姓都是个遥不可及的目标。二是忽略土地等资源的有限性约束。人们很容易理解，不同地区、不同城市的资源约束条件是差异很大的。“物以稀为贵”是个常识。我们得先把这个资源因素项舍掉。三是假定短中期经济运行中基本没有大的总量失衡预期。恶性通胀或恶性通缩的背景下，人们看到的所谓“价格”涨跌，实际上是货币本身的币值失序。币值出现了异常“缩水”或者“涨水”的变化，就好比衡量长度的尺子本身出毛病了，这个时候量出来的“房价”或者“长度”是不足为凭的。

【6-2-3】依据家庭收入和住房能力之间的关系，可以将城镇家庭分为无住房支付能力、住房支付能力不足和有完全住房支付能力三大类。其中，住房支付能力不足的家庭又可分为租房能力不足、购房能力不足两小类。

在这样的假定前提下，对合理的房价水平可以做如下分析。

由于住房通常是以家庭为单位的，对房价的观察需要以家庭为单位。从实践中人们很容易了解到，依据家庭收入和住房能力之间的关系，可以将城镇家庭分为无住房支付能力、住房支付能力不足和有完全住房支付能力三大类。其中，住房支付能力不足的家庭又可分为租房能力不足、购房能力不足两小类。

我们定义，无住房支付能力的家庭为城镇中享受“低保”的家庭或家庭主要劳动力月收入只能在当地最低工资标准线上 20% ~ 30% 以内，且人均居住面积在当地平均水平 60% 以下的家庭。我们可以判断，这部分人群的经济来源中不包含或基本不包含住房消费的部分，完全没有或基本没有自我改善的能力。从我国目前的实际情况判断，城镇居民中，这部分家庭所占比重约为15%～20%。简单说就是，在我国现在的发展水平上，城镇居民中有两成左右的家庭是完全不具备购房能力的，他们不具备购房能力的主要原因还不是因为房价高低，而是因为家庭收入水平尚处在仅能满足基本温饱阶段。由于这部分家庭的住房需求只能依靠廉租房等保障性住房来满足，在判断房价合理水平时，应当把这个尚无力进入市场的群体扣除掉。当然，这个比例只是个总体估计，在不同地区，这个比例会有较大差异。

我们定义，家庭月收入水平在当时当地平均商品房价 1 平方米以上的家庭为有完全住房支付能力的家庭。其基本依据是，家庭月收入在 1 平方米水平房价以上时，这个家庭 5 ～ 8 年的总收入约可相当于 60 ～ 90 平方米的一套普通住房总价。即以满足基本住房需求为标准，其房价收入比为 5 ～ 8 年。

这里务请注意“家庭月收入”“当时当地”和“平均商品房价”三个关键词。2009 年时，广州曾有个官员称，“广州很多房子价格超过 2 万元 / 平方米了。我是副厅级，每月工资 8000 多元，两个月工资也买不起一平方米的房子。”我们首先肯定，他对房价过高、过快上涨的谴责反映了普通老百姓的心声，是合理诉求。但对这个官员说他买不起房的依据，要从理论上较较真儿，至少有三个地方是经不起推敲的。一是“广州很多房子价格超过 2 万元 / 平方米”。相信在 2009 年时，广州每平方米超过 5 万元的房子恐怕也不鲜见。这不足为是否买得起的依据。买得起买不起，得看和“当时当地”的平均房价比，而不是和自己希望买什么样的房子比，更不是和本地最高的房价比。就在这个官员发表言论的那个时点上，广州市发改委网站的信息，2009 年 6 月广州 10 区一手商品房住宅均价为 8851 元 / 平方米。二是“我是副厅级，每月工资 8000 多元”。是否“买得起”得说“家庭月收入”，而不是个人月收入。假定这位“副厅”的工资是 8000 元，夫人月收入为 5000 元。那么不算公积金单位配缴部分，不算可能存在的房补，也不算其他收入，这个家庭的月收入就是 13000 元，年收入是 156000 元。三是买多大的房子。是否买得起，不是按人们自己打算买多大房子算，而是按照能满足适度改善型需求的标准和社会平均住房水平来计算的。按照前述广州 10 区平均房价算，一套 90 平方米的住房是 796590 元，这个家庭的房价收入比是

5.1 年。当然，我们这里说的只是理论上的分析。绝大多数人不是专家，他们热切希望的只是房价稳定在合理水平上，说出话来未必缜密，这没有什么不对。我们丝毫没有批评这个官员“说得不对”的意思。这里只是举这个例子来说明，在理论上是怎样定义的。

【6-2-3】家庭两个月的收入在当时当地平均房价 1 平方米以上时就具备一定购房能力了。但是这个能力尚不足，需要社会、政府给以援助才能实际“买得起”房。两个月的收入都达不到 1 平方米的水平，这个家庭最多只能租房住，而且租房住的能力也不充分，也得社会、政府给予一定援助才行。

居于完全无住房支付能力和有完全能力的家庭之间的，是住房支付能力不完全的家庭。这类家庭又可分为租房支付能力不足的家庭和购房支付能力不足的家庭。

我们定义，家庭两个月的收入相当于当时当地平均商品房价 1 平方米为租房支付能力不足和购房支付能力不足的分界线。即，在购买一套满足基本生活需求的 60 ~ 90 平方米的普通住房时，房价收入比 10 ~ 15 年为租房支付能力不足和购房支付能力不足的分界线。低于这个标准的为租房能力不足家庭，包括部分从“租”向“购”过渡的家庭；高于这个标准的为购房能力不足的家庭，包括部分自愿以租赁方式满足自身住房需求的家庭。简单说就是，家庭两个月的收入在当时当地平均房价 1 平方米以上时，这个家庭就具备一定购房能力了，但是这个能力尚不足，需要社会、政府给以援助才能实际“买得起房”；家庭两个月的收入都达不到当时当地房价 1 平方米的水平，这个家庭基本不具备购房能力，最多只能租房住，而且租房住的能力也不充分，也得社会、政府给予一定援助才行。当然，“租房能力不足”和“购房能力不足”这两部分人群不是截然分开的，中间必定存在着一部分租房能力不足、但是差得少一点，购房能力也不足、但是差得多一点的过渡性人群。

上述“三条线”很重要。笼统说“住房保障”“买不起”等是没有操作性的。有了这三条线，我们才能判断哪些家庭是完全没有住房支付能力，得靠“应保尽保”的廉租房来满足其住房需求的；哪些家庭是需要通过公共租赁住房、贴租、共有产权房等措施来满足其住房需求的；哪些家庭是靠住房补贴、贴息、公积金、“两竞两限”的小户型房等就有可能进入市场的；哪些是已经具备基本购房能力，稳定房价、抑制投机就能改善他们的市场预期，满足他们合理的住房需求的。更重要的是，先解决了什么叫“买得起房”的理论标准问题，我们才能判断，在中国现在的发展水平上，究竟让多大比重的家庭“买得起”的房价水平才是合理的房价水平。

由于我国还是一个发展中国家，而且是一个资源严重不足的国家；又由于与发达国家相比，我国还是一个土地资源的稀缺性程度高而劳动力的稀缺程度低的国家，把购买一套满足基本住房需求的 60 ～ 90 平方米普通住房、房价收入比为 5 ～ 8 年作为判定有完全支付能力的标准是符合实际的。

按照上述条件设定，在目前我国的城镇居民中，完全有购房支付能力的家庭所占比重达 20% ～ 25%，购房支付能力不足家庭所占比重约为 25%，有一定住房支付能力、但租住支付能力尚显不足的家庭所占比重约为 25%时的价格水平就是基本合理的房价水平。或者简言之，以基本住房需求和普通商品房为标准，房价收入比为 5 ～ 8 年的家庭所占比重达 20% ～ 25%时的价格水平就是我国现阶段合理的价格水平。

【6-2-4】我们希望不希望房价稳定在 70% 的城镇居民家庭“买得起”的水平上呢？当然希望，但这是一个需要较长期的发展过程才能达到的目标。

在这一水平下，购房能力不足的家庭和租房能力不足的家庭需要通过政府多重、多元的援助性保障政策才能满足基本住房需求。这两部分家庭总比重约为 50% ～ 55%。

人们肯定会诘问，按照国际惯例，房价收入比为 3 ～ 6 年的家庭所占比重为 70%时的价格水平才是合理的价格水平，凭什么说我国现在两到三成家庭达到这个房价收入比的房价水平就是合理水平呢？这个问题很有意义。

我们希望不希望房价稳定在 70%甚至比重更大的中国城镇居民家庭“买得起”的水平上呢？当然希望。但这是一个需要较长期的发展过程才能达到的目标。还要多长呢？从 2020 年算起，估计还要 20 到 30 年。房价收入比的问题我们还有另外的专题涉及。这里先说一个与国情有关的理由。

我国是一个工业化起步时间不长、城市化水平不高、人民群众的私人财富累积程度尚远不充分的国家，因此，我国城镇居民的恩格尔系数（即吃穿用等日常消费支出所占比重）的降低尚需一段较长时间。从经济学意义上说，如果假定房价不变，房价收入比所反映的，实际上是居民收入中扣除吃穿用等日常消费支出后的剩余部分所占比重；反映的是随社会经济发展，社会群体私人财富的累积能力。

一个简单模型就可以清楚地说明这个道理。在发达国家，日常消费在家庭总支出中所占比重一般为 30% ～ 40%。为计算简便起见，我们按上限算，假定为 40%。那么一个月收入 5000 美元、年收入 6 万美元的家庭，理论上说，其年收入中可有 3.6 万美元用于支付房款。按照房价收入比为 6 时的标准购买一套 36 万美元的住房，扣除日常消费后可在 10 年内还清房款。而在我国的中等城市，日常消费在总支出中所占比重可能仍达 70% ～ 80%，一个月收入 5000 元、年收入 6 万元人民币的家庭，理论上说，其年收入中只能有 1 万元用于支付房款。按照房价收入比为 6 时的标准购买一套 36 万元的住房，扣除日常消费后需要 36 年才能还清房款。在关于房价的讨论中，人们经常提到，“就是把房价降一半，相当比重的老百姓还是买不起”，其道理就在于此。

由此可见，社会发展水平决定，判断房价合理与否时，先要判断社会收入水平是否达到普遍“买得起房”的程度，判断有多少家庭具备“买得起房”的条件了。通俗说，如果某一城市大多数家庭的吃穿用支出在家庭月收入中所占比重已降到 40%，甚至 30%了（国际经验证明，这个比重降到 30%时就会趋于稳定，不会持续、无限地降低下去），而大多数老百姓还买不起房，那么这个城市的房价就超出“合理水平”而过于昂贵了。

我们前述 20%～25%的家庭房价收入比为 5～8 年的价格水平为合理房价水平的判断中，是以这部分家庭的恩格尔系数已经降低到 30%～40%以下为假定条件的。这个假定条件可以从我国高收入人群和最高收入人群所占比重及收入水平与我国城镇居民平均生活费支出水平中找到依据。

【6-2-5】一条是住房资源总量的趋势外推曲线，另一条是社会收入水平提高的趋势外推曲线。房子越建越多，社会收入水平越提越高。这两条曲线之间距离不断缩小的过程，就是“买得起”房子的家庭所占比重不断提高的过程。

判断我国房价的合理水平，不仅要依据恩格尔系数，而且还要考虑住房的需求收入弹性。

经济学早就证明，不同商品的需求对收入的变化具有不同的敏感度，或说弹性。例如，在一定的社会发展阶段上，人们的食物需求不会随着收入的增长而增长，也就是说，食物需求对收入变化不敏感或无弹性。同样的商品，在不同的社会发展阶段上，或对不同收入水平的人群来说，其需求对收入变化也会表现出不同的敏感度或弹性。例如，在人们的收入增长到一定阶段时，“轿车进家庭”才会出现突破性的临界点，跨过这个临界点后“购车一族”会在短期内形成规模。

在我国，尽管有一定住房能力，但其能力不充分，甚至远不充分的家庭所占比重高达 50%以上，他们需要政府援助性的政策扶持才能满足住房需求。但这部分家庭中的大多数，其住房支付能力的提高速度已开始不断高于收入的增长速度。例如在当前我国的大城市中，一个月收入 3000 元的家庭，其住房支付能力可能只有 600 元 / 月；但其收入水平提高到 4000 元，也即提高 33%时，其住房支付能力可能会提高到 1200 元 / 月，也即提高 100%。一方面，这部分家庭依靠自己的力量肯定不能靠购房满足自身的住房需求，但另一方面，他们的住房消费能力处于对收入变化高敏感、高弹性的阶段，也即收入增长对住房消费能力影响很大的阶段。住房支付能力的收入需求弹性问题，我们后面还有另外的专题交流，这里只是先提到而已。

在前述定义中，房价收入比高于 15 年的家庭基本不具备购房能力，满足住房需求应以租为主；而且租房能力也不充分，也需一定的政策援助。但特别指出，这一收入区间往往是住房消费能力对收入变化的敏感度迅速提高的区间，也即购房能力随收入增长逐步累积的阶段。

根据以上分析可知，如果以房价收入比 5 ~ 8 年为标志，我国房价的合理水平正处于以“20% ~ 25%家庭可达”为标准向“70%左右家庭可达”为标准过渡的阶段。完成这一过渡的时间，取决于我国城镇居民恩格尔系数下降的速度和收入增长速度。我们可以把两条曲线表达在一张坐标图内。一条是我国住房资源总量的趋势外推曲线，另一条是我国社会收入水平的趋势外推曲线。人们很容易理解，房子越建越多，社会收入水平越提越高，这两条曲线之间距离就会不断缩小。这个过程，就是中国城镇居民“买得起”房子的家庭所占比重不断提高的过程。如前所述，即便是理想状态下，这个过程恐怕也还需要 20 ~ 30 年。

还得说明一点。由政府出手，采取强硬的法律与行政措施，现在就把房价降到 70%的家庭都“买得起”的程度行不行？理论上说，办得到。政府限价就是。但得到改善的家庭并不会因此而增多。因为绝不应忽略的一个重要事实是，中国现在没有那么多的房子。我们即使保持从 1999 年 ~ 2019 年这二十余年的建房高潮，每年也只能有 3% ~ 4%的城镇居民家庭改善。要让现在的城镇居民家庭都住到具有适度改善性功能的 90 平方米或以上面积的住房中，撇开房价不说，光盖房子我们就得再盖 20 ~ 30 年！这就是我们前面讲过的“绝对短缺”的问题。

3 合理房价是一个风险均衡配置的区间

- 房价上涨并非就是不稳定，异动才是不稳定。
- 房价合理与否可以反映在房价与利率、房价与租金之间的对比关系上。
- 风险过度集中于某一环节时，市场对价格波动的承受能力很低。

【6-3-1】房价不论怎么变动，在3～5年的周期内，其平均水平不应脱离与社会经济发展水平相称的区间过远。房价合理与否，不在于是“涨”还是“跌”，而在于是否出现异动。

二是价格的稳定性。

合理房价不是某一特定时点的价格水平，而是一段时间区间内的平均水平。房价合理的标志不仅取决于价格总水平，而且取决于价格稳定程度。

在市场经济条件下，房价总是在多重因素的影响下不断变化的，不可能停留在一个水平上不动。而且房价变化的规律存在着许多与其他商品价格不同的特点。例如，由于土地的有限性，在城市扩张过程中，核心社区的房价总是随城市半径的扩大而上涨的。某个城市实现了新城区的大规模开发、建设，这个城市不同区域的住房价格就会出现新一轮市场“重新寻价”的波动。再如，住房是一种不具有同质性的商品，其价格随着质量、功能、居住环境、交通基础设施的改善总是趋于上涨的。人们很容易理解，城市中“城轨”“地铁”等立体交通体系通达哪里，哪里的房价就会出现明显程度的上涨。特别是，住房的供给和需求通常并非是同步变化的。某一年份的土地供给、货币供给相对宽松，一到两个年后这个城市的住房市场上就可能是供给的“大年”，反之就是“小年”；同样，住房需求也并非是一个匀速运动，其增长也会有类似变化。根据国际经验，住房需求在时间上是可以有一定前置后错周期的，人们把购房时间推迟或提前 3 ~ 5 年都属正常，这就存在着数年的需求在一年内集中释放的可能。如果恰逢某年是供给的“小年”而需求是“大年”，这一年份的供求关系变化就会导致房价向上波动。因此，房价稳定与否，不是简单地逐月“环比”能够说明的，甚至与上年同月的“同比”也并不能充分说明问题。

但是，房价不论怎么变动，在 3 ~ 5 年的周期内，其平均水平不应脱离与社会经济发展水平相称的区间过远。房价合理与否，不在于是“涨”还是“跌”，甚至不在于其涨跌的幅度，而在于是否出现异动。

房价异动有三种情况。其一，明显超出国民经济整体和当时当地经济发展水平地持续上涨，形成为本币相对于不动产这种资产价格的恶性贬值。其二，在短期内出现与供求无关的快速上涨，例如“一月一价”“一周一价”甚至“一天一价”的现象显然不正常，因为房地产的供给和需求都不可能在这样的短期过程中出现大的变化。其三，供求失衡超出了价格所能调整的范围，即价格失去了对需求的刺激或抑制作用，出现了“买涨不买落”，甚至“越涨价越抢购”的现象。

如同人的身体有病会发烧一样，房价异动反映的，就是房地产业发展过程中出现了不健康的因素。这种不健康因素主要为，宏观经济运行中的货币供给、信用规模过度膨胀，投机性需求过度进入了房地产领域，外部资金大量涌入局部地区，房地产市场不规范环境下的欺诈性宣传引起了的社会恐慌，短期内过度拆迁造成被动性需求集中释放等。其中，信用膨胀和过度的投机性需求是最主要的不健康因素。

房价上涨并非就是不稳定，异动才是不稳定。不稳定就是“病态”。根据国际经验，房价异动一旦出现，往往不能依靠市场自身的力量实现自我调整。因为现代房地产市场的不稳定往往会引起资本市场、货币市场以及整个金融体系的共振，形成相互作用下的反复放大。因此，在房地产业健康发展过程中，政府政策的重要职能之一，就是监控房价异动、消除导致异动的因素、抑制异动的波动幅度以至制止异动。

【6-3-2】从理论上说，如果假定房价相对稳定，在银行存款利息收益高于租金时，购房就不如租房住，把钱存入银行更合算。当租金收益率高于银行贷款利率时，人们才会投资性购房并用于出租。

三是房价与利率、租金之间的比值关系。

房价合理与否，不仅可以反映在房价自身的水平上，而且可以反映在房价及其上涨速度与利率之间的对比关系上，反映在房价与租金之间的对比关系上。

利率和租金是房地产投资收益的两个社会比较基准。从理论上说，如果假定房价相对稳定，在银行存款利息收益高于租金时，购房就不如租房住，把钱存入银行更合算。当租金收益率高于银行贷款利率时，人们才会投资性购房并用于出租。

但是，当房价出现异动时，房价与利率、租金之间的三角平衡关系就会被打破。例如，当人们预期房价会快速上涨时，即或贷款利率很高，人们也宁买不租；或者即或出租收益很低，人们还是超过自住需求地投资买房。

根据国际经验，十年内的租金等于房价可视为合理的投资回报基准。房价持续脱离租金水平、利率水平的继续上涨，意味着房地产业的发展已经出现了不健康的因素。这种不健康因素主要来自超过社会实际住房需要的投资需求。抑制投资需求过度膨胀的关键仍是严控信贷规模、正确引导社会预期和改善宏观经济运行中的总量平衡关系。

【6-3-3】房价合理与否的标志之一，是风险可以均衡地配置到土地等要素的供应者、开发商、银行、投资者、购房者以及相关的资本市场、货币市场等多个方面。不合理的标志就是把风险过度集中于一个环节。

四是风险在整个交易链条中各环节配置的均衡状况。

房地产业本来就是一种高风险的产业。房价合理与否的判断依据，还在于房价波动时的风险能否均衡地得到释放。

在房地产市场上，合理房价的标志是风险可以均衡地配置到土地等要素的供应者、开发商、银行、投资者、购房者以及相关的资本市场、货币市场等多个方面。例如银行可以通过资产证券化的方式把风险分散到债市投资者头上，购房人可以通过严密的法律制度以及律师等中介环节规避资金欺诈或质量欺诈，开发商可以通过股市融资或发行项目债券等途径减轻对银行信贷资金的依赖等。房价不合理的标志就是风险过度集中于一个环节。当风险过度集中于某一环节时，市场对价格波动的承受能力很低。一旦出现价格波动，风险过度集中的环节很容易成为被推倒的第一张“多米诺骨牌”，引发整个系统的危机。人们从生活经验中就可以得知，冰层较薄时，趴在冰上要比用双脚踩在冰上安全得多。我国目前存在着房地产市场过度依赖银行直接融资的现象。一旦房价向下波动，银行的呆坏账率就会上升，由此就可能引发整个金融系统，甚至国民经济整体的危机。目前，一些银行通过按揭贷款把开发贷款的风险转嫁到购房人头上，银行利率变动的风险几乎全部集中于购房者。这种转嫁风险的措施其实并不安全。因为一旦利率出现较大上升，按揭贷款违约率就会上升，因而仍可能把银行拖垮。这些现象都是风险配置不合理的明显例证。我国目前房地产业健康发展的重大潜在威胁，或者说不健康因素就在于，迄今缺乏风险的均衡配置、释放以及规避的体系和机制。

第七讲

我们从过去走来

若干年前有过一个热播的电视剧，叫《贫嘴张大民的幸福生活》，讲述的是20世纪80～90年代一个普通老百姓家庭在改革、开放、发展的社会大潮中遭遇的种种甜酸苦辣。这个有着兄弟姐妹五人的城镇家庭处于住房极度困难状况。老大张大民结婚时，由于家里住房无论如何也无法再承载更大的负荷，他不得不在院子里围着一棵小树搭建了一个非常简易的“地震棚”。后来，他的儿子就在这个地震棚中出生，并取名为“小树”。经历过1976年唐山大地震的北京居民都会对“地震棚”这个词儿非常熟悉。最初为了躲避余震而搭建的临时庇护棚后来不知成了多少新人度蜜月的地方。直到20世纪90年代中期，唐山大地震20年后，北京四合院中住人的“地震棚”才基本消除。这个故事确实很让人心里酸楚，但我们就是从这样的“过去”走来的。

20世纪80年代初期，我们在制定第一个“翻两番”战略时，有个专家给中央提建议，说中国千万不能提倡穿皮鞋。为什么呢？因为10亿人口都穿皮鞋，那得杀多少牛啊？把全中国的牛都杀了也不够，何况牛还是当时重要的农业生产资料。今天，连到城镇打工的农民工也都穿上皮鞋了，城市中的时尚女性家里大概得有三五十双各式各样的皮鞋。那我们打听一下，中国的牛杀光了没有？不仅没杀光，还比当初多了不知多少倍。今天我们有专门吃肉的牛，有专门产奶的牛，有专门制革的牛。

哪来的这么多牛？是改革、开放、发展带来的，是市场经济的魅力、魔力、活力和创造力带来的。

我们从过去走来。

1 我们从对理想社会的美好憧憬中走来

- 我们的住房建设历程是和对理想社会的美好憧憬密切联系在一起的。
- 普通老百姓对幸福生活的普遍认识曾是“楼上楼下，电灯电话”。
- 始于 1966 年的“十年动乱”使城市建设处于了极不正常的状态。
- “单位自建住房”对加快住房脱困的进程是有很大历史功绩的。
- “西三旗”的历史意义是住房建设走向了社会化，“基建办”相继销声敛迹。
- 不同房型百花齐放，为人们提供了近乎眼花缭乱的选择。

【7-1-1】 为了让老百姓看到“人民政府爱人民”的实绩，1950 年 2 月，北京新政权拿出了当年预算支出的 2.25%，对最贫穷的南城地区一条危害多年的臭水沟进行改造。这就是著名的龙须沟工程。

2009 年有部影响比较大的影片，叫《建国大业》。看过这部影片的人都会对新中国的创立有种“开天辟地”的震撼。的确是这样。新中国建立之初，“解放”“新社会”“人民当家做主”“天翻地覆”等是那个时代在人们嘴边出现频率最高的词汇。从那时起，我们的住房建设就和人们对理想社会的美好憧憬密切地联系在了一起。

我们以北京这座最有代表性的城市为例，共同回顾一下共和国城市住房建设的历史过程。

1949 年时，我们有大约 5700 万左右的城镇人口。当时的总人口数号称“四万万五千万”，按现在的叫法，就是 4.5 亿人。这个总人口数是 20 世纪 30 年代的数字，经过长期战乱，到 1949 年时应该没有这么多。大体估计，20 世纪 50 年代初期时我们的城市化率约为 13%左右。

新中国建立之初，城市住房都是私有的。那时北京城里有房产的人不多，房主大都是有点来历的人。其中有旧社会的达官贵人、富商名儒等有钱人家，也有靠祖上留下的房产“坐吃山空”的前清后裔。大部分穷苦老百姓的收入也就能够勉强糊口，能租房住的就算不错。更穷的一些城市贫民其实根本就没房子住，只能在城乡接合部的“三不管”地方搭棚子住。为了让老百姓看到“人民政府爱人民”的实绩，1950 年 2 月，百废待兴的北京新政权拿出了当年预算支出的 2.25%，对北京最贫穷的南城地区一条危害多年的臭水沟进行改造。这就是著名的龙须沟工程。

龙须沟所在地另外还有个很好听的地名，叫做“金鱼池”，源于当初在天坛摆摊挑担卖小金鱼儿为生的几户人家挖的养鱼坑。但是，“龙须”也好，“金鱼”也好，地名再好听，也掩盖不住臭水沟的实质。到 1950 年 11 月末，龙须沟改造工程全部完工。这个工程不仅新建了干支管下水道 9380.7 米，修起了一条宽阔平坦的新马路，而且为当地贫苦百姓建起了一批新房。

龙须沟改造是建国之后北京第一次成规模地兴建居民住房。此后，北京市又陆续对大石桥、夕照寺、右安门内、陶然亭、铜法寺、李广桥和泡子河的七处明沟进行了逐一改造，把旧中国给北京留下的“八大臭沟”全部消灭。

【7-1-2】在“跑步进入共产主义”的氛围中，为了给老百姓一个“共产主义究竟什么样”的直观示范性标志，北京兴建了三栋号称“共产主义大厦”的“新型”居民楼。

20世纪50年代，北京的居民住房建设中还有几件值得说的标志性事件。

一件是在“八大沟”改造之后，在崇文门外为普通老百姓兴建了一批居民楼。当时，那个地区也是最穷苦的老百姓聚集居住的地方。比“龙须沟”的住房更进一步的是，这批居民楼是有厨房、厕所的成套住宅。普通老百姓能住这样的房子，那真是“一步登天”的感觉。于是那个地方由此就取名叫“幸福大街”。人们憧憬，新社会、新中国、新政权下，人人都能住上这样的房子、过上幸福生活的日子已经为期不远了。

再一件是在北京的木樨地、三里河、百万庄、和平里等当时尚属城外的地方兴建了一批中央国家机关的干部住宅。这些住宅不仅有多层楼房，还有现在叫“联排”的小楼；不仅有厨房、厕所，甚至还有暖气和煤气！现在这些房子大部分仍在。北京现在一些有点名气的商场，如甘家口商场、复兴门商场、和平里商场等，当初都是为这些住宅配套的商业设施。可别小看这些干部集中居住区和配套的商业设施，20世纪六七十年代物资匮乏时期，在这些商场中常可见一些一般商店难得一见的商品供应。这大概可以算作是新中国最早的一批“公务员住房”吧。

最值得提到的是20世纪50年代末期，与人民大会堂等“十大建筑”同期修建的三座“共产主义大厦”。建国不久时，普通老百姓对幸福生活的普遍认识就是“楼上楼下、电灯电话”。到20世纪50年代末，社会整体笼罩在一片“大跃进”的狂热情绪中。在“跑步进入共产主义”的氛围中，为了给老百姓一个“共产主义究竟什么样”的直观示范性标志，北京兴建了三栋号称“共产主义大厦”的“新型”居民楼，分别是崇文区的安化楼，东城区的北官厅大楼，西城区的福绥境大楼。

这三座新型的居民楼“新型”在什么地方上了呢？新型在各家各户都没有厨房，三座楼都是只在一楼设一个公共食堂。为什么不设私家厨房呢？因为那时人们相信，明天就到共产主义了，共产主义吃饭不要钱；想吃什么就吃什么，各取所需，那各家各户还要厨房干什么？别以为这仅仅是传说，是故事，当时能住进这三座大楼的358户居民都是经过严格审查、最具“共产主义觉悟”的人。他们率先领略了“楼上楼下，电灯电话”的共产主义生活，也真的实践着共产主义“吃饭不要钱”的“大食堂”吃饭方式。当然，这个实践很短命，没过多久，靠美好理想支撑的“大食堂”就散了伙。没厨房怎么办？各家各户只能在楼道、阳台支起蜂窝煤炉子。20 世纪 60 年代还没有天然气、液化气罐，人们做饭只能用煤球炉、蜂窝煤炉。

今天，可能会有人嘲笑那时的幼稚。但我认为，不论这个实践是多么地不切实际，它仍然是咱们中国在改善住房的过程中，最充满美好理想的一次尝试。目前，福绥境大楼和安化楼仍“健在”，另一座已经随着城市扩张、改造被拆除了。迄今很多人在为被拆掉的那座“共产主义大厦”惋惜。那毕竟是我们城市的一段历史，而且是一段不应被磨灭的历史。

20 世纪 50 年代的城市住房建设还应当提到的一个事件是“工人新村”的建设。所谓“工人新村”，就是为大型国有工矿企业建设的工人集中居住区。当时北京在门头沟、石景山（当时尚未单独划区）、朝阳区等地分别建设了煤炭、钢铁、化工、纺织等工业集中区，同时陆续为那里的企业配套建设了一些工人集中居住区。实际上，这种“工人新村”式的住宅不仅在北京，在“一五”时期的“156 个大型建设项目”相关的工业基地建设中，在其他省区也普遍采用了。当时有个电影叫《草原晨曲》，讲的就是北部边疆城市包头兴建“包钢”的故事。

20 世纪 50 年代最具北京特色的住房建设是一大批中央机关、部队机关、高校、科研院所等“大院”的兴建。在当时的北京郊区，一些大单位要么基本上是“跑马占地”，要么是在原址上大规模扩张，建起了很多办公、教学与居住合一的“大院”。这些“大院”拥有近乎包揽一切、自成系统的生活设施，包括粮店、副食店、邮局、银行、浴室、职工食堂甚至幼儿园、中小学校等。

20 世纪 50 年代北京城市住房建设的几个“亮点”并不具有普遍性，也未能对改变我国城镇居民住房状况产生太多的影响。但即使如此，这十年毕竟还是有过城市住房建设的几个高潮的，而且这几个高潮也在历史上留下了一定的地位。

【7-1-3】大寨人提出了“先治坡后治窝”，大庆人提出了“先生产后生活”。在“千万不要忘记阶级斗争”的社会政治氛围中，这两句本来充满英雄主义、奋斗精神的口号被严重政治化，住房建设也被严重政治化。

20世纪60年代和70年代，则是在我国城市住房建设中几乎可称“空白”的20年。

20世纪60年代初，由于严重的自然灾害和“大跃进”对重工业的盲目强攻，我国的国民经济遇到严重困难。从1962年起，国民经济被迫进入了一个全面调整的阶段，第二个五年计划被全面中止。与此同时，由于城市人口过度扩张，粮食供应、城市经济都不堪重负，我们动员了2000余万人“回乡生产”，从城市退回到了农村。当时与重工业“退够”的调整政策相应，城市中所有“楼堂馆所”的公共建筑项目几乎全部下马。在后来被称为“三年大饥荒”的过程中，由于解决吃饭问题成为了最迫切之需，实际上不仅“楼堂馆所”，住房建设也几乎全部停顿。

这种极端困难情况下的国民经济大调整持续了五年。到1964年，国民经济才恢复到1957年的正常水平。

在国民经济大调整时期，不能不提到后来对城市住房建设发生过重大影响的两件事。一件是“农业学大寨”。大寨人“三战狼窝掌”，成为农业领域的一面旗帜。大寨人提出了一个口号，叫做“先治坡后治窝”。另一件是“工业学大庆”。大庆人发扬“干打垒”精神，在荒原上建起了共和国最大的油田，成为工业战线的一面旗帜。大庆人也提出了一个口号，叫做“先生产后生活”。在当时“千万不要忘记阶级斗争”和“反修防修”的社会政治氛围中，这两句本来充满英雄主义、奋斗精神的口号被严重政治化，住房建设也被严重政治化。谁要提住房建设、改善居住条件，那是要被戴上“反对学大寨”“反对学大庆”的政治“帽子”，被批成“被资产阶级享乐主义、修正主义腐蚀”

了的。后来有部反映大庆初创时期的电影叫《创业》，影片角色中有个总工程师，他提出要建“工人新城”“街心花园”，结果被描述成“钻进革命队伍中的特务、阶级敌人”，他的意见更被说成是“妄图颠覆无产阶级革命事业的阴谋”！人们很容易想见，在这样的社会环境中，城市住房建设只能是裹足不前。

20 世纪 60 年代中期，随着国民经济的逐步好转，1965 年，第三个五年计划启动。但出于当时对国际环境的判断，“要准备打仗”又成为经济建设的出发点。按照“靠山、分散、进洞”的所谓“山、散、洞”方针，在第三、第四、第五个五年计划，长达 15 年的“三线”建设周期中，70%的工业固定资产投资被投到了远离中心城市、远离人口密集区的西南、西北等地的深山沟中。

“三线”建设也还是建了一些住房的，也形成了一些后来老工业基地型的城市。例如“二汽”所在的十堰市。但相当多建在山沟里的“三线”工厂在 20 世纪 80 年代的“军转民”过程中都搬迁回了城市，那里的住房和工业建筑也只能废弃了。

与“三线”建设同期，北京等大城市在这样一个过程中，住房建设处于一个畸形的发展过程。除了全民大挖“防空洞”以外，城市中只建设了一些简易房、战备房、过渡房。直到 2017 年，主管全国城乡建设的住房和城乡建设部办公大楼对面还比较完整地保留着一片“简易楼”区。什么叫简易楼呢？有的简易到没有暖气，冬天取暖要生蜂窝煤炉子；有的简易到几家共用一个公共厨房。最致命的是，这些简易楼都是四面黏土砖加预制板顶的结构，连钢筋混凝土的构造柱都没有，房子的整体安全性极差。1976 年唐山大地震以后，这些简易楼都被定成“危房”，不得不通过在外墙加建构造柱，然后用钢筋穿过房子把构造柱和预制板焊接起来的方式加固。除了“备战、备荒”的原因，始于 1966 年的“十年动乱”和在此期间的“知识青年上山下乡”、大办“五七干校”等运动，更使我国的城市发展和城市建设处于极不正常的状态。在近 20 年的时间里，除了这样的简易楼，作为国家首都的北京基本上就没有新建像样的住房。北京尚且如此，其他城市的情况也就可想而知了。

很有必要对这段历史加一个注解。现在的年轻人可能会问，那多年不建住房，老百姓没有意见吗？没从那个时代经过的人可能很难理解，别说住房改善，中国城镇职工从1958年到1977年几乎就没有涨过工资！这期间进厂的职工，转正定级后就多年停留在“二级工”上。这种状况一直持续到1977年才在近20年后第一次“调资”。那时强调“一不怕苦、二不怕死”，“突出政治”；政治压倒一切。连死都不怕，还怕没房子住？一个家喻户晓、人人皆知的口号叫“抓革命、促生产”，人们普遍相信，只要把“革命”搞好了，特别是“思想革命化”搞好了，一切都会有。我们得承认，这其中充满了荒唐、动乱；但我们也得承认，社会之所以在年复一年不断加剧的住房困难下还能维持，人们对未来社会的理想化憧憬也是不可忽视的精神力量。

【7-1-4】“前三门”建设工程基本完工，但分不下去。最后居然是中央书记处专门召开会议研究，才把“怎么分”的事搞定。

到1979年改革开放初期，北京和几乎所有城市一样，都处于住房极度短缺的“房荒”状态。

在“十年动乱”结束到改革开放开始之前的过渡期内，北京有一件重要的住房建设工程应当提及，这就是所谓的“前三门”建设。1976年末，当时的北京领导人做出了一个非常大胆、前沿的决定，在北京“前三门”地区兴建一批高层住宅。

说其“大胆”，有三个原因，一是当时百废待兴，政府居然要拿出大笔钱给人民群众建住房，这差不多可以说是“石破天惊”之举了；二是前所未有地决定建高层住宅，要知道中国此前从未建过高层住宅，还不是建一栋两栋，是成规模地建，一共建了26栋；三是在北京天安门正南，原北京内城南城墙的原址上建，这大概也可说是“太岁头上动土”了。

“前三门”住宅楼的建设是有历史功绩的，它在全国首开了给居民成规模地建设住宅的先河。在一定意义上说，这个把改善老百姓生活、改善住房条件放在居前位置的决策甚至对后来推动经济界“生产目的大讨论”都有重要意义。当然，由于当时的历史局限性，“前三门”的住宅建设也留下了很多重大的缺憾。其中最主要的，一是套型面积过于狭小，一般面积也就是五六十平方米左右，两居室，没有客厅，厨房和卫生间的面积都压缩到了最低。二是建在“前三门”地区实际上是很不合理的，不仅破坏了北京市原有的城市格局，而且也使一个本来可以利用深厚底蕴发展成为商业、文化、旅游街区的地方变成了一个居民居住小区，浪费了宝贵的城市土地资源。当初建在“前三门”，主要的考虑其实很单纯，就是在拆掉城墙的地方建房子，拆迁量可以比较小一点。

到 1978 年底，“前三门”建设工程基本完工，总建筑面积近 60 万平方米，其中住宅面积近 40 万平方米。与“前三门”相继相接，北京又建设了团结湖小区和劲松小区。北京的居民集中居住区被称为“小区”，就是从这三组住宅建设开始的。这三个小区建设完工后还出过一个有意思的“逸事”。房子建成了，但分不下去。不是没人需要房子，而是社会普遍困难，各部委都争相伸手、“各显神通”。最后怎么办的呢？说来今天不会有人信，最后居然是中央书记处专门召开会议研究，才把“怎么分”的事搞定。

从 20 世纪 70 年代末起到 1999 年间，北京这 20 年左右的住房建设过程，熟悉的人就比较多了。这期间也有几件标志性的事件。

一件是鼓励单位自建住房。从 20 世纪 70 年代末、80 年代初开始，在当时的福利分房制度下，为尽快改善老百姓住房严重困难的状况，国家采取了“鼓励单位自建住房”的政策。一时厂矿、学校、机关“群雄并起”，推倒围墙就建宿舍楼。那时也没人问这个土地究竟是工业用地还是建设用地性质，把建宿舍楼的成本摊进企业生产成本，税务局也不会深究。在 20 世纪整个 80 年代，“单位自建住房”形成高潮。当时多少有点规模的单位都有个“基建办”，包括大型厂矿企业，也包括国家部委、大专院校、群众团体。

“单位自建住房”对加快“住房脱困”的进程是有很大历史功绩的。但由于当时我们对科学的城市发展、城市规划、城市管理几乎处于“蒙昧”状态，这个过程在城市规划意义上完全失控。工厂区和居住区混杂，寸土寸金的商业街区建起了大批机关宿舍楼，众多国家部委的办公楼区也成了“前店后厂”的格局，很多重点大学校园中图书馆、教学楼前成了退休人员遛狗、小保姆推着婴儿车“扎堆”聊天的地方。城市功能分区完全被打乱，这给今天的城市发展也留下了不小的后患。

当然，发展过程中存在这种历史局限性也不奇怪。从那个年代过来的人都会对“马路市场”这个场景记忆犹新。20 世纪整个 80 年代，就连北京、上海这样的大城市，在西单、王府井、淮海路、南京路这样的繁华闹市中，道路两侧也无一不是布满了小商小贩的摊位。后来人们戏称，“北京市府真能干，愣把北京建成了‘县’”，调侃的就是这种状态。连商业设施配置都处于几近完全自发的无序状态，何况住房建设了。

【7-1-5】北京市动员中央国家机关把这批房子买下分给职工，才最终消化了积压多年的住宅楼。现在，当年的“亚运村”已经成为了“奥运村”，当初城乡接合部的区位现在成为了“龙脉”所在。

20 世纪 80 年代中期有个应当记叙的事件，就是“青年公寓”的兴建。在当时“尊重知识、尊重人才”的社会氛围下，北京兴建了一栋“青年公寓”，目的是给当时高校、科研院所一批正在脱颖而出、但在本单位“论资排辈”再有 20 年也分不上住房的青年知识分子解决住房。这栋楼不卖只租，当时政策明确规定，这个“公寓”是过渡性、周转性住房，住户在本单位分了房子就必须腾退。这栋楼目前还在，就在双安商场旁边的位置。

“青年公寓”只建了一栋就偃旗息鼓了。因种种原因，这项政策未能继续执行下去。但今天看来，这个探索应当说是具有重要意义的。政府兴建并通过

“贴租”等政策支持，为年轻的公务员、高校教师、企业中的小白领等所谓的“夹心层”提供这种过渡性、周转性的租赁住房，应当是完善我国住房制度的一个重要方向。

20 世纪 80 年代中期，亚运会在北京召开。围绕着亚运场馆的建设，北京兴建了一批商品住房，主要分布在城市北部的“亚运村”周边以及为连接亚运村新开辟的中轴路两侧。这大概是北京第一次成规模地兴建用于出售的商品房的始端。这批住房中既有当时看较高档的公寓，也有普通居民楼。其中的普通居民楼“普通”到什么样？室内的电线都是用最老式的黑胶皮线、用瓷夹板固定在墙上的明线。但是当时福利分房方兴未艾，当时居民的购买力也几乎无人能达到“添产置业”的程度，这批住房中的大部分长达 10 年都没卖出去。当时的“北辰公寓”因长期无人居住被称为“鬼楼”。到 20 世纪 90 年代中、后期，北京市动员中央国家机关把这批房子买下分给职工，才最终消化了这些积压多年的住宅楼。现在，当年的“亚运村”已经成为今天的“奥运村”，当初几乎是城乡接合部的区位现在成为了最抢手、最热门的“龙脉”所在。

20 世纪 80 年代后期，北京在探索住房商品化上开始投入力量。一个标志性的事件是方庄小区的兴建。方庄小区位于北京东南角的二环路与三环路之间，当时叫“外销房示范小区”。为什么叫“外销房”呢？因为当时判断，中国老百姓是没有可能买得起房子的，能进入房地产市场，购买商品房的只能是外国人，或者能够从国外“来钱”的人。在 20 世纪 90 年代初期，方庄小区初步形成规模时，房价也就每平方米 3000 到 4000 元左右，但这个价格在当时的普通老百姓眼里无异于“天价”，想都不敢想。后来买了这里房子的人其实并无多少外国人，主要是当时中关村一批新兴公司的高管人员，再有就是改革开放初期出国、定居国外的人，给自己买或者给父母买。

方庄小区的房子在当时还是具有很多令人称羡的功能的，例如比较大的客厅、“双卫”等。这些享受性功能在今天的商品房中已是司空见惯的了，“三卫”也不新鲜，但当时“福利分房”的住房是不可能具备这样功能的。按现在的标准看，当初方庄小区的房子充其量也就是普通商品房的档次。方庄小区建设的一个最大缺陷是，最初建设的几个区都没有预留停车位！当时认为，买得起房子的人已经是“凤毛麟角”了，中国老百姓离开私家车的日子还不知有多远呢。后来的发展远超出设计者的预料。很快，小区的道路、绿地都塞满了私家车，不得不通过改造补建。

20世纪90年代中、后期，北京住房建设的“大动作”是西三旗、回龙观、望京小区以及后来的天通苑小区等。与方庄小区不同，这些小区最初兴建的定位是“经济适用房”，当时叫“康居工程”。适用“不收土地出让金”的政策。面向的对象不是“先富起来”的那部分人，而是普通老百姓。但是，直到20世纪90年代中、后期，不含地价的“经济适用房”也没有多少人能买得起。后来，因为当时福利分房还没有停止，北京市动员一些高校，如清华、北大、人大、北师大等，买下作为教职员工福利分房的房源。近年来，不断有媒体说，北京市在“经济适用房”建设中建了很多大户型。这有个历史原因。作为高校福利分房的房源，自然要能满足教授、校长、著名专家等不同职级的住房标准。这是当时历史条件决定的。实际上，当时为了尽快把这批“经济适用房”卖出去，北京市不仅动员高校买，而且还规定，任何有“教师证”的人都可以买。我们就是从这样的历史中走来的。

以“西三旗”等小区的建设为代表，这批住房建设也具有两个很重要的历史意义。其中，一是尽管当时实行的仍是福利分房制度，但住房建设开始走向了社会化、专业化，由专门的开发公司统一设计、集中建设，各单位的“基建办”相继销声敛迹。这不仅降低了住房的开发成本，也使市政公用设施配套走向了正轨。二是成规模地建设集中居住小区，极大地推动了城市规划、城市功能分区的完善和发展。当然，这批居民居住小区的建设也存在很多缺陷。其中普遍存在的一个大问题，就是交通体系的设计极为滞后和不合理。30万到50万人集中居住的小区，连接城市交通主干道的进出口全部预留严重不足。迄今虽经多次改造，配套了高速城铁、加开高速公路入口、拓宽区内及连接线道路等，但最初预见性严重不足的缺陷仍不能根除。

【7-1-6】房地产市场的发展带来了住房设计、功能、格局、建筑质量、环境、外观、设计风格等多方面的全面革命。从这个时候起，“全面小康”、现代城市、发达社会的居住方式才从人们的憧憬中走到了触手可及的现实生活中。

1999 年，住房制度改革全面展开。到 2002 年，福利分房制度基本退出了历史舞台。从这个时候起，房地产市场才在北京真正形成规模，商品房才真正成为住房的主要供应源。房地产市场的发展不仅改变了旧体制下的住房制度，而且结束了福利分房时代那种千篇一律、按照标准图纸建设的住房模式，带来了住房设计、功能、格局、建筑质量、环境、外观、设计风格等多方面的全面革命。独栋、联排、花园洋房、跃层、公寓、商住两用、小户型等不同房型百花齐放。多样化、多层次的住房为人们提供了近乎眼花缭乱的选择。也正是从这个时候起，“全面小康”、现代城市、发达社会的居住方式才从人们的想象、憧憬中走到了触手可及的现实生活中。

2 我们从极度的住房危机中走来

- 改革开放初期，我国城镇居民的住房状况走到了危机的程度。
- 从 2009 年算起的五年中，我国城镇住房或可判断为“基本走出脱困阶段”。
- 改善型需求是目前和未来 20 ~ 30 年内的住房需求主体。

- 享受型需求是社会多层次需求中应当具有的一个组成部分。
- 不论在中国还是国外，奢侈型需求都是惩罚性征税的对象。

【7-2-1】20 世纪 80 年代中期，上海青年谈恋爱唯一可去的地方就是外滩那段矮墙。在那段矮墙边，年轻男女非常有序地脸对脸、背靠背，一个挨一个保证严丝合缝，无空可钻。

住房建设的发展过程同时必然是人民群众居住条件不断改善的过程。在过去 40 余年中，我们从极其严重的住房危机中走来；我们已经初步走过了“脱困”的阶段，走到了“改善”为主的阶段。

20 世纪 70 年代末，北京城镇居民人均住房面积仅为 4.75 平方米。这个数字还是把周边城镇也算进来的数字。实际上在主城区，绝大多数家庭连这个人均数字也达不到。改革开放初期，我国城镇居民的住房状况真是走到了危机的程度。那时，两代夫妇同住一间屋，公公婆婆和儿子儿媳在一间屋中搭上下铺；大龄异性兄弟姐妹合居一室，用布帘隔开的严重困难状况可以说比比皆是。别以为这是夸张，是极端、偶然的个别现象。那时大家的同学同事、街坊邻居、亲戚朋友都差不多，谁家也不比谁家强多少。

现在很多年轻人抱怨“蜗居”。退回二三十年，那时的年轻人连“蜗居”也没有。结婚怎么办呢？只能和哥哥嫂子商量，让他们分别到办公室，或者回娘家去凑合一个星期，先借哥哥嫂子的房间把婚结了，然后男女双方各回各家。以后怎么过日子？以后再说。那时有个与住房相联系的专有名词，叫“团结户”。一套不到 50 平方米的两居室住宅，要同时分给两对新婚夫妇合住。就是这样的“团结户”也不是轻易可以得到的，在企业中大约得团支部书记、工段长、青年突击手层次的才能有机会“破格”获得。因为那时企业中住房困难的老职工尚需排队 20 年也不也一定能轮上分房。

上海外滩黄浦江边一段 700 余米长的矮墙曾有个著名的别称，叫“恋爱墙”。直到 20 世纪 80 年代中期，上海男女青年谈恋爱几乎没有地方可去。

家里连客人坐的地方都没有，甚至马桶也只能放在和吃饭、睡觉的同一个房间。那时也没有今天上海这么多有“格调”的咖啡厅、歌厅、餐饮娱乐场所，唯一可去的地方就是外滩那段矮墙。华灯初上时，那里的场面可称蔚为壮观，用现在一个时髦的话说，叫“构成了一道独特的风景线”。在那段矮墙边，年轻男女非常有序地脸对脸、背靠背，一个挨一个保证严丝合缝，无空可钻。现在这个“风景线”已经无处可觅了。那时在北京的重点高校中，“双研究生毕业”的青年教师夫妇，运气好的才能分到一间十三四平方米的“筒子楼”。什么叫“筒子楼”？就是办公楼改为住人，楼道就是所有人共用的厨房。

【7-2-2】脱困型需求就是人活着必须有房子住的需求。20 世纪 80 年代，“户有一间房”就可以叫做满足了基本住房需求，现在“户有一套房”才能叫满足了基本住房需求。

为什么要讲述这样一段历史呢？因为我们要从自己的历史出发，结合国际经验和客观规律，把住房需求分出几个层次，同时对中国现在的住房需求做出一些重要的判断。

我们这里说的住房需求，指的是真正自住的住房需求，不包括为卖而买，或者为出租牟利的投资性需求。

人们的住房需求可以分为四个层次，即脱困型需求、改善型需求、享受型需求和奢侈型需求。

脱困型需求就是人活着必须得有房子住的需求。因此，脱困型需求也叫基本需求。基本需求是有绝对下限的，这个下限就是维持生存所必须的条件。但基本需求的上限是随社会发展有一定变化的。在 20 世纪 80 年代中、后期，“户有一间房”就可以叫做满足了基本住房需求。但现在，按照我国社会、经济发展水平，“户有一套房”才能叫满足了基本住房需求。这个“一套房”的含义是指，这个房子不仅要有能遮风避雨、晚上睡觉的地方，而且要有厨房、厕所，要有上下水道以及煤气等公用设施，在北方地区要有取暖设施，三口人以上家庭要有至少能满足两代人分室而居的条件。简单说就是，必须是成套住宅。2007年，国务院24号文件规定，廉租房50平方米，经济适用房60平方米，这不仅是个面积上的规定，而且原则上应当是具备上述条件的成套住宅。我国目前的城镇住房建设中，除了居民自建住房和工矿企业的临时宿舍外，社会集中开发住房已经不允许再建非成套住宅了。

发达国家走到今天，也仍有自己完全无力满足基本住房需求的人群，叫做“homeless”，就是所谓的“无家可归者”。满足这些人群的基本住房需求是政府住房保障体系的责任。但在发达国家，绝大多数人已经走过了这个阶段。在这些国家，是否满足基本住房需求、是否走过了脱困阶段，通常已不是按照住房面积或者住房配套性来衡量，而是按照住房支出占家庭收入的比重来衡量的。住房支出超过家庭收入的30%，就叫做无能力满足基本住房需求，就需要政府提供救济、救助性补贴。

作为一个发展中国家，我们还不能按照住房支出在家庭月收入中所占比重来衡量基本住房需求是否得到了满足。一个简单的例证是，在我国几乎所有城市中，都还有为数不少的居民家庭住在亟待改造的危旧房中，这些家庭的住房支出未必很大，但住房需求的满足程度仍处于亟待“脱困”的阶段。

一方面，我国城镇居民总体的居住水平，或者说平均的居住水平已经达到了“脱困”的水平。到2010年，按照城镇住房资源总量和城镇人口总数计算，我国城镇居民家庭户均已经达到60平方米略高，也就是2007年国务院24号文件规定的“经济适用房”水平了。但这个“户均60平方米”里，至少还有30%以上的家庭仍住在非成套住宅中，至少还有20%左右的家庭住的是亟待改造的城市危旧房，至少有10%左右的家庭处于人均居住面积不足7平方米的住房严重困难状态。因此，我们判断，一方面我国城镇居民已经初步走出了“脱困”为主的住房需求阶段，另一方面“人人有房住”的目标还远未充分实现，没有满足基本住房需求的人群仍占有相当的社会比重。正因如此，在2011年开始的“十二五”规划中提出，要在五年内再兴建3600万套保障性住房。到2015年，这个3600套保障房的建设任务顺利完成。从这个保障房总量判断，此时我国的城镇住房已经从“初步走出脱困阶段”实现为“基本走出脱困阶段”。但需要强调的是，这个“基本脱困”的判断只是一个静态的估计，这个估计并没有把进城经商务工的农民工住房需求包括在内，也没有把老旧城区成片改造中拆迁造成的被动需求包括在内，更没有把仍在农村待向城镇转移的人群住房需求包括在内。从这样一个动态趋势出发，在从 2016 年开始的“十三五”规划期间，我们又提出了重点解决“三个 1 亿人”住房问题的新目标，即促进约 1 亿农业转移人口落户城镇，改造约 1 亿人居住的城镇棚户区和城中村，引导约 1 亿人在中西部地区就近城镇化。显然，这“三个 1 亿人”的住房需求，仍然是基本住房需求的层级。

【7-2-3】改善型需求是合理的住房需求，是应当受到政策保护和鼓励的需求。满足改善型需求的住房水平不仅是“全面小康社会”的必然要求，而且是扩大内需最重要的物质基础。

改善型需求是在满足了脱困型需求之后，更高一个层次的住房需求。

什么是改善型需求，或者说，什么样的房子是具有改善性功能的房子呢？从我国的情况看，可以这样描述。这个房子不仅得有上下水道、取暖、煤气等设施，不仅是有卧室和厨房、厕所的成套住宅，而且卧室要大一些，不仅能放下床和衣柜，而且要有能满足一定的装饰性、舒适性需求的空间；家里应当有个适度大小，作为全家人公共活动空间的厅；卫生间不能只容放下一个马桶，还得有能洗澡、能放下洗衣机、能供女主人从容化妆的空间；特别是，需要有多代人分室而居的余地，不能再是爷爷奶奶一来就只能男的一屋女的一屋那种将就住法。从技术意义上说，具备这样功能的房子，一般要 90 ~ 120 平方米。

改善型需求的标准也是随社会发展而不断提高的。在发达国家，满足改善型需求的住房可能要包括车库，要有能打乒乓球的地下室，要有每个孩子独立的卧室。在一个不短时期内，我国尚达不到这个标准。

从我国城镇居民的情况看，改善型需求是目前和未来20～30年的住房需求主体。大致估计，在1999～2002年住房制度改革过程中享受了优惠“房改”政策、获得了“房改房”的家庭在不同城市中所占比重约为25%～50%，这些家庭中的大部分已经或者将要进入改善期；一些未能享受“房改”优惠的居民家庭，随着经济条件的改善，购买住房时也会直接瞄准具有改善性功能的住房；还有一些“三中人士”，即中年、企业中层、中等收入人群，也是改善性住房的重要需求者；在城市改造、城市扩张带来的“被动需求”中，有相当一部分家庭也会在住房更新时选择具有改善性功能的住房。另外从中国的国情看，一些家里住房虽然宽裕，但结婚成家后仍要从父母家中分户出来的需求也应当算作改善型需求的一个特例。由此分析，在未来20～30年内，现有城镇居民中要求满足改善型需求的家庭至少将会占到40%以上。

改善型需求不仅是一种合理的住房需求，而且是应当受到政策保护和鼓励的需求。因为满足改善型需求的住房水平不仅是“全面小康社会”的必然要求，而且是今后扩大内需和消费结构升级最重要的物质基础。

【7-2-4】享受型需求只能通过市场化方式获得满足。政策不应对这类需求采取限制性或者惩罚性的措施，但一般也不会给予援助和扶持。

享受型需求是在改善型需求基础上产生的需求。具有享受型功能的房子什么样？我们也可以做一个大概的描述。除了改善性功能本身的档次、空间进一步提升外，一般要求有区分为“主卫”和“客卫”的双卫生间，应当有个书房，有个能放下健身器材、在家锻炼的健身房，最好有个能布置成家庭影院的视听室，当然要能有个保姆间，有个专门的小会客室则更好。

与改善型需求同样，享受型需求的标准也是随社会发展而提高的。在发达国家，配有前后私家花园，甚至配有游泳池的独栋住宅才是满足享受型需求的住宅。在美国等地，这类住宅不过是社会中产阶级的普通住宅。但不论是在我国还是在发达国家，从技术意义上说，以 200 平方米为中值，上下浮动不超过 20%左右的套型面积应当能够满足享受性功能的需要。

享受型需求同样是合理的住房需求，是社会多层次需求中应当具有的一个组成部分。这个需求不应当被政策所排斥。但享受型需求只能通过市场化方式获得满足。也就是说，政策不应当对这类需求采取限制性或者惩罚性的措施，但一般也不会给予援助和扶持。通俗说就是，这是一个“有能力你就住”的需求层次。

享受型需求应当是完全依靠市场来满足的需求，但并不等于说这个需求就没有机会受惠于政府政策。在美国的住房制度中，每个美国人一生中第一次买房子时，归还贷款的利息部分是可以免缴个人所得税的。美国这个政策的出发点是为了鼓励消费，特别是鼓励中产阶级的消费。因为在美国这样的发达国家，供大于求是供求关系的常态，支持经济增长的动力主要来自于需求方。

【7-2-5】奢侈型需求已经和住房本身的功能完全脱离了。奢侈品的最主要功能就是炫富，就是身份的一块价格标签。

住房需求的最后一个层次是奢侈型需求。那些追求极致景观、努力占据垄断性资源、私家花园要大到能养大型宠物、装饰材料要极尽豪华高档、面积更是越大越好的所谓“豪宅”，就是具有奢侈性功能的住房。奢侈型需求已经和住房本身的功能完全脱离了。人们很容易理解，数十万元一块的手表，其功能和看时间已经没有什么关系；数百万元，甚至上千万元的“豪车”，其功能和汽车的机动性、舒适性、安全性也没有太多关系。这些奢侈品的最主要功能就是炫富，就是身份的一块价格标签。很多人听说过连淡水都得依靠海水淡化的迪拜，那里的一些豪宅中连马桶都是黄金的。这不过是奢侈型需求的一个极端特例。

不论在中国还是在发达国家，奢侈型需求都是没有上限的。同样，不论在中国还是国外，奢侈型需求都是惩罚性征税的对象。

3 我们从旧体制的住房制度走来

- 我们从旧制度下走出来的时候并没有对一个新制度做好充分准备。
- 我们一定要坚持市场化改革的方向，不断深化住房制度改革。

【7-3-1】在“房改”改掉了旧制度之后，我们才陆续发现了拆迁与被动需求的关系、投机性需求对房价的影响、房地产业对国民经济的支柱作用、资产价格与货币政策的内在联系等多方面的新问题。

20 世纪 90 年代末的“房改”之前，城市中的住房几乎都是“公房”。所谓的“福利分房”，分的并非是住房的产权，而是居住权。“福利分房”，理论上说是人人有份，其实有没有房子分是要看在什么样的单位工作的。政府机关、大型国企才有房子可分，中小企业、社会服务业，以至中小学老师等，是很难有机会分到房子的。就是有房可分的单位，也并非是每个人都能轻易分到，排队轮候多年仍遥不可及是很多人都有过的经历。那时，各单位分房都是一个极为复杂的“系统工程”。就是万幸分到了住房，也绝无挑选的余地。远近、朝向、房型、楼层，只能轮到哪个算哪个。所谓“公房”也并非社会或国家所有，而是单位所有。那时要调离一个单位，通常第一个要求就是要把住房交回。

我们从这样的住房制度走来。

当我们从一个旧制度下走出来的时候，坦率说，我们并没有对一个新制度做好充分的准备。在“房改”改掉了旧制度，人们涌入市场之后，在 20 年的摸索中，我们才陆续完善起了土地出让的“招拍挂”制度、房地产市场的调控体系、与市场相配套的住房保障体系、住房产权登记制度、规范市场秩序的有关制度等；我们才陆续发现了拆迁与被动需求的关系、投机性需求对房价的影响、房地产业对国民经济的支柱作用、资产价格与货币政策的内在联系等多方面的新问题。迄今，人们关心的“房地产税”迟迟不能出台，也和我们对新的住房制度尚缺乏充分把握密切相关。

【7-3-2】中国的城镇住房制度一定是一个人人享有基本保障的制度，社会通过市场不断实现资源优化配置的制度，鼓励节约资源、实现与环境友好的制度，努力实现经济与社会协调发展的制度。

中国究竟应当建立什么样的城镇住房制度，在过去多年中人们颇多设想。有说应当给城镇居民每户发一块“宅基地”让大家自建房的；有说要实行“一户一房”制，多占住房就强制卖掉或者没收的；有说要取消开发商，由政府包建和统一分配的；还有说除了少数富人，大多数人都应当由政府提供保障房的。

我们对新的住房制度尚须进一步摸索，我们要从各种设想中吸取有益的思想，我们得认真学习、借鉴其他国家的各种经验。这些都没有疑问。这个问题在以后各讲中我们还会涉及。但有一条必须坚定不移，我们一定要坚持市场化改革的方向，一定要不断深化住房制度的改革。中国的城镇住房制度，一定是一个人人享有基本保障的制度，一定是一个让大多数人都能够分享国民经济和城市化发展好处的制度，一定是一个人民群众能公平获取住房资源的制度，一定是一个老百姓可以通过市场不断改善自己的居住条件和社会通过市场不断实现资源优化配置的制度，一定是一个能满足人口不断向城镇集聚、集中和大中小城市协调发展要求的制度，一定是一个鼓励节约资源、实现与环境友好的制度，一定是一个兼顾眼前利益和长远利益、社会整体利益和私人利益的制度，一定是一个努力实现城乡协调发展、经济与社会协调发展的制度。

理论与市场篇

第八讲

资产价格为什么会有“泡沫”

1593年，一位叫做格纳的荷兰商人从君士坦丁堡（也就是现在的伊斯坦布尔）带回国一棵郁金香的花根，种在了自己的花园中。没有人会想到，这一行为竟会成为后来震撼荷兰以至欧洲经济的一场大危机的始端。

由于传入荷兰的郁金香花朵很美丽，佩戴郁金香花一时成为有钱人的符号与殊荣。这也没什么，富人们总会有一些常人不解的怪癖。当时荷兰是实力远在英国之上的经济强国，其独特的气候和土壤条件也很适合郁金香的栽培与繁殖。富人愿意买，多种植一些卖给他们就是。事情如果就此结束，不过是富人们玩了一场时尚游戏而已。

但巧合的是，偏偏在栽培过程中，一些自然开裂的球茎感染了某种花叶病毒，这种感染了病毒的郁金香反而可以开出非常鲜艳的花朵。这可不得了。颜色和花型别致典雅的一些新奇品种成为市场的新宠，礼服上别一枝郁金香的时髦从富商传给了贵族，从荷兰传遍了欧洲。当时法国贵族正盛行奢侈之风，由此就推动了郁金香的价格逐渐抬升。到1635年秋季时，一枝名贵品种的郁金香花茎可以在巴黎卖到110盎司黄金的价格。这也仍然没什么。到此为止，郁金香的价格毕竟也还是和贵族、富人们某种怪癖的审美观联系在一起的。也就是说，不论多么“不着调”，郁金香的需求也还是和某种使用价值联系在一起的。今天不是也还经常有人出高价买一件著名球星的汗臭球衣背心吗？有钱你就买，没人拦着你。

但不幸的是，郁金香价格不断上涨的信息传导到了市场，资本、投机客被暴涨的价格吸引到了一场空前的投机交易中。1636年12月到1637年1月，人们带着大量资金从欧洲的各个地方赶往荷兰，短期相对稳定的供给与持续飙升的需求之间出现了越来越大的急速失衡，人们像击鼓传花一样地不断地转手买卖着同一枝郁金香，每一次交易都会导致价格的再次上涨。在一个月左右的时间内，郁金香的价格上涨了近30倍！事情发展到这一步，郁金香价格已经和它的使用价值完全脱离了，这个花究竟有什么用已经没人关心，人们买入的目的就一个，就是以更高价格卖出去。

更为不幸的是，有人发明，把交易合约拆细，资金不足以买卖一枝整花的人可以买卖若干分之一郁金香。于是，中产阶层、平民也都随着入市门槛的降低参与到了这场疯狂之中。成千上万的普通老百姓不惜变卖家产，以求在这个“一夜暴富”的机会中分一杯羹。

最为不幸的是，又有人发明，可以用期货交易的方式，通过金融杠杆来加快发财的速度。买进者只需很少的保证金就可以订立合约，然后以更高的价格把合约卖给下一个买主。这样，不仅价格上涨的收益被保证金交易成倍甚至成几十倍地放大，而且合约的流转速度也大大加快，一天之内，一份合约可以几经转手。

事情的结果是人人都可以想象得到的。悲剧已经不可避免。疯狂仅仅维持了很短暂的时间，到1637年2月初，当终于有人发现市场中已经找不到更多的资金，找不到更傻的接货者时，抛空立即成为了一场新的游戏，价格全线崩溃。1637年4月27日，荷兰政府出面干预，强制终止执行所有的交易合约。此后仅六个星期，郁金香的价格从最高点时的76000美元跌落到1美元。再一年之后，荷兰政府又出新规，允许郁金香的最终买主在支付合同价格的3.5%之后中止合同。在这场空前的疯狂游戏中，不仅成千上万的人走到了倾家荡产的地步，而且荷兰以至欧洲的经济也遭受了一场重创。此后整整10年，荷兰经济才走出这场创伤。

从此，一个叫做“泡沫”的词汇就进入了人们观察经济现象时的视野。

这一讲，我们就讨论资产价格、房价和所谓的“泡沫”之间的关系。

1 资产价格无一不具有虚拟价值属性

- 资产定价最基础的方法就是比照盈利能力来确定价格的方法。
- 房价中永远有按照资产盈利能力推定的虚拟价值成分。
- 当市场价格完全脱离实际居住需求和客观支付能力时，房价肯定是过度“泡沫”化了。

【8-1-1】在资产价格意义上，人们是无法衡量价格是否“高于”其价值的。因为资产价格本身就是建立在虚拟价值基础上的。在一定意义上说，这个“虚拟价值”可以叫做“泡沫”。

在过去近20年的时间里，在房价问题讨论中，人们争论不休、各持己见的一个问题是，中国的房价中究竟有无“泡沫”？那究竟什么是“泡沫”呢？人们的一般理解是，价格高于所值的部分就是“泡沫”。

这个说法并不准确。

在资产价格意义上，人们是无法衡量价格是否“高于”其价值的。因为资产价格本身就是建立在虚拟价值基础上的。在一定意义上说，这个“虚拟价值”可以叫做“泡沫”。

先举个例子。一张一百元的纸币，除了作为交易媒介，作为一般等价物，它还有什么实际用处吗？几乎没有。作为纸张，它在自然属性意义上甚至不如一张餐巾纸更可派用场。因此，纸币只有社会属性。再进一步说，印制一张百元的纸币，其成本和印制一张同样精美的画片能有多大差别？也几乎没有。既没有自然属性的实际用途，又没有特别的成本基础，凭什么一张百元纸币能够在社会流通中具有一百元的购买力？凭什么同样的画片则没有这个购买力？因为纸币具有社会承认的虚拟价值。

人们定义，这张纸片是一百元，那么这张叫做“百元”的纸币就具有一百元的购买力；人们定义，另一张纸片是十元，那么那张叫做“十元”的纸币就具有十元的购买力。钱是什么？钱的学名叫做“货币资产”。这个叫做“货币资产”的纸币，除了虚拟价值以外别无其他。如果价格超出本身所值的部分就是“泡沫”，那纸币本身就是一个完全的、彻头彻尾的大“泡沫”。

“一元钱值多少钱”？这个问题从经济学诞生那天就是人们不断探索的一个悖论问题。为什么是悖论问题呢？因为如果说“一元钱就值一元”，那这个问题等于没回答；如果说一元钱高于或者低于一元钱，那么实际上又否定了“一元钱”这个前提。那么问这个问题有意义吗？经济学在研究通货膨胀或者通货紧缩的问题时，在研究利率该升还是该降的问题时，在研究汇率升值还是贬值的问题时，所要回答的就是这个“一元钱值多少钱”的问题。事实上，全世界所有国家的宏观政策每天都要回答的就是这三个问题。

那经济学怎么回答这个问题呢？用货币所能带来的收益来回答。

在理论意义上，人们熟悉的利率可以定义为货币的“国内价格”。利率上升时，意味着现金变得更“值钱”。因为同样的货币额存入银行可以带来更大的收益，从银行贷款则需要支付更多的利息。反之则相反。用“一元钱能带来多大的收益”曲折地回答“一元钱值多少钱”，这话听起来有些别扭，好像在说绕口令。但这个“别扭”的说法恰好就是资产定价最基础的方法。这就是比照收益或者说盈利能力来确定资产价格的方法。

【8-1-2】世界 500 强企业，没有一个是依靠利润再投入的方式成为 500 强的，全部都是依靠产权运作实现“做大做强”的目标的。其实资产价格从来都是具有虚拟价值属性的，在这个意义上说，从来就没有不含“泡沫”的资产价格。

资产并不等于就是财富。能带来收益的财富才叫做资产。现在人们日益熟悉的股票价格就是最典型的按照盈利能力定价的资产价格之一。

股票价格是什么呢？是产权价格。一个企业若干分之一的产权值多少钱，并非是按照建这个企业需要花多少钱来算，而是按照这个企业的盈利能力来算的。

假定有个企业家投资 1000 万元建了个企业，这个企业家经营有方，该企业的年资本回报率达到 30%。也就是说每年能赚 300 万元的利润。再假定当年银行的存款利率是 10%。那么如果把这个企业卖了能卖多少钱，或者说其产权值多少钱呢？按照当年的利率，需要把多少钱存到银行，获取的利息才能够和这个企业的回报相等，这个企业就值多少钱。按照我们的假定条件，在银行年存款利率为 10%时，这个企业的总产权价值就是 3000 万元。如果当时银行的年存款利率是 5%，那么这个企业的总产权价值就是 6000 万元！这个定价方法，叫做产权的“资本化”定价。如果这个企业家愿意全部或者部分转让其产权，或者增资扩股，其资产价值的定价基础就是这个“资本化”的定价方法。假定这个企业家把企业的产权按照股份制的原则细拆为 1000 万份，那么按照上述利率水平确定，每股的价格基础就是 3 元或者 6 元。熟悉股票市场基本原理的人都会明白，这叫做“资产溢价”。

假定银行的年存款利率是 10%，凭什么投资 1000 万元的企业能卖 3000 万元呢？那多出的 2000 万元是哪里来的？这 2000 万元就是资产的虚拟价值。这个虚拟价值是按照资产的盈利能力确定的价值。在一定意义上说，这 2000 万元也可以说成是“泡沫”，因为企业家并未真实地投入这溢价的 2000 万元。但这很合理。社会承认他的企业值 3000 万元，如果他增资扩股，向社会募集资金，投资者也会愿意以每股 3 元的价格买入他这个企业的股票。现在有个词儿叫做“资本运作”，或者叫“产权运作”。资产溢价就是产权运作的一个基本方式。产权运作有多重要？也可以用一个简单例证来说明。世界 500 强企业，没有一个是依靠利润再投入的方式成为 500 强的，全部都是依靠产权运作实现“做大做强”的目标的。

举这个例子是想说明，其实资产价格从来都是具有虚拟价值属性的。在这个意义上说，从来就没有不含“泡沫”的资产价格。

【8-1-3】资产价格含有虚拟价值并无不正常，当人们按照自己的主观预期高估其虚拟价值时才不正常。市场要出现这种不正常的虚拟价值高估，必要条件是为卖而买的需求成为了市场的需求主体，充分条件是宽裕的资金供给。

房价是资产价格。房价具有虚拟价值属性吗？同样具有。现在很多人在讨论房地产问题时常用一个名词，叫做“租售价格比”。这个“租售价格比”指的就是按照资产收益来确定房价的资本化定价方法。理论上说，把多少钱存入银行获取的利息能和出租这套住房获取的租金相等，这个房子就值多少钱。道理很简单，同样多的钱，如果买房子后获取的房租还不如存入银行获取的利息多，人们就不如不买房子而把钱存入银行。按照这种方法确定的房价和建造这所房子的成本没有直接关系，住房的租赁价格也和住房的建造成本没有直接关系。在这个意义上说，房价这种资产价格也同样具有虚拟价值的属性。

在现实的房价形成过程中，房价的虚拟价值并非仅仅以租金为基础，人们还会考虑房价未来上涨的可能性。简单说就是，房地产交易价格中不可避免地会含有对未来价格上涨的预估。卖方会根据未来上涨的可能性而提高价格，买方会根据未来上涨的可能性把涨价收益也加入到资产收益中。毫无疑问，这种对未来价格变化的预期更是一种虚拟价值。在股票市场上，股民都熟悉的一个说法是，买股票就是买预期。预期就是一种虚拟价值。

问题就容易出在这个对未来的预期上。事实上，资产价格的资本化定价是以已经过去的时段的盈利能力来判断未来盈利能力的。股民都知道，“市盈率”代表的只是过去的盈利能力，未必能说明未来的盈利能力。因此，预期其实只是一种主观判断。当交易者只是为卖而买时，人们只要相信价格还会上涨，多高的现价都敢买。资产价格含有虚拟价值并无不正常，当人们按照自己的主观预期高估其虚拟价值时才不正常。后面我们还会说到，市场要出现这种不正常的虚拟价值高估，必要条件是为卖而买的需求成为了市场的需求主体，充分条件是宽裕的资金供给。

【8-1-4】当社会普遍沉醉在“鸡生蛋，蛋生鸡”的盈利幻想中时，资产价格中的“泡沫”成分就肯定发酵到过度的程度了。当越来越多的人买房子的原因仅仅是相信会有更多的人以更高价格购买房子时，房价肯定是充满过度“泡沫”了。

现在回到“泡沫”这个话题上来。房价永远有“泡沫”，因为房价中永远有按照资产盈利能力推定的虚拟价值成分。这是其资产价格属性所决定的。我们无需辨认房价有无“泡沫”，但我们得小心翼翼地辨明“泡沫”的大小，辨明这个虚拟价值是否已经演变为虚拟的盈利能力。

资产价格有虚拟价值，但这个虚拟价值得是建立在实实在在的客观盈利能力上的。例如货币的虚拟价值是建立在银行信用基础上的；股票的虚拟价值是建立在以往盈利能力的基础上的。尽管这个客观基础有风险，例如货币在通胀时会贬值，银行也会在特定情况下破产；企业过去的盈利能力未必能证明未来的盈利能力等。但这个风险是合理的投资风险，因为其盈利能力并非是人们主观杜撰出来的。

什么时候“泡沫”才越过了“合理”的临界点了呢？当人们对资产未来盈利能力的预期普遍建立在完全脱离客观基础的虚拟盈利能力之上时。我们前述的“郁金香”故事就是人们普遍相信会有无限多的投资者以更高价格购买郁金香的虚假预期之上导致的悲剧。20个世纪末，美国的纳斯达克股票价格指数在一年零八个月的时间内，从 1800 点暴涨到 2000 年 5 月的 5400 点。只要沾上点“网络”概念的股票就涨，而且越是赔钱公司的股票上涨得越快。为什么呢？因为人们相信，美国经济在“新经济”时代已经不需要依赖于传统资源的投入支持了，只要开掘信息资源，美国经济就会有永不衰竭的动力。越亏损的企业，说明其在信息资源开掘上的投入越大，未来盈利的机会就越大。后来的事实证明，这个盈利能力的推断不过是建立在虚拟盈利能力上的主观臆想。以后，这个故事就被称为了资本市场上的“网络神话”故事。中国的股票市场也曾出现过类似的事情。2007 年时，在出口和城市化的推动下，中国经济的确出现过一个高涨繁荣期，这一年大部分的上市公司业绩也就有了比较明显的改善。于是市场中就充满了各种过度乐观的预期，不断有人假定今后若干年依照同样业绩改善速度计算出的所谓的“动态市盈率”。由此，股市就呈现出了非理性的连续暴涨。

其实，虚拟盈利能力并不难判断。当社会普遍沉醉在“鸡生蛋、蛋生鸡”的盈利幻想中时，资产价格中的“泡沫”成分就肯定发酵到过度的程度了。房价也具有同样的规律。当市场价格完全脱离实际居住需求和客观支付能力，越来越多的人买房子的原因仅仅是相信会有更多的人以更高价格购买房子时，房价肯定是充满过度“泡沫”了。

2 投资需求并非必然成为推高房价的“祸首”

- 在正常的市场环境下，投资性需求是稳定市场不可或缺的力量。
- 专门停留在流通过程的资金力量是一种平衡供求差距的“蓄水池”。
- 买房自住的投资性质体现在分享城市化发展的好处上。

➲ 市场经济下需要抑制的是“过度投机”，或者叫做“非理性投机”。

【8-2-1】中国房地产市场中一个有趣现象是可用于盈利的商铺价格居然低于住宅。这个现象的原因在于在商业地产市场上，存在着参与者“缺位”的问题。

在过去几年关于房地产的讨论中，很多人把房价过快上涨的原因归咎于投资性需求。其实，在正常的市场环境下，投资性需求并非是房价不合理上涨或者异常波动的“罪魁祸首”，反而是稳定市场、平抑供求的一种不可或缺的力量。中国房地产市场不稳定的原因之一，就在于作为供给方的开发商直接面对作为需求方的购房者，中间几乎没有任何缓冲和平衡差距的资本力量。

在发育成熟的房地产市场中，投资性需求有四种情况。

第一种是以长期持有物业、获取稳定回报为目的的投资力量。房地产信托投资基金，也就是“Reits”，就是这样一种投资力量。和很多人的理解不一样，Reits 不是投资于建房子的基金，而是投资于持有物业，特别是商业物业，以期获得长期稳定回报的基金。在国际资本市场上，有很多实力强大的投资基金，在他们的投资组合中一定要包含有一个可以获取长期稳定回报的资产比重。显然，这种以长期稳定回报为目的的基金是一种投资性需求，但其利益恰好在于房价的相对稳定，而不是大起大落。因为房价的不稳定必然带来租金的不稳定，长期稳定回报就会变成一种高风险的不稳定回报。当这种基金在市场中具有足够规模时，它们就会成为稳定市场的一种力量。从 2010 年以来，中国的房地产市场中一直有一个有趣的现象，就是在很多城市中可用于盈利的商铺价格居然低于住宅。这个现象的重要原因之一，就在于在商业地产市场上，存在着参与者“缺位”的问题。大型商厦、购物中心，居然是依靠小商业资本一个一个地买铺位来实现销售的，普遍缺乏有足够资金实力的投资性集团来承担居间持有和出租的职能。

【8-2-2】租赁市场不仅最直接地反映住房的实际需求，最接近中低收入者的支付能力，而且还是住房价格“发现”的重要基础。抑制了这样一个投资需求，实际上就抑制了房地产市场构成的合理化。

第二种是在市场中专门依靠高抛低吸获取收益的资金力量。例如专门的销售商。在发达国家的房地产市场上，开发商只投资于建房子，一般并不直接面对最终的“散户”需求者卖房子，市场中有专门的销售商为他们“包销”房子。与券商代理发行股票类似，既然是“包销”，如果房子未能卖出去，这些销售商就要以约定价格自己买下来。这种销售商其实是一种“坐市商”。他们根据自己的专业能力、对市场前景的预估与开发商谈定“包销”价格，同时也就承担了流通过程的市场风险、价格风险。当这种专门停留在流通过程的资金力量足够大时，他们实际就形成了一种平衡供求差距的“蓄水池”。当供大于求时，他们“买进”供给多余的部分；当供不应求时，他们“卖出”存货。在发达国家，很多大开发商自己也承担这种销售商的职能。也就是说，有实力的开发商自己持有一部分待售住房是有意义的、合理的。由于这一部分投资力量的存在，当市场出现供求差距时，价格波动的幅度会减小。

第三种情况是买房出租的一般投资者。要发育租赁市场，一定要有人持有并出租住房。在发达国家的住房类型中，专有一种供买房出租的投资者购买的房型，叫做“三家庭型”（three family）、“四家庭型”（four family）等。就是一座多层小楼同时拥有若干套住房，每层一套，投资者自住一套，其余用于出租，投资者就把出租和管理房子作为自己的职业，把租金作为生活来源。租赁市场是房地产市场极为重要的组成部分，这个市场不仅最直接地反映住房的实际需求，最接近中低收入者的支付能力，而且还是住房价格“发现”的重要基础。抑制了这样一个投资需求，实际上就抑制了房地产市场构成的合理化。

【8-2-3】买房子可以在一个长期过程中分享城市经济发展、城市基础设施完善、城市规模扩张和城市竞争力提升带来的资产升值好处。在城市的发展中，随着包括政府在内的“别人”不断在城市中追加投资，人们持有的住房这种城市资产就会获得相应的增值收益。

第四种是自住性的投资需求。说为自住而购房是一种投资行为，这话恐怕很多人都不赞成。人们很容易质疑，房子是生活必需品，我买房子是为了自己住，这怎么能说是投资行为呢？那么一个很容易问的问题就是，如果仅仅是为了满足自住需求，为什么不能租房住呢？在过去几年间，人们不断争论于买房划算还是租房划算。很多人说，租房的租金白白交给了房主，若干年后房子还是别人的；买房子虽然要承担还贷等压力，但若干年后房子的产权是归自己的。这话很对，但还只说对了一半。买房子实际上是一种私人资产的累积方式，其性质和银行存款并无本质区别。人们不断归还房贷的过程，实际上就是在不断把自己的金融资产“存”到房子里面的过程。这个道理人们很容易理解。但买房子和银行存款不同之处在于，银行存款能带来的唯一收益就是利息，而买房子，不仅能带来租金收益（在经济学意义上，自住也有租金收益，不过是自己给自己“交”租金而已），而且可以在一个长期过程中分享城市经济发展、城市基础设施完善、城市规模扩张和城市竞争力提升带来的资产升值好处。买房子，哪怕是自住，也仍然具有投资性质。这个投资性质从表面看，体现在房价上涨上；从经济学意义上看，体现在分享城市化发展的好处上。在城市的发展中，随着包括政府在内的“别人”不断在城市中追加投资，人们持有的住房这种城市资产就会获得相应的增值收益。

对第四种投资性需求再多说几句。北京、上海等大城市的房子为什么比中小城镇同样的房子贵出三倍、四倍甚至更多呢？因为人们买的不仅是房子本身，而且还“买”了这些大城市的人文环境、基础设施、就业条件、工资水平以及子女教育、医疗资源等。人们说，那这些大城市的房价再涨，用于自住的房子也不能卖了啊，不然自己住到哪里去呢？这话问得非常好。在自住性需求下，使用价值是不能让渡的，否则自己的生活需求就无法满足了。但在市场经济条件下，使用价值不让渡，价值增值仍然可以通过有效的市场方式得以实现。在房价上升过程中，住房持有人的个人资产信用是不断提高的。在发达国家，很普遍的“以房养老”方式，就是一种使用价值不让渡，而使价值增值得以实现的方式。这个问题我们以后再详解。

【8-2-4】完全没有实际需求基础的投机就是过度投机，超出自己风险承受能力来扩大自己收益的投机就是过度投机。合理的房地产调控政策，就是要警戒、防范和抑制这两种投机性需求的膨胀和泛滥。

人们很容易把投资性需求混同于“炒房”。很长时期来，舆论甚至政策一直在试图划清购房行为上的两个界限。一个是消费和投资的界限；另一个是投资和投机的界限。

什么是投机呢？首先得说，投机本身就是投资行为一种具体体现形式。例如寻求和发现短期供求差距而实现较大投资收益，或者利用金融杠杆来放大自己的收益规模，这些都是具有投机性质的投资。严格说，在市场经济下需要抑制的并非是“投机”，而是“过度投机”，或者叫做“非理性投机”。

什么样的投机是“过度”的呢？我们在本讲开始时就已经涉及到了，完全没有实际需求基础的投机，就是过度投机；超出自己风险承受能力，企图利用转嫁风险来扩大自己收益的投机就是过度投机。我们在本讲开头所述的“郁金香”事件，就是建立在完全没有实际需求基础上的过度投机。我国 20 世纪 90 年代初期的海南“炒房热”就是建立在完全没有实际需求基础上的过度投机。在这两个案例中，买卖郁金香和买卖海南房地产的投资者都完全不知道，也不愿细想，自己投资对象的最终需求者究竟是谁，或者是否真的存在。这就是过度投机。另外，过度利用金融杠杆的投资，实际上也是“赌一把”心理下的投机；赢了归自己，输了归银行，这也是过度投机。合理的房地产调控政策，就是要警戒、防范和抑制这两种投机性需求的膨胀和泛滥。

3 价格异化需要特定的环境条件

- 房地产“泡沫”其实指的并非是虚拟价值，而是价格异化。
- 住房的收益能力绝不可能在一个短期内出现大的变化。
- 在信贷资金等金融杠杆的撬动下才可能出现超出自己投资能力的过度投机。

【8-3-1】越涨价越买，越降价越不买，这就叫“价格异化”。因为这时价格的功能已经不再是供求差距的平衡者，而变成供求差距的扩大者了。当房地产市场上持续出现价格异化现象时，这个市场的价格就可以判断为不正常了。

当房地产市场上充满过度投机时，房地产的价格就会出现价格异化。在大多数场合下，人们所说的房地产“泡沫”，其实指的并非是房地产的虚拟价值，而是其价格异化。

我们前面说过，价格是市场经济不可缺少的要素。人们在交易过程中，通过价格实现经济利益在供给与需求、生产与消费之间的利益分配。常识可知，价格变动的一般规律是，供不应求时价格会上涨，供大于求时价格会下跌。但这个规律并非是在什么情况下都发挥作用的。在一定的市场环境中，还有可能出现越涨价买的人越多，越跌价买的人越少的现象。

越涨价越买，越降价越不买，这就叫“价格异化”。因为这时价格的功能已经不再是供求差距的平衡者，而变成供求差距的扩大者了。涨价时，人们普遍相信价格还会涨得更高，于是纷纷投机于这个虚拟的价格上涨趋势；降价时，人们普遍相信价格还会进一步下降，于是或者持币观望，或者抛出存货。当房地产市场上持续出现价格异化现象时，这个市场的价格就可以判断为不正常了。

在短期的宏观经济运行中，人们常说的恶性通胀、恶性通缩就是一种价格异化。2008 年上半年时，我国出现了比较明显的物价普遍上涨，一个食用油价格上涨的谣传就在若干城市中引起了恐慌性“抢购”，有人甚至买了 10 年都吃不完的食用油储存起来。但这种恶性通胀引起的价格异化还只是货币现象，也就是说，其本质是因为币值自身出现了不稳定引起的价格异化。

股票市场或者房地产市场出现价格异化则是一种资本现象。什么叫资本现象呢？当股票市场或者房地产市场中出现价格连续暴涨，买方在价格上涨中反而更加积极入市时，其原因并非是货币贬值，而是投资者对资产价格的虚拟价值过度高估了，对资本的升值预期过度高估了。

【8-3-2】这种“越涨越买”的现象使资产价格脱离了正常的收益基础，而仅仅立足于价格自身的上涨，形成了“价格由价格上涨预期决定”的荒谬逻辑。

我们在本讲中提到过，资产价格不是由其“成本”决定的，而是由其盈利能力决定的。如果从理性判断，任何人都能明白，在实业领域中，上市公司的盈利能力绝不可能在一个短期内出现大幅度的普遍提升；在房地产领域，住房的收益能力也绝不可能在一个短期内由于人口变动而出现租金价格的大幅上升，或者由于城市环境的改善出现城市资产的合理升值。这些都是不可能在半年八个月，甚至短到一个星期内出现大的变化的。这种“越涨越买”的现象已经使资产价格脱离了正常的收益基础，而仅仅立足于价格自身的上涨。资产的收益能力立足于毫无实际基础的价格上涨本身，形成了“价格由价格上涨预期决定”的荒谬逻辑。

【8-3-3】一些媒体出于对房价过快上涨的愤怒，专门选取一些房价波动或者“炒房”致富的极端例证过度宣扬。这种舆论取向无异于在制造社会恐慌，动员人们加速入市，无异于在作“数量有限欲购从速”的广告。

荒谬归荒谬，但在市场经济过去长期的发展过程中，这种荒谬现象确实在所有国家都会反复出现。在经济学中，对这种荒谬现象的研究主要循着两个方向进行，一个是社会心理学的方向，另一个是宏观经济学的方向。

从社会心理学的角度观察，为什么人们会普遍相信与常识相悖的预期呢？因为确实有人投机成功。例如有人，而且是很多人，自己身边的很多人，买郁金香、买股票、买房子赚了钱，更多人就会宁愿相信自己也会有同样的运气。社会心理学认为，市场中的“狂热”和“恐慌”都是一种从“贪婪”与“恐惧”的人性弱点中产生的“从众行为”。别以为这种对主观动机的研究分析没有意义。在我国过去几年中，一些媒体出于对房价过快上涨的愤怒，专门选取一些房价波动或者“炒房”致富的极端例证过度宣扬。这种舆论取向无异于在制造社会恐慌，动员人们加速入市，无异于在作“数量有限欲购从速”的广告！

从宏观经济学的角度观察，不论人们对未来怎么预期，要形成过度的投资需求，金融杠杆必不可少。在一个特定的发展阶段上，社会的投资能力是确定和有限的。推动资产价格过度上涨，一定需要有超出社会实际投资能力的资金投入。因此，宏观经济学认为，资产价格异化的根本原因在于“流动性过剩”，或者说是货币资金的过度供给。如果人们都是完全按照自己的资产能力来投资股票或者房地产，那么资产价格一定会自然地均衡在一个合理水平。只有在过于宽松的信贷资金等金融杠杆的撬动下，社会才可能出现普遍超出自己投资能力的过度投机，资产价格才有可能出现与实际增值能力脱离的异化。

在房地产市场上，首付比例、按揭贷款等都是放大社会投资能力的金融杠杆。这已经为人们所熟悉。近年来，我国不断动用控制首付比例、提高按揭贷款的“门槛”、调整房贷利率的手段来防范房地产市场的过度投机。应该说，这些措施都是必要的。

用数学的语言说，追求财富的侥幸投机心理是过度投机的必要条件，过度宽松的货币供给是过度投机的充分条件。房地产市场出现过度投机的原因是这两方面因素的综合作用。

第九讲

“暴利”未必等于降价空间

先说两个暴利的例子。

第一个例子。现在中国人时兴喝红酒，特别是喝什么国外名牌“酒庄”的红酒。这些数百上千元一瓶的“名酒”实际值多少钱？说来你不信。在法国，1欧元左右一瓶，合人民币10元左右吧。这些酒运到中国，加上运费、分装、税收，也就25元到头了。超市卖多少钱？300元上下。注意，这还是超市。要是在大酒店，恐怕价格再翻番也不稀奇。告诉你个诀窍，你到批发市场去买红酒，价格立马可比超市便宜一半！这叫不叫暴利？毫无疑问，叫暴利。其实，这种暴利不仅红酒有，化妆品市场更典型。凭什么化妆品能够每天不间断地在电视台滥发广告？凭什么化妆品无一例外地都能在大型商厦中占据最有利的一层位置？这些广告费、租金都出自消费者的腰包。那些狂轰滥炸地播广告的化妆品，其成本和零售价之间的比值关系比红酒还要让你咋舌！这个暴利不仅来自于供求双方的信息不对称，而且来自于消费者的某种特殊需求。相当多的人喝300元的红酒是因为感觉很体面，而未必是确实觉得这个酒好喝。要是卖10元、20元一瓶，估计高端需求就将不复存在。这种暴利确实有降价空间。20世纪90年代中期，有一阵子时兴抽“洋烟”，国外品牌立即身价百倍。但很快这个趋势就过去了，现在国外名牌香烟和国内高档烟相比，前者价格最多只有后者的三分之一。

第二个例子。有对在居民小区依靠贩卖蔬菜为生的农民工夫妇，两口子每天早上三四点钟就得到批发市场进货，六七点钟就得在居民小区开卖。四毛钱一斤进的萝卜、白菜，到小区他就敢卖八毛。一年下来，这对小贩夫妇的利润率能达百分之三万！他暴利不暴利？也许可叫暴利。但这对夫妇常年累月地起早贪黑，一年也就挣四五万元，每月能挣个四千来元已经不错了。这个“暴利”其实没有降价空间。

这一讲，我们就讨论开发商的暴利和降价空间究竟有多大关系，同时探讨与房地产金融有关的“直接融资”“预售制”等问题。

1 开发商的暴利来自于金融杠杆

- 我们得明白一个经济学道理，暴利未必有降价空间。
- 开发商暴利的秘密在于其动用了金融杠杆。
- 动用金融杠杆是有时间期限的。

【9-1-1】开发商暴利的秘密在于，盖房子的成本并非全是开发商出的。在经济学意义上，利润率有成本利润率和资金利润率之分。暴利来自资金利润率，而降价空间只取决于成本利润率。

在目前中国的房地产市场上，很多人相信，房子之所以贵，房价之所以高，基本原因之一在于开发商牟取暴利。

开发商有没有“暴利”？确实有。否则为什么各种财富榜单上那么多开发商老板能跻身其中呢，为什么各行各业的资金都争先恐后地介入房地产行业呢。社会自然地对开发商这种“嗜血成性”充满了指责。与此同时，很多人也把房价下降的希望寄托于对开发商利润的抑制政策上。

但一个与“财富榜”相矛盾的地方是，在中国A股市场上，那些大开发商的毛利率并不高得出奇，在销售业绩好的年景一般也就 8%～10%。出现这种矛盾现象，是否是那些上市公司的年报作假了？

上市公司并没作假。我们得明白一个经济学道理，暴利未必有降价空间。

我们假定，在北京某地盖房子，每平方米的成本要 10000 元。这 10000 元包括土地成本、砖瓦灰砂石等建筑材料、人工成本、管理费用等。这个成本是实实在在的，不能再少了，再少就得偷工减料了。房子盖好后，开发商以每平方米 11000 元的价格销售。也就是说，在这个例子中开发商的毛利率只有 10%，换言之，这个房子的降价空间最多只有 1000 元。不能再低了，再低就得亏本了。

那开发商的暴利从何而来？

秘密在于，盖房子的成本并非全是开发商出的。在这个例子中，在 10000 元的成本中开发商可能只出了 2000 元，另外 8000 元中，可能有 3000 元来自银行的开发贷款，有 5000 元来自从购房人那里收取的预售款。使用银行的开发贷款还要付利息，使用购房人的预售款连利息都不用付。事实上，很多开发商连 2000 元的本钱都不用出，在销售旺盛季节，他们经常“玩”的是“五个锅三个盖”的游戏。这个项目一期的预售款可能会被用来盖上一个项目的四期，以此进一步提高资金的利润率和周转速度。

在经济学意义上，利润率有成本利润率和资金利润率之分。暴利来自资金利润率，而降价空间只取决于成本利润率。按照我们的上述假定，开发商的资金利润率可能达 50%以上，而降价空间最多只有 10%。

【9-1-2】“国美”把家电销售中的“薄利快销”术同样用在了房地产的楼盘销售中，这进一步缩短了其资金的回收时间，提高了资金的利用效率。“空手套白狼”的游戏就这么“玩”成了。

有位开发商老总给我讲过一个国美卖房子的故事。

人们很熟悉，国美是家用电器专卖商。2004 年起，国美也曾一度介入房地产，而且是“空手套白狼”地介入到了房地产中。怎么“玩”呢？用家电制造商的资金“玩”。

由于国美是销售网络遍及全国大中城市的大销售商，家电制造商给它供货时通常要给一定的回款期，例如两个月。也就是说，发了货不用同时给钱，国美可以两个月以后再给制造商付货款。由于制造商每批的发货时间总是要有一定重合期的，理论上说，国美手上就总是占有着制造商的一大笔资金。

故事到此并不新奇。因为在把货卖掉之前，制造商所提供的流动资金是占用在实物商品上的，制造商给予销售商的回款期限也是对销售周期做过测算的。因此正常销售情况下，“国美”并无多少余地将这些资金挪作他用。

国美的腾挪之术在于其特殊的销售方式。首先是降价销售。“国美”不惜大幅降低销售利润，把零售价格压低到一般市场价格之下，这个价格甚至大幅度侵蚀到批零差价也在所不惜。当然，在这种价格策略下，“国美”货就销售得奇快，通常需要两个月销完的货可能在一个星期内就被销售了出去。

秘密就发生在这里。这时国美只用了一个星期就已经回收了占用的制造商资金，但回款期是两个月，这样国美就可以白白使用这些资金一个月零三周。又由于制造商发货的批次总有一定重合期，国美手上就总握有一大笔这些原本属于制造商的资金，于是“国美”可以把这些别人的资金用来投资房地产。当然，后面的故事就没有多少新意了。国美把家电销售中的“薄利快销”术同样用在了房地产的楼盘销售中，这进一步缩短了其资金的回收时间，提高了资金的利用效率。“空手套白狼”的游戏就这么“玩”成了。

【9-1-3】成本利润率的微小增长都可以倍加地提高开发商的资金利润率。但在销售价格向下波动时，成本利润率的下降也可以导致开发商资金利润率的几何级数下降。

现在我们可以提出一个总结了。开发商暴利的秘密在于其动用了金融杠杆。

在房地产业中，开发商的暴利程度取决于三个关键环节。

一是获取开发贷款的自有资金比例。银行要求开发商获取开发贷款时的自有资金比例越高，银行的风险越小而开发商的资金利润率越低。2005 年时，为抑制房地产过热，我国曾将开发商获取开发贷款的自有资金比例提高到 35%以上；2008 年下半年世界金融危机爆发后，为“保增长”需要，我们又将开发贷款的自有资本金比例降低到了 20%。

二是销售周期。由经济学常识可知，资金利润率总是与一定的周转速度、周转时间密切相连的。这个道理并不复杂。如果资金一年周转两次，每次获利两成，那么这个资金的年回报率就可达 40%以上，堪称暴利；相反，如果资金四年才能周转一次，那么即使周转一次的利润率达到 40%，那么考虑到利息因素，每年的回报率还到不了 10%。实际上，对开发商来说，动用金融杠杆是有时间期限的，如果因销售回款造成贷款到期还不上，那对开发商来说是致命的。所谓“资金链”断裂的风险，指的就是市场低迷时销售周期延长造成开发商无法实现资金正常周转的风险。

三是价格波动。在销售价格向上波动时，成本利润率的微小增长都可以倍加地提高开发商的资金利润率，但在销售价格向下波动时，成本利润率的下降也可以导致开发商资金利润率的几何级数下降。特别是，当销售价格下降到成本以下时，开发商的资金亏损与成本相比也将倍增地出现。

2 利用金融杠杆是房地产业发展的必要条件

- 盖房子这件事，古今中外很难有不借钱的。
- 没有了不动产负债，根本就不可能建立起什么个人信用体系。

- 比较适合房地产业的直接融资方式是发行债券。
- 银行房贷资产的证券化就是赋予银行以更多避险手段。

【9-2-1】住房这种不动产资产，其生命周期中的所有环节都是和动用信用资源、和负债密切联系在一起的。就是在完全还清了按揭贷款，或者完全有能力不用借钱的情况下，人们通常也要借助于负债方式来实现自己的资产收益最大化和风险最小化。

既然开发商暴利的秘密在于动用金融杠杆，那么人们很容易想到，为什么政策不能切断开发商动用金融杠杆的渠道呢?

针对房地产业的金融杠杆问题，我们可以从两个方面展开讨论。

一是，房地产开发是否应当动用金融杠杆。

可以明确地说，盖房子这件事，古今中外很难有不借钱的。别说现代城市中的市场化房地产开发，就是偏僻农村的老百姓娶媳妇盖房子，通常也要把十里八乡、亲戚朋友借遍。农村老百姓对这种借钱有个通俗的说法，叫做"拉饥荒"。用理论语言说就是，在农村盖房子也要最充分地动用农村社区信用资源。

事实上，在发达国家，住房这种不动产资产，其生命周期中的所有环节都是和动用信用资源、和负债密切联系在一起的。别说建房子、买房子要负债，就是在完全还清了按揭贷款，或者完全有能力不用借钱的情况下，人们通常也要借助于负债方式来实现自己的资产收益最大化和风险最小化。例如，人们很容易理解，当一个家庭的资产累计程度刚好够买一栋房子时，这个家庭可以通过住房抵押贷款的形式，把自己资产的一半投资在股市上，另一半投资在房子上，从而实现私人资产的优化组合。其实，发达国家的中产阶级不仅利用不动产这种资产信用资源贷款，而且用这种信用资产来养老。在美国，其住房总市值中始终有 40%上下是银行的债权。

从20世纪90年代末的亚洲金融危机起，建立个人信用体系、动用个人信用资源的问题就已经引起了人们的普遍关注。很多人以为，个人信用体系只是和“借债还钱”的以往信用记录有关，或者和职业收入的稳定性有关。这个认识太过狭窄。在成熟的市场经济中，个人信用资源的主体并非是道德信用，而是资产信用，而不动产是最优质的资产信用资源。可以这样说，没有了不动产负债，根本就不可能建立起什么个人信用体系；或者换言之，当大多数人拥有了自己的住房时，我国的个人信用体系才能真正建立起来。

【9-2-2】直接融资就是由资金所有者直接承担投资风险的融资。直接融资的方式主要有发行股票、发行企业债（公司债）、发行项目债等。

二是，房地产开发的金融杠杆是否只能是银行贷款。

在房地产开发中，金融杠杆的存在不可避免。但这个杠杆并非只有银行贷款一种方式。

目前，我国房地产开发中的融资渠道主要是间接融资，也就是通过银行贷款获取资金供给。之所以叫“间接”，是因为银行其实并不是资金的所有者，银行的储户才是资金的真正所有者。房地产业是个高风险的行业，银行是最保守的货币供应者。由银行扮演房地产行业货币供应者的角色，实际上是一种错位。我国的房地产业发展，需要大力拓宽融资渠道，发展直接融资。

什么叫直接融资呢？就是由资金所有者直接承担投资风险的融资。直接融资的方式主要有发行股票、发行企业债（公司债）、发行项目债等。

资本市场上的股权融资就是最典型的直接融资。投资者买股票就是买企业的股权。最近一些年来，我国不少房地产企业已经在国内的A股市场、香港市场甚至美国市场上市。其中既有直接上市，也有所谓的“借壳上市”；既有首发上市融资，也有持续的增发扩股融资。但股票融资并非是最适合房地产业的直接融资方式。因为我国的房地产企业一般很少有长期持有的固定资产。房地产企业更需要的实际上是一种占用在土地、在建房等形式上的流动资金。更重要的是，我国的房地产公司大都采取用项目公司的存在方式，在建项目完成并销售出去之后，企业就不再存在。由此一来，股票融资在房地产业就受到了很大限制。

比较适合房地产业的直接融资方式是发行债券。债券的形式又有多种多样。最常见的是短期企业债券。上市公司发行的、能够在市场上流通交易的企业债券又叫公司债。从国外经验看，更适合房地产业的债券是项目债，这种债券的债期和风险只和项目的建设与销售周期相联系。

介于直接融资和间接融资之间的，是房地产信托投资基金，即“Reits”。房地产信托投资基金是一种非股非债的投资品种。因为这种投资品种的回报是依投资收益情况不固定的，并不像债券要约定利率。但投资者持有的并非是特定企业的股权，而只是委托基金经理替投资人打理的“基金份额”。房地产信托投资基金通常并不投资于房地产开发阶段，而主要投资于商业物业，通过持有商业物业获取长期稳定回报。

【9-2-3】银行之所以总是担心房价波动，根本原因在于，银行的信贷资金实际上处于一种“贷到地头死”的尴尬。银行房贷资产的证券化，就是允许银行将贷给房地产业的信贷资产“打包”在资本市场上以债券形式转让给市场投资者。

其实，银行对房地产业的贷款也是可以利用资本市场来分散风险的。从国际经验看，最常见的方式就是抵押贷款证券化。我国的银行之所以在“房贷”上总是担心房价波动，根本原因在于，银行的信贷资金实际上处于一种“贷到地头死”的尴尬。除非债务人及时还贷，否则银行几乎没有任何其他收回信贷资产的途径。银行房贷资产的证券化，就是允许银行将贷给房地产业的信贷资产，也就是银行债权，“打包”在资本市场上以债券形式转让给市场投资者。其本质，就是赋予银行以更多避险手段。银行即可以利用这个通道及时调整房地产业资金构成中银行信贷资金所占比重、银行自身信贷资产中房地产开发贷款所占比重，从而既可以实现风险控制，又可以不断把房地产业的间接融资媒介为直接融资。

3 商业银行是“预售制”的最大受益人

- 我国迄今没有任何一条制度禁止新房市场上的现房买卖。
- 预售制的实质是银行和开发商联手绑架了购房人的信用。
- 多个环节的风险过度地集中于银行，银行只能出此下策。

【9-3-1】一旦在二手房市场上出现了明显的供大于求，开发商就会缩减新房的投资规模、开工规模，大批现房待售的状况很难在市场成熟的国家出现。

2005 年时，央行的一个研究机构曾提出，建议取消商品房“预售制”。这个颇具迷惑力的“建议”一时受到了媒体的热捧。很多人认为，取消“预售制”，就可以切断开发商利用按揭贷款的融资渠道，既可降低银行风险，又可抑制开发商的暴利。

能否取消“预售制”呢？从理论上说，没有什么不可以。只要供求关系足够有利于需求方，完全的“现房”交易自然就会出现。事实上，我国迄今从来也没有任何一条制度禁止新房市场上的现房买卖。但从房地产市场的发展规律和国际经验看，完全的现房交易是很难出现的。因为一旦在二手房市场上出现了明显的供大于求，开发商就会缩减新房的投资规模、开工规模，大批现房待售的状况就很难在市场成熟的国家出现。倒是在我国 20 世纪 80 年代中后期到 90 年代初中期，在一些城市的确出现过成批现房长期处于待售状态的现象，例如亚运会后北京亚运场馆周边的现房就曾很长时期无法售出。现房都卖不掉的结果，就是在很多城市出现了只盖了半截的“烂尾楼”。

【9-3-2】央行要真的觉得有必要取消“预售制”，只需下文停止商业银行的按揭贷款即可，为何要只“建议”不行动呢？因为“预售制”的最大受益人不是开发商，更不是购房者，而恰恰是商业银行。

需要着重强调的是，央行研究机构取消“预售制”的这个建议，其实是一种虚伪。大家知道，烟草厂家必须在香烟盒上印上“吸烟有害健康”的提示。但明摆着，烟草厂家是希望人们多吸烟还是少吸烟呢？当然是多吸。吸烟的人越多，烟草厂家的利益越大。“吸烟有害健康”的提示实在只是一种虚伪。如果烟草厂家真的那么关心吸烟者的健康，办法很简单，不生产香烟不就行了吗？央行要真的那么关心购房人利益，真的觉得有必要取消“预售制”，只需下文停止商业银行的按揭“贷款”即可，为何要只“建议”不行动呢？因为“预售制”的最大受益人不是开发商，更不是购房者，而恰恰是商业银行。

为什么商业银行是“预售制”的最大受益人呢？这就要从开发贷款和按揭贷款的不同风险程度说起。从我国的经验看，开发贷款的违约率尽管相对于一般商业贷款来说比较低，但一般也要达 7%左右；而“按揭”贷款的违约率则要比开发贷款低得多，一般仅 1.5%。假定在房地产开发项目中，开发商的融资比例要达八成的话，如果这八成资金都由银行以开发贷款的方式贷给开发商，银行就要承担相对较高的风险。而如果银行只为开发商提供三成开发贷款，另外五成资金由购房人充当债务人，从银行获取按揭贷款后再把钱以预付款的形式交给开发商，银行信贷资产的违约率就会大为降低，也即风险大为降低。

“预售制”的实质，是银行和开发商联手绑架了消费者、购房人的信用。因为不论有无预售制，开发商的资金中都有八成是来自银行贷款，唯一区别是，在“预售制”下，其中五成资金的债务人从开发商变成了购房人。一方面，购房人的信用风险要远小于开发商；另一方面，即使开发商不能按时交房，这个风险也是由购房人承担的，银行仍可以按期从购房人那里回收本息。事实上，在我国当前的市场操作中，各商业银行不仅不排斥“预售制”下的按揭贷款，通常反而要求开发商必须把开发贷款与按揭贷款捆绑在一起。开发商若要从某银行获取开发贷款，就得说服，甚至得挟制购房人必须向同一银行申请按揭贷款。

当然，商业银行对开发贷款和按揭贷款的这种捆绑策略也有其无奈。由于在我国目前的房地产市场中，本来应当分散地配置在多个环节的风险过度地集中于了银行，银行只能出此下策。实际上，在前些年的房地产按揭贷款中，银行转嫁风险的做法比此更甚。银行曾要求按揭贷款人必须向保险公司购买违约险，这实际上是把银行自身应当承担的违约风险进一步转嫁到了购房人头上。这种强迫按揭贷款人为银行风险“买保险”的不公平做法现在已经被叫停。

4 发达国家同样存在“预售制”

- 在发达国家市场上同样普遍存在“预售制”。
- 取消“预售制”是一种“不准汽车上路来减少交通事故”的愚蠢思路。
- 对我国来说，这种美国式的“预售制”有很大的借鉴意义。

【9-4-1】美国预售制的特点在于购房人、银行、开发商的利益都可以得到较好的保障，风险被合理、均衡地配置在了多个市场主体头上。

曾有人说，“预售制”是我国房地产业发展中出现的只对开发商有利的一个“怪胎”，甚至断言，在发达国家成熟的房地产市场中根本没有“预售制”。这个说法太过武断。

实际上，在发达国家市场上同样普遍存在“预售制”。但这个“预售制”和我国有明显不同。

以美国为例，开发商是允许在住房建设的一定环节上实行预售的。但这个预售过程中，购房人并不需要交全款，而只交若干比例的保证金，例如房价的15%。这个保证金意味着购房人承诺以商定的价格购买相应住房，如果购房人违约，这个保证金将不再退还。

美国这种“预售制”的最大特点不仅仅在于购房人只交保证金，而且在于，这个保证金并不交到开发商手中，而只交到双方约定的律师等第三方监督者专门开立的账户上。也就是说，开发商并无法利用这个保证金作为开发资金。那这个“预售”对开发商融资还有什么意义呢？有意义。当预售房达到一定比重时，开发商就可以凭借这些预售合同向银行申请开发贷款。由于这时开发商的销售率、销售价格实际上已经锁定，也就是说回款的风险已经基本锁定，银行自然可以放心大胆地向开发商提供充分的开发贷款。在最终交房时，即使有个别购房人毁约，也不会造成回款不畅。因为有预交的保证金在，开发商完全可以通过降价把购房人毁约的住房再销售出去。

对我国来说，这种美国式的“预售制”有很大的借鉴意义。在这种预售制下，购房人、银行、开发商的利益都可以得到较好的保障，风险被合理、均衡地配置在了多个市场主体头上。与简单地取消“预售制”相比，二者最大区别是，取消“预售制”实际上是一种“不准汽车上路来减少交通事故”的愚蠢思路，是以牺牲房地产建设规模来防范风险的做法；而美国式的“预售制”是一种在风险防范的同时，积极促进房地产开发建设的做法。

第十讲
真实成本并不在账面

2010年“两会”时，曾有位全国人大代表对媒体算了笔账。他说，2009年销售的商品房应当是2006年“拿地”的，以国家统计局公布的2009年商品住宅销售额和2006年国土资源部城市地价监测信息显示的“地价平均值”计算，扣除各项成本，2009年开发商赚取的利润高达1.5万亿元。该代表以此证明，抑制开发商的暴利，我国的房地产就有很大的降价空间。

这个“1.5万亿元利润”的推算结果迅速为媒体广泛“爆炒”。

这个人大代表计算有误吗？计算过程基本无误。其结论正确吗？基本不正确。

很长一段时期来，媒体一直在呼吁公布开发商的建房成本，认为只要公布了成本，开发商的“嗜血”本性就将无处可遁；还老百姓一个知情权，购房人也就知道什么价位是合理价位了。这个说法听起来很能打动人，一些地方的物价部门也对此议表示了支持。颇有评论家写博客说，之所以不公布商品房成本是因为地方政府对开发商袒护，能否公布成本就取决于政府的态度。

我一点都不反对公布成本。但公布成本是否真的能达到人们以为的那个结果？未必。因为在经济学意义上，成本是个复杂的概念。那位人大代表的结论就错在他所比较的成本恰恰是最不真实的成本。

1 账面成本其实只对税务局有意义

- 账面成本一定要真实地反映企业生产经营活动中的支出。
- 账面成本再真实，也只对税务局有意义。
- 企业维持再生产活动正常进行的成本因素并非是账面成本。

【10-1-1】在真实的成本记录基础上，我们才能真实地知道每一年的国民经济活动实际耗费了多少人力物力和各种资源，才能有效地维护市场经济的公平竞争制度，才能保证国家税收不被非法侵占。

在通常人们的认识中，成本就应当是企业在生产经营活动中的实际支出。

这个认识对不对呢？很对。在会计学意义上，我们的确可以大致这样来理解成本的概念。说“大致”，是因为“实际支出”也并非像一般人想象的“实际花了多少钱”那样简单，这其中还有许多比较复杂的因素。例如“折旧”就不是按照当期生产经营活动“实际花了多少钱”计算的。我们这里先不必考虑这些过于细致的会计记账规则，按照这个“大致”理解即可。

按照生产经营活动的实际所记录的成本，叫做“账面成本”。前总理朱镕基曾给国家会计学院题词“不做假账”，在成本意义上指的就是这种“账面成本”。

账面成本一定要真实地反映企业生产经营活动中的真实支出。这非常重要。在真实的成本记录基础上，我们才能真实地知道每一年的国民经济活动实际耗费了多少人力物力和各种资源，才能有效地维护市场经济的公平竞争制度，才能保证国家税收不被非法侵占。

【10-1-2】降价空间并非取决于销售价格与账面成本之间的差额。在经济学意义上，一项经济活动盈利与否的参照物主要也并非是这个账面成本。

但是在房地产领域，在分析开发商利润和房价降价空间时，人们需要知道的成本并不仅仅是账面成本，或者说，主要并非是账面成本。因为“降价空间”并非取决于销售价格与账面成本之间的差额。在一定意义上说，这个账面成本再真实，也只对税务局有意义。因为税务局确实要依据这个账面成本来核定和征收企业所得税以及其他多项税收。

对企业来说，维持再生产活动正常进行的成本因素并非是这个账面成本。在经济学意义上，一项经济活动盈利与否的参照物主要也并非是这个账面成本。

很容易证明账面成本概念的局限性。

现在人们使用电脑、手机等物品已经很普遍了。人们早就从生活经验中得知，一款最新型手机的售价可能是5000元；半年后再买，其价格可能会降到2500元；一年后再买，其价格可能只有1000元；要是两年后买，这种手机可能已经从市场中被淘汰。如果你指望把一部一年前或者半年前买入而从未用过的手机以购入成本卖掉，那是没有可能性的。为什么呢？因为这种手机的技术寿命已经被“无形损耗”。你的那个购入成本再真实，对市场来说也已经毫无意义。

2 企业再生产活动中的成本概念有多种含义

- 规模经济是一个和平均成本相联系的概念。
- 房地产领域的机会成本最低，这只是一个特定时期的特殊现象。
- 住宅的抗震能力提高到 10 级，这在风险代价上是很不经济的。
- 多次投标一次也没中，这个利息损失就是沉没成本。

【10-2-1】规模经济的含义就是随批量规模扩大而单位产品成本不断降低所体现的经济性。这个“单位产品成本”指的就是平均成本。依靠于平均成本的概念，人们可以通过数学模拟方式，找出单位产品成本最低的最优经济规模。

在经济学意义上，成本概念并不枯燥，相反，还很有趣。还举小商贩的例子。

有个贩卖服装的小商贩从广州贩进一批应季时装，假定进货价 50 元一件，进货 100 件。这个小商贩把货运到北京，立即以 150 元的价格出售。卖出十件八件后，随着季节推移，他把价格降到 130 元，再卖再降。眼看要过季，这个小商贩在价格标签上耸人听闻地写上“挥泪大甩卖”“跳楼价”，把最后几件标价 30 元卖出。

这个小商贩最后销售价的广告是否蒙人？真没蒙人。他的进货成本确实是单价 50 元，每件卖 30 元确实是“挥泪大甩卖”。但这个小商贩亏本没有呢？

没有。因为他这 100 件货的平均销售价格可能是 70 元或者 80 元。

在经济学意义上，这个小商贩的进货价叫做平均成本，他最后几件卖出的价格叫做边际价格。盈亏与否，不取决于边际价格与平均成本的比较，而取决于平均价格与平均成本的比较。

在经济学和企业的实际经济活动中，最有意义的成本概念并非是账面成本，而主要是平均成本、机会成本、边际成本、沉没成本以及重置成本等。

平均成本是最容易理解的一个成本概念。人们常说的“规模经济”就是一个和平均成本相联系的概念。

在工业化阶段的大机器生产中，规模经济是个普遍存在的现象。例如，年产 40 万辆的轿车厂，单车成本就会比年产 4 万辆的低很多。规模经济的含义就是随批量规模扩大而单位产品成本不断降低所体现的经济性。这个“单位产品成本”指的就是平均成本。规模经济并非是个无限扩展的概念。人们很容易理解，并非是规模无限扩大，单位产品成本就会无限降低。依靠于平均成本的概念，人们可以通过一定的技术与数学模拟方式，找出单位产品成本最低的最优经济规模。

【10-2-2】买房子就得放弃把钱存入银行可获取的利息，这个被放弃的银行利息就是买房子的机会成本。很多非房地产领域的企业把大量资金投入到房地产领域，其原因就在于投入其他领域的机会成本要远高于投入房地产领域。

如果说平均成本还是个“看得见、摸得着”的成本概念，那机会成本就是个虚拟的成本概念。

什么是机会成本呢？一定资源投入到某一特定领域中时，就得放弃另一用途的收益，这个被放弃的收益就叫做机会成本。例如，人们买房子就得放弃把买房子的钱存入银行可获取的利息。这个被放弃的银行利息就是买房子的机会成本。

机会成本虽然并不体现在任何财务核算的账面上，但却是一个非常有用的概念。在一定的经济学意义上说，机会成本才是最真实的成本。这句话的意思是说，判断一项经济活动究竟是否划算，并非仅仅取决本项经济活动的产出与投入的简单比较，而是取决于同样资源用于其他经济活动时是否可以赚得更多。例如，股民以一定资金买入某一股票时，是否赚钱并非仅仅取决于卖出价格是否高于买入价格，而且还要取决于是否有比买这只股票更赚钱的机会。如果其他很多股票都比股民所买入的升值更多，那即使这只股票卖出价高于买入价，在经济学意义上，这次投资也被认为是不划算的。因为本来有机会赚更多的收益被放弃了。

过去一段时期来，人们注意到的一个现象是，很多非房地产领域的企业也纷纷转行，把大量资金投入到房地产领域。其原因，就在于这些企业认为，投入其他领域的机会成本要远高于投入房地产领域。

房地产领域的机会成本最低，这只是我国一个特定时期的特殊现象，而且并非是一个合理的正常现象。否则，岂不是大家都会放弃别的行当，都把资金转来盖房子了吗？机会成本是不断变动的，当供求关系随着资源流动发生变化时，机会成本也会发生变化。

机会成本概念的意义并非仅仅是寻求最有利投资领域的工具，更重要的是，它还是解释通货膨胀的重要理论依据。物价上涨并非都是供求关系引起的。某一领域由于技术改进而出现了成本降低、利润率提高的机会时，意味着其他领域的机会成本在提高。这一技术进步的结果并非一定是吸引其他领域的资金向这个领域转移，因为其他领域还可以通过提高本领域产品价格的方式来分享这个领域技术进步的好处。这个问题说来话长，我们不在此过多深入。

【10-2-3】开发商都会想方设法把有名气的幼儿园、中小学校引入社区。因为引入这些教育资源导致的房价上涨要比建这些配套设施所花的追加投入，也就是边际成本大得多。

与机会成本类似，边际成本概念更是一个虚拟概念。

什么是边际成本呢？用专业词儿来说就是，在规模扩大过程中最后追加的投入就是边际成本。这话听起来不是很好理解。我们可以举几个例子，用打比方的办法说明。

第一个例子是，一个农民种地，亩产是500斤粮食；两个农民种地，亩产是600斤粮食；三个农民种地，亩产是650斤粮食。随着种地人手的增多，粮食产量增长没有呢？增长了。不仅总产量增长了，而且土地的单产也增长了。但是种地人手增多划算不划算呢？不划算。因为第二个农民的追加投入只带来了每亩100斤的粮食增长，这不仅远较第一个农民可以带来每亩500斤粮食的效率为低，而且使每个人的平均生产率从亩产500斤下降到300斤。显然，追加第二个农民去种地是不经济、不划算的。同理可证，再追加第三个农民就更不经济、不划算。

第二个例子是，假定从北京飞到广州的飞机航班，每个座位要卖到1500元，整个航班才能不亏本。如果某天，在飞机快要起飞前有个旅客要买机票，但他只肯出500元，这时航空公司应不应以500元价格卖票给他呢？应该。因为这时本次航班的总成本已经确定，增加不增加这名旅客，飞行员及空乘人员的工资、油料消耗、机场费用等都是一样的。增加一名旅客，航空公司只需多追加一个盒饭、一杯茶水而已。一个盒饭加一杯茶水就可以卖500元，这么赚钱的买卖为什么不做呢？

第一个例子中后追加的农民、第二个例子中的盒饭和茶水就分别是此两项经济活动中的边际成本。

卖房子和边际成本有什么关系吗？有关系。现在很多开发商都学会了一个卖房子的招数，那就是想方设法把有名气的幼儿园、中小学校引入社区，而且这些房子是半卖半送，甚至不要钱。那开发商赔本吗？当然不赔。因为引入这些教育资源导致的房价上涨要比建这些配套设施所花的追加投入，也就是边际成本大得多。

边际成本要和边际收益相比才有意义。上述例子中，第二个农民所带来的100斤的粮食增产、航空公司所获得的500元机票收入以及开发商通过引入优质教育资源而实现的房价提高，就是所谓的边际收益。

“边际”的概念是市场经济下的一个重要的经济学概念，别看听起来有些陌生，但用途十分广泛。2008年我国四川汶川地震后，很多人质疑，为什么我们的房子在抗震标准上不能提得更高一些，例如提到10级地震都震不倒的地步呢？抗震10级，在技术上是做得到的。但即使是在地震易发地区，把所有民用住宅的抗震能力都提高到10级不倒，这在风险代价上是很不经济的。下面这个例子更容易理解：把轿车做到严重追尾都不会伤人的地步能否办到？肯定能够办到。按照造坦克一样的标准造汽车不就行了吗？但是那会非常不经济。

【10-2-4】买了某样食品后发现并不好吃，更多人的选择是把食品吃进肚子，以为这样就能避免沉没成本的损失。其实这不仅不能挽回沉没成本，反而得付出强咽难吃食品的新代价。

经济学中还有一个成本概念，叫做沉没成本。已经投入了，如果经济活动达不到预期结果将无法补偿的成本叫做沉没成本。对这个概念我们只简单说几句。很多开发商都有过这样的经历，在土地“招、拍、挂”时交了不菲的抵押金，但最后没有中标，这些抵押金的利息损失就是沉没成本。用老百姓通俗的话说，沉没成本就是钱“打了水漂”。

沉没成本也是处处存在的，只是人们很少注意，或者不愿承认罢了。人们买了某样食品后发现并不好吃，钱是退不回来了，这个代价就是沉没成本。但更多人的选择不是把不好吃的食品扔掉，而是强忍厌恶把它吃进肚子，以为这样就能避免沉没成本的损失。其实，把不好吃的食品吃进肚子不仅不能挽回沉没成本，反而得付出忍受强咽难吃食品的新代价。

3 重置成本才是真实的土地成本

- 对房地产企业来说，土地增值的收益并不能作为利润分掉。
- 只有当出售价格高于重置价格时，房价上涨才能真正带来收益。
- 土地增值收益的真正受益者是作为唯一土地供应者的政府。
- 开发商可以凭借重置成本提高带来的资产信用从银行借更多的钱。

【10-3-1】除非开发商从此退出房地产行业，否则土地增值收益并不能装到开发商口袋里。因为开发商要进行再生产，就必须按现价重新购入土地。

现在我们就要说到和“公布成本”关系最密切的一个概念了。这就是重置成本。

什么是重置成本呢？企业在再生产活动中补充同质、同量的生产要素所需要支付的代价就是重置成本。

我们在上一讲曾经说到，开发商的“暴利”来自于金融杠杆。但人们很容易质疑的是，除了金融杠杆以外，土地增值收益是否也是开发商“暴利”的来源？这部分利润能否构成降价空间？本讲开头所提到的那位全国人大代表所表达的，就是这样一种认识。

开发商的“暴利”确实还有一个重要来源，这就是土地升值收益。假定一个楼盘项目的土地是两年前以每平方米 2000 元的楼面价购入的，到销售时，同样土地的楼面价可能涨到了 5000 元。这时如果开发商以 5000 元的楼面价计算成本并确定房价，的确可以获得惊人的“暴利”。

但请注意，在经济学意义上，土地溢价所带来的每平方米 3000 元利润，其实只是财务意义上的利润，也就是核算单个项目时的利润，而并非开发商的真实利润。因为除非这个开发商从此“金盆洗手”，退出房地产行业，否则这 3000 元土地增值收益并不是开发商的钱，并不能装到开发商口袋里。因为开发商要进行再生产，就必须按现价的 5000 元楼面价重新购入土地。这 5000 元就是土地要素的重置成本。

很多人在呼吁开发商公布成本时，并没有真正弄明白所要公布的是什么成本。其实，开发商最初的土地购入成本，也就是财务成本，在判断房价有无下跌余地时并无多少意义。房地产企业也是企业。在市场经济条件下，企业必须按照重置成本制定价格，才能保证再生产的正常进行。重置成本才是再生产活动中的真实成本。为什么呢？原因很简单，对房地产企业的股东来说，土地增值的这部分“收益”并不能作为“利润”分掉，否则企业再生产的实物规模就得萎缩。

【10-3-2】政府在把第二块地卖给开发商时通过土地重置成本涨价的方式把第一块地的土地增值收益收走了；在卖给开发商第三块地时，又把第二块地的增值收益收走了。

重置成本的概念其实人人都懂。“房改”时以“政策价”卖给老职工的“房改房”，市场价都上涨了若干倍了，他们为什么不卖掉赚一笔钱呢？因为卖掉后几无可能以同样价格买回同样的住房！这个道理用在只有一套自住房的家庭上也同样适用。不论房价怎么上涨，只有当出售价格高于重置价格时，房价上涨才能真正给这些家庭带来收益。

从重置成本的概念中我们可以发现一个重大秘密。谁是土地增值收益的真正受益者呢？是作为土地唯一供应者的政府。理论上说，政府在把第二块地卖给开发商时，就通过土地重置成本涨价的方式把第一块地的土地增值收益收走了；在卖给开发商第三块地时，又把第二块地的增值收益收走了。本讲开头那个人大代表所推算的“1.5万亿元”实际上并未落到开发商的口袋中，而是落在了出让土地的政府手中。

当然，对开发商来说，土地重置成本的上升也并非一点好处都没有。因为在重置成本上升时，开发商在再生产活动中，即使只是购置了同样面积的土地，其账面的资产规模也仍扩大了。这种账面资产规模的扩大可以大大提高开发商的资产信用，开发商就可以凭借这个由重置成本提高带来的资产信用扩张从银行借更多的钱。在这个意义上说，开发商还是可以借助于重置成本提高，在一定程度上实现为实际生产规模的扩大再生产。

4 “赔本”销售也能获超额利润

- 在土地重置成本下降时开发商确有机会获取超额利润。
- 即使开发商以低于财务成本的价格卖房子仍有可能赚取利润。
- 从发展看，土地价格回升比股价回升的确定性要大得多。

【10-4-1】在土地价格出现向下波动时，有开发商率先在自己的楼盘销售中降价。这并非仅仅是无奈之举，很可能降价销售的开发商利用土地重置成本下降的机会反而多赚取了一定的超额利润。

强调重置成本的概念并非是为了给开发商洗清“冤枉”，而是为了还客观规律以真实面目。事实上，尽管在土地重置成本上升时，土地增值收益确实不能装到开发商口袋里，但是在土地重置成本下降时开发商却有机会获取超额利润。

房地产市场有个规律，每当市场的成交量出现较为明显的萎缩时，最先出现价格向下波动的往往并非房价，而是地价。因为开发商出于对未来需求预期的谨慎，首先就会缩减“拿地”的规模。一旦出现这种情况，土地市场就会呈现出“流拍”现象，即无人在底价之上应拍。

当土地市场出现价格向下的波动时，有些反应灵敏的开发商会在楼盘销售中率先降价，有时降价的幅度还比较大。在一些城市的楼盘销售中，还为此闹出过了以较高价格买了房子的业主要求“补偿”或“退房”的风波。我们不讨论房子降价销售时是否应当补偿在较高价位买了房子的业主，只讨论降价销售的开发商是否真的吃了亏。

在地价下降时，开发商降价卖房吃亏了吗？没有。恰恰相反，这些开发商很有可能利用土地重置成本的下降反而赚取了一定的超额利润。降价销售，即使是价格降到了成本之下，开发商也未必没有利润可图，更不要说是“挥泪大甩卖”了。

如上所述，重置成本才是企业再生产的真实成本。而重置成本实际上存在着与当初的购入成本相比提高或降低两种可能性。在重置成本降低时，即使开发商以低于财务成本的价格卖房子，仍有可能赚取利润。

举个例子说，假定开发商当初以每平方米 5000 元的楼面价购入土地，现在同样土地的楼面价降到 3000 元，如果开发商的现售楼盘单价降低 1000 元，即使销售价降到了财务成本以下，也不意味着真实意义的“亏本”。因为重新获取完全相同的生产要素，也即重置成本已经降低了 2000 元。这时，房价降价 1000 元的开发商实际上多获取了 1000 元的超额利润，同时可拥有与未降价前完全相同的再生产条件！

【10-4-2】降价销售的开发商“玩”的是一个很聪明的游戏，这叫做“善意的价格策略”。这种价格策略一方面“亲和”了市场，另一方面又更多赚了钱。

降价销售的开发商其实是“玩”了一个很聪明的“游戏”。在公共关系学上，这叫做“善意的价格策略”。这种价格策略一方面“亲和”了市场，另一方面又实际上更多赚了钱。

上述例子可以用一个更通俗、简单的比喻来说明。假定一个股民以 10 元一股的价格买入了股票。如果股价下跌，当这个股民确定有机会可以 6 元价格再买入时，以 8 元价格卖出所持股票赔本与否？没有赔。因为这个股民在持有同样股票的同时，还获取了每股 2 元钱的现金。表面看起来，这个股民的资产与当初的买入价相比毕竟缩水了，但每一个股民都懂得，这种操作叫做“摊低成本”。8 元卖出，6 元价位时可以买回 1.3 股，这时这个股民不需把股价等回 10 元，甚至连 8 元都不需要，只要股票再涨到 7.8 元以上，这个股民就已经盈利！其实，那些降价销售的开发商是最聪明的。尽管他们对购房人说的都是“挥泪大甩卖”，但他们都心知肚明这个简单的盈利模式。在这个比喻中，开发商实际占据着比股民更有利的两条优势。一是，股民并不能确切知道股价是否真的会继续下跌，而开发商可以确切知道土地的重置成本已经下降了多少；二是，由资源的有限性决定，从发展看，土地价格回升比股价回升的确定性要大得多。

第十一讲

买房防“通胀”靠谱吗

在市场经济下，最不可靠的是那个叫做“货币”的东西。

在2008到2009年的世界金融危机中，世界经济究竟在什么地方出问题了？就在这个叫做“货币”的东西上出问题了。在这场金融危机中，有谁听说过什么地方出现过像印度洋海啸、中国汶川地震等自然灾害那样的大规模物质资产损失吗？没有。没有一个发生“房倒屋塌”的，那些破产倒闭的企业也没有一家是因为生产能力灭失或者资产质量严重恶化引起的。就实物意义上说，这个世界上什么东西都没少，但就是投资者的“钱”没了。

投资者的“钱”到哪去了？全世界的经济学家不得不重新回到经济学诞生之初的一个最古老、最基本的问题上：“钱是什么”；或者说“一块钱值多少钱”。

当人们说什么东西“值多少钱”时，当人们说某种物品涨价或者跌价时，实际上存在着一个假定前提，就是用来构成价格的货币单位本身的价值是稳定不变的。就像我们说一所房子的层高是多少米时，作为长度单位的这个“米”是稳定不变的。但很不幸，实际上生活常识欺骗了人们的认识。货币单位本身的价值从来就没有稳定过，这个计量单位根本就“不靠谱”。“一块钱值多少钱”这个经济学的最基本问题，恐怕连上帝都回答不了。因为说“一块钱就值一块钱”，那等于没说；说一块钱大于或小于一块钱，那结论实际上又否定了前提。

人们生活中熟悉的各种计量单位，例如长度、体积、重量、时间、温度等，都是可以用严格的物理学概念来定义的。例如，现代科学定义，1米的长度等于光在空间中1/2999792458秒所前进的距离。只要光的速度不改变，这个定义大概就不会改变。一天是多长呢？一天就是地球以自己的轴心自转一周所用的时间。后来科学家发现这个定义还不够精确，又提出，与铯133原子处于地面状态的两个超精细水平之间的转变相应的9192631770个辐射阶段的时间为一秒；自然，一天就是60秒乘以60分再乘以24小时。够复杂吧？至于定义重量、温度，那就更复杂。但不管怎么复杂，这些计量单位的定义是非常稳定的。你的眼睛“一闭一睁”，它们是这样定义的；你的眼睛“一闭不睁”了，它们还是这样定义的。

但货币不是。货币是一种没有自然属性，只有社会属性的计量单位。在人们常说的影响房地产价格的因素中，“人民币是否升值”“央行是否升息”等，说的都是货币价值自身的变化。从一定意义上说，世界金融危机，实际上就是全世界的主要货币单位相对于各种资产价格来说发生了大幅度的币值紊乱。

回到本讲的正题。那通货膨胀、通货紧缩呢？中国老百姓在过去一些年中已经比较熟悉的“通胀”“通缩”，在经济学意义上，就是相对于物价总水平来说，币值发生了“缩水”或者“涨水”。

1 买房确实具有“防通胀”的意义

- 货币的币值“缩水”，是相对于实物商品的价格来说的。
- 耐用消费品其实最不“耐用”，它们的“无形损耗”是非常快的。
- 在一个较长过程中保值功能最强的，确实就是不动产。

【11-1-1】通胀指的是货币“缩水”，通缩指的是货币“涨水”。在经济学意义上，通胀和通缩指的都是货币本身的内在价值变化，或者说是购买力变化。

在人们通常的认识中，通货膨胀就是物价上涨，通货紧缩就是物价下降。从一般意义上说，这个认识也大抵不错。但在严格的经济学意义上，通胀指的是货币“缩水”，也就是老百姓所说的票子“毛了”；通缩指的是货币“涨水”，也就是钱“更值钱了”。就是说，在经济学意义上，通胀和通缩指的都是货币本身的内在价值变化，或者说是购买力变化。

买房有没有抵御通胀的作用呢？确实有。

货币的币值“缩水”，是相对于实物商品的价格来说的。我们假定，某甲和某乙都有 100 万元，某甲把 100 万元买成了房子，某乙坚持持有现金。在通货膨胀的条件下，一段时期后，100 万元的房子变成了 120 万元，这意味着持有 100 万元现金的某乙的资产相对于房子来说“缩水”了 20%。

【11-1-2】通胀时，人们普遍的经济行为是“以币求货”；在通缩时相反，普遍的经济行为是“以货求币”。

经济学早就发现了这个现象。在通胀时，人们普遍的经济行为是“以币求货”；在通缩时相反，普遍的经济行为是“以货求币”。

抵御通胀时“以币求货”很容易理解。但“求”什么“货”，则有很大讲究。我们可以从普通人的角度出发做几方面的对比分析。

人们最容易选择的就是囤积日用消费品。这不能说没道理。因为通胀的最直接表现就是日用消费品快速涨价。在 20 世纪 80 年代末的通胀中，甚至还有人囤积火柴。近年来，囤积食用油、洗衣粉的事例也屡有所闻。但人们同样很容易明白，这是一种没有多大意义的避险行为。因为日用消费品的特点，一是低值，二是不易保存，三是事实上谁也无法把一辈子所需的消费品都提前买好以规避涨价风险。

我国还曾多次出现过在通胀时抢购耐用消费品的风潮。在 20 世纪 90 年代中期的一次通胀中，甚至不制冷的冰箱、不显影的彩电都有人买。简单说，这也是不甚明智的避险行为。为什么呢？因为所谓的耐用消费品，其实有个最不“耐用”的天然弱点，什么弱点呢？它们的“无形损耗”是非常快的。什么叫“无形损耗”呢？就是在技术进步的过程中，由于新产品取代老产品所造成的老产品贬值。人们很容易从生活经验中得知，别说 20 年前、10 年前的彩电，就是 5 年前的彩电，哪怕你连包装箱都没有拆过，也几乎是一钱不值了。这种技术寿命短于自然寿命所带来的价值损失，在大多数情况下要比通胀还要厉害。

【11-1-3】大多数投资品的保值功能都非常不稳定，股票最不靠谱，贵金属很容易被投机资本操纵，通胀时最不可持有的就是债券。在长达20年或更长的时间段内，房子的保值功能是最稳定、风险最小、可靠程度最高的。

上面所说的，不论是日用消费品还是耐用消费品，毕竟都是消费品。那不买消费品，买投资品保值行不行？行是行，但大多数投资品的保值功能也都非常不稳定。

百姓投资常见的投资品中，股票是最不靠谱的。因为股票价格不仅取决于国民经济本身的运行状况，而且还取决于你所买的那个股票的资产质量、盈利能力等。在投资股票的案例中，的确有过因偶然发现了几十年前的老股票而暴发横财的故事。但这只是极个别的现象。特别值得提出的是，从历史经验看，在恶性通胀持续发生时，股票价格通常并不是伴随着货币贬值而上涨的，因为投资者不相信经济总体运行状况急剧恶化时企业的效益反而会改善。黄金等贵金属也不可靠。在新中国建立之前的“国统区”，确实出现过在极端恶性的通胀时一些富人抛弃纸币而转持黄金的现象。那时人们还愿意持有美元。因为在战后一段时间内，美元是和黄金挂钩的，称为“金本位制”，那时持有纸币的美元就等于有美国联邦储备银行担保，美元对黄金不贬值。所以以前美元又称美金。但到20世纪70年代以后，贵金属的保值作用已经一落千丈。因为它们的总保有量非常有限，很容易被投机资本操纵。在过去的30年中，世界黄金价格的波动幅度比股票市场还大。至于艺术品等，则很难成为普通老百姓的投资对象。有一种投资品在通胀时是最不可持有的，那就是债券。西方人从市场经济的经验中总结有一句“俗语”，通胀时最不可买的东西，一是狗屎，二是债券。通胀率与债券价格的反比关系，说起来话太长，我们在此不做分析。反正你记住，银行有可能因通胀率上涨而升息时不要买债券就行了。

现在说房子。不论从理论分析还是从国际经验看，在一个相对较长的过程中，抵御通胀和保值功能最强的，确实就是不动产。除非房子所在的城市发生了持续的经济衰退，在长达 20 年或者更长的时间段内，房子的保值功能是最稳定、风险最小、可靠程度最高的。

2 通胀是长期经济运行过程不可避免的现象

- 3%～5%的通胀率是良性温和通胀区间。
- 就中国的情况来说，8%的通胀率是恶性通胀的临界点。
- 所谓物价稳定，什么时候也只能是相对稳定。
- 更高级的认识是懂得在什么情况下价格不由供求关系决定。
- 价格出现与供求关系相反的变动趋势就是恶性通胀或通缩。
- 房价异动是一种价格和需求形成的“共振”。

【11-2-1】人的体温只有高或低、正常或不正常的区别，不存在有体温还是没有体温的问题。通胀也是一样，只有正和负、高和低、良性和恶性的区别，不存在有没有的问题。

在 2009 年，美国在世界金融危机中出现了 63 年来第一次物价负增长。也就是说，在过去 63 年中，美元的币值相对于其国内购买力来说一直是缩水的。

在最近几年中，人们经常会问，中国会不会出现新一轮通胀。准确说，这个问题的本意是问会不会出现恶性通胀。通胀不存在有没有的问题。打个比方说，人的体温只有高或低、正常或不正常的区别，不存在有体温还是没有体温的问题。通胀也是一样，只有正和负、高和低、良性和恶性的区别，不存在有没有的问题。

别以为有通胀就是“病”。事实上，没有不存在通胀的经济体。简单说，中国作为一个大国，一个发展中国家，一个发展不平衡的国家，有3%~5%的通胀率是很正常的。这个通胀区间叫做良性温和通胀区间。如果物价总水平的上涨速度，也就是通胀率低于1%了，我们就说国民经济的运行已经处于“浅蓝灯区”了，这意味着国民经济已经“偏冷”。如果通胀率下降到零以下，也就是通胀率为负时，这意味着国民经济已经趋向于通货紧缩，甚至衰退了。之所以说是“趋向于”，是因为真正要判断通缩或者衰退，不仅要看通胀率，还要看国民经济整体的增速变化，也就是GDP的增长是否处在急剧下滑甚至负增长状态。当通胀率上涨到6%以上时，我们就说，国民经济处于过热状态了；通胀率高过8%时，我们才说，国民经济处于恶性通胀区间了。就中国的情况来说，8%的通胀率是恶性通胀的临界点。

【11-2-2】通胀并非都是由总需求大于总供给引起的。在中长期经济运行过程中，即使总供给和总需求始终处于平衡状态，社会物价总水平也必定会呈现为温和上涨的态势。因为各产业、各部门之间需要通过比价关系的变化来调整相互的利益关系。

这里我们得解释一下为什么3%~5%的通胀率是“良性温和”通胀。物价水平保持稳定不变不好吗？换言之，币值保持稳定不变不好吗？好是好，但是做不到。要求社会物价总水平保持稳定不变是不符合客观规律的。

所谓物价稳定，什么时候也只能是相对稳定。要说清楚这个“相对稳定”的含义，我们得从供求关系对物价的影响说起。

在向市场经济转变的过程中，中国老百姓日益懂得了市场价格的决定性因素是供求关系。供不应求，物价就会上涨，物价上涨可以抑制需求而刺激供给增加，从而自发地实现供求关系的平衡。反之亦然，供大于求，价格就下跌，供给会减少而需求会增加，同样自发地实现供求平衡。

懂得价格由供求关系决定，这是对市场经济规律的认识上的一大飞跃。但这个认识还只是“初级班”的认识。更高级的认识是，要懂得在什么情况下价格不由供求关系决定。

回到通胀的话题上来。通胀并非都是由总需求大于总供给引起的。在一个中长期的经济运行过程中，即使总供给和总需求始终处于平衡状态，社会物价总水平也必定会呈现为温和上涨的态势。为什么呢？因为各产业、各部门之间需要通过比价关系的变化来调整相互的利益关系。

人们很容易理解，在国民经济发展中，由自然属性、技术因素决定，各产业的技术改进、效率提高速度是不一样的。在改革开放的40余年中，我们已经从高科技产业的发展中领略了什么叫“日新月异”，实际上我们也从石化、汽车等传统工业部门的发展中明显感受到了规模经济和技术进步带来的效率变化。在进入21世纪后的最初几年中，我国市场中最引人注意的价格现象之一是“彩电价格大战”，然后接着的是“汽车价格大战”。但是同样很容易理解的是，各产业提高效率的速度一定是不均衡、不同步的。不仅如此，在理论意义上，在大多数产业中，通过技术、工艺改进以及利用规模的经济性所能实现的效率提高是没有上限的。汽车厂人均产车多少辆是上限？没有绝对上限。但以农业中的种植业为最典型，其技术改进和效率提高是存在一个自然上限的。不论人们怎样改进农业技术、加大投入，一亩地所能打的粮食也不可能无限增长。

【11-2-3】产业效率提高速度的不均衡、不一致带来一个问题，效率提高慢的产业会通过提高自己产品的价格来分享效率提高较快产业技术进步的好处。

这种产业效率提高速度的不均衡、不一致就带来一个问题。效率提高快的产业，投资回报就提高得快，劳动报酬也会增长得快。而效率提高得慢，甚至无法提高的产业，要素收益就提高得慢，甚至不能提高。那么谁会甘于只获取较低的收益呢？如此一来，岂不是效率提高慢的产业的资金、劳动力都会转移到效率提高快的产业中去了吗？不一定。因为这些产业会通过提高自己产品的价格来分享效率提高较快产业技术进步的好处。某一产业通过技术改进使效率提高一倍，这不意味着这个产业的要素收益也会相应地提高一倍。因为其他产业会通过提高价格来分享这个产业效率提高的好处。

叙述至此，人们就很容易明白了。社会物价总水平实际上还承担着一个职能，就是通过物价上涨来调整不同产业在技术进步过程中所带来的收益不平衡。这就是3%～5%的通胀率是必要的、是“良性温和通胀”的道理。这就像一个企业中，后来的年轻人贡献越来越大，怎么激励这些年轻人呢？大家都涨工资，年轻人涨得多一点、猛一点，通过相对工资水平的调整来实现贡献大的年轻人与贡献日益小的“元老”之间的利益关系调整。

一般说，良性温和通胀和国民经济的总量平衡关系无关，但并不等于说，良性温和通胀区间就不需要宏观调控政策介入。例如，即使在良性温和通胀区间，利率也会经常调整，以适应货币本身的供求关系变化、本国货币与国际货币比值关系变化、进出口的平衡状态以及产业结构升级的要求等。

【11-2-4】越涨价买的人反而越多，越降价反而越没人买时，就是恶性通胀或者通缩了。在这种情况下，供求关系已经超出了价格所能自发调整的区间。市场出现恐慌性抢购就是恶性通胀的典型特征。

价格变化与供求关系相脱离，还有另外一种情况，这就是恶性通胀或者通缩时的情况。什么情况就叫做“恶性”通胀或者通缩了呢？价格出现了与供求关系相反的变动趋势，例如越涨价买的人反而越多、越降价反而越没人买时，就是恶性通胀或者通缩了。在这种情况下，供求关系已经超出了价格所能自发调整的区间。我们前面提到，在 20 世纪 90 年代中期的一次通胀中，不制冷的冰箱、不显影的彩电都被人买走，市场出现了恐慌性抢购。这就是恶性通胀的典型特征。在这种情况下，市场机制很难自发地恢复供求关系的平衡。这个时候就一定需要政策的强力介入才行。

上述说的通胀或者通缩，实际上主要说的是消费品价格水平的变化。人们所说的社会物价总水平，通常都是用 CPI，也就是“居民消费价格”这个指标来表示的。投资品价格与消费品价格之间，既有相关性，又有独立性。例如，消费品价格负增长，意味着国民经济运行在不景气状态，股票等投资品价格也很难有好的表现。但投资品价格，或者说资产价格，与币值之间的关系比较复杂。例如股市持续上涨或者持续下跌并不一定就意味着通胀率变化，而可能和币值的另一个表达指标，汇率相联系。在过去很多年中，我们一直高度警惕，由于对人民币币值变动的预期影响，国际热钱通过种种合法或不合法方式涌入或“出逃”对我国资产价格的影响，就是为此。

【11-2-5】“买涨不买落”说明住房需求中存在着过度的投资性，甚至投机性需求。市场的购房动机中，指望通过房价持续上涨而获利的动机占据了主导地位。

在我国过去一些年中，不少城市的市场也明显出现过“买涨不买落”的现象。这不是房价合乎规律的变动方式，这是一种“异动”。这说明，在这些城市中的住房需求中存在着过度的投资性，甚至投机性需求。市场的购房动机中，指望通过房价持续上涨而获利的动机占据了主导地位。就是自住性需求，实际上也在很大程度上受到了价格恐慌的裹挟。物理学上有一种现象叫做“共振”。两种物体一旦产生了共振，振幅就会越来越大，最终导致灾难性后果。大家都听说过士兵在桥上齐步走导致桥梁垮塌的故事。我国沿海部分大城市出现的房价异动，就是一种价格和需求形成的“共振”。这种“共振”下过度膨胀的需求和抵御通胀无关，人们企图抵御的并非是真实通胀下的价格风险，而是一种恐慌心理下的虚假价格风险。政策就是要在价格异动时打乱这种“共振”的“频率”。

其实，对房地产市场的这种调控并非是什么新鲜手段。我国股市上一直采用的“涨、跌停板”制度就是人们熟悉的一种打乱价格与需求“共振”频率的制度化的政策干预方式。

3 避险“通胀”并不一定赚钱

- 抵御通胀的主要含义是避险，不是赚钱。
- 房价涨并不一定意味着赚钱。
- 附属于房子的居住环境越改善，房价就会越上涨。
- 城市的未来改善和抵御通胀并无直接关系。

【11-3-1】防通胀的含义主要是规避财富缩水的风险。买房置业只是和持有货币资产相比在一个长期过程中财富缩水的风险相对较小而已，并非是一种收益最大化的理财方式。

上述两节，我们实际讲了两个经济学道理。一是买房确有抵御通胀的作用，二是即使在国民经济正常运行下通胀也是不可避免的。那是不是说，买房一定赚钱，不买房一定吃亏了？

不一定。我们得明白，抵御通胀的主要含义是避险，不是赚钱。

当人们随着社会发展，逐步积累了一定的私人财富之后，“理财”就成为普遍性的需求。很多人以为，“理财”就等同于“投资”和“赚钱”。这个认识具有很大的片面性。理财的目的有两个，一是风险最小化，二是收益最大化。防通胀的含义，主要是和规避财富缩水的风险相联系。买房置业，只是和持有货币资产相比，在一个长期过程中财富缩水的风险相对较小而已，它并非是一种收益最大化的理财方式。

【11-3-2】买房子还是划算的。人们所买的并非仅仅是房子，而且还包括这个城市的基础设施、人文环境、教育资源、就业条件、工资水平等。城市越发展，附属于房子的居住环境和居住质量就越改善。买房子，实际上是把城市中这些方面的未来改善预先纳入“囊中”。

一般说，在一个长期发展过程中，房价总是不断上涨的。但房价涨并不一定意味着赚钱。这个道理可以从两方面认识。一是，假定你只有一套用于自住的房子，不论房价涨多高，你也并不能获得实际的买卖价差。因为从理论上说，你卖掉这个住房的卖价和你再买入同样质量的住房的买价是一样的。除非你降低居住质量，买一个差一点、远一点的房子，你才能真正获得买卖价差。二是，假定你在满足自住需求以外还有另外的住房，即使房价上涨超过了通胀率，那也未必赚钱。因为持有住房是要有成本的，例如维修费、取暖费、物业费以及可能征收的资产税等。就是把多余的住房用于出租牟利，也还要看租金回报率是否能够高于同期利率。这两个道理都是人们很容易理解的。

那从长期看，买房子究竟划算不划算呢？还是划算的。简单说，这个“划算”主要来自于城市发展过程中的地价上涨。当人们抱怨大城市房价过高时，很少认真想过，你所买的并非仅仅是房子，而且还包括这个城市的基础设施、人文环境、教育资源、就业条件、工资水平等。城市越发展，附属于房子的居住环境和居住质量就越改善，从而房价就会越上涨。买房子，实际上具有把城市中这些方面的未来改善预先纳入“囊中”的意义。但这个“划算”和抵御通胀并无直接关系。

4 “通胀预期”不是买房的合理理由

- 买房得比较一下，所能规避的风险和带来的风险孰大孰小。
- 具有一定存量财富的家庭才需要规避通胀风险。
- 利率提高一倍的可能性不仅有，而且很大。
- 购房决策时不要为规避一个小风险而去承受一个更大的风险。

【11-4-1】“通胀预期”并非就是买房的合理理由。如果家庭收入在支付了基本生活支出以后所剩无几，那并无多少通胀风险需要规避。只要收入增长速度高于通胀率，通胀对自身利益的影响就不大。

我们说，买房确有防通胀的意义。但“通胀预期”并非就是买房的合理理由。为什么呢？因为您得比较一下，您买房所能规避的风险和买房带来的风险孰大孰小。

从理论上说，具有一定存量财富的家庭才需要规避通胀风险。如果家庭收入在支付了基本生活支出以后所剩无几，那并无多少通胀风险需要规避。对于基本没有财富累积能力的家庭来说，只要收入增长速度高于通胀率，通胀对自身利益的影响就不大。

但另一方面，买房本身也会带来风险。近年来，很多人以为买房子的风险主要是房价的涨跌，因此经常询问的问题是“什么时候是入市的最好时机”。其实，价格风险仅仅是买房的风险之一，还有很多风险经常为人们所忽视。例如，利率变化的风险、职业及收益稳定性的风险、遇到家庭变故的风险等。当人们在不具备充分的资产累积能力和抗风险能力时，买房所带来的风险可能会远大于所规避的风险。

【11-4-2】在还款的最初几年，利率风险是非常大的。如果利率涨一倍，每月的还款额就可能让相当多购房家庭陷入无力承受的困境。在未来 20 年或者更长的周期内，存贷款利率高于目前水平的概率是 95% 以上，低于或持平于目前利率的概率连 5% 都到不了。

这里我们只讲个利率风险。有过按揭贷款买房经历的人都会知道，如果你按揭贷款 20 年或者 25 年，那在还款的前三到五年中，每月还款额的绝大部分在还利息。这个“绝大部分”大到多大呢？可能要超过九成。例如，假定你每月需还的“月供”是 5000 元，那在还款的前三年，其中大约有 4500 元在还利息。只有还到第八到十年时，“月供”中利息和本金所占比重才能趋近于一半对一半；还到第十三到十五年时，月供中本金才能占据主要比重。因此，在还款的最初几年，利率风险是非常大的。仍以上述例子来说，如果利率涨一倍，这个家庭每月的还款额就可能要提高到 9000 元至 9500 元。这个还款额就可能让相当多购房家庭陷入无力承受的困境。

那么，中国的利率有没有比现在提高一倍的可能性呢？不仅有，而且很大。要知道，目前我国的利率水平仍停留在过去 25 年来的最低点，到 2020 年时，一年期的城乡居民储蓄存款利率只有 1.50%。此前我们已经分析过出现较高通胀率的机会有多大的问题了。如果通胀率提高到4%，那一年期定期存款利率就得提高到4.5%，也就是说，比现在提高两倍。存款利率提高，贷款利率一定也会有相应幅度的提高。可以这样说，在未来20年或者更长的周期内，存贷款利率高于目前水平的概率是95%以上，低于或持平于目前利率的概率连5%都到不了。从这个意义上说，人们在购房决策时，一定要仔细地评估通胀风险对自己家庭的影响究竟有多大，千万不要盲目地跟从片面的宣传，为规避一个小风险而去承受一个更大的风险。

第十二讲

中国的房价收入比几时能达“国际惯例”

有支部队行军，带队指挥官往后传口令："拉大距离"。传到最后，这个口令变成了"拉条大驴"。

"拉条大驴"这样的"口令"在人们经济生活中也经常碰到。经济学有个很有意思的现象，就是一些很专业的词汇常常可以获得很大众化的流行，只不过这种流行经常是被人们按照自己的理解去诠释、引申和广泛接受的。其中最典型的就是"宏观调控"这个词儿。

在宏观经济学中，宏观政策所调控的只不过是短期经济的运行状况，调控目标也只不过是短期内的总量平衡关系。但在中国老百姓的认识中，"宏观调控"已经变成了一个"包打天下"的政策，被赋予了解决经济运行中，甚至是社会发展中一切不合理、不正常问题的所有职能。

往深说，这样的例子更是不胜枚举。例如有个词儿叫"看不见的手"。在人们通常的理解中，市场中供大于求和供不应求之间的反复交替是被一只"看不见的手"所操纵的，这只"看不见的手"就是自发竞争。这个认识其实并不正确。严格说，这种认识是在马克思主义经济学中早就遭到明确批驳的"市场拜物教"观念。在最初提出"看不见的手"的古典经济学理论中，"看不见的手"是指，市场经济下的生产者、供给方要想为自己谋取利益，就必须努力满足他人、市场、消费者、需求方的利益。因为市场经济一定是立足于广泛分工、为他人生产、为交换而生产的。这个“主观为自己，客观为他人”的转换，被称为“看不见的手”。

再举个例子，“原始积累”。在几乎所有的媒体上，都把企业家最初起家时赚到的那笔钱称为“原始积累”。其实这个说法也是错误的。在经济学中“原始积累”是有严格定义的。它专指小农经济、自然经济向市场经济过渡过程中，强制地让小生产者与生产资料分离，沦为一无所有的雇佣劳动者的过程。“原始积累”指的是资本主义起步阶段生产资料所有制变革的社会过程，而不是个别企业家发家的“第一桶金”。

近年来，有个在国外没多少人知道，在中国很流行的“国际惯例”，叫“房价收入比”。媒体舆论不停地告诉人们，房价收入比是判断房价合理与否的最重要标志。甚至还有人言之凿凿地断言说，房价收入比若干倍是“国际警戒线”。其实，要说“国际惯例”，住房开支在家庭年收入中所占比重不超过30%或者1/3，才是国际上评价房价和收入之间关系的“惯例”指标。不过，“房价与收入之比”和“住房开支与收入之比”二者之间存在着一定的内在联系。咱们不妨就按照“中国惯例”，这一讲就以房价收入比作为分析对象。

1 房价收入比的本质是土地和劳动力之间价格的比值关系

- 土地和劳动力分别是“财富之母”和“财富之父”。
- 房价收入比反映的是土地和劳动力的市场价格之间的比值关系。
- 房价与收入之间的比值关系会对要素的稀缺程度有所体现。

【12-1-1】在经济学的发展过程中，人们曾经把经济活动中的所有投入抽象为三个最基本的要素，这就是土地、资本和劳动力。经济活动的剩余，也就是人们一般理解的产出多于投入的部分，说到底只能在土地所有者、资本所有者和劳动力之间分配。

房价和收入之间是否存在一个有意义的比值关系呢？确实存在。

在经济学意义上，房价和收入之间的比值关系，本质上反映的是土地和劳动力这两种最基本的经济要素的市场价格之间的比值关系。

在经济学的发展过程中，人们曾经把经济活动中的所有投入抽象为三个最基本的要素，这就是土地、资本和劳动力。在相当长的时期内，经济学认为，土地及其所代表的自然资源和劳动力分别是“财富之母”和“财富之父”。这二者的结合，就生产出了人类赖以生存的各种生活资料。但在工业化过程中，大机器的应用、工厂制度的形成、广泛分工的发展，导致一个叫“资本”的东西又介入到了经济活动中。工业化阶段的社会生产不是男耕女织的小生产，要想在机器取代手工劳动的市场经济下生产，得先有充足的资本规模才行。甚至大家所熟悉的马克思主义经济学也承认，在工业化这个阶段，经济发展的规模、速度都取决于资本积累、集聚和集中的规模和速度，各种要素的结合方式都得服从资本的需要。不论是雇佣劳动制度还是银行、股市的诞生与发展，莫不如此。由此就诞生了经济学中著名的“三要素论”。

“三要素论”最初是19世纪初一个叫萨伊的法国经济学家提出的。他认为，市场经济下经济活动的最基本要素就是土地、资本和劳动力。经济活动的剩余，也就是人们一般理解的产出多于投入的部分，说到底只能在土地所有者、资本所有者和劳动力之间分配。这三种要素的所得形式分别是地租、利润和工资。萨伊的“三要素论”被公认是对经济学的重大贡献，后来他被人们称为“政治经济学王子”。

到了20世纪50年代后期，又有人根据实践的发展提出了“五要素论”，认为除了土地、资本、劳动力之外，最基本的经济要素还应当包括管理和技术。“五要素论”认为，管理和技术是附属于人、但区别于一般劳动力的独立要素。与此相应，参与利润分红的“管理股”和“技术股”就应运而生。后来的实践也确实在一定程度上证明了这个理论。20世纪60 ~ 70年代日本成长为世界经济强国，一个重要“引擎”就是其发动了一场全新的“管理革命”；美国在20世纪90年代以后再度成为全球高科技发展的“领军”经济体，也在于其对技术要素的高度独占性。

【12-1-2】美国土地的稀缺程度要比中国小得多，而劳动力的稀缺程度要比中国大得多。由此决定，只要“物以稀为贵”这个规律不被颠覆，我们差不多可以断言，就是有一天中国到了和美国一样发达的程度，中国的房价收入比也将明显高于美国。

不管是“三要素论”还是“五要素论”，都承认土地和劳动力是经济活动的最基本要素。这两种最基本要素之间的分配关系，或者说要素所有者之间的收益比例关系，对经济活动的平衡状态影响极大。特别是在城市化进程介入进来以后，房价收入比实际上就代表了土地与劳动力这两种最基本要素的市场价格之间的比值关系。

房价与收入之间的比值关系，作为土地和劳动力这两种最基本要素之间市场价格的比值关系的外在反映，一定会对这两种要素的稀缺程度有所体现。美国 940 万平方公里，居住着 3 亿人口；加拿大 980 万平方公里，居住者 3000 万人口；澳大利亚 770 万平方公里，只居住着不到 2000 万人口；而我们中国，960 万平方公里，居住着 14 亿人口！不仅如此，美国的土地 70%以上宜人居住，而中国土地 70%以上不宜人居住。

显然，以中美两国为例，美国土地的稀缺程度要比中国小得多，而劳动力的稀缺程度要比中国大得多。由此决定，只要“物以稀为贵”这个规律不被颠覆，我们差不多可以断言，就是有一天中国到了和美国一样发达的程度，中国的房价收入比也将明显高于美国。事实上，就是在现在，我们也不难证明这个基本道理。目前中国沿海的上海、广州等特大城市中，请得起保姆的城镇家庭所占比重不会低于三成，而在美国，就是大学校长也未必请得起保姆。为什么呢？劳动力的稀缺程度不同。

2 房价与收入间比值关系的均衡稳定区间确实存在

- 发达国家房价收入比确是相对稳定在 3 ～ 6 倍这个区间的。
- 住房支出不超过家庭年收入 30% 为住房支出的合理界限。
- 发展中国家房价收入比畸高的主导性因素是社会收入水平偏低。

【12-2-1】是不是“国际警戒线”姑且不论，但在发达国家，房价与收入之间的比值关系通常确是相对地稳定在 3 ～ 6 倍这个区间的，这的确有比较充分的国际经验数据为依据。

坦率说，“房价收入比”这个概念在经典的经济学著作中并无记载。但这个词儿确实和“国际”有点儿关系。一个无可考证的说法是，20 世纪 90 年代初时，有个世界银行的专家，名字及来历已经佚失，在考察中国住房制度改革时曾提出一个观点，房价与收入之间的比值关系的合理区间应为 3 ～ 6 倍。以后，不知怎么，这个说法就被说成了“国际惯例”，甚至被说成了“国际警戒线”。

说到这里，别以为我在否定“房价收入比”这个说法。我并未否定。因为是不是“国际警戒线”咱们先姑且不论，但在发达国家，房价与收入之间的比值关系通常确实就是相对地稳定在 3 ～ 6 倍这个区间的，这的确有比较充分的国际经验数据为依据。

以美国为例。从 20 世纪末的 90 年代以来，在 30 年左右的周期中，平均每套房子的售价在 20 万 ~ 30 万美元之间。这里特别说明，在大多数发达国家，房价都是按套，而不是按平方米等单位面积来计价的。同期美国居民家庭年收入的中位值为 4.5 万 ~ 8 万美元。以此计算，下限房价与下限收入之间的比值约为 4.4；上限房价和下限收入的比值约为 6.6；下限房价和上限收入之间比值约为 2.5；上限房价和上限收入之间的比值为 3.75。

【12-2-2】美国等发达国家通常以住房支出不超过家庭年收入 30%或 1/3 为住房支出的合理界限。超过这个界限，就意味着该家庭自我住房能力不足，应当得到政府保障性政策的救助或援助。

这组数据也可以用住房支出在家庭收入中所占比重来证明。美国等发达国家通常以住房支出不超过家庭年收入 30%或 1/3 为住房支出的合理界限。超过这个界限，就意味着该家庭自我住房能力不足，应当得到政府保障性政策的救助或援助。为简便起见，我们以近似中值的 25 万元美元 / 套的房价和 6 万美元的年收入来表达。年收入 6 万美元的 30%是 1.8 万美元，购买一套 25 万美元的住房，折抵全部房价约需 14 年，考虑利息因素约需 25 ~ 30 年。按照通常的职业收入周期和个人财富积累周期，考虑基本生活消费支出和一般家庭正常风险承受能力等因素，这是一个合理的购房支付周期。当然，由于收入水平提高和住房消费能力对收入增长的高敏感性特点，在实际经验中，人们并不需要这么长的周期。这个问题我们在有关“房奴”说法的专题中再涉及。

还可以用更为简便的办法佐证。购买一套 25 万美元的住房，假定贷款利率为 7%，那么年息就是 1.75 万美元。这个结果与上述 1.8 万美元非常接近。剔除恶性通胀和恶性通缩因素、国际贸易过度不平衡下汇率的影响因素，7%这个贷款利率是正常情况下的均值水平。换一个说法就是，假定人们“零首付”购买这套 25 万美元的房子，利息支出就基本相当于家庭年收入的 30%。这个假定的计算方法在经济学意义上是完全合理的。因为就是完全不贷款，也仍可按同期贷款利率计算这个购房支出的“机会成本”。所谓机会成本，简单说就是，假定购房的 25 万美元用于放贷本来可以获取利息，买了房子而放弃的利息收益可视为是一种支出或代价。

【12-2-3】一个普遍性规律是发展中国家的房价收入比通常较高。这些国家的特点是，大多数家庭收入中用于日常生活开支的部分所占比重仍高于“购房置业”的临界点，低收入群体仍占据较大比重。

房价收入比是由房价和收入两个因素构成的。房价收入比的高低既可以是由于房价主导引起，也可以是收入主导引起。

从国际经验看，特大型城市的房价收入比普遍较高，如巴黎、纽约、伦敦、东京，以及我国的香港等。这些城市的房价收入比均值都在 10 倍左右。尽管这些大城市的家庭收入水平通常要明显高于社会平均水平，但由于土地的有限性，核心市区的房价在级差地租的推动下会更大程度地高于一般城市。由此导致一个明显现象是，这些城市的中产阶级居住区，大都分布在距离核心市区 30 ~ 50 公里半径的区域内。因此，在这些特大城市中，造成房价收入比畸高的主导性因素是房价而不是收入。

另一个普遍性规律是，发展中国家的房价收入比通常较高。根据 1998 年世界银行对 96 个国家房价收入比的统计，家庭收入在 4000 美元以下的国家，房价收入比基本上高于 9，家庭收入在 4000 美元以上的国家房价收入比基本在 6 倍以下。发展中国家的房价收入比畸高的主导性因素是社会收入水平偏低。这些国家的特点是，大多数家庭收入中用于日常生活开支的部分所占比重仍高于“购房置业”的临界点，低收入群体仍占据较大比重。

3 房价与收入之比须经长期发展才能达相对均衡状态

- 房价收入比要达到稳定均衡状态需要两个不可或缺的前提条件。
- 城市建设滞后于人口聚集是各国城市化中普遍出现过的状况。
- 我国最大国情是正处于农村人口向城市大规模迁徙的过程中。
- 房价收入比趋于稳定的前提是中产阶级占据人口的主要比重。
- 具备了较充分的资产累积能力的家庭才叫做中产阶级家庭。
- 我国房价收入比要实现为相对稳定还需要 20 ~ 30 年的持续发展。

【12-3-1】城市化基本完成有两个标志，一是人口在城市中的聚集程度，二是城市基础设施的完善程度。如果问发达国家的农民，你打算往城里搬吗？他们会很奇怪地反问你，我在这里住得好好的，为什么要搬到城里去呢？

从发达国家经验看，房价收入比达于 3 ~ 6 倍时，房价和收入之间的比值关系就趋于相对稳定。在这样一个房价收入比下，社会才能实现为人们所说的“大多数人买得起房”的状态。但同样根据国际经验，房价收入比要达到社会普遍的稳定均衡状态，需要两个不可或缺的前提条件。

这两个条件，一是城市化基本完成，二是中产阶级占据社会人口的主要比重。显然，要具备这样两个条件，社会需要经过一个长期的发展过程。

什么叫城市化基本完成呢？这有两个标志，一是人口在城市中的聚集程度，二是城市基础设施的完善程度。

已经完成工业化阶段发展任务的发达国家，人口在城和乡之间的分布结构已经基本稳定。以城镇人口超过总人口的一半为标志，英国在"工业革命"100年后的19世纪中后期基本完成了这一过程，美国在20世纪30～40年代基本完成了这一过程，日本在20世纪70～80年代基本完成了这一过程。目前发达国家城市人口在总人口中所占比重为85%左右，美国为95%左右。在美国的3亿人口中，从事农业生产的劳动力不超过800万。也就是说，其农业劳动力在总人口中所占比重不到3%。如果问发达国家的农民，你打算往城里搬吗？他们会很奇怪地反问你，我在这里住得好好的，为什么要搬到城里去呢？

【12-3-2】在城市化进程中，容纳大规模资本投入、形成集约化生产条件和提供大量人口集中生活所必需的基础设施、交通条件、住房容量、公共建筑等都需要一个较长的建设周期。这个过程通常并不是与城市人口所占比重同步提高的。

城市化并非仅仅是人口向城市的聚集和迁徙，更重要的是城市自身的建设和城市综合承载力的提高。在城市化进程中，容纳大规模资本投入、形成集约化生产条件和提供大量人口集中生活所必需的基础设施、交通条件、住房容量、公共建筑等都需要一个较长的建设周期。这个过程通常并不是与城市人口所占比重同步提高的。

西方有句谚语，"罗马不是一天建成的"。人们很容易理解，形成对人口、资本、普遍分工、巨型工厂、物流以及市场交易条件等拥有足够综合承载力的城市，一定需要一个相对长期的积累、建设、改造、完善的过程。在这个过程中，城市建设滞后于人口聚集是发达国家和发展中国家城市化过程中普遍出现过的状况。当然，这其中有生产力发展水平、社会固定资产形成规律等自然属性的因素，也有社会制度、人口素质等社会属性的因素。

【12-3-3】19 世纪 50 年代前后，英国的城市人口达于 50%左右时，英国也曾面临过严重的住房危机。恩格斯在《英国工人阶级状况》中曾这样描述：“伦敦就有 5 万人每天早晨醒来不知道下一夜将在什么地方度过。”

19 世纪 50 年代前后，英国的城市人口达于 50%左右时，英国也曾面临过严重的住房危机。当时恩格斯在他著名的调研报告《英国工人阶级状况》中曾这样描述：“伦敦就有 5 万人每天早晨醒来不知道下一夜将在什么地方度过”；“无家可归者可以到收容所过夜，伦敦的中央收容所 1844 年头三个月平均每夜就有 460 人寄宿”；夜店的房子里“每间屋子有 4 张、5 张、6 张床——能容纳多少就摆多少”；大多数工人家庭则“不分男女老幼地挤在一起，在这些家庭中有四分之三只有一个房间”。与恩格斯同时代的英国著名作家狄更斯更是以世界名著《雾都孤儿》讲述了一个孤儿在那个城市化过程中挣扎生存的经历。

20 世纪 20 年代中、后期，美国的城市人口达于 50%左右时，美国也和英国一样面临过严重的住房危机。这从艺术大师卓别林不朽的电影杰作《摩登时代》中可以得到明证。在影片中，卓别林以他特有的幽默方式演绎了一段城市中的一个无家可归的流浪汉与一个流浪女的辛酸爱情故事。

日本曾在城市化过程中尽力避免城市建设的滞后性，在 20 世纪 60 年代后期城市人口比重接近 50%左右时建成了时速超过每小时 200 公里的“新干线”，同时基本完成了东京、大阪两个“都市圈”的建设。但日本的区域发展也因人口、资源过度集中于特大城市而形成了“过密化”与“过疏化”并存的弊端。

20 世纪 70 年代以后，东南亚和南美一些发展中国家，以及进入 90 年代以后的印度、南非等新兴经济体，则在自己的城市化进程中长期未能走出城市建设滞后于人口迅速聚集的阶段，形成了城市向特大化发展与“贫民窟”并存的不良状态，留下了颇多教训。

【12-3-4】我国城市的综合承载力还远不充分。城市地铁、轻轨为标志的基础设施建设正方兴未艾。城镇住房保障体系建设尚处于完善期。特别是，我国的中小城市发展还远滞后于沿海大城市。我国的城市化进程仍处于初、中期。

我国正处于城市化加速的过程中。一方面，我们取得的成绩是非常巨大的。如前面所讲，从 1978 年到 2019 年，我国城市人口所占比重已经从 17.92% 提高到了 60.60%，40 余年间，城市人口净增长近 7 亿人；1990 年到 2019 年，我国城镇实有住宅建筑面积从 20 亿平方米增长到了 200 亿平方米。但另一方面，我国的城市化尚有很长的路要走。

当前，我国与发达国家相比，最大的国情、特点就是，我们正处于农村人口向城市大规模迁徙的过程中。目前在我国城市中经商务工的农村人口达 2.91 亿人。他们中的绝大多数人还远未稳定地定居在城市中。目前预计，未来 20 年，如果我国城镇人口所占比重仍延续过去 40 年平均每年提高 1 个百分点的速率，我国的城镇人口将达 12.5 亿人。也就是说，我国的人口在城乡之间的分布结构尚处于大变动的高潮中。

在过去一些年中，我国城市建设规模之大是世所公认的。以 2008 年北京成功举办奥运会和 2010 年上海成功举办世博会等为标志，城市面貌可以用“日新月异”来形容。但另一方面，我国城市的综合承载力还远不充分。城市地铁、轻轨为标志的基础设施建设正方兴未艾；城镇住房保障体系建设尚处于完善期；特别是，我国的中小城市发展还远滞后于沿海大城市。也就是说，我国的城市化进程仍处于初、中期。

【12-3-5】很多人在探讨房价收入比这个概念时，经常忽略的一个重要因素是，这个比值关系中的“收入”究竟是否是具备资产累积能力的收入。

房价收入比趋于均衡稳定的另一前提条件是“中产阶级占据社会人口的主要比重”。这个道理并不复杂。从本质上说，购房不过是把货币资产转换为实物资产，即不动产的过程，因而是一种私人资产的累积形式。当大多数人的收入仅能满足温饱需求、基本没有“购房置业”的余地时，社会是不可能实现“大多数人买得起房子”的目标的。只有当大多数人的收入实现了“吃穿有余”，并且满足日常生活的基本需求之后，仍具备较为充分私人资产累积能力时，购房才能逐步成为社会大多数人的经济行为。

我们这里稍微说说什么叫做“中产阶级”。网上有不少关于“中产阶级”标准的讨论。有说年收入达到30万元或者50万元的，有说得“有房有车”的。其实，这些都算不得是中产阶级的标准。什么叫“中产阶级”家庭呢？具备了较稳定、充分的资产累积能力的家庭才叫做中产阶级家庭。什么样的家庭才是具备了较稳定、充分的资产累积能力的家庭呢？家庭年收入中用于吃穿用等日常支出所占比重在30%或者1/3以下的家庭才是。

很多人在探讨房价收入比这个概念时，经常忽略的一个重要因素是，这个比值关系中的“收入”究竟是否是具备资产累积能力的收入。

按照规律和国际经验，当一个家庭的年收入中，日常支出所占比重仍在80%以上时，这个家庭基本不具备资产累积能力。这个时候房价的高低涨落其实与这个家庭并无关系；换言之，这类家庭买得起房子与否并不取决于房价收入比。当这个比重降到60%～70%的区间时，这个家庭初步具备了流动性好、变现性强的金融资产累积能力，也就是说，这个家庭的年收入中能够有一定余地用于存款、购买国债或银行理财，甚至炒点股票了。当这个比重降到40%～50%左右时，此类家庭才初步具备了持有不动产的资产累积能力，但抗风险能力尚不充分。当这个比重降到30%左右时，此类家庭才算具备了持有不动产、并且能够抵御持有不动产资产所带来的风险的能力。

一个显然的事实是，我国的国情是，至少七成以上的城镇居民家庭的年收入中用于日常生活支出部分所占比重不低于70%，这些家庭的收入中，能够用于资产累积的部分所占比重还很低。在这些家庭中，即使依靠“三代人凑首付”勉强买房，在持有不动产资产过程中的抗风险能力也是很薄弱的。要知道，在一个长期过程中，持有不动产的风险要比持有金融资产大得多，利率风险、职业风险、各种意外变故都可能演变为难以承受的重负。正因如此，从2002年党的十六大到2017年的十九大，我们只恰如其分地提出了“提高中等收入者家庭所占比重”的目标，而从未把“提高中产阶级所占比重”作为发展目标。

【12-3-6】一个有趣的历史现象是，房价收入比的稳定和“周五天工作制”的形成有一定的内在联系。这意味着，社会中已经有越来越多的“无产者”开始跨入到拥有私人财富累积能力的中产阶级行列。

具备私人财富累积能力的人群占据社会主要比重的过程，实际上就是中产阶级占据社会主要比重的过程。从本质上说，“房价收入比”实际上并非是房价和收入之间的比值关系，而是房价和私人财富累积能力之间的比值关系。这是因为购房不仅要以收入在日常支出后有“余钱”为前提，而且还要以这个“余钱”的规模在收入中达到一定比重为前提。根据国际经验，当社会人群的吃穿用等日常生活支出在收入中所占比重普遍下降到30%以下时，社会才可能真正实现大多数人“买得起房”。那时，中国和国外的房价收入比才真正有可比性。

一个有趣的历史现象是，房价收入比的稳定和“周五天工作制”的形成有一定的内在联系。1933 年，美国成为世界上第一个实行“周五天工作制”的国家。正是在这个时期，美国城市人口所占比重趋于 50%，一个成规模人群有能力把自己的利益诉求从主要追求收入增长转变到了追求减少劳动时间。这意味着，社会中已经有越来越多的“无产者”开始跨入到拥有私人财富累积能力的中产阶级行列。日本由于战后重建过程的拖拽，1989 年才开始实行“周五天工作制”；1991 年，宫泽喜一内阁正式提出了“确保国民能用 5 年的家庭年收入购买一套住房”的《生活大国五年计划》。我国在 1995 年 5 月开始实行“周五天工作制”。当时有关部门所作的社会调查显示，在“增加一天工资”和“不增加工资，增加一天休息”两者的选择中，80%以上的人选择了后者。由于在 1995 年时，我国“停止福利分房”的城镇住房制度改革尚未实施，一方面大多数人的收入已经在满足日常生活需要之后开始有了剩余，另一方面人们尚未把购房列入支出构成的必要部分。这是特定历史条件下的一个特例。

显然，上述两个条件在我国尚远不充分。客观判断，我国城镇的房价收入比要像发达国家那样，在 3 ~ 6 倍的区间实现为相对稳定、均衡状态，乐观估计也还需要 20 ~ 30 年的持续发展。

4 房价和收入的比较基础是社会必要标准

- 社会必要标准不是按照人们个别或者主观愿望设定的标准。
- 目前我国满足基本住房需求的标准是 90 平方米。
- 我国目前房价和收入之间的矛盾主要集中于五个方面。
- 我国大多数居民仍处在从脱困期向改善期转变的过程中。

➲ 我国采取比发达国家更为积极的市场干预措施是必要的。

【12-4-1】“社会必要”标准是随社会发展不断变化的。二十多年前“户有一间房”就叫脱困，那时重点大学中的“双讲师”要分到一间 14 平方米的“筒子楼”还得校长特批呢。现在“户有一套房”才叫脱困，就是保障性住房也必须是成套住宅。

马克思主义经济学有个非常重要的原理，这就是“社会必要原理”。一个企业的产品可以卖多少钱，不是按照这个企业自身生产这个产品的成本来定价的，而是按照“社会必要成本”的标准来定价的。

市场经济下的社会必要原理可以分为三个层次。一是，个别耗费必须为“社会必要”时才形成价值。曾有人嘲讽一个所谓的“破窗原理”，说打碎玻璃增加 GDP，安装新玻璃还增加 GDP，认为经济学家太荒谬。其实，这种说法是在诡辩经济学常识。在经济学原理中，如果打碎玻璃不是社会必要的，那么这个行为就不形成价值；如果打碎玻璃确为社会必要，那这个过程就确实形成价值。二是，“社会必要”是一个普遍适用的客观标准，不是按照人们个别或者主观愿望设定的标准。人们从生活经验可知，当生产蔬菜的成本普遍提高时，蔬菜价格就会提高；当生产电视机的成本普遍下降时，电视机就会降价。三是，“社会必要”标准是随社会发展不断变化的。二十多年前，我国城市中“户有一间房”就叫脱困，那时重点大学中的“双讲师”要分到一间 14 平方米的“筒子楼”还得校长特批呢。现在“户有一套房”才叫脱困。就是保障性住房，也必须是成套住宅。

【12-4-2】“广州很多房子价格超过2万元/平方米”，这个说法肯定符合事实，相信广州每平方米超过5万元的房子也已不鲜见。但要和收入比较，不能拿广州有多高价格的房子比，也不能拿自己主观想买什么样的房子比。拿什么比呢？拿平均房价比，和“社会必要”的住房标准比。

要真正认识房价收入比这个概念，就得在“社会必要标准”意义上来界定房价和收入这两个指标。

2009年时广州有个官员对媒体称，“广州很多房子价格超过2万元/平方米了。我是副厅级，每月工资8000多元，两个月工资也买不起一平方米的房子。”这个“副厅”的说法听起来振振有词，但并不能说明房价合理与否，因为他在房价和收入的比较中犯了两个错误。

一是，“广州很多房子价格超过2万元/平方米”。这个说法肯定符合事实。相信广州每平方米超过5万元的房子也已不鲜见。但要和收入比较，不能拿广州有多高价格的房子比，也不能拿自己主观想买什么样的房子比。拿什么比呢？拿平均房价比，和“社会必要”的住房标准比。目前我国满足基本住房需求的标准是90平方米。也就是说，在我国，房价收入比这个概念中，房价应当是按照当时当地平均商品房价乘以90平方米计算的。

二是，“我是副厅级，每月工资8000多元，两个月工资也买不起一平方米的房子。”这个说法也肯定符合事实。但要和房价比，不能单拿个人收入比，而是要和家庭年收入比。而且要计算某一城市的房价收入比，也不是拿某一个别家庭的收入来比，而是要和这个城市的家庭平均年收入来比。

【12-4-3】在很多公众性信息中，我国房价收入比的数据实际上存在着夸大。但这并非是说不需要政策对房地产进行调控，相反，我国城市中，房价和居民收入之间的矛盾确实是尖锐存在的。

以上对房价收入比的分析，主要是想说明两点。一是，我国的房价收入比要达到发达国家的水平，尚需一个较长时期的发展过程才有可能。二是，在很多公众性信息中，我国房价收入比的数据实际上存在着夸大，很多时候是把沿海少数大城市的局部现象说成是普遍存在的问题，经常忽略了我国发展不平衡的国情。但这并非是想说明我国目前的房价收入比就很合理，或者说不需要政策对房地产进行调控。相反，我国城市中，房价和居民收入之间的矛盾确实是尖锐存在的。

一段时期来，我国房价和收入之间的矛盾主要集中于五个方面。一是为"卖"而"买"的投机性需求存在、土地价格过度攀升、开发商恶意炒作抬价等因素曾多次推动部分大城市房价在短期内连续出现和社会购买力增长相脱节的暴涨；二是一部分住房困难的中、低收入群体在市场价格上涨面前越来越改善无望；三是工作年限较短、积累能力不足，但又迫切需要住房的年轻人群体成为了房价上涨的最大受害、受损群体；四是改善性自住需求者被迫承受了过度的价格风险、债务风险；五是过度的商业利益驱使下征地、拆迁规模无序扩张，迫使一部分中低收入者被动地进入市场。

在房价收入比指标中，"房价"和"收入"尽管相互联系，但它们的变化经常是并非同步的。通常社会收入水平总是随社会经济的发展相对稳定、均衡地提高的，但因种种原因，在一些年度内，房价收入比在一个城市、一个地区经常会出现较大幅度地上下波动。这种情况是符合规律的，是必然会出现的现象。但必然会出现，不等于说这种变化就是合理的和不需要人的主动干预的。这个道理，就像人生病不可避免，但不等于说，因为人必然会生病就不需要预防和治疗一样。

在社会群体中，谁对房价与收入之间的比值关系最敏感？是中低收入群体和迫切需要改善住房条件的群体。观察房价收入比，需要说明我国与发达国家相比的一个重要区别。发达国家尽管大多数居民都买得起房，但事实上是大多数居民都已经不需要买房。而我国的情况正相反，大多数居民仍处在从脱困期向改善期转变的过程中。因此在我国，即或在整体、长期、特定发展阶段看仍属合理区间的房价收入比下，仍会存在着短期、局部房价收入比不合理地过度波动和结构性人群利益受到严重影响的状况。正是由于这一国情的存在，当房价收入比在局部城市出现向上的异常波动时，采取比发达国家更为积极的市场干预措施就是必要的。

第十三讲

“房奴”真那么可怕吗

近些年有个叫做“幸福指数”的新词儿在媒体上出现的频率越来越高。但很少有人注意过这个词儿的由来。

幸福指数这个概念是20世纪70年代由南亚一个叫不丹的国家提出的。这个人口123万、面积仅4.5万平方公里的国家，到2005年时人均GDP尚只有712美元，首都廷布也只有两个加油站，手表和收音机是老百姓的主要财富。但就是这个发展程度堪称落后的国家，却最先提出了Gross National Happiness（简称GNH），即“国民幸福总值”的概念。那里的人们认为，自己的国家虽然没有工业化、现代化，但有着世界上最高的快乐感、幸福感。

这不是一个封闭状态下“夜郎自大”式的自我满足。国民幸福指数的提出是人类文明的一大进步，是人对“为什么活着”“怎样活着”这个哲学命题的重大思考，是人类在经历了工业化、现代化阶段后对物质财富与精神财富之间关系的一个非常有意义的反思。去不丹旅游过的人都异口同声地说，“仿佛回到了自己心灵的故乡”。

中国人的幸福指数如何？不高。

不高的原因之一，在于人们对房价的忧虑。一个很流行的词儿叫“房奴”，很形象地描绘了中国社会对幸福感的不认同。人们说，大学毕业的“小白领”买个房子，得不吃不喝30年；如果按揭贷款买房，则更是“一日买房终身为奴”，不知得多少年为银行打工还贷。颇有不少声音愤而声称，中国的房价正在“消灭”中国的中产阶层。

应当说，房价已经成为中国老百姓，特别是中国城镇居民焦虑的主要原因之一，这确是事实。但从经济学意义上说，把买房还贷形容为“奴”，却多有可评可议之处。

1 买房还贷是走向“有产”的资产累积形式

- 负债买房是一个“为自己”的私人财富累积过程。
- 负债购房实际上是通过动用金融杠杆放大自己的资产累积能力。
- 老百姓需要一段对有产的代价与幸福之间关系的社会思考过程。
- 购房负债怕的是超过自己的收入能力、风险承受能力的负债。
- 资产价格下降，债务总额不会由于资产缩水而有丝毫的减少。
- 房价下跌导致的“房奴”是一种社会属性的灾难。

【13-1-1】在雇佣劳动制度下，资本的奴隶是不会有机会通过受雇佣而积累起私人财富，成为有产者的。但“房奴”不一样，人们在把钱还给银行的同时，也在获取所购房子的更大产权份额。负债买房是走向“有产”的私人资产累积形式，而不是消灭中产阶层的过程。

较真儿说，“房奴”的含义，首先还不是说房价高低，而是说负债买房对人身自由的一种束缚感。人们不得不在一个很长的时间内，没有选择地为了还债去工作，去挣钱。在这个意义上说，人沦为了房子的奴隶。这个说法很形象。

“奴”是什么？奴隶指超经济强制下没有人身自由的劳动力。马克思在

《资本论》中也做过类似的比喻。马克思说，从形式上看，无产者尽管和奴隶一样一无所有，但他们至少还有人身自由；但这种自由是虚假的自由；实际上，如果无产者不想忍受失业下的饥饿，他们唯一的选择就是被雇佣，服从资本的统治，做资本的奴隶。

比喻归比喻。我们不再向过于理论化的方向引申。因为再往下讲，就得说“生产关系再生产”原理了，这有点抽象。简单说就是，马克思主义经济学认为，在雇佣劳动制度下，资本的奴隶是不会有机会通过受雇佣而积累起私人财富，成为有产者的。

但“房奴”不一样。负债买房并非是一个财富消耗过程、一个“为他人作嫁”的过程，而是一个“为自己”的私人财富累积过程。因为从本质上说，人们付“月供”的过程不过是把自己的货币资产转换为不动产的过程。人们在把钱还给银行的同时，也在获取所购房子的更大产权份额。这个道理，其实谁都懂。负债买房是走向“有产”的私人资产累积形式，而不是消灭中产阶层的过程。

【13-1-2】城市固定资产总是随着城市基础设施的不断完善、城市经济规模的不断扩张和经济发展水平的不断提高而升值的。买了房就可以持续分享城市发展带来的资产升值好处。进一步说，负债购房实际是给自己的资产升值装上一个“加速器”。

不能笼统地把负债买房都说成是当“房奴”，但在两种情况下，负债买房的境遇确实可以说是“房奴”。

一是超过自己收入能力、风险承受能力地负债时。

一般而言，依靠金融杠杆、动用个人信用资源来购房置业是个很划算的过程。

从长期看，随着城市的发展，城市固定资产总是随着城市基础设施的不断完善、城市经济规模的不断扩张和经济发展水平的不断提高而升值的。早买了房，就可以持续分享城市发展带来的资产升值好处。进一步说，负债购房实际上是通过动用金融杠杆放大自己的资产累积能力，形象地说，是给自己的资产升值装上一个“加速器”。不仅如此，从使用价值意义说，持有住房与持有储蓄存款、债券、股票等金融资产相比的不同之处就在于，金融资产除了升值外，对所有者来说并无任何其他可用之处，而房子是实实在在可以住的，是直接可以满足所有者对有用性的需求的。人们之所以会在负债购房时有做“房奴”的感觉，是因为一旦与银行形成“房贷”的负债契约，这个还款过程就变成了一种漫长的被动过程。

问题就出在这个“被动”上。

【13-1-3】发达国家的人们早就想过这个问题。他们的答案就是把这个负债的“房奴”当到底，就是通过“再贷款”和“以房养老”等金融形式把自己亲手创造的财富在自己有生之年“吃光”。

长期被动，负重前行，幸福指数自然无从谈起。当人们抱怨被迫成为“房奴”时，实际上在思考一个非常有意义的人生哲理：当我牺牲掉青春时代的浪漫、中年时代的自信而终于拥有一个具有一定财富意义的不动产资产时，这个代价是不是划算？那时不论这个房子值多少钱，人已经老了，时光不再。为房子而如此奋斗“终生”，是不是一种为“奴”的愚蠢？

这个问题其实已经为发达国家的人们早就想过无数遍了。不久前曾有个报道说，日本人对中国年轻人“誓死买房”的热情和自比“房奴”的愤懑颇为不解。其实也没什么不解的。我们的老百姓刚刚从“无产者”的境况奔上“有产”之路，自然需要一段对“有产”的艰辛、风险、代价以及与“幸福”之间关系的社会思考过程。通俗说就是，人家早就想明白的事儿，我们还需要一个全社会普遍的辨析过程。

发达国家的人们早就想过这个问题，那他们的答案是什么？简单，就是把这个负债的“房奴”当到底，就是通过“再贷款”和“以房养老”等金融形式把自己亲手创造的财富在自己有生之年“吃光”。不仅要通过负债让自己早住房、住好房，还得让不断累积的不动产资产变成自己可以享用的资源。别守着财富委屈自己，不让自己活一辈子的幸福指数下降。发达国家是怎么做到这一点的？这个故事我们以后再讲，这里先接着把真“房奴”的事说完。

【13-1-4】如果收入并未如愿增长，而家庭开支可能随着时间推移而扩大，例行的“月供”就变成了一个难以承受的长期包袱，不动产资产的价值增值将丝毫无助于每月必须面对的捉襟见肘窘境。这种境况确实可以称为“房奴”。

购房负债不怕，怕的是过度负债。什么叫过度负债呢？就是超过自己的收入能力、风险承受能力的负债。

人们在负债购房时，特别是年轻人在负债购房时，一般是会把自己未来的收入增长考虑在内，并依此评估自己的偿债能力的。但是，如果这个“收入增长”是建立在最乐观的估计上，则往往并不可靠。在一个较为长期的还款过程中，如果收入并未如愿增长，而家庭开支可能随着时间推移而扩大，例行的“月供”就变成了一个难以承受的长期包袱，不动产资产的价值增值将丝毫无助于每月必须面对的捉襟见肘窘境。那这种境况确实可以称为“房奴”。

另一种情况是对风险估计不足，或者对自己的风险承受能力估计不足。负债购房，最直接的风险就是利率。迄今我国银行提供的个人按揭贷款几乎都采取的是浮动利率方式。这种浮动利率看似对债权人和债务人很公平，因为未来利率变化的风险是双方各半承担的，但其实暗含着很大的“杀机”。因为至少到 2020 年年中，我国的利率水平还停留在过去 25 年来的历史最低点。因此，目前这个利率水平是绝不可能长期持续的。按揭贷款 25 年甚至 30 年的话，差不多可以断言，在人们还贷的长期过程中，利率高于目前的机会是九成以上，低于或持平于目前水平的机会连一成都到不了。给大家一个参考值。1995 年时我国五年期以上的贷款基准利率曾高达 15.30%。这还是基准利率，还不考虑商业银行收紧银根的利率上浮。特别提示，人们按揭贷款购房时，前三到五年所还“月供”中，九成以上是在还利息。大家可以很容易地对利率风险有多大做出一个评估。

实际上，负债购房的风险还远不止于利率。先不说价格变动，税收、职业、家庭变故、意外事件、灾害损毁等也都可能成为风险。如果负债超出自己的风险承受能力，不用说，也很容易陷入“进退维谷”的两难窘境。

【13-1-5】负资产的“房奴”境地源于价格风险。购房后房价上涨，银行作为债权人并不能分享价格上涨的好处。自然，在房价下跌时，银行也不会分担资产缩水的风险。

二是房价暴跌后资产缩水而债务不缩水时。

市场经济下的资产权益有两种基本形式，一种叫做股权，另一种叫做债权。这两种产权形式并无需太多解释。你在资本市场上投资股票时所买的就是股权，投资债券时所买的就是债权。人们负债买房子时，归业主所有的产权份额部分就可以理解为是“股权”，尽管这个股权可能是“独资”所有的；而人们对银行负债的部分就构成了银行的债权。

一般说，债权收益要小于股权收益，因为债权所有者承担的风险要比股权所有者小。在企业产权结构中，不论企业盈利与否，债权人的本息都是要按约定优先于股东分红来偿还的。这个道理人们都懂。

但人人都懂的道理中，也经常有人们忽略的部分。这就是“资产缩水而债务不缩水”的规律。

什么叫“资产缩水而债务不缩水”呢？就是在资产价格下降过程中，资产总值中的债务总额不会由于资产总值的“缩水”而有丝毫的减少。这其中的原因，就在于按照市场经济的“游戏”规则，债权人是不承担资产价格变动的风险的。在 2008 年末爆发的世界金融危机中，一大批曾经在“世界 500 强”中名列前茅的国际大企业，仿佛在一夜之间就走到了破产的境地，就是因为随着金融危机下股市的暴跌，企业总资产已经跌落到了负债总额的临界点，也就是资不抵债的临界点了。

负债购房也有同样的风险。

当市场出现较大波动，住房价格跌落到购房人的购买价之内，甚至跌落到按揭贷款的负债额之内时，购房人就面对“资产缩水而债务不缩水”的境遇。在20世纪90年代中期的日本和90年代末期亚洲金融危机爆发后的香港，一大批购房人都陷入了“负资产”窘境。所谓“负资产”是指，这些购房人所持有的房产价值甚至不抵对银行的负债，其个人资产总值是负值。

在房价大幅下滑，处于“负资产”境地的购房人，确实堪称“房奴”。因为这时他们每月偿还的“月供”，其实并不能带来其住房产权份额的增加，也就是并不能构成个人资产的累积。

负资产的“房奴”境地源于价格风险。提供按揭贷款的银行并不承担房价变动的风险。因为购房后房价上涨，银行作为债权人并不能分享价格上涨的好处；自然，在房价下跌时，银行也不会分担资产缩水的风险。

与超出个人收入能力、风险承受能力负债购房的“房奴”不同，房价下跌导致的“房奴”是一种社会属性的灾难。因为这种现象一旦出现，就不会是个别现象，而通常是社会普遍现象。这种情况是我国房地产市场发展过程中要高度警惕和防范的。

2 发达国家的年轻人买房也得走按揭还款之路

- 在所有发达国家，年轻人购房置业也都得当“房奴”。
- 发达国家越来越多的年轻人并不急于负债购房，而是先租房住。
- 发达国家普通老百姓的住房负担并不比中国轻松多少。

【13-2-1】在所有发达国家，年轻人购房都不是一件轻而易举之事。而且越是在繁华大都市就业的“白领”，实现这个目标越是艰难。一般说，25 岁到 35 岁是一个个人资产很少的年龄段。这部分人群即使有一定数量的个人资产，其中负债程度也很高，真正属于自己的部分所占比重普遍不高。

如果说负债买房就是“房奴”，那这种现象并非中国独有。就是在所有发达国家，年轻人购房置业也都得当“房奴”。

日本最基层的政府机构叫“市役所”，大约相当于中国城市中的街道办事处。市役所中通常都会在醒目的地方悬挂有一些政府提醒市民的“看板”，就是提示栏。其中一个针对刚刚步入社会的年轻人的提示就是，一定要牢记人生三大任务，并从自己职业生涯的第一天起就要为这三大任务不断做好准备。哪三大任务呢？子女教育、购房、养老。政府做这样的提示，是因为日本政府为鼓励人们对自己的未来生活负责，分别对这“人生三大任务”提供一些政策性的金融支持。例如自愿往专门应对这三大任务的政策性账户中存钱，可以享受一定的减免“个税”的优惠。

住房和子女教育、养老并重为三大任务，可见就是在日本，购房也是一件“终身大事”级的难题。其实并非仅是日本，在所有发达国家，年轻人购房都不是一件轻而易举之事，而且越是在繁华大都市就业的“白领”，实现这个目标越是艰难。

在发达国家有个经验数据。年龄段与个人资产之间的关系呈现为明显的规律性。一般说，25 岁到 35 岁是一个个人资产很少的年龄段。这部分人群即使有一定数量的个人资产，其中负债程度也很高，真正属于自己的部分所占比重普遍不高。也就是说，这部分人群即使有自己的住房，这个房子的产权中银行的债权也是主要比重。35 岁到 55 岁的年龄段是个个人财富加速累积的年龄段。在这个年龄段，归属个人的资产表现为加速度累积趋势。55 岁以上，个人资产的累积能力很快趋缓以至停滞，一部分还出现下降。通俗说就是，人生真正积累财富的年龄段主要是35岁到55岁这个区间。其原因是人们很容易理解的。在任何社会，这个年龄段都是社会的中坚。

【13-2-2】日本在20世纪70年代的管理革命中曾创造了一种叫做“价值工程”的管理方法。其核心思想，就是尽量去掉多余的功能以降低成本。这种“蜗居”就满足了单身白领住房上的主要需求，去掉了一切多余的功能，因而以“性价比”最高的特点赢得了年轻人的青睐。

在过去一些年中，发达国家的年轻人已经出现了一个新趋势。越来越多步入社会的年轻人并不急于在职业生涯的最初若干年内负债购房，而是先租房住，待职业相对稳定并且有了一定积蓄之后再选择适当地区购房。当然，这个趋势是和这些国家房价与收入之间比值关系能够相对地稳定在一定区间联系在一起的。这个前提我们在上一讲已经讨论过。

2006年，我在时隔近二十年后再访东京时很吃惊地发现，东京盖了很多高层住宅。而直到20世纪80年代末期时，东京只有很少的高层建筑，其中还主要是写字楼。那么如今在寸土寸金的东京，这些新盖的高层住宅是给谁住的呢？就是那些在大公司工作的小“白领”。这些高层住宅几乎都是小户型。有多小？40平方米到80平方米，相当多就是“零居室”，英文叫“Open Studio”。整个屋子进门就一间，客厅、卧室、书房都是它，叫什么都没关系，反正都是这一间，但都有厨房卫生间，功能很全。那些在东京这样大都市开始人生打拼的年轻人，在成家之前就租住在这样的房子里。在一定意义上，或许这样的房子也可称为是“蜗居”吧？

日本在20世纪70年代掀起的一场管理革命中，曾创造了一种叫做“价值工程”的管理方法，其核心思想，就是尽量去掉多余的功能以降低成本。这种“蜗居”就充分体现了这样一种思想，它满足了单身小“白领”在一个特定年龄段在住房上的主要需求，例如晚上睡觉、个性化的生活方式、较好的卫生设施以及上网条件等，去掉了一切多余的功能，例如家庭生活的公共活动空间、美化装饰功能等，因而以“性价比”最高的特点赢得了那些自诩为“单身贵族”年轻人的青睐。

【13-2-3】在发达国家的 CPI 中，住房支出所占比重通常在 30% 左右，而我国只有 13% ~ 14%。在美国，吃饱饭、穿暖衣，可以说的确是一个不需过多考虑的花费，但一般工薪阶层每月支付的住房代价，不论是租金还是月供，都绝对不是一个无足轻重的支出。

还有一个和“房奴”相关的数据也值得在此提一下。人们以为发达国家的房价收入比相对稳定在一个较低水平，几年的家庭收入就可以买得起一套房子，那这些国家的住房负担一定比我国要轻得多。这是一个极大的误解。

在发达国家的 CPI，也就是居民消费价格的统计中，住房支出所占比重通常在 30% 左右，而我国只有 13% ~ 14%。当然，这里面有个国情区别，我国城镇居民整体的住房水平还比较低，收入首先要满足吃穿用的低收入群体所占比重还比较大。但无论如何，发达国家普通老百姓的住房负担并不比中国轻松多少，这是个普遍存在的事实。在美国，吃饱饭、穿暖衣，可以说的确是一个不需过多考虑的花费。但如果不算依靠政府保障性住房的群体，一般工薪阶层每月支付的住房代价，不论是租金还是月供，都绝对不是一个无足轻重的支出。当然，美国的平均住房水平也比我国要高很多，那里的中产阶级住的一般都是独立住宅，就是我们所说的“独栋别墅”。

3 “房奴”的还款之路远没想象的那么长

- 根据国际经验，年轻人购房的普遍情况是在 10 ~ 12 年内还清贷款。
- 特定人群的住房需求能力具有对收入高敏感、高弹性的特点。
- 中国缓解房价和收入矛盾所需的时间一定比发达国家要短得多。

【13-3-1】越是年轻的“白领”阶层，他们的住房消费能力对收入变化的敏感度就越高。在发达国家的经验数据中，小“白领”们又吃又喝，又娶媳妇又生儿子，还能在 10 ~ 12 年的时间内还清房贷，秘密就在于此。

1989 年 2 月 20 日，《人民日报》国内版有篇文章，题目叫做“房价猛涨，百姓望楼兴叹”。文中提到，一名大学生从参加工作起就日日节衣缩食，100 年才能买上两居室。那篇文章中提到的当时北京房价多少钱？每平方米 1700 元。现在同地段的房价大概要 20 倍于此了。三十余年过去，我们的媒体仍在重复着同一视角，说以小“白领”们的工资算，要不吃不喝 30 年才能折抵房款，这还不算利息。以此证明“房奴”境遇的可悲。

步入社会不久的年轻人在大城市购房会面临巨大的财务压力。这没有争议。但是仅仅以房价除以月工资乘 12 的四则运算方式，就得出需要多少年“不吃不喝”的结论，则未免太过简单。根据国际经验，包括东京、纽约、巴黎、伦敦等国际大都市在内的经验，那里的年轻人在购房时尽管也难逃算起来要多少年的收入不吃不喝才能折抵房价的窘境，但实际上的普遍情况是，他们又吃又喝，又娶媳妇又生儿子，还能在 10 ~ 12 年内还清贷款，还算上利息。

秘密何在?

人们很容易想到的第一个答案是，年轻人一旦购房，房价就锁定不变了，而这些年轻人的收入此后会不断增长。

这个答案很对，但不完全，说服力还不够。

经济学中有个重要的概念，叫做收入需求弹性。在市场经济中，收入是自发调节供求差距的一个重要杠杆。人们从生活经验中很容易知道，收入提高时，购买能力就提高，需求就会增加。但人们未必刻意留心过，不同的消费品，在不同发展阶段，对不同收入人群来说，需求对收入变动的敏感程度，或者说弹性，是具有很大区别的。

先举个粮食的例子。在经济发展到一定阶段，社会普遍实现了温饱之后，粮食的需求将不再随着社会收入水平的提高而增长。道理很简单。没有人能够随工资持续提高，饭量也持续提高。我们就说，粮食这种东西的需求对收入变动不敏感、无弹性。

有些东西的需求对收入变动具有高敏感、高弹性的特点。例如，有个年轻姑娘到北京打工，找了个月薪 2000 元的工作。年轻女孩嘛，总得买点化妆品，但 2000 元的收入水平限制，她每月最多只能拿出 100 元用于买化妆品。过了半年八个月，工作表现不错，老板给她的月薪涨到了 2400 元，这时这个姑娘可能会每月拿出 200 元买化妆品。也就是说，这个姑娘在收入增长 20%时，买化妆品的需求能力可以增长 100%。我们就说，化妆品这种东西对这样一个特定消费群体来说，具有对收入变动高敏感、高弹性的特点。

对特定人群来说，房子的需求能力就具有对收入变动高敏感、高弹性的特点。

我们举个例子说。假定有个初入北京这样大城市的所谓“北漂”，找了个月收入 3000 元的工作。在北京这样的城市中，3000 元月薪，吃饱穿暖还是能够保证的，远不至于冻饿街头，但要解决住房，这个收入水平可能就会面临很大困难。别说买房子付月供，恐怕租房子都得找人“合租”。我们假定，这个小“白领”每月最多只能拿出600元用于住房消费。也就是说，对月收入3000元的群体来说，其最大的月住房消费能力为600元。谁会认为这个群体能成为住房市场的潜在购房人呢？

学问就在这个地方了。我们又假定，过了半年八个月，这个“北漂”很快以出色的工作表现证明了其能力，月薪提高到了4000元。请注意，这时这个“北漂”每月能拿出多少钱用于住房消费？可能能拿出1200元。也就是说，在收入增长33%时，其住房消费能力可以增长100%！

这就叫做住房消费能力对收入变化的高敏感、高弹性。越是年轻的“白领”阶层，他们的住房消费能力对收入变化的敏感度就越高。在发达国家的经验数据中，小“白领”又吃又喝，又娶媳妇又生儿子，还能在10 ~ 12年内还清房贷，秘密就在于此。

【13-3-2】住房消费能力的敏感度曲线是预测市场需求的重要工具。早在1989年时媒体就说要“100年才能买得起两居室”。迄今这种房价和收入之间的比例关系并无多大变化，那这30余年的房子都卖给谁了？判断市场的购买能力，需要依靠收入需求弹性曲线。

住房消费能力的敏感度曲线是预测市场需求的重要工具。判断一个城市、一个群体、一个特定市场有没有住房的购买力，不是用房价除以月收入乘以12那么简单的算式就可以得出结论的。否则如同本节开头时我们所举的例子那样，早在1989年时媒体就说要“100年才能买得起两居室”，迄今这种房价和收入之间的比例关系并无多大变化，那这30余年的房子都卖给谁了？判断市场的购买能力，需要依靠收入需求弹性曲线。

收入需求弹性的道理说来不难，但要画出这条曲线，则需要用到高等数学，需要通过二次求导才能实现。这条曲线在平面坐标图上的形状是个开口向下的正态分布曲线。这里，我们不需要把这个曲线精确地画出，大家理解其表达的经济学含义即可。

我国现在的社会人群大致可以做如下的分类。一类是高端人群。有 20% 左右的富裕家庭，他们的住房消费能力已经处于对收入不敏感、无弹性的区间。例如“首富”级的私人企业家、一些知名影星等，他们已经不会因为当年的收入增减而影响到他们住得起什么样的房子了。另一类是 20% ~ 25% 左右的低收入人群。这部分人群又由两部分组成。一部分叫特困群体，另一部分叫困难群体。其中特困群体主要指依靠当地政府最低生活保障生活的群体；困难群体主要指虽然有劳动能力、有工作、有收入来源，但收入水平也就只能达于地方政府规定的最低工资线上的群体。这两部分群体也处于住房消费能力对收入不敏感、无弹性的区间。例如特困群体绝不会因为地方政府把最低生活保障线提高 50 元而在住房消费能力上有显著变化；困难群体也不会因为地方政府把最低工资提高 100 元就买得起房。第三类就是剩下的 50% 左右的群体，这部分群体就是处于住房消费能力对收入高敏感、高弹性的群体。而且在这个群体中，越是处于曲线中间偏左区间，也就是那些自称得“多少年不吃不喝”的“房奴”群体，越是弹性增长最快的群体。

【13-3-3】在过去 20 余年中，中国的城市“白领”是全世界所有国家同阶层中收入增长速度最快的群体。可以断言，在未来 10 ~ 20 年的时间中，这个趋势仍将持续存在。对一个收入增长最快、同时又处于住房消费能力对收入高敏感区间的群体来说，我们有理由乐观。

讨论住房消费能力对收入的敏感度和弹性，并不是想说明我国的年轻人买房并不比发达国家的年轻人更困难。这显然不符合事实。我们可以肯定地说，目前在我国，对绝大多数年轻人来说，房价和收入之间的矛盾要比发达国家同年龄层的人群尖锐得多。

但我们同样可以肯定地说，从大规模推进城市化时算起，中国在缓解年轻人面对的房价和收入矛盾所需的时间，一定比那些发达国家要短得多。为什么？同样是一个简单的道理。在过去20余年中，中国的城市“白领”是全世界所有国家同阶层中收入增长速度最快的群体。我们可以断言，在未来10 ~ 20年的时间中，这个趋势仍将持续存在。对这样一个收入增长最快、同时又处于住房消费能力对收入高敏感区间的群体来说，我们有理由乐观。尽管这个乐观的前提是10 ~ 20年的艰苦奋斗。

第十四讲

房价的主体不是房

现在很多年轻人在面对房价与收入的差距时经常“望房兴叹”说，我想有个家。

自己的房子是家。这没错。但“家”的含义并非只是房子。曾有一首流行歌曲，名字叫“家”。歌中唱到，“家是风雨中一幢小屋，家是大雪天一把酒壶；家是锅碗瓢盆油盐酱醋，家是高堂孺子共伴红烛；家是月光下的倾诉，家是夕阳里的搀扶；家是火车晚点站台上不安的脚步，家是飞机落地拨通的第一个长途。”写得真是非常有文采，非常有真情，用“感人肺腑”来形容一点不过分。

家是具体的血缘、亲情、生活、思念的综合体。但我们不能回避，家的确有“房子”的概念。得有房子住才叫“家”。“我想有个家”那首很流行的歌，歌词最初几句说的就是房子。“我想有个家，一个不需要华丽的地方，在我疲倦的时候，我会想到它；我想有个家，一个不需要多大的地方，在我受惊吓的时候，我才不会害怕。”

我们这一讲不讨论“有房子住”的家是不是非得去买，非得是自己的房子这个问题。我们要讨论的是，如果买，您买到的是否仅仅是房子本身。换言之，你所支付的房价是否就是为了获得房子本身。

欧阳修有句名言：醉翁之意不在酒，在乎山水之间也。今天要讲的，就是房价和这个“在乎山水之间”的关系。

1 房子居然会“盖得越多越涨价”

- 房子的价格变动有个规律，房子盖得越多越涨价。
- 依照肥力、距离差异而有所区别的地价叫做级差地价。
- 好地段地价高昂的代价最终一定要体现在房价差别里。

【14-1-1】市场经济下价格变动的基本规律是，供给增加，价格就下降。衣服、汽车、钢材等，莫不如此。偏偏房子的价格不一样。即使没有地价上涨、开发商利润，随着城市规模的扩大，房价也必涨无疑。

若干年前，我在一个论坛的对话环节说，未来 15 到 20 年内中国城镇的现有住房得拆一半。有个记者就写文章说我“语出惊人”。其实，中国城镇住房危旧房改造的任务仍非常繁重，中国老百姓现有住房中低质量、低档次住房所占比重仍相当大，这是一个人所共知、说了多年的老话题。

既然说咱们“语出惊人”，咱就再“语出惊人”一回。说房子的价格变动有个规律，“房子盖得越多越涨价”，你信不信？

人们从生活常识可知，市场经济下价格变动的基本规律是，供给增加，价格就下降。衣服、汽车、钢材等，莫不如此。偏偏房子的价格不一样。

很多人认为，中国一些城市房价上涨过快，主要原因是两部分人太坏。一个是地方政府，他们以地生财，大搞“土地财政”，地价越卖越高，房价焉能不涨？另一部分是开发商，他们牟取暴利，哄抬房价，房价成了他们嗜血的工具。

房价上涨过快，有没有这两个原因呢？确实有。一些地方财政过度依赖土地出让收益，一些开发商在价格上不惜竭泽而渔。在我国的房地产市场上这两个因素确实明显存在。

但我们这一讲先不讨论怎么约束这两个因素，而是要讨论一个更深层次的问题：扣除这两个因素，房价还会不会涨？

这不仅是一个探讨房价变动基本规律的问题，也是我们认识中国城市化建设规律的重大问题。

我们假定，以后给老百姓建住房，土地都不要钱了，白用；开发商也都良心发现，给老百姓盖房子再不谋取利润，平进平出，只按成本卖房子。房价中扣除了土地成本、开发商利润后还剩下什么了？建房子本身的成本，行业术语叫“建安成本”。

建房子总得需要砖瓦灰砂石吧？总得有人工费用、管理成本吧？我们假定，按照一张标准图纸建房子，扣除土地成本、开发商利润后的成本是2000元／平方米。好，我们在北京市的二环路以内建这样的房子，就按每平方米2000元的成本建，按2000元单价卖。这个价格人们当然皆大欢喜。

接着的问题是，北京二环路以内建满了，卖完了，还有人要搬到北京来住怎么办？咱们是不是得在三环路的地方建？在三环路建设同样的房子，其成本是不是也得每平方米2000元？不能再便宜了。再便宜就得偷工减料了。

问题就出在下一步。如果北京三环路的房子单价也是2000元，那会不会有一户居民忽发奇想，和二环路的某户居民商量，说咱们两家换换，一模一样的房子，我每平方米补贴你1000元。会不会有这样的交易呢？一定会有。一旦有一户居民换成，意味着北京二环路以内的房价就上涨到每平方米 3000 元。很容易以此推论，如果北京的房子盖到七环、八环路，北京二环以内的房价就会涨到每平方米 30000 元、40000 元。也就是说，即使没有地价上涨、开发商利润，随着城市规模的扩大，房价也必涨无疑。这就是“房子盖得越多越涨价”的道理。

【14-1-2】土地肥力不同、距离远近不同的地块，在它们被出租或者被出售时的地租或者地价一定是不同的。这种依照肥力差异、距离差异而有所区别的地租或者地价，就叫做级差地租或者级差地价。

说明这个规律的理论叫什么呢？叫做“级差地租理论”。这个规律是马克思发现的。马克思在《资本论》中专门用了四章的篇幅来论证“地租理论”。

这里我们要说明一点。是不是马克思早在 19 世纪中叶就预见到今天的中国要面临房价的问题呢？不是。不论大家在大学里学的什么专业，大约在大学一年级都读过“马克思主义经济学”公共课。马克思主义经济学的最重要贡献是提出了科学的“劳动价值论”。马克思说，商品为什么有价格、能卖钱呢？因为它有价值；商品的价值实体是什么呢？是人的物化劳动。于是那个时代，在《资本论》第一卷出版后，就有人质问马克思，说这土地可是上帝造的，并非人类劳动的结晶，为什么土地能卖，土地的价格是怎么形成的呢？显然，如果马克思不能科学地回答这个问题，那“劳动价值论”就像建立在沙滩上的大厦一样势必倾倒。在《资本论》第二卷，马克思主义的地租理论就为此而出。当然，地租理论并非仅为地价原理而提出，这个理论同时还着重说明了剩余价值是怎样在土地所有者、资本所有者之间进行分配的。我们这里只说地价原理。

马克思提出，农民种地，最先垦殖的一定是离村子最近的地、肥力最高的地。但仅耕种这些地，粮食不够吃了怎么办？离村子较远一些、肥力较差一些的地也得种。又不够吃了怎么办？贫瘠的土地、山那边的土地也得想办法耕种。显然，土地肥力不同、距离远近不同的地块，在它们被出租或者被出售时的地租或者地价一定是不同的。这种依照肥力差异、距离差异而有所区别的地租或者地价，就叫做级差地租或者级差地价。其实，我们在第八讲关于资产价格的讨论中已经涉及过类似的问题。那里我们曾强调过，在市场经济中，资产价格不是按照生产这种资产本身的成本来定价的，而是按照资产所能带来的收益大小来定价的。马克思主义的级差地租理论同样基于这个原理。

现在我们回到房价问题上。

很长时期来，房价和地价究竟是“谁拉动谁”的争论一直不绝于耳。国土资源管理部门总是反复地力图证明，房价上涨并非是地价上涨引起的。其实，这种辩解完全是徒劳无益的。

人们从生活经验中就可以得知，同一张图纸所盖的房子，盖在繁华闹市和盖在偏远山区，它们的价格可以有极为巨大的差别。这个价格差别差在了哪里？地价。级差地价。

【14-1-3】 当土地不是用于种粮食，而是用于“种”大楼时，土地的级差地价是一定要传导到购房人所支付的价格中，转嫁到购房人头上的。好地段地价高昂的代价，不会掩盖在土地所有者和开发商的利益分配中，而最终一定要体现在房价差别里。

在房地产经济学中，级差地租和级差地价的存在是一个无需特别去证明的常识，需要证明的，是土地用于房地产业时的一个有趣的特殊现象。

当土地用于生产农产品时，我们可以假定其产品本身完全是同质的，即产于肥地的一公斤麦子与产于薄地的一公斤麦子并无质的差别。因此在级差地租理论中，土地肥力高低、距离远近等对效率的影响只改变土地所有者与生产者之间的利益分配关系。由于需求方支付的产品单价是一样的，土地的天然贡献对效率的影响并不延伸到市场的产品消费者。通俗说就是，租种劣地和租种肥地的人所交地租不同，吃粮食的人是感受不到的。因为从理论上说，他们购买任何地块所产粮食的单价都是一样的。在现实生活中，亩产 500 斤的土地所产小麦和亩产 100 斤的土地所产小麦并不会在价格上显出差异。

但与粮食不同，当土地不是用于种粮食，而是用于“种”大楼时，这个土地的级差代价最终是一定要传导到购房人所支付的价格中，转嫁到购房人的头上的。通俗说就是，好地段地价高昂的代价，不会掩盖在土地所有者和开发商的利益分配中，而最终一定要体现在房价差别里。

我们在上面这个例子中说了个比较专业的经济学概念：同质性。这个概念很重要。黄金、白银等贵金属之所以能够在很长的历史时期内充当货币，原因之一就在于它们的同质性。若干小金锭和一个同样重量的大金锭是等值的。我们生活中接触到的绝大部分商品也在不同方面表现出很强的同质性。上面说到的粮食，不论其产地如何，同样质量的粮食也具有同质性。同一品牌的电视机具有高度的同质性，所以电视机可以很容易地实现“网购”。

唯独房子不同。房子这种东西几乎完全不具备同质性。哪怕是面积、质量、朝向、功能都一模一样的房子也不具有同质性。因为它们所处地段不一样。买过房子的人都知道，别说不同地段的房子，就是同一楼盘内，临街或不临街、层数不一样等都会成为价格差异的依据。

在过去几年的房地产市场调控中，曾有人建议，要实行“一户一房制”。这个建议颇受一些媒体的热捧，以为是根治房价波动的“灵丹妙药”。建议者和热捧者都忘记了，如果没有级差地租或级差地价，社会靠什么来决定谁该住城里，谁该住远郊呢？别说没人能定出一个合理的评判、选择标准，就是定出这个评判、选择标准，其实施起来的制度成本也将高到社会无法承受，更别说又要从中生出多少“寻租”腐败的弊端了。

2 最值钱的是“椟”不是“珠”

- 房子最值钱的地方不在“珠”而在“椟”。
- 社会在改善居住环境上的投入都间接地构成了住房的成本。
- “外部成本”形成的房价构成叫做“级差地租Ⅱ”。
- 地价并非取决于绝对价值，而是取决于位置和环境的投入程度。

【14-2-1】实际上，买房子在很大程度上并非在买房子本身，而是在买与房子息息相关的环境。对房价影响最大的，往往并非房子本身的档次、质量，也并非住房数量上的供求平衡与否，而是房子附属的环境条件。

上面关于级差地租的讨论，说明了一个房价变动规律。但这还不是级差地租理论的全部。在马克思主义经济学中，这个“房子盖得越多越涨价”的道理，还只是“级差地租Ⅰ”。在此基础上，还需要讨论“级差地租Ⅱ”。

你希望不希望你家所住的那个小区绿地多一些，环境美一些，基础设施完善一些，周边配套的商业、医疗、教育等资源好一些？谁会说我就愿意住在人迹罕至的荒郊野岭，就愿意住在垃圾场旁边。恐怕大家都愿意自己家周边的环境越改善越好，不会有人专门愿意住在不宜人居住的地方。

这就提出了房价变动规律的一个很重要的问题。当我们说房价的时候，每平方米多少钱这个概念中只包含两个元素，一个是若干货币单位，另一个是单位面积，并不包括房子以外的任何与环境有关的信息。当人们争论于房价高低、涨落的时候，也往往只把注意力局限于房子本身，而并未考虑与房子相关的环境因素。但实际上，买房子在很大程度上并非在买房子本身，而是在买与房子息息相关的环境；对房价影响最大的，往往并非房子本身的档次、质量，也并非住房数量上的供求平衡与否，而是房子附属的环境条件。

中国有个人们很熟悉的成语，叫做“买椟还珠”。说的是当年有个楚国人打算卖一颗珍珠，为了卖个好价钱，他为这颗珍珠配了一个珍贵木料做的匣子，用香料把匣子熏香，再用珠宝、玫瑰、翡翠来加以装饰。有个郑国人看上了这件东西，就出高价将其买下了。离奇之处在于，这个郑国的买主走后又回来了，对楚国的卖主说，“对不起，您把一颗珍珠忘在我买的匣子里了，现在我把珠子还给您”。后人用“买椟还珠”这个成语来形容一些“有眼无珠”的愚蠢行为，“捡了芝麻而丢了西瓜”。

而在大城市的房价中，恰恰与这个成语所表达的意思相反，房子最值钱的地方不在“珠”而在“椟”。

【14-2-2】你所买房子的环境条件不可能是天上凭空掉下来的。开发商没花钱，一定有另外的人花了钱。这些成本一定要通过城市固定资产增值的形式，也即房价上涨的形式体现出来。城市地铁、轻轨通到哪里，那里的房价“坐地”就涨两千元。

人们经常会问的一个问题是，一栋房子究竟值多少钱。这个问题其实不难回答。在一个偏僻县城中，这个房子能卖多少钱，这个房子本身就值多少钱。那在这个县城中，这个房子的单价可能只有 3000 元，为什么同样的房子到了北京就要卖 40000 元呢？很简单，您这 40000 元中有若干千元买的是北京的基础设施，有若干千元是给你儿子买的北京的教育资源，有若干千元买的是北京的人文环境和发展机会，又有若干千元买的是北京的就业机会和工资水平。也就是说，不管你是否意识到，你在北京这样的大城市买房子，你所付房价的绝大部分买的并非是房子本身这个“珠”，而是装这个“珠”的“椟”。如果您说，我不要这些附属的东西，我只要房子本身，那您尽管到那个偏僻县城去买好了。

那为什么有了这些附属条件房价就会高呢？道理同样简单。为你建房子的开发商可能没为这些环境因素花钱，换言之，你所买的房子本身的成本中并不包含这些投入，但这些环境条件不可能是天上凭空掉下来的。开发商没花钱，一定有另外的人花了钱。社会、政府在改善城市居住环境上的投入，实际上都间接地构成了城市住房的成本。这些成本一定要通过城市固定资产增值的形式，也即房价上涨的形式体现出来。我们曾经举过的一个明显例证，城市地铁、轻轨通到哪里，那里的房价“坐地”就涨两千元。

【14-2-3】在过去20年左右的周期内，我国在城市基础设施、城市居住环境、城市公用事业等方面的投入力度和规模是空前的。城市整治、改造、建设的大量投入，在快速改善着城市居住环境的同时，也构成了这些城市房价上涨的成本基础。

在上述这个意义上，这种“外部成本”形成的房价构成，就叫做“级差地租Ⅱ”。人们很容易注意到，在过去20年左右的周期内，我国在城市基础设施、城市居住环境、城市公用事业等方面的投入力度和规模是空前的。我们得承认，北京开奥运会、上海开世博会、广州开亚运会，那些城市整治、改造、建设的大量投入，在快速改善着城市居住环境的同时，也构成了这些城市房价上涨的成本基础。

不论是级差地租Ⅰ还是级差地租Ⅱ，都说明两个问题：一是，房价的构成主体并不是“房”，而是房子以外的地价；二是，地价也并非取决于土地的绝对价值，而是取决于这块土地在位置和附属环境的投入程度。

3 甭拿“平均房价”太当事

- 长期过程中房价一定是有涨有跌的曲折过程，绝不会是一条直线。
- 改变权重，平均房价就会出现与实际房价变化背离的趋势。
- 在特大城市，住房建设已经明显地向“郊区化”的方向发展。
- 几何级数增长的郊区房数量肯定会导致平均房价的向下变化。

【14-3-1】有没有这种可能，各种档次的房子都涨价，但平均房价会下跌？别以为我问的是一个“树上一个猴，地上七个猴”那样的“脑筋急转弯”式的问题。经常有一些场合，很多人质疑统计局公布的房价数据与实际感受差距过大，其中一个原因就是我们要讨论的这个问题。

经常有人问，“下一步房价会涨会跌”？这个问题和算命差不多。但有两个答案是一定不会错的。一是从长期过程看，房价一定是上涨的，这已为发达国家的历史经验所证明；二是在一个长期过程中，房价一定是有涨有跌的曲折过程，绝不会是一条匀速运动的直线。

当然，这个答案对老百姓的意义不大。有意义的是下面这个问题。有没有这种可能，各种档次的房子都涨价，但平均房价会下跌？

别以为我问的是一个“树上一个猴，地上七个猴”那样的“脑筋急转弯”式的问题。经常有一些场合，很多人质疑统计局公布的房价数据与实际感受差距过大，其中一个原因就是我们要讨论的这个问题。

其实，这个问题的答案很简单。改变不同档次住房的权重，平均房价就会出现与实际房价变化背离的趋势。

举个大家熟悉的例子来说明。一个姚明加一个潘长江，他们俩人的平均身高可能是 1.78 米；一个姚明加两个潘长江，他们仨人的平均身高可能是 1.68 米。姚明和潘长江的身高都没有变化，改变他们的构成，平均身高就下降。

房价的道理也完全一样。假定某城市昨天卖出了一平方米单价 10000 元的房子，又卖出了一平方米 5000 元的房子，这两平方米房子平均价格是 7500 元。我们再假定今天这两种档次的房价都上涨 10%，今天卖出了一平方米 11000 元的房子，又卖出两平方米 5500 元的房子，那么这三平方米房子的平均房价就是 7300 元。在我们这个例子中，所有档次的房价都上涨了 10%，但平均房价却下降了 3%！

【14-3-2】问题就出在这里。这些城市因其“大”，近年来向郊区化发展的趋势就最明显，因而出现平均房价与实际房价背离的可能性也就越大。

这种情况有现实意义吗？当然有。最近一些年来。在上海、北京、广州、深圳这样的特大城市，随着核心市区土地资源的渐近枯竭，住房建设已经明显地向“郊区化”的方向发展。以北京为例，在过去 10 ~ 15 年中，北京的大楼盘主要分布在通州、顺义、大兴、房山，甚至北京界外的燕郊、廊坊、三河、涿州等地。郊区县销售量所占比重在快速上升。我们从圆面积的计算公式可以很容易地知道，圆的半径大一点，圆的面积可以扩大很多。而人们从生活经验就可以知道，一般说，距离核心市区越远，房价会越便宜。显然，几何级数增长的郊区房数量肯定会导致平均房价的向下变化。

我国有关部门发布的房价变动数据，不论是“70 个城市”还是“40 个城市”，通常指的都是平均房价的变动。问题就出在这里。这“40 个城市”或者“70 个城市”，恰好都是我国排位最靠前的大城市、特大城市，这些城市因其“大”，近年来向郊区化发展的趋势就最明显，因而出现平均房价与实际房价背离的可能性也就越大。

4 “拐点”并非价格方向的转折点

- 房价由升转降或由降转升的现象永远不会完结。
- 拐点是指变化率由加速变为减速，或由减速变为加速那一点。
- 过分夸大主观意志对客观规律的影响是不可能取得预期效果的。

【14-4-1】在价格曲线上，由升转降或者由降转升的那一点，不叫“拐点”，而叫做“极值点”，或者叫“顶点”“驻点”。就数学意义说，媒体在“拐点”这个概念上几乎全部用错。

说房价，就不能不说一个过去若干年中在媒体上出现频率很高的词，叫做“拐点”。在很多年中，“房价拐点是否出现”的声音持续不断。

首先说，房价由升转降或者由降转升的变化是一个市场价格变化过程中必定会出现的现象。而且只要市场存在，这个现象就永远不会完结。但这里格外强调的是，在价格曲线上，由升转降或者由降转升的那一点，不叫“拐点”，而叫做“极值点”，或者叫“顶点”“驻点”。就数学意义说，媒体在“拐点”这个概念上几乎全部用错。

什么叫“拐点”呢？在高等数学上，拐点是指变化率由不断加速变为减速，或者由减速变为加速那一点。请注意，在拐点两边，曲线的方向并未出现转折。变化的是什么呢？是曲线不断从加速上升（下降）变为减速上升（下降），或者从减速上升（下降）变为加速上升（下降）。如果画在图形上，可以很清楚地表达出，拐点是凸曲线与凹曲线（或者凹曲线与凸曲线）的连接点，用严密的数学语言叙述是，当函数图像上的某点使函数的二阶导数为零，且三阶导数不为零时，这点即为函数的拐点。这个说法太抽象。为简便起见，我们这里不用曲线和数学符号给大家表示了，只举一个通俗的例子来说明。

【14-4-2】不管房价是否出现过下降，我国房价变化曲线已经出现过很多次“拐点”了。政策确实可以制造出速率变化的“拐点”以至方向变化的“极值点”。但这些“拐点”或者“极值点”的意义只是调整房价波动的幅度和频率，并不能根本改变由市场规律、供求关系、中国国情决定的长期房价变动趋势。

人们在开汽车的时候，当你踩下油门时，汽车的速度是随着油门的变化而不断提高的，可能从时速 80 公里提高到 100 公里、120 公里甚至 140 公里；当你松开油门时，汽车的时速会从 140 公里下降到 120 公里、100 公里以至 80 公里。从踩下油门到松开油门的瞬间，汽车的速度从不断加速转为了不断减速。这一点，表现在汽车速度变化率曲线上，叫做“拐点”。请注意，在这一瞬间，汽车的方向变化了吗？没有，汽车还在往前走，变化的只是在每一单位时间的速度。反之亦然。从松开油门到再度踩下油门的瞬间，也叫做“拐点”。而当汽车从前进转为倒退，或者从倒退转为前进时，那一瞬间在图形上的位置叫做“极值点”。

实际上，就严格的“拐点”意义说，不管房价是否出现过下降，我国房价变化曲线已经出现过很多次“拐点”了。仅仅从 2008 到 2019 年，我们就能找出十个以上的“拐点”。

我们这里并非仅仅在讨论一个数学概念。从房价变动意义上说，政策确实可以制造出速率变化的“拐点”以至方向变化的“极值点”，但这些“拐点”或者“极值点”的意义只是调整房价波动的幅度和频率，并不能根本改变由市场规律、供求关系、中国国情决定的长期房价变动趋势。那种以为政策可以随心所欲地任意决定市场价格的认识，其实是过分夸大了人的主观意志对客观规律的影响作用，实际上是不可能取得预期效果的。

第十五讲

利率、房租、房价是个“三角恋”

这一讲开篇不讲故事，说理论。

很长时间来，公众舆论中对于“住房究竟是消费品还是投资品”的争论一直不断。一些人士大声呼吁，让住房回归基本消费品的本质。这个认识非常正确。住房的功能就是让人居住。离开“住人”这个功能，我们根本就不需要盖住房、买住房、持有住房。

但是，我们也得承认，在市场经济下，就是纯粹自住的住房，也同样具备投资的性质。当人们在讨论“租房划算还是买房划算”时，讨论“负债买房是否是‘房奴’”时，实际上就是在讨论一个投资属性的问题。

其实，解释住房究竟是消费品还是投资品的理论并不玄妙。早在100多年前，马克思主义经济学已经清楚地给出了一个科学的答案。在大学一年级时读过马克思主义经济学公共课的人都会知道，马克思主义经济学中有个最重要的基本原理，叫做“商品二重性”原理。

什么叫“商品二重性”呢？马克思主义经济学认为，相对于自给自足的自然经济中生产者直接为自己消费而生产产品来说，市场经济中用于出售的产品叫做商品。商品这个东西有两重属性，一重叫做“使用价值”属性，另一重叫做“价值”属性。一般说，使用价值就是商品的实际有用性，生产者所卖的东西必须对购买者实际有用，否则不会有人买它；价值就是生产商品所必要的社会必要耗费，价值是人们在买卖商品时决定支付多少代价的依据，是交易价格形成的内在依据。

提出商品具有使用价值和价值的二重属性有什么用？其用处在于揭示市场经济的一个最重要的原理。什么原理呢？生产者生产商品，并非是要自己享用商品的有用性，而是为了出卖，为了获取价值和价值增值。通俗说就是，投入一笔钱，取出更多的钱来。需求者购买商品是为了获取使用价值，为满足自己某一特定的实际生活需求。也就是说，包含在同一商品中的二重属性在买和卖的过程中被外化为了生产者和需求者的对立。马克思主义经济学把这个对立称为“商品二重性的矛盾”。别小看这样一个说法。这是一个充满辩证法的认识，是马克思主义经济学中劳动价值论的理论基础。

现在回到我们最初的话题中。什么叫投资？我们说个理论定义。为取得价值和价值增值的经济行为就叫做投资。什么叫消费？为获得商品的某种有用性而支付代价的经济行为就叫做消费。

马克思主义经济学的“商品二重性”原理只解释了“商品一般”，但房子这种东西还具有特殊性。什么特殊性呢？一般商品到了需求者那里，价值的再生产过程就中止了。用老百姓的话说，“保值增值”过程就中止了。为简便起见，我们这里不讨论生产资料买卖，只说消费品。需求者买到馒头，吃了；买到衣服，穿了，买到电视机，用了。商品的价值哪去了？被消费者在消费使用价值的过程中同时消费掉了。人们不可能在吃馒头的过程中获取或回收买馒头的钱。这道理谁都懂。最多，我们可以抽象地理解为商品的价值进入了人自身的再生产过程中。这个过程用理论语言说就是，消费品的价值再生产在消费过程中被中断了，不再持续了。

但房子不是。

人们在买了房子之后，房子这种商品的价值再生产过程并未结束。不仅为卖而买的住房在延续着价值的再生产，也就是人们希望通过“低买高卖”所实现的“赚钱”，就是纯粹自住的住房也在延续着价值的再生产。人们支付银行“月供”的过程，采取租房或者买房满足居住需求的过程，“三代人集资付首付”规避价格风险的过程，利率变化对房价以及房租的影响等，都是住房这种特殊商品在“售出”后价值再生产过程仍在持续的具体体现。换言之，都是住房的投资属性的具体体现。

这一讲，我们就从住房的投资属性出发，讨论利率、房租、房价之间的三角关系。

1 房租和房价是貌合神离的“怨偶”

- CPI 中并非不含住房消费支出，但含的是房租，不是房价。
- 房价是买了资产，房租才是真正用于消费的支出。
- 租售比明白无误地表达了房价和房租之间的内在经济联系。
- 房租和房价相互忠实是偶然的，相互背离、相互排斥才是必然的。
- 租售比高于理论正常值并非就一定意味着房价不合理。

【15-1-1】租房住要花多少钱，被视为住房消费的真正支出。如果是自己的产权房，在 CPI 的统计中也要按照当时当地同等条件住房的租金水平记入一笔支出。打个通俗的比方说，在统计上是假定居民自己租自己的房子，给自己缴了一笔租金。

在过去一些年中，许多媒体、时评家们曾不断质疑，为什么统计局公布的居民消费价格，也就是 CPI 中不包含房价。这些质疑认为，房子是基本生活条件，哪有不需要消费房子的消费价格呢？不含房价的社会物价总水平掩盖了通货膨胀的程度，如果把近年来房价上涨计算在内，中国早就是恶性通胀了。

居民消费价格为什么不含房价？一般地解释这个问题并不复杂。简单说，CPI 中并非不含住房消费支出，但含的是房租，不是房价。居民在一个月或者一年中租房住要花多少钱，被视为统计期内住房消费的真正支出。如果是自己的产权房，不需要交房租呢？那在 CPI 的统计中也要按照当时当地同等条件住房的租金水平记入一笔支出。打个通俗的比方说，在统计上是假定居民自己租自己的房子，给自己缴了一笔租金。

因为下面要说的有些“绕”，为了加深印象，这里我们概括性地再强调一句，居民支付的房价是买了资产，而支付的房租才是真正用于消费的支出，所以代表社会物价总水平的居民消费价格中只包含房租，不包含房价。

【15-1-2】在核算意义上，人们不会把当期购入固定资产的价格全部计入成本。“折旧”的意义就是“回本”，就是资本补偿。租售比其实和股市中“市盈率”的意义完全一样，都是在计算投资“回本”年限的指标。而“回本”，用经济学的语言说叫做资本补偿。资本补偿恰恰是价值再生产的特征。

居民消费价格中不包括房价，这在全世界皆然。但是，房价的确和房租之间存在着内在联系。

若干年来一直有不少人提出，评价房价合理与否，一个重要的指标是“租售比”，也就是同样的住房，房价与年租金之间的比值关系。那么合理的比值是多少呢？有人提出，按照国际经验，租售比在 10 年左右为合理比值。如果明显超过这个合理比值，就说明房价中含有太多“泡沫”了。

租售比的概念最明白无误地表达了房价和房租之间的内在经济联系。什么联系呢？互为因果、互为函数的关系。用经济学的话说，叫做互为“影子价格”的关系。

租房和买房都是满足居住需求的基本途径。如果我们假定，社会总的住房需求和住房资源总量都为一定，人们很容易地就可以理解，如果租售比很低，也就是说租金很贵而房价相对便宜，需求者就会去买房而不去租房，此时买房需求增加而租房需求减少，自然地，房价就会在需求增加的影响下上升而租金在需求减少的影响下下降。反之亦然。租售比过高，租金便宜而房价昂贵，人们就会更多地选择租房而不是买房住，自然地，房价就会因需求减少而下降而租金因需求增加而提高。在市场经济下，除了政府对低收入群体的保障房外，人们要住房子，不是租就是买，别无他途。租房和买房天生是须臾不离的一对儿，租金和房价也就是相互依存的一对儿。

正是这个租售比的概念，恰恰说明了购买住房的投资属性。我们不妨把房价理解为投资，把租金理解为收益。这个关系不会因为住房是出租给别人还是自住而有任何差别。我们前面说过，无需缴纳租金的自有住房可以节省下租金，因而是可以理解为自己"租"给自己的。

在 CPI 中包含房租，实际上就等于已经包含了房价。这时计入当年或当月居民消费价格的"房租"就和工厂生产成本中的固定资产"折旧"类似。在核算意义上，人们不会把当期购入固定资产的价格全部计入成本，而只把按照一定年限分摊的"折旧"计算为当期必须补偿的消耗。"折旧"的意义就是"回本"，就是资本补偿。租售比其实和股市中"市盈率"的意义完全一样，都是在计算投资"回本"年限的指标。而"回本"，用经济学的语言说叫做资本补偿。资本补偿恰恰是价值再生产的特征。

【15-1-3】美国加州这一调控房地产市场的思路有很强的现实意义。它着眼于保障实际住房需求、保障低收入群体利益，着眼于控制中长期投资回报水平。这就等于牵住了对房价异常波动影响最大的投机性和投资性需求的"牛鼻子"。

房租和房价并非总是保持着这种相互代表、相互决定的关系的。"租售比"不仅表达着房租与房价之间的相互统一关系，还明确地表达着它们之间相互排斥的对立关系。在实际市场运行中，房租和房价相互“忠实”是偶然的，相互背离、相互排斥才是必然的。正因为这种离不开、合不拢的“怨偶”关系，人们才需要关注和考察租售比。

房租和房价在什么情况下会相互背离呢？

大多数情况下是房价率先“背叛”。当房价持续上涨时，人们购房收益的参照系就不再是租金而是房价本身的上涨，房价越涨买的人越多，房租和房价的背离程度就会越大，租售比就会不断提高。

但也有房租率先“红杏出墙”的时候。一个明显例证是，2008年北京召开奥运会，很多中介机构到处高价签约租房。这种指望短期内依靠租金“捞一把”的预期刺激了当年的租赁市场，并且同时影响到了购房市场。当然，后来由于“平安奥运”的需要，国内外游客到北京来的远没预期的那么多，那一次租金“暴涨”实际上并未真正实现。

特别说明，租售比高于理论正常值并非就一定意味着房价不合理。房价上涨有很多复杂的原因。例如在发达国家，当经济景气高涨，越来越多的人会提前更新住房，由此导致当年购房需求过快增长。再例如当年过低的利率水平刺激了投机性需求的集中释放等。我们这里只说个中国国情。

作为一个发展中国家，中国租售比高于发达国家可能是一个较为长期的现象。其特殊原因，一是城市人口不断快速增长和城镇居民居住条件改善的迫切性导致购房需求独立于租房需求增长，二是由于历史和体制原因导致，在现实的社会财富分布结构中，租房群体和购房群体实际上存在着相当大的相互独立性，房租和房价影响的是两个不同阶层的人。一个明显例证是，城乡接合部农民出租屋的房价与商品房价并不接轨；租赁农民出租屋的房客也不会因为房价涨落决定租房还是买房。

当然，我们并不是说评价中国房地产市场就不需要重视租售比这个指标。在部分城市，由过度膨胀的投机性需求引起，一段时期内房价对租金的过度背离肯定是不合理的背离。

有个用政策干预租售比的国际经验值得借鉴。在美国，政府一般并不直接干预房价。但这并不等于说政府就对住房市场的供求关系无所作为。美国加州的法律就规定，不论房价怎么变动，一年内房主的租金上涨不能超过7%。为什么这么规定呢？有三个理由。一是租赁市场是最接近真实住房需求的市场，稳定租金价格实际上就保护了真实住房需求；二是租赁市场是最接近低收入群体的市场，控制租金价格实际上就增强了低收入群体对抗资本利益、对抗投资性需求的力量，维护了穷人的利益；三是租金价格是投资回报率的最根本影响因素，稳定了房租价格实际上就在一个相对长期的市场环境中控制了投资回报的水平。

美国加州这一调控房地产市场的思路有很强的现实意义。它不直接跟踪房价在短期内的涨跌，也不直接干预什么人该买什么样的房子和买几套房，而是着眼于保障实际住房需求、保障低收入群体利益，着眼于控制中长期投资回报水平。这就等于牵住了对房价异常波动影响最大的投机性和投资性需求的“牛鼻子”。可以这样说，直接针对房价的调控是被动的调控，因为这种调控是被异常需求牵着鼻子走的调控；针对房租的调控是主动的调控，因为这种调控是最终牵着异常需求鼻子走的调控。

2 利率和房价是难成眷属的“情人”

- 是金融资本服务于、服从于产业资本再生产的需要，而不是相反。
- 利率实际上代表着购房的长期持有成本。
- 利率是影响房价的重要因素。但房价未必是调整利率的关键因素。
- 有利于购房人的房贷品种之所以出现，是金融业竞争的结果。

【15-2-1】利率是金融领域货币价格最基本的外在表现形式。房地产领域离不开负债。影响房价的因素中就有了一个和住房需求本身的满足程度无关，和建房子的实际耗费无关的“第三者”，这就是利率。

在过去几年中，对房地产发表意见的金融领域学者颇多。有人甚至说，房地产业的本质就是金融业。把房地产业等同于金融业，这个说法恐怕言过其实。因为这个判断实际上颠倒了产业资本和金融资本之间的关系。金融资本的职能是什么？是服务于产业资本。如果没有实实在在的物质产品或者劳务产品的生产、交换、消费活动过程本身，人们并不需要负债、融资，并不需要动用信用资源，并不需要利息、利率等概念加入到社会生活中来。用理论语言说，是金融资本服务于、服从于产业资本再生产的需要，而不是相反。没有采用大机器生产的工业化，我们根本就不需要银行、股市；没有房地产业和房地产市场的发展，我们根本就不需要房地产金融。

但是，如同我们此前不断讲到的，房子这种东西，在它的生产、交易、持有过程中总是和负债联系在一起的。开发商建房子的过程需要开发贷款，购房人买房子需要按揭，持有房子需要付“月供”。我们也多次说到，存款和买房子都是个人资产的累积形式，二者之间的区别只在于资产本身的存在形式不同而已。房地产的确和金融业之间存在着千丝万缕的内在联系。

利率是金融领域货币价格最基本的外在表现形式。房地产领域离不开负债，影响房价的因素中就有了一个和住房需求本身的满足程度无关，和建房子的实际耗费无关的“第三者”，这就是利率。

人们从生活常识就可以很容易地理解利率是怎样影响房价的。利率较低时，借钱买房的人就多，房地产市场的需求就旺盛，房价就趋于上涨；反之，利率较高时，借钱买房的人就少，市场需求减少导致房价趋降。

【15-2-2】当市场对未来房价上涨的前景普遍持乐观态度时，提高利率就失去了对房价的抑制作用。反之亦然，当人们对未来前景普遍持悲观看法时，降低利率也很难鼓起人们负债购房的信心。

利率实际上代表着购房的长期持有成本。不仅按揭贷款要支付利息，就是全款买房，实际上也存在着一个机会成本的代价。简单说就是，把购房款存入银行可以获得利息收益，买了房子自然就得放弃这个收益。显而易见，如果在一个长期过程中，房价的年均上涨速度不及利率的年均水平，那单从投资意义上说，买房就不如存款。当然，为简便起见，我们这里忽略了存款利率和贷款利率的区别。

利率对房价影响甚大，因此利率变化经常直接导致房地产市场景气状况变化。但偏偏又有相反的例证。2004 年 7 月到 2006 年 6 月，美联储曾连续 17 次上调利率，也未能抑制住当时美国房地产市场的过度高涨繁荣。自 20 世纪 90 年代中期以后，日本曾在连续十五六年中实施的几乎是"零利率"政策，也未能推动日本的房地产市场脱出前期的低迷状态。

房价为什么有时会不看利率的"脸色"？这就要说到经济"预期"的概念。当市场对未来房价上涨的前景普遍持乐观态度时，提高利率就失去了对房价的抑制作用。反之亦然，当人们对未来前景普遍持悲观看法时，降低利率也很难鼓起人们负债购房的信心。

那这个"预期"是怎么来的呢？因为涉及到人们的主观判断，这个问题比较复杂。从发达国家的经验看，就业、收入增长和国民经济整体的景气状态这三个因素最为关键。当社会失业率较低、收入增长较快、国民经济处于高涨繁荣区间时，人们对未来预期往往普遍乐观；反之则相反。

【15-2-3】在一个不太长的时期内，利率可以连续提高或降低，也可以在升降之间反复变动。人们即使在较低利率的货币环境中买了房子，并不能保证在长期持有过程中机会成本的稳定。

利率是影响房价的重要因素。但反过来，房价未必是调整利率的关键因素。利率调整要受很多因素的影响，其中包括国民经济整体的运行状况、社会物价总水平的变动情况、本币与国际货币之间比值关系的变动情况以及货币本身的供求对比关系等。在我国过去一些年的宏观调控中，调控房价的典型措施并非利率。例如在 2009 年应对世界金融危机，“保增长、保民生”的过程中，我国采取的是包括降息在内的相对宽松的货币政策。这是因为当时维护国民经济整体的稳定增长比抑制房价更为紧迫。在 2010 年及此后一些年中，物价总水平的上涨速度，也就是通胀率，曾有若干次明显超过存款利率，呈现为负利率，但我们仍迟迟未提高利率。这是因为人民币升值的压力使我们不得不努力控制人民币和美元等国际货币的利差。

房价与利率关系密切，这二者“有情”却难成为互为因果的“眷属”。这是因为影响利率的主要是短期经济运行的因素，而根本影响房价和房地产市场供求关系的却是长期因素居多。一个简单例证就能说明利率与房价很难长相厮守的原因。由于利率是“春心不定”的，在一个不太长的时期内，利率可以连续提高或降低，也可以在升降之间反复变动，人们即使在较低利率的货币环境中买了房子，并不能保证在长期持有过程中机会成本的稳定。我们前面多次说过，到 2020 年时，我国的利率水平仍停留在过去 25 年来的最低点。如果在这个利率水平下购房，那差不多可以断言，在未来一个长期持有过程中，利率高于目前水平的机会要远远大于低于或者持平于目前水平。

与房租的讨论类似，我们又得说个美国例子。美国的银行所提供的房贷品种中，有两个品种值得我们认真研究和开拓。一个是固定利率的房贷品种。购房人可以自愿在浮动利率和固定利率中选择。简单说就是，固定利率在约定的期限内不随社会利率水平变动而调整，从而使购房人更容易判断利率和房价之间的内在联系。另一个是住房授信额度的品种。消费者把住房抵押给银行并取得贷款之后，可以灵活地根据利率变化调整自己的负债规模，利率较高时可以把贷款全部或部分提前还上，利率较低时再在约定规模内贷出。这两种房贷品种都可以有效地降低购房人的利率风险。其实不仅在美国，类似的房地产金融品种在发达国家成熟的房地产市场上是普遍存在的。这些有利于购房人的房贷品种之所以出现，是金融业竞争的结果。

3 房租和利率是彼此相斥的“情敌”

- 房租是投资住房的收益参照物，利率是投资住房的成本参照物。
- 我国的房租与利率关系与发达国家呈现明显区别。
- 利率和房租相互独立的现象也是相斥关系的一种特殊表现。

【15-3-1】美国的住房租赁市场需求旺盛，租金价格坚挺，很多家庭宁愿支付较高的租金也选择租房居住。因为人们对房价的普遍预期仍是下跌而不是上涨，因此宁愿忍受较高的房租，也不愿承担“高位入市”被套的风险。

房租和利率都具有和房价相伴相依的关系，但房租和利率有个重要区别，房租是投资住房的收益参照物，利率是投资住房的成本参照物。从理论上说，投资住房划不划算，以收益为据时的一般参照物是房租，以代价为据时的一般参照物是利率。

以下这个例子最容易看清房租和利率的关系。假定人们有一笔可用于购房的钱，要获得房租收益就得放弃利息，并且承担比存款更大的风险；要获取利息并且规避风险，就得舍弃房租收益以及与购房相伴的房价可能上涨的好处。二者只能取其一。

在市场经济已经发展成熟、城市化任务已经完成的发达国家，房租和利率的关系呈现为典型的相斥关系。还以美国为例。从2008年末的美国次级债危机起一直到2011年第二季度，尽管美联储一直坚持维持基准利率为0～0.25%的“最低利率”政策，但美国新房市场的购房需求仍然低迷，房价并不因利率超低而上涨。与此相反，美国的住房租赁市场需求旺盛，租金价格坚挺，很多家庭宁愿支付较高的租金也选择租房居住。为什么呢？有两个重要原因。一是金融危机对美国各个阶层的打击都很大，不论是中产阶级还是中低收入家庭，人们对未来的收入预期都持悲观态度。二是人们对房价的普遍预期仍是下跌而不是上涨，因此宁愿忍受较高的房租，也不愿承担“高位入市”被套的风险。这与美国在2004～2006年期间，人们不顾连续升息和低廉的租金价格仍蜂拥入市购房的情形构成了鲜明的对照。

利率与房租这种周期性的对立关系在几乎所有发达国家都存在。我们在此前的各讲中提到过，影响发达国家房地产市场需求的因素较为简单，需求旺盛与否主要看短期内经济整体的景气状态。

【15-3-2】中国的流动人口所占比重比任何发达国家都要大得多，但中国的租赁市场价格受利率影响的程度很低，这是因为影响租金的主要是低收入群体、流动人口的收入水平和支付能力。

在房租与利率关系上，由于我国正处于城市化的高潮中，三大因素造成我国的房租与利率关系与发达国家呈现明显区别。一是人口向城镇的快速聚集，这种聚集不仅表现为农村人口向城镇迁徙，而且表现为人们从中小城市向大中城市的移动。二是城镇家庭普遍从脱困型需求进入到了改善型需求的阶段。三是一定比重的城镇家庭进入到了私人资产加速累积，不动产日益成为家庭资产重要形式的阶段。中国的流动人口所占比重比任何发达国家都要大得多，但中国的租赁市场价格受利率影响的程度很低，这是因为影响租金的主要是低收入群体、流动人口的收入水平和支付能力。

一方面，我国影响租金价格的群体对利率敏感度很低。他们中大多数人租房的第一考虑因素就是租金便宜，在此基础上才能考虑居住条件。另一方面，我国租赁市场需求群体和新房市场的需求群体之间存在着较大的相互独立性。购房群体对利率的敏感度较大而对租房价格敏感度很低。这种利率和房租几乎相互独立的现象，其实也是利率和房租相斥关系的一种特殊表现。

第十六讲

改善型需求是市场的需求主体

经济学的发展中有个有趣的现象，很多重要的发现并非是经济学家的贡献，而是心理学家的贡献。曾有个叫做亚伯拉罕·马斯洛的美国心理学家在1943年写过一篇叫做《人类激励理论》的论文。他在文中提出了一个后来影响甚大的“行为科学”基础理论，这就是所谓的“需求层次理论”。这个需求层次理论的基本观点是说，人的需求可以分成生理需求、安全需求、社会需求、尊重需求和自我实现需求五个层次。这五个层次的需求由较低层次到较高层次依次排列，人们在较低层次的需求未被满足之前，不会产生较高一级层次的强烈需求，但较低层次的需求被基本满足之后，较高层次的需求就会自然成为追求目标。

说心理学家阐述经济学问题“有趣”，是指这么一层意思。经济学是研究客观规律的学问，而心理学是研究主观思维活动的学问，研究主观世界的学问怎么会得出认识客观规律的结论呢？

这并不奇怪。因为这个叫做“行为科学”的心理学，研究的不是个体的主观意志，它研究的是社会群体的主观动机和客观行为之间的必然联系。在马斯洛需求层次理论提出之后，总是有人质疑他，“难道人就不能有超越‘台阶’的雄心壮志吗”？这个质疑并没多少道理，因为其忽略了对群体研究和个体研究之间的差别。人们都很熟悉拿破仑的一句话，“不想当元帅的兵不是好兵”。这话不错，是一个激励人们树立远大理想并努力为之奋斗的励志之言。但坦率说，“想当元帅”的兵是很少的个别现象。“当元帅”也不可能成为绝大多数人的实际需求。

我们不去过多阐述马斯洛“五个需求层次”的具体内容。他的理论至少有一点是我们今天要格外强调的，随着社会发展，人们的需求层次一定是不断升级的。较低层次的需求被满足之后，较高层次的需求就一定会成为人们利益诉求的对象。市场要不断满足人们不断升级的需求，政策也要不断立足于满足人们不断升级的需求。房地产业、房地产市场和房地产调控政策当然也并不例外。

1 改善型需求是市场的中长期需求

- 在脱困型需求意义上，这个“刚性需求”是最低层次的需求。
- 我们面对的是从基本需求层次向改善型需求层次过渡的市场。
- 改善型需求就是买“第二套房”和“二次置业”的需求。
- 改善型需求是不可能在抑制的市场环境中被消除或者减弱的。

【16-1-1】食物的需求对价格和收入不敏感、无弹性，因为人们不会因价格降低就多吃，或者随着收入增长就吃得更多。这种需求对价格变动不敏感、无弹性的特点，叫做“价格需求刚性”，对收入变动不敏感、无弹性的特点，叫做“收入需求刚性”。

这一讲，我们重点讨论需求，讨论市场需求，讨论究竟哪一类需求才是中国房地产市场中的中长期需求。

近年来在房地产领域有个为市场分析家们日益频繁使用的新词儿，叫“刚性需求”，媒体又进一步把这个概念简化为“刚需”。其实，在经济学概念中，并无“刚性需求”一说，有的只是“需求刚性”的概念。

什么叫“需求刚性”呢？需求刚性是相对于需求弹性而言的。在市场经济下，有两个自发调节供给和需求之间关系的杠杆，一个叫价格，另一个叫收入。人们很容易理解，供不应求时，提高价格就可以刺激供给和抑制需求，从而使供求关系趋向于平衡；反之亦然，供大于求时，降低价格就可以刺激需求而抑制供给，也同样使供求关系趋于平衡。收入和价格有相反相成的特点。收入增加，需求就增加；反之，收入降低，需求就减少。用理论语言概括就是，价格和需求成反向相关，收入和需求成正向相关。

但偏偏世间万物又不是千篇一律的。就有某些需求不随价格或者收入变动而变动，有些需求会随着价格或者收入有较大的变动。我们此前曾经说过，在基本温饱满足之后，食物的需求就对价格和收入变动不敏感、无弹性。因为一般说，人们不会因价格降低就多吃，或者随着收入增长就吃得更多。在经济学上，这种需求对价格变动不敏感、无弹性的特点，叫做“价格需求刚性”，对收入变动不敏感、无弹性的特点，叫做“收入需求刚性”。

【16-1-2】从我国城镇居民的实际住房状况看，以住房脱困为目标的基本住房需求已是少数人的需求，改善型需求已经成为市场的主要需求。有必要强调指出，在“自住”的范围内，支撑着中国房地产市场的主要需求，是改善型需求。

我们这里只是指出在经济学上的“需求刚性”的本意究竟是什么，并不打算非得辨析出“需求刚性”和“刚性需求”有什么区别。

住房需求有刚性特征吗？的确有。住房是人的生存需要，人对住房的需求不依价格和收入的高低而存在。从这个意义上说，住房需求就是刚性的。这个刚性是住房的自然属性决定的。按照人们的一般认识，我们不妨把住房的刚性需求理解为在特定时间段内迫切需要满足的需求；或者更明确、简洁地说，刚性需求就是“脱困”型需求。

在脱困型需求意义上，这个“刚性需求”是最低层次的需求。从我国的现实国情看，迫切需要满足的住房需求主要是住房严重困难、迫切需要改善、依靠自身能力又无法从市场中获取住房的低收入群体。这个需求的确是刚性的。我们此前也已经讨论过，任何时候社会都会有一部分低收入群体，需要依靠社会、政府的救助才能满足自己的住房需求。

近年来，在社会舆论高声谴责部分城市房价过快上涨的过程中，我们需要思考一个非常重要的问题：为什么房价不断上涨，房子还都能卖出去？除去投机性、投资性需求外，很多声音把“推手”归咎于了所谓的刚性需求。这个认识不能说全无道理，但其中存在一个未必经得起推敲的问题，就是刚性需求的规模是否真有那么大。其实，在人们讨论房地产市场的需求时，说的并非是买不起房子的人怎样才能有房子住的需求。依靠住房保障体系才能满足的住房需求并非是真正市场意义的需求。因为满足这个的需求层次并非是靠“买”，因而和市场、价格、成交量以及供求关系基本无关。

住房保障体系是解决“人人有房住”问题的资源配置体系。优先满足这样一个需求，的确是我国住房建设中首当其冲的任务。但是，我们同时需要明确无误地指出，从我国城镇居民的实际住房状况看，以住房脱困为目标的基本住房需求已是少数人的需求。总体判断，我们已经走过了“脱困”阶段，改善型需求已经成为市场的主要需求。有必要强调指出，在“自住”的范围内，支撑着中国房地产市场的主要需求，是改善型需求。

【16-1-3】在改善型需求中，面积一项会相对地稳定在一个区间。发展中国家在“脱困”阶段，才不断统计和比较人均肉蛋奶等的消费变化。走过“脱困”阶段后，这个统计就没有多大比较意义了，因为人们的肉蛋奶消费会停滞在一个稳定的区间。

如果我们把本讲开头的马斯洛的需求层次理论用到住房上，我们的房地产业面对的是一个正在从基本需求层次向改善型需求层次过渡的市场。

此前我们曾提到，住房需求有基本需求、改善型需求、享受型需求和奢侈型需求四个层次。这四个层次不难说明。我们用穿衣服的需求比喻的话，有衣服避寒遮体是基本需求，有可分四季、分场合穿的不同衣服是改善型需求，能够讲求时尚是享受型需求，非名牌不穿是奢侈型需求。中国的社会经济发展已经走过了以温饱为目标的阶段，在“衣食有余”之后，进一步改善生活质量的主要诉求已经升级到“住行”。不仅如此，对大多数城镇居民来说，在“住”的需求上，已经从“有房子住”升级为面积大一些、质量好一些、功能完善一些、环境宜居一些的需求。无需遮掩，说得更明白一点，改善型需求就是买“第二套房”的需求，或者说就是“二次置业”的需求。

为什么要反复强调这个改善型需求呢？因为我们需要弄明白，过去 5 ~ 10 年，我们的房子主要卖给谁了；未来 10 ~ 20 年，我们的房子将主要卖给谁。研究中国房地产市场的需求，重点是要研究改善型的需求。

在此前的有关讲述中，我们已经较为概括地说到过什么是改善型的需求了，这里有必要再具体归纳一下。

改善型需求首先体现在面积上。“住得宽敞些”是改善型需求的基本特点。从发达国家的经验看，当人均 GDP 达到 3000 美元以上时，普通居民住宅的套型面积就将稳定地分布在 80 ~ 200 平方米的区间。小于这个分布区间的主要是政府提供的保障性住房，大于这个区间的主要是富人拥有的奢侈型“豪宅”。当然，这个分布状态在不同国家有一定区别。国土面积狭小的国家和特大型城市中偏小的户型所占比重大，土地资源充裕的国家和中小城镇偏大的户型多。

这个 80 ~ 200 平方米的住宅套型面积是不会随着经济发展和社会收入水平的提高而无限提高的。在改善型需求中，面积一项会相对地稳定在一个区间。这也是发达国家很少采用“人均”居住面积多少平方米、每平方米多少钱等指标来表达社会居住水平或者房价水平的原因。这些国家通常采用的是有多少套住宅、每套住宅多少钱等指标。因为套型面积的大小和分布是相对稳定的。这和满足“吃”的需求相似。穷国、发展中国家，在“脱困”阶段，才不断统计和比较人均肉蛋奶等的消费变化。走过“脱困”阶段后，这个统计就没有多大比较意义了，因为人们的肉蛋奶消费会停滞在一个稳定的区间。

其次，居住空间的扩大就带来了居住功能的改善。80 ~ 200 平方米这个面积区间，恰好是满足改善型和享受型功能的面积区间。在 80 ~ 140 平方米这个面积区间，住房才能比较充分地设计出具有一定舒适功能的卧室，较为宽敞的卫生间和配置一定面积的家庭公共活动空间，才能在一定程度上满足多代人分室而居的要求。这些要求就是改善型功能的主要特征。如果住宅面积在 140 平方米以上，则可以增加书房、健身房、视听室等享受型功能的配置。

再次，社区共享资源是改善型需求的重要特点。在基本需求未被满足之前，人们的需求首先集中于“室内”空间。空间不足，只好牺牲环境在院子里搭建“地震棚”。在过去几十年中，我国城镇居民对这种场景最有体会。在“住得大一些”的要求得到满足之后，改善居住条件的需求就将更多体现在“室外”，体现在基础设施和社区共享资源的配置程度上。绿地、安全、会馆、健身设施、居民公共活动场所以及交通、商业、教育、医疗等配套条件就成为改善型需求的重要组成部分。

无需赘述，大家可以自己想一想，你身边的大多数人在住房上是不是进入了上述需求层次？

【16-1-4】“小户型”需求本质上仍是改善型需求的延伸。首次置业年龄大大提前、部分年轻人有能力购置过渡性的小户型等，其实都是社会住房需求层次升级的明显例证。进一步说，年轻人“分户”独立，实际上也是父母改善型需求的一个体现方式。

可能会有人争辩说，从我国城市现代化和社会经济发展水平的进程看，目前 90 平方米以下的小户型仍在市场需求中占到一半左右。小户型的需求比例表明，改善型需求并非是市场的主要需求，至少不是迫切性需求。

在我国，无论是沿海特大城市还是二三线城市，小户型仍在市场上占有“半壁江山”，这的确是事实。这是由两个特殊因素造成的。一是年轻人首次置业的过渡性需求强劲，二是在城市流动人口、半流动人口的租赁需求推动下的投资需求强劲。“小户型好租”是投资型需求的共识。就是说，小户型的市场是由过渡性需求和流动性需求支撑的。粗略估计，这种需求比例至少还将持续10年以至更长。但这并非就能否定改善型需求是长期市场主要需求的判断。

从一定意义上说，“小户型”需求本质上仍是改善型需求的延伸。结婚就和父母“分户”，这是20年前的年轻人不敢想象的奢望。至于买房，那更是遥不可及的梦想。就是指望单位的福利分房，也绝非年轻人所能轻易排得上队的。我们曾经说过，20世纪90年代初期时，就是在北京的重点大学，“双讲师”能分到一间“筒子楼”，那是得校长“特批”的“人才”才能享受到的待遇。这里，我们不是简单地纵向比较，“忆苦思甜”，我们只是想说，首次置业年龄大大提前、部分年轻人有能力购置过渡性的小户型等，其实都是社会住房需求层次升级的明显例证。进一步说，年轻人“分户”独立，实际上也是父母改善型需求的一个体现方式。

我们有必要注意到一点，不论买还是租，小户型需求的对象主要是年轻人。这符合规律。年轻人在走上社会以后，在满足自己的住房需求过程中，从租到买，从“小”到“大”，从首选满足基本需求的房子到逐步选择满足改善型需求的房子，这在各国皆然，而且这个现象会永远存在。我国国情的特殊之处只在于，我们正处于人口向城镇集中的高潮中。而在城市人口聚集增长过程中，不论是大学毕业生还是农民工，年轻人一定是占据绝对比重的人群。

在过去一些年中，房地产供给结构的调整政策中，关于是否应当优先建小户型的争论一直不绝于耳。优先建小户型应不应该呢？应该。我们可以说出很多条无可置疑的理由证明这一点。但是不是应该等小户型的需求基本满足之后再建中、大户型呢？恐怕不行。这里，我们并无意否定优先建小户型的必要性，也无意否定在一定时期内抑制“第二套”房的政策。但是我们一定得尊重规律、尊重国情，一定得认识到，我国的住房需求已经进入到一个需求层次升级的阶段，在未来一个中、长期发展过程中，改善型需求是支撑我国房地产市场的主要需求。与投机性、投资性需求的不同之处在于，改善型需求是不可能在抑制的市场环境中被消除或者减弱的。社会在短期内不论采取什么样的政策措施，所能改变的只是这种需求的时间分布，只是把满足需求的时间向后推延而已，而绝不会改变这种需求的总量。

2 住房的改善型需求是扩大内需的主战场

- 扩大内需的确是我们自己内在的经济发展需要。
- 工业化中后期，经济发展的决定性因素从生产转变到了消费。
- 扩大内需是我国经济发展长期的、基本的立足点。
- 扩大改善型住房消费已成为扩大消费需求的主战场。
- 持续和不断扩大的需求潜力蕴藏于人们的发展需要之中。

【16-2-1】发达国家对中国的指责是基于其自身的两个原因，一是就业状况仍没有走出低谷，二是实施“救市”政策导致的“赤字”也形成巨大财政压力。他们指望通过压迫人民币升值，让中国人在国际市场上“多买少卖”，把这两个难题转嫁到中国人头上。

世界金融危机爆发后，美国联邦储备银行行长伯南克有次说，人们把金融危机的祸首归咎于我们美国人，我们美国人真冤，这怎么能怨我们美国人呢?

这个危机的祸首应当是中国人啊。

这可真是滑天下之大稽的笑话。明明“次级债”危机、“两房”危机都暴发于你美国，怎么能把危机的原因归结到千里万里之外的中国呢？

伯南克的“逻辑”是这样的。他说，这些年来，中国经济发展了，社会收入水平提高了，人们有钱了。有钱您倒是花呀？中国人不花，攒着。攒着也就罢了，他们还把钱存到银行，让银行借给我们美国人花。你看让我们美国人一不留神，把钱给花“秃噜”了，花成“过度负债消费”了吧。所以金融危机的祸首是中国。

这话可真让我们领教了“人类失去联想，世界将会怎样”的含义。后来有记者拿伯南克这话问当时正在欧洲访问的温家宝总理，温总理莞尔一笑，答称，中国有个歇后语，叫做“猪八戒耍把式——倒打一耙”，请把这句话转达给伯南克先生。

别以为这个伯南克在说热昏头的胡话，这个“中国祸首论”的说法在发达国家确实还是颇有市场的。2010 年 10 月初，在咱们的国庆节期间，温总理到欧洲去出席“欧亚峰会”，一些发达国家政要又重谈逼迫人民币升值的老调，指责中国出口旺盛却不扩张国内市场，说这是“抢了他们的饭碗”，是他们经济复苏缓慢的原因。温总理当即撇开事先准备好的讲稿，即席讲了一大段掷地有声的话。温总理说，2009 年你们欧盟各国市场一片肃杀之气，出口大幅萎缩，就在这样的背景下，欧盟对中国的出口却增长了 4%以上。那时我带着中国的“赴欧采购团”来的时候，你们在座的各位政界、商界人士可都是冲我们竖大拇指，说“中国人够朋友”的！

2010 年下半年，在受到金融危机严重打击的世界经济已经趋稳的背景下，发达国家对中国的指责是基于其自身的两个原因，一是这些国家的经济虽有复苏迹象，但就业状况仍没有走出低谷，社会压力巨大；二是在应对危机的过程中，这些国家原有的财政缺陷暴露了出来，实施“救市”政策导致的“赤字”也形成巨大财政压力。他们指望通过压迫人民币升值，让中国人在国际市场上“多买少卖”，把这两个难题转嫁到中国人头上。

【16-2-2】在发展到“后工业化”阶段的国家，通过技术进步和生产规模扩大获取利润不仅远比压低工资更容易，而且没有上限，不像人的劳动能力是有生理上限的。但生产效率提高和生产规模扩大以后，“谁来买”成了最大的难题。创造市场需求成为这些国家经济增长的关键。

发达国家的这些“一厢情愿”我们且不去管它，但扩大内需的确是我们自己内在的经济发展需要。

从国际经验看，工业化阶段的经济发展有个客观规律。在工业化初、中期，生产发展、供给扩大是经济增长的决定性因素。在这个阶段，生产手段的改进、生产规模的扩张、生产效率的提高决定着社会经济发展的速度、规模，决定着社会收入水平和富裕程度。此时消费处于对生产的从属地位。要想有更多的消费，首先得有能力把满足需求的产品生产出来。但到了工业化中、后期，生产和消费的关系就颠倒过来了。扩大生产已经变成一件比较容易办到的事，不仅银行、股市等为资源集中提供了高效便捷的手段，而且技术进步也使生产能力的扩张变成了可以用“膨胀”来形容的过程。这时，社会经济发展的决定性因素就从生产转变到了消费，从供给转变到了需求。

在2009年世界金融危机中，很多人又回顾起了20世纪30年代初的“大萧条”。那个“大萧条”的根本特征就是全面过剩，就是消费不足。从那个时候起，世界的工业化历史进程就进入了“消费主导”的阶段。改革开放以来的30余年中，很多人到国外看到了发达国家的高工资、高福利，回来写文章说，现在资本主义国家的资本家怎么不再像马克思在资本论中所说的拼命压低工人工资了啊？其实道理很简单，在这些发展到“后工业化”阶段的国家，通过技术进步和生产规模扩大获取利润不仅远比压低工资更容易，而且没有上限，不像人的劳动能力是有生理上限的。但生产效率提高和生产规模扩大以后，“谁来买”成了最大的难题。创造市场需求成为这些国家经济增长的关键。

举个房子的例子。美国多年来始终实行一个购房政策，每个美国人第一次购房时，还贷款利息的钱可以不交个人所得税。也就是说，政府鼓励人们借钱买房子。为什么呢？因为对美国的经济来说，需求扩大不论在什么时候都是经济景气的关键，而住房消费又是社会在满足了衣食等基本需求层次之后，消费结构升级的最重要节点。

【16-2-3】很多人认为扩大住房需求拉动的只是多建、快建房子，只是有利于钢材、水泥以及建筑业的增长。还有不少媒体把“买房子”和扩大消费需求对立起来，认为人们把积蓄，甚至未来收入都用于了买房，哪里还有余钱扩大消费呢？这两种认识不能说完全没有道理，但都失之于偏颇。

在应对世界金融危机的过程中，扩大内需，特别是扩大消费需求，已成为我国“保增长”政策的重要组成部分。其实，“扩内需、促消费”并非是一项新政策。从 20 世纪 90 年代末期“亚洲金融危机”爆发时起，我国也进入了需求决定经济增长的阶段。从那个时候起，人们日益熟悉了一个词儿，叫“买方市场”。扩大需求，特别是扩大消费需求就成为我国国民经济实现良性、稳定增长的关键因素之一。

在 1998 年应对亚洲金融危机的过程中，当年的中央经济工作会议明确指出，“扩大国内需求、开拓国内市场是我国经济发展的基本立足点和长期战略方针”。2002 年党的十六大进一步指出，“扩大内需是我国经济发展长期的、基本的立足点”。2007 年十七大进一步把扩大内需的意义从维护经济稳定增长扩展到与转变发展方式密切联系，指出，“要坚持走中国特色新型工业化道路，坚持扩大国内需求特别是消费需求的方针，促进经济增长由主要依靠投资、出口拉动向依靠消费、投资、出口协调拉动转变，由主要依靠第二产业带动向依靠第一、第二、第三产业协同带动转变，由主要依靠增加物质资源消耗向主要依靠科技进步、劳动者素质提高、管理创新转变”。2017 年的“十九大”也明确指出，“完善促进消费的体制机制，增强消费对经济发展的基础性作用”。

应当说，在过去 20 余年中，我们是注重了扩大内需这个“长期战略方针”的。提高农民收入、完善社会保障、关注民生重大问题、统筹经济发展与社会发展之间关系，无疑都是在实现“扩内需、促消费”的长期战略方针。

中国作为一个发展中国家，开拓农村市场和提高低端群体收入是“扩内需、促消费”最长远、最根本之举。这没有争议。但 20 年余过去，从实践看，仅此还不够。扩大内需，还需要开拓消费结构升级的新途径，还需要注重满足多层次、多元化的消费需求，还需要把扩大消费与私人财富累积结合起来。这个结合点，就是扩大住房消费需求，其中重点是扩大改善型的住房需求。

住房需求是内需，这没有多大争议。但很多人只把扩大住房需求和发展房地产业联系起来，认为扩大住房需求拉动的只是多建、快建房子，只是有利于钢材、水泥以及建筑业的增长。还有不少的媒体舆论把“买房子”和扩大消费需求对立起来，认为人们把积蓄，甚至未来收入都用于了买房，哪里还有余钱扩大消费呢？这两种认识不能说完全没有道理，但都失之于偏颇。

【16-2-4】如果只是想方设法动员大家多吃一点、吃好一点，那不可能形成持续的需求增长能力。人们从自己生活常识中就可以知道，吃穿用的需求是很容易趋于饱和的。一个明确的判断是，要形成支持我国长期经济增长的需求，关键是要启动和扩张人们的发展需要。

事实上，扩大住房消费，特别是扩大改善型的住房消费，已经成为我国在今后一个很长时期内扩大消费需求的主战场。在我国大中城市，甚至小县城中，人们很容易发现遍布街市的装修市场。这些市场满足的正是人们美化居住条件、改善居住质量的需求。现在很多家电厂家都在努力提供适应不同档次、功能住房的成套家电，这一趋势满足的是人们消费结构进一步升级的需要。不仅纺织品、装饰品以及厨具、卫生用品等方面需求，就连种植花木、饲养宠物等需求也在极大地受惠于住房需求的扩张。

很多人忽略了住房改善的一个重要功能，这就是满足人们的发展需要。

我们在本讲开头时提到了马斯洛的需求层次理论。按照这个理论，人的需求可以分为两类。一类是生物学意义上的需求，这类需求可称为低级需求或者生理需求；另一类是社会学意义上的需求，这类需求可称为高级需求。马斯洛指出，每个人其实都潜藏着五种不同层次的需求，但只有人最迫切的需求才会成为激励追求某种目标的动力。在这个需求层次理论中，低层次的需求基本得到满足以后，其激励作用就会降低，更高层次的需求就会取代它成为推动行为的主要原因；高层次的需求比低层次的需求具有更大的价值；人的最高需求是自我实现；人在力求满足较高层次的需求时，会更有创造性、享受更多的幸福感。马斯洛将这种幸福感命名为“高峰体验”。他曾通过试验证明，当人呆在漂亮的房间里面时会比呆在简陋的房间里更富有生气、更活泼、更具良好心态，从而也就更容易产生“高峰体验”。

我们不去繁琐地追索马斯洛先生的“高峰体验”究竟是怎样一种境界。有房子，有属于自己的房子，有能满足自己多方面功能的房子，是不是就可以有一种“成功人士”的心态？这个事待考。但人们在住房上，在生存层次的需求满足之后，发展的需求就会应运而生。

在过去多年扩大内需的研究中，人们发现，如果只是想方设法动员大家多吃一点、吃好一点，那不可能形成持续的需求增长能力。在既有的消费结构下，扩大内需的余地是极其有限的。人们从自己生活常识中就可以知道，吃穿用的需求是很容易趋于饱和的。一个明确的判断是，要形成支持我国长期经济增长的需求，关键是要启动和扩张人们的发展需要。持续和不断扩大的需求潜力蕴藏于人们的发展需要之中。

启动和扩张人们发展需要的过程实际上就是社会消费结构的调整、升级过程。什么是发展的需要呢？提高自身能力的需要、更好享受生活的需要、为子女提供更好生长环境的需要、发挥自己多方面潜力并实现多样爱好的需要、减轻社会竞争压力和获得精神欢愉的需要以及体力和脑力全面发展的需要等。满足所有这些需要，都得以一个重要的物质基础为前提，那就是比满足基本需求更高一个层次的、具有改善型功能的住房。

我们特别提出一个为发达国家经验所证明了的规律。真正能够长期不断增长的社会消费需求，并非是对物质产品的需求。美国的汽车、家电之类早就普及到充分饱和的程度了。人们不会天天买汽车，也不会三天两头换家电。那美国的需求增长靠什么呢？靠对服务性产品的需求，如金融、理财、保险、旅游、通讯、家政、健康、兴趣爱好以及娱乐等。但同样是发达国家经验，人们住到具有改善型功能的房子里，是启动这些后续需求的关键点。如果说扩大内需是一项需要长期坚持的战略方针，支持、鼓励改善型住房消费就是这个长期战略方针中不可或缺的一个重要环节。

3 政策要坚定不移地支持改善型住房需求

- 改善型住房政策要与提高私人财富累积能力紧密结合。
- 对改善型住房提供政策性的风险防范工具，政府同样是受益人。
- 人们购置不动产，实际上是在为自己构筑起一种未来的安全屏障。

【16-3-1】迄今我们支持老百姓“买得起房”的政策仍主要集中在房价和收入的矛盾方面。其实，支持改善型需求的政策所应涉及的范围要远比人们目前注意力的集中点要宽泛得多。

在前面章节中，我们曾多次提到“三个 1 亿人”的住房建设目标。如果进一步解析，在未来一个长期发展过程中，我国的城镇住房建设面临的是四大任务。一是大力推进保障性住房建设，完善住房保障体系；二是满足农村剩余劳动力向城镇转移的住房需求；三是支持城镇居民住房需求从脱困型向改善型需求转变；四是积极稳妥地推进老旧危房改造，满足城市现代化的发展要求。在与此相应的政策体系中，满足人们对改善型住房需求的有关政策迄今仍是一个相对的弱项。

为什么说是相对弱项呢？因为迄今我们支持老百姓“买得起房”的政策仍主要集中在房价和收入的矛盾方面。其实，支持改善型需求的政策所应涉及的范围要远比人们目前注意力的集中点要宽泛得多。

首先，满足改善型住房需求的政策要与提高私人财富累积能力紧密结合。

如此前讲到过，购房置业是一个“花钱”与“攒钱”密切联系在一起的经济行为，是一个私人财富的累积过程。即或购房是自住、购房需要借贷，这个性质也不会有丝毫的改变。但我国是一个发展中国家，广大人民群众的财富状态几乎都是从没有任何“家底”的“无产”阶段起步的，针对低收入群体的社会保障体系尚不完善，中等收入者阶层刚刚初具雏形，社会整体的私人财富累计能力非常脆弱。这就需要政策的介入。从我国的国情出发，要大大加强对中低收入群体置业能力的援助型保障政策，例如可依据收入水平的实施区别化贴息；可开拓自助型保障政策体系，例如建立与“个税”减免相联系、自愿缴存的住房储蓄账户；可合理开掘普通家庭的资产信用资源，例如对购买第二套住房的改善型需求者提供现住房再贷款等。

【16-3-2】一些人购买的商品住房在自然灾害中损毁灭失了，但欠银行的贷款还没还完，这种情况应当怎么办？汶川地震时灾害损毁的住房最后都是通过政府无偿重建由财政“买单”了。显然，这种依靠政府、财政来充当“保险公司”的方式不可能长久，也不符合市场经济的原则。

其次，满足改善型住房需求的政策要与防范财产性风险相结合。

提到消费风险，人们很容易想到那些“假冒伪劣”产品，想到侵害消费者权益的价格或质量欺诈。这些是消费风险。但这些风险主要得依靠规范市场经济秩序来防范，而不是依靠支持性政策来化解。

在2008年的汶川地震中曾出现过一个颇具警示性意义的问题。一些人购买的商品住房在自然灾害中损毁灭失了，但欠银行的贷款还没还完。这种情况应当怎么办？在发达国家，一旦出现这种灾害性风险，很简单，由保险公司对业主赔付即可。但在我国，简单要求老百姓都购买商业化的住房财产险，短期内恐怕还很难办到。汶川地震时灾害损毁的住房最后都是通过政府无偿重建由财政“买单”了。显然，这种依靠政府、财政来充当“保险公司”的方式不可能长久，也不符合市场经济的原则。这就提出了一个问题，在我国，有必要提供一定的政策性工具来帮助老百姓防范以致规避相应的风险。

实际上，老百姓购买、持有住房的过程中的风险远不止自然灾害。利率调整、职业变动、家庭意外以及规划征迁等，都可能威胁到老百姓住房的财产安全。在未来一个较长时期内，为鼓励、支持改善型的住房需求，一个必要的政策选项是由政府提供一种政策性的保险品种，对普通居民改善型住房提供综合性的财产保险，不仅在发生各种灾害时予以赔付或补偿，而且还可在个人遇到各种意外而发生“断供”时依一定条件给予贴息救助。

这种政策性保险品种的具体操作并不难。由住房的业主自行按照“政策价”缴纳一定保险金，在保险基金出现收不抵支时由政府提供补贴即可。也就是说，由政府承担“再保险”的职能。政府补贴的资金来源，既可从土地出让金中划分一定比例，也可设计为从针对不动产资产征收的税收中出。

对改善型住房提供政策性的风险防范工具，受益的并非仅仅是住房的所有者，从根本上说，政府同样是受益人。因为这种工具同样可以帮助政府、财政从不确定性极大的社会风险中解脱出来。

【16-3-3】发达国家早就有“以房养老”的商业化金融品种。在我国，仅仅将此职能交给市场承担，仅仅依靠商业性的机构是不够的。提高住房对家庭安全保障的功能也应当成为满足改善型住房需求政策的组成部分。

再次，满足改善型住房需求的政策要与提高家庭安全保障程度相结合。

在任何国家，购房置业都同时是一种自我保障形式。人们购置不动产，实际上是在为自己构筑起一种未来的安全屏障。在我国，这种安全保障的功能尤为明显。发达国家早就有“以房养老”的商业化金融品种。在我国，仅仅将此职能交给市场承担，仅仅依靠商业性的机构是不够的。提高住房对家庭安全保障的功能也应当成为满足改善型住房需求政策的组成部分。

体现安全保障功能的政策，简单说，就是把住房抵押给一定的政策性机构后，由这些机构承担“老有所养”或者“病有所医”的一定责任。由于人的寿命或者医疗需要各不相同，这些机构主要通过一定规模的社会统筹方式实现收支平衡。但作为政策性机构，在收不抵支时可由政府提供补贴。这个政策不仅可以有效地放大居民住房的安全保障功能，而且还可以起到促进家庭中代际相互保障的作用。其具体设计，我们在以后的各讲中再予以介绍。

第十七讲

“居者有其屋”的落脚点是“住有所居”

如果问我个人爱好，我最喜欢的领域并非经济学，而是文学和哲学。这一讲咱们就先说点文学。

近年来，人们评论楼市时经常引用一句脍炙人口的唐诗："安得广厦千万间，大庇天下寒士俱欢颜。"这句诗出自我国唐代大诗人杜甫在唐肃宗上元二年，也就是公元761年，留下的一首千年不朽的著名诗篇，叫做《茅屋为秋风所破歌》。

杜甫被后人称为诗圣，其诗多有忧国忧民之之情。"朱门酒肉臭，路有冻死骨""烽火连三月，家书抵万金"等都是家喻户晓的名句。但这首《茅屋为秋风所破歌》，却是诗人的夸张之作。本诗开头第一句是"八月秋高风怒号，卷我屋上三重茅"。其实，四川盆地、成都平原，一年四季几乎是从不刮风的，八月深秋，也不会有能刮跑屋顶的怒号狂风。当然，读诗不是考古，讲究的是体会文学意境。诗就是要夸张的。同为杜甫诗作名句的"窗含西岭千秋雪，门泊东吴万里船"中，"千秋雪""万里船"就都是夸张。夸张是诗歌最常用的一种修辞手法。人们熟悉的"读书破万卷，下笔如有神"之句也是杜诗圣的名句。

当然，我们举这个例子并非要讨论修辞或者诗境。讨论什么呢？是要借"安得广厦千万间，大庇天下寒士俱欢颜"这句话，说明一个极为重要的经济学道理，这就是理想社会与客观规律之间的辩证关系。

我们要不要有“安得广厦千万间，大庇天下寒士俱欢颜”的理想与追求？一定要有。这句话包含着人类文明中关于理想社会期待的两个基本要素：一是富裕，二是公平。“广厦千万间”是社会富裕的标志，“大庇”“俱欢颜”是公平的体现。我国2020年的战略发展目标“全面建成小康社会”同样具备这两个要素。“小康”是富裕的尺度，“全面”是公平的标准。

但是，我们能不能把“安得广厦千万间，大庇天下寒士俱欢颜”作为我国未来战略发展过程中的住房目标呢？暂时还做不到。多年来，一直有媒体舆论把“居者有其屋”设定为“俱欢颜”的标准。如果这个“居者有其屋”是指人人买得起房，那我们可以明确无误地说，在中国目前的战略发展阶段，这个目标尚无法达到。我们能实现，而且必须要实现的城镇住房目标，只能是“住有所居”。通俗说就是“人人有房住”，而不是“人人有产权房”。

1 “人人有房住”是“住有所居”的首要目标

- “住有所居”不是不鼓励老百姓买房。
- 我国城镇住房发展仍处于“脱困优先、适度改善”的阶段。
- “补砖头”是现实国情下实现“人人有房住”的必要方式。
- 低端住房保障目标应为包括所有常住人口的“应保尽保”。
- 让有房住的人适度改善也是“人人有房住”的题中应有之义。
- 政策就是要改变市场机制选择顺序，让中低收入群体优先改善。

【17-1-1】未来10到20年的发展阶段，中国城镇居民买得起房子的家庭所占比重还会不断提高。但是在这个发展阶段，我们还不能把所有人，或者大多数人“买得起房”定为住房发展目标。

我们首先得特别说明，“住有所居”不是不鼓励老百姓买房。不仅过去的20年，就是在未来10到20年的发展阶段中，我们仍会积极支持老百姓通过市场化的途径改善住房，支持老百姓“有产”。而且可以预言，在这个过程中，中国城镇居民买得起房子的家庭所占比重还会不断提高。但是，在一个很长的发展阶段中，我们还不能把所有人或者大多数人“买得起房”定为住房发展目标。为什么？有两个理由。第一，我们仍是一个人口众多的发展中国家；第二，我们得把有限的资源优先配置在没有房住或者住房严重困难的群体头上，让更多人分享城镇化发展的好处。

2020年是“十三五”规划的“收官”之年，也是全面小康社会的建成之年。在这样一个中、长期战略转换接续的时点上，我们有必要认真总结实践中的经验教训，客观判断前期城镇住房建设和住房改善的基本状况，发现住房体系中的薄弱环节，以便进一步促进我国城镇化战略的健康发展，实现有限资源的优化配置，适时满足社会和市场的合理需求。

如此前多处讲到的，改革开放以来，我国城镇居民的住房条件已经有了极大的改善。1990年，中国城镇实有住房总面积为20亿平方米，到2019年末，这个数字增长到了200亿平方米。仅30年的时间，期末的住房资源总量是期初的10倍。在住房建设规模和速度上，以及老百姓住房面积的增加上，我们都已经创造了一个世界性、历史性的奇迹。

【17-1-2】在发展成绩背后，我们也暴露出了很多薄弱环节。低收入群体住房困难的状况仍在很多城市存在，城镇中农村转移人口的住房需求远未满足，普通工薪阶层住房改善的迫切要求面临收入和房价的尖锐矛盾。

我们的发展成绩大不大呢？非常大。客观判断，我们已经走过了严重的“房荒”阶段，解决了“让大多数人有房子住”的问题，从总体上基本实现了住房“脱困”的目标。但在这样的发展成绩背后，也有很多薄弱环节被暴露了出来。

什么薄弱环节呢？由于我国居民住房水平的起点过低、城镇住房发展历史短、城镇化速度不断加快、发展不平衡等原因，低收入群体住房困难的状况仍在很多城市存在，城镇中农村转移人口的住房需求远未满足，普通工薪阶层住房改善的迫切要求面临收入和房价的尖锐矛盾。

从我国的国民经济、城镇化、资源禀赋、社会收入水平与结构等多方面综合判断，从 2020 到 2030 年以至再长一些的周期内，我国城镇住房发展处于一个什么样的阶段呢？明确说，仍处于“脱困优先、适度改善”的阶段。从这个判断出发，在“大多数人有房住”的基础上，“住有所居”这个目标可以分解为三个层次。这三个层次，一是“人人有房住”，二是“大多数人适度改善”，三是“中低收入群体优先改善”。

【17-1-3】困难群体买不起房怎么办？政府提供不要钱或者基本不要钱的廉租房。新就业的年轻人成家立业暂时买不起房怎么办？政府提供政策性租金价格的公租房。这就是在中国城镇化过程中，实现“人人有房住”的基本途径。

这三个层次，可以概括为我国未来 10 年或者略长一些的战略周期内城镇住房发展的基本目标。

怎么实现这个“住有所居”的目标？2017 年党的十九大提出，要建立“租购并举，多主体供应、多渠道保障”的体系。我们就按照这个思路，从这三个层次讲。

第一个层次，进一步提高政策性租赁住房的供给规模。

因种种原因买不起房的家庭也得有房住，实现“人人有房住”，这是“住有所居”的最基本含义。政府提供的政策性租赁住房就是实现“人人有房住”的“兜底”保证。简单说就是，困难群体买不起房怎么办？政府提供不要钱或者基本不要钱的廉租房。新就业的年轻人成家立业暂时买不起房怎么办？政府提供政策性租金价格的公租房。唯有如此才能在中国城镇化过程中真正把“有房住”切实落实到不漏一个的“人人”。目前，我国已经把廉租房、公租房统一归为政策性租赁住房一类。

在实物型保障性住房建设上，我们的认识曾经历过一个不断深化的过程。

【17-1-4】单一“补人头”的方式尚不具备普遍意义。相当多的城市，特别是大型城市，面临的问题仍是住房资源总量严重不足。通过货币补贴把低端需求释放到租赁市场中去的物质基础尚远不充分。

在探索对低收入群体的住房保障方式过程中，曾有一些地方根据自己的实际情况，提出过用“补人头”为主代替“补砖头”的设想。所谓“补人头”，就是对住房困难的低收入群体发放住房补贴；所谓“补砖头”，就是建设实物型保障房。“补人头”的设想其实就是用货币化保障代替实物型保障。

这个设想有没有道理呢？有一定道理。在一些中小城镇，住房总量相对充足，市场化租金并不高，政府提供住房补贴的成本和效率可能都会优于实物型住房，对低端群体的保障程度反而更高。但从后来的发展实践看，由我国发展不平衡的实际情况决定，单一“补人头”方式尚不具有普遍意义，至少在未来 10 年左右的战略发展期内尚不具备普遍意义。为什么呢？我国绝大多数城市，特别是大型城市，面临的问题仍是住房资源总量严重不足，通过货币补贴把低端需求释放到租赁市场中去的物质基础尚远不充分。

经过“房改”后最初几年的探索，我国从 2007 年起就已经明确，要通过扩大廉租房覆盖范围来实现住房困难群体的应保尽保。2008 年世界金融危机爆发，我们进一步把加大廉租房建设力度作为“保增长、保稳定”和“扩大内需”的重要措施。2009 到 2010 年，在廉租房基础上，我们又把一些老工业基地的“棚户区改造”列入了由政府出钱的保障性住房建设范围。2014 年后，老旧城区的成片危房改造也纳入到“棚户区改造”的政策覆盖范围。现在看，以政策性租赁住房为主的实物型保障房建设和供给，也就是“补砖头”，还得是中国现实国情下实现“人人有房住”不可忽略的重要方式之一。

【17-1-5】进入21世纪的第二个10年，总体看，我国实物型保障房已经基本形成满足“兜底”保障的物质基础，但分布远不平衡；住房困难群体集中的城市仍有不少，城市拆迁改造过程中出现的对保障性住房的被动型需求压力仍在增大；而且，最终解决让最后1%住房严重困难家庭“有房住”的常态性保障问题，可能还需要20年左右的时间。

2020年是“十三五规划”的最后一年。从到这一年的发展情况看，我国县以上城市基本建立了政策性租赁住房的保障制度，对城镇户籍居民“应保尽保”的目标总体实现，林区矿区等特困地区的集中救助也取得了明显效果。但这不意味着实物型保障房的建设任务已经完成。

在2013年左右时，我们曾设想，再集中建设3600万套保障房，大规模兴建实物型保障房的任务就可以基本完成。现在看，这个估计可能过于乐观。进入21世纪的第二个10年，总体看，我国实物型保障房已经基本形成满足“兜底”保障的物质基础，但分布远不平衡；住房困难群体集中的城市仍有不少，城市拆迁改造过程中出现的对保障性住房的被动型需求压力仍在增大。我们在此前提到的对“三个1亿人”的住房保障目标，实际上就是对前期3600万套保障房建设目标的修正。而且即便在将来大规模保障性住房建设告一段落之后，也并不意味着低收入群体的住房保障就可以实现全覆盖。从国际经验看，最终解决让最后1%住房严重困难家庭“有房住”的常态性保障问题，需要的时间一般比较长，可能还需20年左右。

【17-1-6】考虑到未来20年间我国仍处于农村剩余劳动力向城镇转移的高潮中，至少在未来10年内，我国仍将有三分之一以上的城镇中“最低收入且住房严重困难”的家庭所占比重会在4%～8%左右。我们一定得对我国住房保障体系中实物型保障住房建设的长期性、不平衡性有充分的估计。

我们得对“人人有房住”的目标有个具体定义。

我国到2020年城镇最低住房保障目标为基本实现户籍人口的“应保尽保”；最低收入且住房困难家庭，在政府的救助政策下，可以住上户均建筑面积30～50平方米左右的住房。其中,1～2人家庭户建筑面积30平方米,3～4人家庭户建筑面积40平方米，4～5人家庭户建筑面积50平方米。

我们还得对这个“最低收入且住房困难户”有个定义。从国情出发，在2020年时这个“最低收入且住房困难户”的定义为，当时当地城镇居民中收入最低的10%家庭中人均住房建筑面积低于10平方米的家庭。这部分家庭基本不具备住房支付能力，需要依赖于政府的救助性住房保障政策才能满足基本的住房需求。按照目前的政策要求，最低住房保障标准应当是对这一类家庭通过政策性租赁住房等方式做到“应保尽保”。其中，“应保尽保”的含义是符合上述条件的家庭，可即时获得保障，无需轮候。

考虑到未来20年间我国仍处于农村剩余劳动力向城镇转移的高潮中，目前估计，至少在未来10年内，我国仍将有三分之一以上的城镇中“最低收入且住房严重困难”的家庭所占比重会在4%～8%左右。我们一定得对我国住房保障体系中实物型保障住房建设的长期性、不平衡性有充分的估计。当然，今后10到20年实物型保障住房建设与此前10年也会有所不同。其中一个变化是，政策性租赁房将从以最低收入群体、住房严重困难群体为保障对象的廉租房为主过渡到以新就业年轻人为保障对象的公租房为主。

【17-1-7】我国的一个基本国情是，从低端到高端的几乎所有群体都处于对住房的“饥渴期”；通俗说就是，“买得起房”的家庭所占比重远低于发达国家，但需要购房或打算购房的家庭所占比重则远高于发达国家。

第二个层次，资源配置要兼顾大多数人适度改善和低收入群体优先改善两方面。

让没有房子的人住进房子，这是“人人有房住”的基本含义。但没有房子住或者居住环境危险恶劣的极端困难户什么时候也是少数。让已经有房住的人适度改善，让住房困难的中低收入群体优先改善，这也是“人人有房住”的题中应有之义。我们得让社会有个明确的预期，“有房住”的房子应是和社会发展水平相适应的房子。

目前在发达国家的基本状况是，人口在城乡之间的分布结构已经基本稳定，城镇住房存量资源总量已经能够满足全体居民的基本住房需求；每年的市场需求主要取决于旧房自然更新的比例和经济景气状况影响下的居民更新年限变化。而我国的一个基本国情是，从低端到高端的几乎所有群体都处于对住房的“饥渴期”。通俗说就是，我国“买得起房”的家庭所占比重远低于发达国家，但需要购房或打算购房的家庭所占比重则远高于发达国家。

【17-1-8】今后一段时期内，让脱困型、适度改善型需求优先于享受型、奢侈型需求得到满足的原则不会改变。不仅迄今在土地供应上保障性住房的占地比例政策仍要坚持，而且要研究和制定创新的税赋优惠和货币政策优惠措施，把过去只适用于短期的优惠政策发展为适用于长期的制度化政策。

许多人认为，政府不应在土地供应中规定保障性、政策性住房的比例，否则会推高房价，导致老百姓买不起房。这种认识其实是很片面的。

即使考虑到我国已经很庞大的投资能力、建设能力以及资金积聚能力，要让目前已有的住房改善需求全部得到满足，至少也还得20年左右的周期。也就是说，在目前已有需求的家庭中，每年只能有5%左右得到改善。这就存在着哪些家庭优先改善的问题。

当需求远大于供给时，单纯市场配置资源的机制一定导致富人的需求总是最先得到满足，出价最高的需求总是优先得到满足。过去几年中，推动我国房价的过快上涨的基本因素之一，就是供不应求下这种价格选择机制的作用。

在21世纪的第一个10年中，我国曾先后出台了土地供应中廉租房、经济适用房、限价商品房、小户型房等四种房用地需占70%的土地政策，对满足基本住房需求或改善型需求而购置第一套住房者降低契税的财政税收政策和实行优惠利率的货币政策等。这些政策的主旨，就是要改变单纯市场机制选择的顺序，通过干预资源配置，让中低收入群体优先改善，并且兼顾大多数人适度改善。此后历年调控政策中，有些优惠政策，例如契税优惠、降低首付比例等，逐步取消并向常态化方向发展。但在这10年的发展过程中，让脱困型、适度改善型需求优先于享受型、奢侈型需求得到满足的原则并没有改变；而且今后这个顺序仍会在一段时间内坚持。要实现“住有所居”的目标，不仅迄今在土地供应上保障性住房的占地比例政策仍要坚持，而且要研究和制定创新的税赋优惠和货币政策优惠措施，把过去只适用于短期的优惠政策发展为适用于长期的制度化政策。

长期的制度化政策包括对持有环节的税赋改革，实行区别化的利率政策、规范公共租赁住宅管理和大力发展多层次的租赁市场等。

2 "人均一间房"是新时期"住有所居"的合理目标

- "人人有房住"需要有个社会一般标准。
- "户均一套房"不是说每个家庭都有一套产权房。
- 现代化战略发展阶段"住有所居"的合理目标是"人均一间房"。
- 我国的理想化目标和可能目标之间仍存在不小差距。

【17-2-1】"人人有房住"不仅需要有低端保障性住房的标准，也就是最低住房标准，还需要有个社会一般标准。与我国到2020年"全面建成小康社会"的发展目标相适应，这个一般标准是"户均一套房"。

我们曾多次提到，在20世纪80～90年代初期，我国城镇住房改善的目标是"脱困"。什么样的居住条件就叫"脱困"了呢？户有一间房。那时，能分到一间小平房或住进"筒子楼"就叫"脱困"。社会发展了，这个标准已经不能适应需要。"人人有房住"不仅需要有低端保障性住房的标准，也就是最低住房标准，还需要有个社会一般标准。与我国到2020年"全面建成小康社会"的发展目标相适应，这个一般标准是"户均一套房"。

有人说，这个目标偏低，应当把目标定为"人均一间房"。我们最终的城市化发展，一定要而且一定能够达到"人均一间房"的程度。根据发达国家经验，当社会的住房存量资源达到"人均一间房"时，城镇化过程中的大规模住房建设才能告一段落，住房供求才能具有趋于平衡的物质基础。但2020年这个时点上，我们还达不到。

【17-2-2】“户均一套房”不是说大家都住到水平相近的房子中，更不是要实行什么“一户一房制”，拥有的第二套及更多的住房就必须卖掉或者被收归国有。那种看似“公平”的设想是完全违背市场经济、社会发展规律的。

需要先对这个“户均一套房”标准作四点说明。

一是，“户均一套房”的房子指的是具备城市生活必需的地下管网与各种公用设施的成套住宅。成套住宅才能按“套”论。

二是，“户均一套房”不是说每个家庭都只能有一套产权房，而是说成套住房的资源总量基本达到城镇居民家庭总数；绝大部分家庭不论买还是租，都能住进符合社会必要标准的成套住宅中。

三是，“户均一套房”也不是说大家都住到水平相近的房子中，更不是说实行什么“一户一房制”，拥有的第二套及更多的住房就必须卖掉或者被收归国有。那种看似“公平”的设想是完全违背市场经济、社会发展规律的。

四是，还得说明，这个“套”是多大。2020年时，这个“户均一套房”的标准约为90平方米。

【17-2-3】我们得清醒地知道，2020年“户均一套房”的“住有所居”标准仍只是低质量的、严重不平衡的、仍需在城镇化过程中进一步改善和提高的标准。

当初为什么把2020年“户均一套房”的套型标准定为“户均90平方米”呢？按照制定这个标准时的认识，除了建设规模的可能性外，最重要的依据是，到2020年，“住有所居”的目标是大多数人适度改善。90平方米左右的成套住宅，一方面可以满足现代都市生活的基本需求，另一方面也将家庭性别、代际等因素考虑进来，既提高了住宅空间的物理属性，同时也提高了对居民生活的人文关怀程度。

当时的另一个依据是国民收入水平，根据全面建设小康社会的发展目标，2020 年我国人均国民收入水平将达到 5000 美元以上，根据联合国人居中心《全球住宅状况评价》调查，在这样收入水平的国家中，人均住房的建筑面积（联合国调查中以使用面积为标准进行评价）约为 30 平方米。实际上到 2019 年，我国的人均国民总收入达 10410 美元，远高于当初的预期。

从到 2020 年的实际发展情况看，按照城镇住房资源总量估计，我们已经基本实现了这个户均 90 平方米的标准。但与保障房建设的情况类似，在大中小城市、沿海发达地区与内地省区、高收入群体和中低收入群体之间，住房资源的实际配置状况是非常不均衡的。即便是实现了“户有一套房”的很多居民家庭，其住房的功能、质量、档次往往也已经不能满足需要，需要尽快升级改造。由此我们得清醒地知道，2020 年“户均一套房”的“住有所居”标准仍只是低质量的、严重不平衡的、仍需在城镇化过程中进一步改善和提高的标准。

【17-2-4】未来 20 年左右，我国城镇居民住房改善的目标是在城镇人口持续增长的基础上达到“人均一间房”。那时发展不平衡的状况仍会存在，但不平衡度会有所降低。

“户均一套房”目标的基本实现是我国城镇化过程中人民群众住房水平改善的一个重要里程碑，尽管这个标准的质量还不够高，分布还很不均衡。但这不是我们所说的“住有所居”目标的终点。按照党的十九大提出的现代化目标，我们目前的设想是，未来 20 年左右，我国城镇居民住房改善的目标是在城镇人口持续增长的基础上达到“人均一间房”；那时发展不平衡的状况仍会存在，但不平衡度会有所到降低。这里的“人均一间房”指的是，在成套住宅的基础上，平均每个家庭成员能有一间卧室。

与“户均一套房”相比，“人均一间房”目标中的套型面积肯定还会有明显扩大。这不仅是因为卧室间数的增加，也不仅是因为这个标准下的住房功能在改善型层级上会更加完善，例如厨卫设施更便利，公共活动空间更宽敞等，更重要的还因为达到“人均一间房”时，相当多家庭的住房将会升级，具有更多享受型功能，例如包含“双卫”、书房、客卧等。

特别说明，“人均一间房”是我们“住有所居”目标的一个理想值。从我国作为发展中国家的实际国情出发，“理想化目标”和“可能目标”之间仍存在不小的差距。要达到这样的理想化目标，还需要考虑中长期过程城市综合承载力的提高速度、这样大的住房建设总量所需投资规模和金融体系风险承受能力等方面约束、资源可供量的现实条件、国际及国内原材料等大宗商品市场价格波动的情况和国民经济整体防止大起大落、实现平稳运行的要求，特别是考虑到我国城镇居民收入增长的可能性。此外，我们还需特别指出一个简单的经济学道理：需求规模越扩大，在新增需求中，收入提高较慢群体所占比重就会越大。从这个规律出发，我国实际上面临着下一周期购房群体向中低收入人群延伸，从而房价与收入之间矛盾有可能更加尖锐的状况。因此，未来 20 年达到“人均一间房”，并非是一个确有把握、水到渠成的目标，而是一个需要经过艰苦努力去争取的目标。

目前估计，“人均一间房”的目标在中小城镇实现的可能性大，在沿海大城市则反而有难度；在中等及以上收入群体中实现的可能性大，在中等偏下群体中实现则较难。也就是说，即使这一新战略目标实现，我国住房资源配置的不平衡状况仍会存在，但不平衡度会有所降低。

“人均一间房”的目标具有非常重要的战略意义。可以这样说，如果这个目标如期实现，并且届时我国农村人口向城镇转移的历史过程基本完结，我国就将基本具备房地产市场供求关系长期均衡的条件。

3 社区共享资源的增加是“住有所居”的必要组成部分

- 环境和配套设施等也是“住有所居”的必要组成部分。
- 住宅品质提升的重心将逐渐由“室内”转移到“室外”。
- 我国在提高居住质量、改善居住环境上还有很长的路要走。

【17-3-1】在未来的发展中，我国住房建设和住房改善的目标将从室内面积增加逐步转移到室外配套条件等共享资源的增加和居住环境改善上。人们对住房条件改善的追求将从单纯的“住得大”更多转移到“住得好”方面来。

“住有所居”并非就是“有房子住”本身。房子周围的环境和配套设施等也是“住有所居”的必要组成部分。

在未来发展中，我国住房建设和住房改善的目标将从室内面积增加逐步转移到室外配套条件等共享资源的数量增加和环境改善上；人们对住房条件改善的追求将从单纯的“住得大”更多转移到“住得好”方面来。

我国的资源禀赋条件决定，北美式的“独栋”住宅不可能成为我国城镇居民的普遍住房模式；日本式的“一户建”也难以适应我国土地资源的约束条件。在我国城镇住房目标中，要把功能完善、环境改善等“宜居”性要求放在更加突出的位置。

社区共享资源实际上就是居民共享的居住环境资源，其中包括交通基础设施，物业管理水平，绿化面积所占比重，周边商业、教育、医疗等设施的质量和数量等。

【17-3-2】在未来发展中，改善居住环境和居住质量的难点主要不在新建社区，而在于存量住房资源的改造。老旧小区的综合整治在我国几乎所有城市中都是一个极为艰巨的系统工程。

近年来，我国很多社区的居住环境和居住质量有了非常大的改观。不仅北京、上海等大城市，即便是在几乎所有中小城市，社区管理、社区绿化、景观道路、健身设施、安保体系、垃圾无害化处理等系统都已普遍建立。不仅如此，借助智能化手机和即时通讯软件等手段的发展，很多社区甚至自发地形成了具有文化特色的各种群体。不仅有老年人的广场舞群体，群众自娱自乐的唱歌、书画、体育等各种业余爱好群体，甚至还有妈妈们交流育儿经验的群体、相约组团旅游的群体等。在社区管理机构的支持下，一些社区还建立了助老、社区医疗、家务劳务等多种服务系统。还有一些新建小区，已经立足于现代科技，提出了建设绿色小区、数字小区、智能小区、智慧小区等目标。毫无疑问，这些发展都让“住有所居”中“住”字的内涵得到了极大的丰富和扩展。房子不仅是住的地方，是家庭共同生活的地方，而且是人们社会交往、愉悦身心、获得精神满足、发挥兴趣、享受生活的地方。这些硬、软系统的完善程度甚至已经成为人们选择、评价住房的重要因素。

一方面，我国城镇的居住环境改善确实取得了人人看得见、摸得着、感受得到的长足发展；但另一方面，我国在提高居住质量、改善居住环境上还有很长的路要走。我国的国情特点是，一方面现在存量住房资源的规模已经非常巨大；另一方面，由于历史及体制等各种原因，这些存量资源的住房内部质量和外部环境几乎都存在着严重缺陷。

什么是历史原因呢？不要说在改革开放前“备战备荒”年代建的房子，就连改革开放后，在福利分房年代建的房子，基本都是按照尽量压低的造价设计的。装修过房子的人都知道，2000 年之前建的房子都得首先进行水电改造。因为建造时的居民用电设施根本就没考虑用空调。什么是体制原因呢？在很多城市，还存在“城中村”“小产权房”和商品房小区相互交错的现象，这些房子的设计标准、建筑质量参差不齐；很多曾经的机关、高校大院中的住房在“房改”后已经成为私人产权并几经买卖转手，现在连物业该归谁管都经常说不清。

举个例子来说明存量住房质量提升和环境改善之难。

在福利分房阶段建的住房，虽然是有上下水道、厨卫设施的成套住宅，但当时为了节省建筑成本，几乎所有的多层建筑都没有电梯。而现在，有电梯早已成为楼房居住的必然要求。怎么办？在老旧社区综合整治中，很多政府出台了为这些楼房加装电梯的措施。北京市由于地方财力相对雄厚，甚至在加装政策中规定由市政府提供不菲的资金补贴。这样一个政府推动、于民有利的好事应该很容易办成吧？可是北京在若干年的实施中，建成的没几栋。为什么呢？先是一楼的居民反对，不仅不肯承诺费用，而且不愿加装后可能出现的遮光。然后是发现要加装电梯，楼房的上下水管道、供电线路敷设等都得重新改造，预算得大大追加。再后是原产权单位不肯分担。北京很多老旧小区住房的权属非常复杂，哪怕是房改后成为私人产权房的，也还要按原产权单位区分为“央产房”“市属产权房”“国企产权房”等，不同的“原产权单位”住房，在加装电梯、节能改造等项目中的待遇也各不相同。房改后的住房已经成为私人产权，原产权单位当然不肯再出钱。在老旧小区综合整治中，这样的例子比比皆是。连北京市这样财力相对雄厚的城市都举步维艰，其他城市的难度可想而知。

在未来发展中，改善居住环境和居住质量的难点主要不在新建社区，而在于存量住房资源的改造。老旧小区的综合整治在我国几乎所有城市中都是一个极为艰巨的系统工程。

4 “租房住”也是实现“住有所居”的重要途径

- 买和租都是实现“住有所居”的重要途径。
- 发达的租赁市场可以大大提高存量资源的利用效率。
- 不能把投资性需求长期排斥在住房市场的需求之外。
- 正是农民出租屋满足着中国城市化进程中最大的租赁需求。
- 发达的租赁市场并不是依靠个人的出租行为来维护租金稳定的。

【17-4-1】别说我们还是个发展中国家，是个资源匮乏的国家，哪怕是在发达国家，年轻人“先租后买”也是常态。这个道理其实人们都懂。但实事求是地说，现实生活中确实存在着三方面阻碍人们接受租房住的原因。

租房住叫不叫“有房住”？这个看似简单的问题曾在社会舆论中引起很大争议。年轻人走向社会后，在满足住房需求上“先租后买”合不合理？很合理。别说我们还是个发展中国家、是个资源匮乏的国家，哪怕是在发达国家，年轻人“先租后买”也是常态。这个道理其实人们都懂。但实事求是地说，现实生活中确实存在着三方面阻碍人们接受租房住的原因。

一是房价上涨引起人们对财富贬值的恐慌。很多人说，年年月月交租金，到头来房子还是别人的；那时房价涨到了天上，我们岂不是更买不起？

二是租赁市场不规范、不发达。许多有过租房经历的人都对三天两头涨房租、被迫搬家的遭遇心有余悸，更不要说租房还面临被欺诈、被骗钱的风险了。

三是政策缺位。租房很难享受政策性援助，买房却可以有很多政策性优惠，那为什么不买呢？

当然，企图“一步到位”的消费观念、“攀比”的从众心理、“啃老”的不当想法等也都对“租房住”形成一定阻碍。

【17-4-2】在市场经济成熟的发达国家，买得起也租的情况是很普遍的。在市场经济下，年轻人的实际就职地经常并不稳定。而且在不同的宏观经济运行环境下，买不一定比租更有利、更合算。

“租房住”好不好？没什么不好。我们一定要强调一个认识：买和租都是实现“住有所居”的重要途径。而且还得强调，并非一定是买不起才租，在市场经济成熟的发达国家，买得起也租的情况是很普遍的。为什么买得起也租呢？因为在市场经济下，人和职业岗位是处于一种相互优化选择的流动过程中，年轻人的实际就职地经常并不稳定。而且在不同的宏观经济运行环境下，买不一定比租更有利、更合算。

“租房住”的必要之处很多。不仅对个人，对社会也有非常重要的积极意义。发达的租赁市场不仅可以大大提高存量资源的利用效率，甚至可以起到缓解大城市交通拥堵的作用。我们不再过多讨论“为什么租”的问题，而是重点从政策层面说说怎么形成合理的租赁市场，怎样通过“租房住”推进“住有所居”目标的实现。

【17-4-3】规范租赁市场，不仅要形成公开透明的交易规则，形成市场的监督、管理体系，而且要有对供求双方都具有鼓励性质的税赋体系，有合理的风险平衡和利益保护机制。

2017年党的十九大已经明确提出，实现“住有所居”的目标要“租购并举”。让“租房住”成为人们的正常选项，就需要有多层次的租赁市场。从我国的现实情况看，政策要在发展租赁市场上做好五件事。

一是要调整租赁市场的税赋结构，鼓励居民利用闲置住房资源出租获利。目前有种颇为片面的认识，好像投资性需求都是“坏”的需求。这种认识不正确。没有投资性需求，租赁供给从何而来呢？在严重供不应求的市场形势下，对投资性需求采取一定的抑制措施是必要和合理的。但不能把投资性需求长期排斥在住房市场的需求之外。规范租赁市场，不仅要形成公开透明的交易规则，形成市场的监督、管理体系，而且要有对供求双方都具有鼓励性质的税赋体系，有合理的风险平衡和利益保护机制。

二是整治和规范城乡接合部的农民出租屋。实际上，目前我国城镇中最大的租赁市场在于城乡接合部的农民出租屋。我们不能对这样一个明显存在，又容纳着极大规模常住人口的市场采取视而不见的“鸵鸟政策”。整治、规范“城中村”“握手楼”等农民出租屋的关键是调整土地政策。我们得承认，正是农民出租屋满足着中国城市化进程中最大的租赁需求；我们还得承认，在我国此前40年的城镇化过程中，城乡接合部农民创造的这个租赁市场实际上在缓解城镇住房短缺和满足低端需求上做出了重要贡献。

【17-4-4】可以在城市中建立政策性住房租赁交易平台，有多余住房的居民可以把拟出租的住房交由特定的政策性机构管理，同时享受一定的税赋优惠；有租赁需求的人可以在这个平台上按照一定条件申请政策性“贴租”。

三是完善对特定群体和特定地区“贴租”方式的保障政策。让人们接受“租房住”的观念，还应当进一步完善我们的住房保障体系，在加强救助层次的保障房建设的同时，要逐步提高住房保障体系中的实施重心，对那些具备一定住房消费能力，但购房能力又不足的人群提供更多、更有针对性的援助型保障，包括针对不同人群提供政策性租金补贴，对租房支出减免个人所得税，建立面向因种种原因一时交不起租金者的救助系统等。此外，还可以在特定城市中由政府建立政策性住房租赁交易平台，有多余住房的居民可以把拟出租的住房交由特定的政策性机构管理，同时享受一定的税赋优惠；有租赁需求的人可以在这个平台上按照一定条件申请政策性“贴租”。

四是建立与发展投资于租赁性住房的房地产投资基金。房地产投资基金是成熟市场上持有不动产并依靠长期、稳定租金收益牟利的专业性机构投资者。真正成熟和发达的租赁市场，并不是依靠居民个人的出租行为来形成主体供给源和维护租金价格稳定的。房地产投资基金等较大规模租赁资源的机构投资者的存在，不仅可以起到市场供求关系“稳定器”“蓄水池”的作用，而且可以在很大程度上分流过度分散的投资性需求。

五是发展公共租赁住房。从 2010 年起，公共租赁住房已正式加盟保障性住房体系。公租房并非仅仅针对低收入群体。从国际经验看，公租房还可承担以下用途，一是为暂时不具备购房能力的年轻人提供过渡性住房，二是为距离城市较远的工业园区员工提供宿舍，三是为承担特殊职能的人群（如消防员）提供职业必须的保障性住房，或者企业为高级管理人员、特别技能人才提供福利性住房。

议论与思考篇

第十八讲

农民工住房是个艰巨的历史任务

多年来，咱们中国每年都有个堪称世界之最甚至是人类历史之最的周期性人口大流动期，这就是春运。每逢农历春节前后，约40天时间内，有20多亿人次利用人们所能想到的各种交通工具长途出行。出行干吗？除了部分旅游人流外，主要是“回家过年”。中国有句老话，叫做“有钱没钱，回家过年”。

过去40余年来，中国人对春运已经非常熟悉了。很多人可能还记得，2008年时南方许多省份恰在春运开始前发生了严重的冰冻雪灾。严重的自然灾害也未能挡住人们回家的脚步。当时因电力中断，电力牵引机车停驶，甚至有人干脆步行上百公里顶风冒雪赶回家。说个大家不一定知道的事，浙江温州机场当年居然是外出经商的温州企业家为乘包机回家过年而自己集资修建的。现在，在春运的交通工具中，不仅在铁路客运上出现了堪称世界最快的“高铁”及动车组，而且有了方便台商回家的海峡两岸直飞航班；不仅有了无数昼夜行驶在高速路上的长途卧铺营运客车，而且有了成千上万摩托车集体结群的壮观返乡车队，有了“自驾车族”自商自议的网上“拼车”。

当然，我们在这里说春运，关注点不在于春运期间的“一票难求”，不在于中国人回家过年的文化传统，而在于这么大的客流量，返乡的主体是谁。

是谁？不用说，是数以亿计涌进城市“讨生活”的农民工。

此前我们反复说到，认识中国的房地产规律，一定要认识中国的城市化；认识中国的城市化，一定要认识大批农村人口、农业过剩劳动力向城市集中的国情。每年春运20亿人次的人流，实际上就是这个历史大变迁的一个侧面，一个缩影。

我们得坦率承认中国经济发展中的一个重大不平衡，也可以说是一个重要缺陷，这就是城市化始终严重滞后于工业化。这个问题由来已久，我们无须从1949年以来，或者改革开放以来去引证。“农民工”这个词本身，其实已经清楚无误地反映了这个问题的存在。一方面，中国的非农产业所吸收的劳动力已经使数亿农民转移到城市中就业；但另一方面，这些在非农产业中、城市经济中就业的劳动力，其社会身份却仍然是“农民”。也就是说，我国目前城市化的规模与水平和工业化已经具备的规模和水平远不相称。

1 农民工“进城”是中国城市化进程的最大挑战

- 城市化的历史进程关键在于一个“化”字。
- 城市人口所占比重是城市化最基本的标志。
- 农民工这个词消亡了，中国的城市化才能真正称为成功。
- 社会保障平等化的缺失已成为农民工城市定居的重要障碍之一。
- 买房显然不是绝大多数农民工所能承受的。
- 农民工住房是城镇住房建设所面临的最大挑战。

【18-1-1】我们所说的城市化，指的是和工业化、市场经济发展相联系的城市化。

城市化是工业化、市场经济的必然伴生物。规模化生产、集约利用基础设施、降低交易成本和改善生活质量，要求人们集中地住在一个叫做“城市”的地方。城市化的必然性，其实还包括人和生产资料之间结合关系的变革。这个问题我们稍后再说。

人类有城市的历史可以追溯到数千年前。在本书第二讲中，我们就提到过中国“完璧归赵”的故事和“价值连城”的成语。其实，世界上很多城市都有非常漫长的历史。公元前 500 年时，罗马人就建立了世界上最早的共和国：罗马共和国；罗马城中，世界八大名胜之一的古罗马斗兽场迄今也有两千余年的历史。但我们所说的城市化，是和工业化、市场经济发展相联系的城市化。这个城市化的历史进程，关键在于一个“化”字。

【18-1-2】从城镇人口的绝对规模和所占比重两个指标看，我们的城市化速度是非常快的。但我们也得清楚地知道，在这个人口规模中，至少有超过三分之一的部分是“伪城市人口”。我们迄今所实现的城市化，尚有相当一个部分是并不真实的城市化。

从客观规律和国际经验看，城市化的标志主要有四个方面。一是城市人口在总人口中所占比重，二是城市基础设施的完善程度，三是城市经济的技术基础和国际竞争力，四是城市发展过程中城乡关系的协调程度。其中，城市人口所占比重是城市化最基本的标志。在这四条中，最重要的是第一条。可以这样说，第一条说的是城市化的数量标志，后三条是城市化的质量标志。

我们重点说说第一条。

在改革开放以来，中国城市化的确取得了长足的进步。我们曾经说过，1980 年时中国的城镇人口为 1.9 亿人，城镇人口在总人口中所占比重仅为 19.39%；到 2019 年，这两个指标已经分别达到 8.48 亿人和 60.60%。单从城镇人口的绝对规模和所占比重两个指标看，我们的城市化速度是非常快的。但是我们也得清楚地知道，在这个人口规模中，至少有超过三分之一的部分是“伪城市人口”。我们迄今所实现的城市化，尚有相当一部分是并不真实的城市化。

我国的城市人口有两个指标，一个是户籍人口，另一个是常住人口。我们所说的城镇人口数量和所占比重都是按常住人口统计的。

什么是常住人口呢？在一个城市中居住半年以上就被统计为城市常住人口。按常住人口统计对不对呢？是对的。因为按照常住人口统计，而不是按照户籍人口统计，我们才能比较确切地知道，这个城市里究竟住了多少人，这个城市的经济总量究竟是多少人创造的，这个城市对各种生活必需品、公共产品、资源的需求究竟是多大。

咱们中国的问题出在哪了？为什么说迄今的城市化，尚有相当一部分是并不真实的城市化呢？因为一方面，城市里确实住了这么多人，确实有与此相应的人群就业，确实要供应能够满足这样一个人口总量的各种产品和资源；但另一方面，这些人口中有超过三分之一并未真正定居在城市中，他们的根还在农村，社会身份还是农民，他们远没有为城市所接纳。不论在那里住多长，对于城市来说，他们也还是“过客”。这部分人群的共同名字叫做“农民工”，一个为人们所广泛批评，但又不得不为社会无奈认可的名字；一个在全世界的城市人群中，为中国所独有的群体的名字。

【18-1-3】中国城市化能否成功，从根本上，取决于我们能否真正解决好数以亿计的农民工在城市中定居的问题。这个“住城里”不能是形式上的、不稳定的，而必须是实质性融入城市的、真正无区别地享有市民待遇的。

中国城市化能否成功，最终并非取决于我们能建多少高楼大厦，能修多长的地铁，城市经济创造出多大的 GDP 总量，城市的生活水平能够在多大程度上接近发达国家。那取决于什么呢？从根本上，是取决于我们能否真正解决好数以亿计的农民工在城市中定居的问题。

我们前面说过，中国正在从一个大多数人住乡下的民族转变为大多数人住城里的民族。这个“住城里”不能是形式上的、不稳定的，而必须是实质性融入城市的、真正无区别地享有市民待遇的。在一定意义上说，什么时候“农民工”这个词从我们的社会生活中消亡了，中国的城市化才能真正称为成功。我们经常说，要走一条有中国特色的城市化之路。这个中国特色，也就是中国城市化过程中的最大国情，就在于我们必须在一个比较长的发展过程中面对大规模的农村人口向城镇迁徙、聚集和定居的问题。

【18-1-4】城乡矛盾中，最可能会出现直接的利益冲突、利益对抗的地方，一是城乡接合部的农村土地征用问题，二是粮价、农产品价格问题，三是农民进城经商务工与在城镇定居的问题。

过去一些年来，很多人注意到我国的城乡矛盾愈发尖锐，城乡收入差距不断拉大。收入差距的确是城乡矛盾的基本表现形式。但在现实生活中，我国城乡矛盾激化的“前沿”还并非收入差距。

城乡居民间，矛盾最尖锐，最可能会出现直接利益冲突、利益对抗的是另外三个方面，一是城乡接合部的农村土地征用问题，二是粮价、农产品价格问题，三就是农民进城经商务工与在城镇定居的问题。

农民工在城镇定居的问题，并非仅仅是户籍的“农转非”这么简单。这个旧体制留下来的问题固然存在，但不是实质性的。实质性的问题主要有四个方面，一是就业，二是社会保障，三是资产权益，四是住房。

这里，我们先简说前三个方面的问题，再重点说住房。

农民工的城镇就业问题，首先是就业岗位多和少的问题。就业是民生之本，也是中国的城市化之本。农村人口向城市聚集，最基础的条件就是城市要能提供充分的就业岗位。

中国的城市经济对农村劳动力有没有需求呢？有，而且很强烈。在广东的珠三角地区，很多地方外来务工人员总量数倍于当地原有居民；世界金融危机以后，外向型经济密集的珠三角、长三角地区又出现严重的“招工难”“民工荒”问题。实际上，在我国的大中城市中，社会服务业、建筑业等在相当大程度上是依靠农民工来实现运转的。近年来，我国网购发展规模和速度堪称世界第一。这个“第一”赖以实现的最重要基础还不是互联网、第三方支付手段等，而是万万千千从事物流配送的“快递小哥”。

但是，中国城市对农村转移劳动力的需求远不充分，而且不均衡。从长远看，中国农村劳动力转移对城镇就业岗位的需求有多大呢？给大家一个参照系。

多年来，我国一直格外强调，由我们人多地少的国情决定，城市化再发展，也必须要保住 18 亿亩耕地的“红线”，这个底线绝不能动摇。

种这 18 亿亩地，需要多少农民呢？如果把我国的农业生产率提高到国际先进水平，不超过 4000 万人就够了。有学者说，中国的自然禀赋条件较差，生态脆弱。考虑到这一层，6000 万人也足够了。而到 2019 年末，全国就业人员 7.7 亿人，减去其中的城镇就业人员 4.4 亿人，农村就业人员为 3.3 亿人；农村就业人员占全国就业人员的比重为 42.9%。也就是说，按照世界先进农业的生产率水平粗略计算，我们还有约 2.7 亿农村劳动力需要转移到城镇就业，或者说到非农产业就业。请注意两点。一是这里的 3.3 亿和 2.7 亿两个数字，是目前农村的就业人员和农村待转移劳动力人员数，不是农村人口和农村待向城镇转移人口数；很容易理解，农村向城镇转移的人口一定会远大于农村到城镇的就业人员数。再一是到 2019 年末，我国城镇就业人员 4.4 亿人中还包含 2.9 亿农民工，同理可知道，已经在城市中生活的农村人口肯定也要远大于这个 2.9 亿。强调这两点是因为，农村劳动力转移人口和就业岗位直接联系，农村转移人口和住房直接联系。这二者对城市资源的需求是相互联系但又有所区别的。

我们先说就业岗位。

从 2001 年中国加入世界贸易组织以来，“中国成为世界制造中心”的说法已经为人们所熟悉。但大家不一定注意到的是，与此同时，发达国家也有日益增多的声音在说“中国正在抢全世界的饭碗”。目前欧美等所有发达国家有略多于7亿的人口，一共有4.2亿个就业岗位。假定我们真有个办法让这些发达国家的大部分人都“下岗”，把大多数的就业岗位都让给我们中国农民，那大概才能满足我国农村剩余劳动力对就业岗位的需求。这个“抢饭碗”的说法是否出于恶意，我们不去评论。但依靠不断加大贸易顺差等途经把全世界的就业岗位都转移到咱们中国来，以满足我们农民劳动力向城镇转移过程中产生的就业需求，这肯定是不可能办到的。

那我们自己的城镇化过程能否创造出新的就业岗位呢？肯定能。从2014年以来，我国国民经济增速下行的问题一直是宏观调控政策的主要指向。但即使在国民经济经济增速下行过程中，我国城镇每年新增就业总人数仍达1000万左右。大家只要看看城市大街小巷穿梭不已的快递、外卖“骑手”，就知道城镇新增就业岗位的主要来源在哪里了。当然，依靠这种无需任何劳动技能的岗位，不可能长期稳定地满足农村转移劳动力对就业的需求。因此，“就业”这个农民工进城的第一大问题，仍是我国城镇化进程中必须面对的挑战。

不断有人提出，农村劳动力不向城镇转移，或者大大推迟转移的时间成不成？不成。最简单的回答是，要缩小城乡发展不平衡，巩固我国消除贫困的成果，让更多人民群众分享经济发展的好处，我们还得再有约两亿农村人口转移到城市。实现这样一个转出规模，我们才能保证留在土地上的农民的收入增长速度跟上国民经济扩张的速度和城镇居民收入的增长速度，才能保证城乡之间的利益矛盾不致激化。

就业岗位的多少还只是农民工就业问题的一个方面。从我国国情看，我们还要面对的问题，一是农民工工资收入的增长和按时发放问题；二是提高农村劳动力在城镇就业市场上竞争能力的问题，也就是劳动技能的培训与提高。如果在长期发展过程中，我们不能解决这后两个问题，中国的城市化进程就会出现一个非常严重的后果，那就是在低收入群体中贫困的代际“继承”。因为主题所限，我们不再在就业问题上再继续延伸。

【18-1-5】农民工为什么在城市中扎不下根来？因为城市本身就始终在把他们当“外人”。在大多数城市，他们能够平等享受的政府补贴或由政府提供的公共产品，实在太少。

社会保障问题已经是农民工进城过程中迫切需要解决的问题。

近年来，很多学者强烈呼吁推进城乡福利资源的均等化。城乡福利资源的均等化是很应该的，这是实现社会发展与经济发展相互协调的重要环节。但这个环节的第一步，应当是已经进城的农民工与城镇居民福利资源的均等化覆盖。

农民工为什么在城市中扎不下根来？因为城市本身就始终在把他们当“外人”。在大多数城市，他们能够平等享受的政府补贴或由政府提供的公共产品，除了乘公交车，大概就剩下110报警台了。

我国城镇居民享受的保障是多重的。第一层次是“低保”和“社保”。“低保”就是城市最低生活保障，“社保”包括失业保险、医疗保险、养老保险以及工伤、生育等方面的保险。第二层面是住房保障、教育保障等。迄今，政府提供的政策性租赁住房，优先保障的仍是户籍居民；农民工的孩子生在城市，长在城市，但考大学还得回原籍参加高考；教育部门三令五申不准学校收“赞助费”，其实不收赞助费也远不能保证农民工的孩子能够受到和城里孩子一样质量的教育。这种不平等的例子，我们每个人大概都能举出许多。过去若干年来，我国已经在积极推进养老保险的异地转移工作。但事实上，真正推行起来、让农民工受益的地方，不说是寥寥无几，起码也是形式多于实质。第三层面是潜在的，例如住房公积金、城市拆迁改造中的补偿等。理论上说，雇主必须为每个雇员开立住房公积金账户并且配缴公积金款，但实际上，迄今我国公积金覆盖面最多只有城镇就业总人数的一半略多。那些小餐馆、小企业的老板，能够给员工缴纳“五险”已经是不错的了，还给你配缴公积金？想都不要想。一些自主创业的农民工租赁了营业场所、商业用房，遇到城市改造拆迁时，政策只补偿不动产的业主，几乎从不补偿这些商户的营业利益。还有，北京、上海等很多大城市都有对本地户籍老龄人口的补贴性、福利性政策，例如按月发放养老金券，外来的农民工则基本无缘享受。第四层面则是公开的歧视。亚洲金融危机后，一些地方曾公开出台政策，企业招工必须优先录用本地下岗职工。这个歧视性的就业政策后来虽已被明令禁止，但企业招收本地户籍的失业、下岗人员才能享受到政府的政策性工资补贴，却仍是相当普遍的现象。在过去多年的房地产调控中，几乎所有大中城市都实行了对本地户籍居民和非本地居民采取区别化的“限购”政策。这个“非本地居民”的主体，实际上就是农民工。

为什么农民工不能享受与城镇居民平等的福利资源覆盖？因为他们的社会身份是“农民”。为什么进了城的农民就不能享受与城镇居民一样的福利资源覆盖？原因确实比较复杂，例如吸收农民工就业的主要是一些低端就业岗位，这类企业对劳动力成本的承受能力很低。但最重要的原因，是我们的城市福利资源本身承受能力远不充分，无法做到敞开胸怀地来者不拒。发展不平衡也是我们中国的一大国情。别说城乡发展不平衡，就是东部西部之间、大中小城市之间也存在着严重的发展不平衡。这个社会保障平等化的缺失，实际上已经成为农民工在城市定居的最重要障碍之一。

虽然农民工在城市中未能受到平等的福利资源覆盖，但在现有体制下，他们在原籍仍拥有一定的资产权益，例如宅基地、住房、责任田等。一方面，这些资产权益构成了他们最后的生存保障线；但另一方面，这些资产权益并不能成为他们在城市中定居的资源，反而成了他们向城市转移的障碍。这个问题我们在下一节专门说。

【18-1-6】如果说第一代农民工出来打工时并未有定居城市的打算，那么新生代农民工却是根本就没打算再回农村的一代人。这个需求已经成规模地出现在现实生活中了，但我们的城市还远没在住房建设、住房供给、住房政策上做好接纳他们的准备。

农民工进城的再一个重要障碍，就是住房。目前我国城市中，能够提供给农民工用于定居的住房，大概只有商品房一种。

买房，这显然不是绝大多数农民工所能承受的。我们说中国目前的城市化中，有超过三分之一的人口实际上是伪城市人口，在一定意义上说，就是因为我们的城市几乎没有为这样一个数量巨大的人群提供定居下来的住房。

目前在我国城市中经商务工的农民工都住在哪里了呢？根据调查，主要住在四个地方。

一是地下空间。大家可以问下你所居住小区的保安，他们十有八九就住在小区的地下室里。仅仅在北京，每天在地下空间过夜的人有多少呢？超过100万！

二是营业场所。看看遍及各个城市大街小巷的大排档、小餐馆、美发屋、按摩院等，那里的员工晚上大都就住在营业场所中。按照城市的治安管理规定、卫生管理规定等，除了旅馆外，营业场所都是不准住人过夜的。但不让住营业场所，你又能让他们住到哪里去？这不是三五个人，甚或三五万人的事，这涉及到数百万人。我们的治安管理部门、卫生管理部门也只能是“睁一眼闭一眼”罢了。

三是城乡接合部的农民出租屋。在所有大中城市，城乡接合部都一定存在着大量合法或非法的农民出租屋。其中非法的出租屋有些占用的是城乡接合部农民的宅基地，有些占用着集体建设用地，有些占用的干脆就是农地甚至市政公用土地。这些农民出租屋什么样呢？就是四面黏土砖加预制板。这样的房子根本就谈不上安全性、公用设施等，十几平方米就敢摆四张上下铺，住八个人，每月每人150元房租。实际上这些农民出租屋才是城市中最大的“廉租房”供给源。这个规模有多大？仅北京一个城市，住在朝阳、海淀、丰台三个区中农民出租屋的人群就达200万人！

四是建筑工棚。我国的建筑业容纳着5400万农民工就业。5400万人是个什么含义？全世界的正规军加到一起，也不过是2900万人。在我们的大中城市中，每天在建筑工棚中“枕瓦刀待旦”的青壮年达5400万人！

过去一些年中，中央文件里日益频繁地出现一个词儿，叫“新生代”农民工。如果说第一代农民工出来打工时并未有定居城市的打算，那么这个新生代农民工却是根本就没打算再回农村的一代人。这个需求已经成规模地出现在现实生活中了，但我们的城市还远没在住房建设、住房供给、住房政策上做好接纳他们的准备。

到现在为止，我们说的还只是已经在城市里经商务工的农民工，这个规模还只有 2.9 亿人。事实上，目前站在“城门口”，准备在未来 10 年或者略长一些的周期内搬到城里住的人群还有两个亿！而且前面说过，这个数字还只是农村转移劳动力，并不等同于农村转移人口。

如果说农民工进城是中国城市化所面临的最大挑战，那么农民工住房就是中国城镇住房建设所面临的最大挑战。

2 两难的土地制度是农民工住房问题的核心

- 农民工住房最核心的问题是土地制度的问题。
- 宅基地的分配要受到许多成文或者不成文的“乡规民约”制约。
- 农民房买卖实际上是为当地政府支持或者默许的。
- 住房保障体系还没有形成一个成型的农民工进城保障政策。
- 土地流转不能改变土地的所有权，不能改变土地的用途。

【18-2-1】在政策上，我国农民在农村的住房有个奇怪的“学名”，叫做“土地附着物”。农民自己花钱盖了房子，法律、政策却不承认这个资产的独立形式。农民的住房不能出卖、抵押，甚至出租都不合规。

从制度层面看，农民工定居城市的住房问题，最根本、最核心的是土地制度的问题。

严格地说，我国对农民住房本来是有着比较稳定的制度保障的，这就是农村的宅基地制度。宅基地制度是个既简单又复杂的制度。说简单，是因为这个制度规定，每个农民家庭都会分得一块用于自建住房的土地；这块土地的所有权属于集体，但使用权属于农民自己。说其复杂，是因为按照制度规定，这个农民拥有无限期使用权的资产不允许买卖、抵押；而且按照不同地方土地的多寡，在法律、政策之外，宅基地的分配还得受许多成文或者不成文的“乡规民约”的制约。例如有的地方规定“分男不分女”，不给外嫁的女孩分配宅基地，哪怕将来这个妇女因种种原因回乡定居；还有的地方规定，家庭中两个男孩成家时，只能有一个按照“分户”的原则分给宅基地。

应当说，在一段很长的时期内，宅基地制度曾在保障农民住房上发挥了不可磨灭的作用。但随着社会发展，这个制度也面临着变革的巨大挑战。

一些人可能不是很了解，和城市中的居民住房不同，农民在宅基地上的住房是没有产权证的。在政策上，我国农民在农村的住房有个奇怪的“学名”，叫做“土地附着物”。大家知道，住房是农民最重要的资产之一。多少农民工在城市中拼命打工挣钱，为的就是攒一笔回老家盖房子的钱。但农民自己花钱盖了房子，法律、政策却不承认这个资产的独立形式。农民的住房不能出卖、抵押，甚至出租都不合规。宅基地因种种原因被征用时，能够获得补偿的只有土地。住房只能和牲口棚、鸡窝、水井、树木一样按照“土地附着物”受偿。

在农村很多地方，一些外出务工的农民已经定居异地，不再返乡。但他们的宅基地怎么处理？在各地农村的实践中，在此情况下宅基地买卖实际上已经是一种公开的秘密。村里人口多的家庭分户时，被默认可以从其他不返乡家庭手里“买”宅基地。

【18-2-2】有意思的是，法院同时指出，造成合同无效的主要责任在于农民反悔，画家可另行主张赔偿。画家依此提起民事诉讼，法院除判合同无效外，同时判农民需赔偿画家 28 万元。赔这么多钱，农民索回住房重卖高价的企图也就没了意义。

在很多城市的城乡接合部，人们近年高度关注的“小产权房”“乡产权房”等，在很大程度上也是利用农民宅基地，按照居民小区的形式成规模地盖起来，卖给或者通过“以租代售”方式变相卖给城市居民的住房。至于农民分散自建、用于出租的“握手楼”，实际上已经遍地开花。为什么叫“握手楼”呢？因为农民在自己的宅基地上建楼经常是并无统一规划的，与相邻的同样楼房相距之近，到了可以开窗握手的程度。这些用于出租的楼房有的甚至盖到十多层。

北京曾经出过一件颇有些影响的案例，就是宋庄画家买卖农民房案。

从北京城中心往东 40 公里的通州区北部，被温榆河与潮白河环绕着，有个叫宋庄的地方。这个原本普通的村庄，现在已经成了在国际上都很有些名气的“画家村”。实际上，那里已形成了十几个村的艺术家群落，艺术家也由原来单纯的画家，增加到雕塑家、摄影家、独立制片人、音乐人、自由作家等。其中一些人的作品在全世界几十个国家做过个展，在国际上最有权威的艺术展上展出、获奖，并被几十家世界著名博物馆、美术馆收藏。2005 年，那里成功举办了首届“中国·宋庄文化艺术节”。随着这些艺术家群落在国内外声名鹊起，世界上许多当代艺术家、批评家、画廊、收藏家和拍卖行都把目光聚焦在宋庄。为了让宋庄走向世界，让世界了解宋庄，宋庄镇党委专门制定了“文化造镇”的发展战略，力图打造一个以当代艺术原创为主要特色，以发展文化创意产业为基础的地域品牌。2006年，宋庄被北京市规划为北京的十大文化产业集聚区之一。

那画家买卖农民房的事情是怎么来的呢？当初一些尚无名气的画家从各地到北京来谋发展，买不起也租不起城里的房子，就在这里租住农民房。租农民房住本来也不合规，但毕竟是“短期”的使用权交易行为，就一直也无人深究。这样一来二去，这里聚集的画家愈来愈多，一些村民就将自己宅基地上的住房，“卖”给了租住的画家。当时，由于很多农民房年久失修，当地又不在市政管网的规划范围内，“卖”的价钱自然也并不高。后来，由于画家们的影响力越来越大，画家村名气也就越来越大，这里农民房的价格自然“水涨船高”，不断攀升。有些早“卖”了房子的农民感觉吃了亏，就引用宅基地不能买卖的政策规定，告到法院，要求判当初与画家们的合同为无效合同。法院能怎么办？当然只能依照法律和国家行政法规判当初的房屋买卖合同无效。但有意思的是，法院同时指出，造成合同无效的主要责任在于农民反悔，画家可另行主张赔偿。在其中一个典型判例中，画家依此提起民事诉讼，法院除判合同无效外，同时判农民需赔偿画家28万元。当然，赔这么多钱，农民索回住房重卖高价的企图也就没了意义。

【18-2-3】这个判例在很大程度上道出了我们目前土地制度上的两难。法院的两个判决实际上有个心照不宣的含义：法律得遵守，现状也得维持。

我理解，这个判例在很大程度上道出了我们目前土地制度上的两难。

第一个两难。房子是谁的？是农民自己的。农民自己的房子为什么自己不能卖？因为卖房子，哪怕只是卖房子的使用权，也要牵扯到土地，就是宅基地的使用权。宅基地的使用权制度是用来保障农民住房的，被居民买去，那么这个制度的根本基础就会被动摇。不让卖，实际上侵害了农民的资产权益；让卖，又会损害农民的生存保障权益。这涉及的不是一个农民，而是亿万农民。

法律、政策在这里遇到了两难。于是农民房就有了“土地附着物”这个奇怪的名字。

第二个两难。既然政策、法律明令禁止买卖宅基地以及农民住房，那为什么在判合同无效的同时又判农民要因毁约赔钱呢？现在居住在宋庄的画家已有两千多人，其中买了农民房的有三百多户。且不说当初农民“出卖”住房是逐利，现在要索回住房同样是逐利；谁都明白，没有这些画家的到来，宋庄的房子绝对卖不到现在的价钱。其实，这些画家的聚集，提升的并不仅是房价本身，更重要的是推动了农村经济向文化产业的发展、升级。如果不允许向农村导入新的生产力，那根本解决“三农”问题岂不成了一句空话？我个人理解，法院的两个判决实际上有个心照不宣的含义：法律得遵守，现状也得维持。

在很多地方，这种农民房买卖实际上是为当地政府支持或者默许的。宋庄的一名村书记就曾对媒体明确表达，村里和镇里已经召集过有画家、村民等参加的会议，并对其他已起诉的村民进行劝解，希望他们撤诉。因为当地政府担心，艺术家的流失会对“文化造镇”的战略形成非常不利的影响，宋庄在国际上已有的知名形象也将损失殆尽。当地政府明白，这可是明摆着得不偿失的。

实际上，“画家村”案例还不能完全概括宅基地制度的两难。再给大家说一个宅基地“继承”的两难问题。

按照我国现行法律，宅基地是不能作为遗产继承的。为什么呢？因为宅基地属于集体所有，农民只有对宅基地依法使用的权利。既然宅基地不是农民合法拥有的私人财产，当然就不能继承。问题就出在这里。宅基地的所有权属于集体，但宅基地上面的私房所有权可是属于个人的，这个房屋依法是可以继承的。继承房屋不继承土地的使用权，这实际做不到啊。谁能拥有空中楼阁？于是《土地管理法实施条例》又规定：“因依法转让地上建筑物、构筑物等附着物而导致土地使用权转移的，必须向土地所在地的县级以上人民政府土地行政主管部门提出土地变更登记申请，由原土地登记机关依法进行土地所有权、使用权变更登记。”这意味着，房屋的继承人可以向所在的县级以上人民政府土地行政主管部门提出土地变更登记申请，由原土地登记机关依法进行宅基地使用权变更登记，获批后就可以继续使用房屋下面的宅基地。为自圆其说，得绕多大一个圈子啊？这究竟是可以继承呢，还是不可以继承？随您怎么理解吧。

【18-2-4】农民工家庭能够稳定地定居城市当然好。但不稳定呢？老家的宅基地以及责任田是他们最后的生存保障。要是把这个最后保障取消了，那农民工万一在城市中出现难以为继的问题，这个规模巨大的人群的生存问题立即就会形成严重的社会危机。

宅基地制度的最大两难，还在于我们要讨论的农民工进城问题上。

迄今，我们在城镇住房保障体系上还没有形成一个相对成型的农民工进城保障政策。为什么不能像对困难群体、低收入群体或者“夹心层”以至“棚户区改造”那样，形成一个专门政策呢？关键问题之一，就在于宅基地的“收”与“不收”处于两难。

农民工定居城市，不论是购买商品房还是住保障房，理论上说，就不应当再在老家农村占有宅基地。这本来是个很容易说清楚的道理。但现实中并不这么简单。如果农民工家庭真的能够稳定地定居城市当然好，但不稳定呢？如前所述，因为就业、社保等种种难题，绝大多数农民工实际上是处于城市“边缘人”位置的。老家的宅基地以及责任田是他们最后的生存保障。要是把这个最后保障取消了，那农民工万一在城市中出现难以为继的问题，成为无处可退的“流民”，那这个规模巨大的人群的生存问题立即就会形成严重的社会危机。若干年来，不少学者呼吁对宅基地、小产权房等问题进行政策调整；甚至一些权威的研究机构还在呼吁让农村土地“私有化”，也就是把包括宅基地在内的农村土地所有权明晰到个人。为什么这些呼吁始终未产生实质性的影响呢？关键就在于谁也不敢轻动宅基地制度。动了这个制度，等于“拔”了进城农民在老家的“根”，在城市做好充分准备之前，其后果恐怕殊难预料。所以迄今，尽管国家专门出台了关于农村土地流转的文件，但仍然不得不坚持“两个不变”的“红线”，即在土地流转中，不能改变土地的所有权，不能改变土地的用途。2013 年，党的十八届三中全会作出了一个“关于全面深化改革的决定”，这个决定提出，要“赋予农民更多财产权利”；要“保障农户宅基地用益物权，改革完善农村宅基地制度，选择若干试点，慎重稳妥推进农民住房财产权抵押、担保、转让，探索农民增加财产性收入渠道”；要“建立农村产权流转交易市场，推动农村产权流转交易公开、公正、规范运行”。但若干年过去，坦率说，迄今这个“选择若干试点，慎重稳妥推进”的进展尚没有看到。

近年来，在解决农民工住房问题上有两个趋势有一定意义。一是有若干城市进行了“土地置换社保”的尝试。其核心就是，在一定货币补偿的基础上，用城市居民的社保体制置换农民的宅基地以至农地；其中置换出来的宅基地面积用来增加城市建设用地。这个尝试究竟能否成功，有多大普遍意义，恐怕还有待观察。二是专门针对农民工的“公租房”体系。目前这种“公租房”主要存在于一些工业园区，特别是一些距离核心市区较远、劳动密集型产业聚集的工厂区。这种“公租房”本质上只不过是员工宿舍，在解决农民工定居城市问题上也尚不具备普遍意义。

可以说，到现在为止，“农民工进城”所涉及的土地制度问题并无明确的答案，连成型的设想都很难见到。这个中国城市化进程的最大难题，仍是我们在政策、制度研究上的最大弱项。

3 中国必须创出一条小生产者与土地分离的和谐之路

- 土地问题的背后是小生产者与生产资料结合方式的转变问题。
- 原始积累过程积累的不是钱，而是一种生产关系。
- 工业化造就的自由劳动制度以及城市化进程是不可避免的。

➲ 土地资本化意味着土地所有者身份与农业生产者身份可以实现分离。

【18-3-1】马克思在《资本论》中多次提到"圈地运动"和这个"羊吃人"的过程。但马克思不仅从中看到了暴力、血腥、悲惨、压迫、掠夺和资本的贪婪，而且看到了生产关系的巨大变革。

近年来，土地征用问题、农民工在城市中的不公平待遇问题、农村污染问题、资本势力对农村社区的瓦解问题等所伴随的社会矛盾日益尖锐，不少学者对我国的城市化进程提出质疑。这些质疑提得好，提得有意义。对照历史，升华理论，我们有必要把讨论引向更深的一层。

我国城市化进程中农民工住房问题的背后，是土地制度问题。土地问题的背后，是小生产者与生产资料结合方式的转变问题。这是一个充满历史唯物主义、辩证法唯物主义的经济学问题。

16世纪时，一个叫托马斯·莫尔的人写了一本后来产生过巨大影响的书，书名叫做《关于最完美的国家制度和乌托邦岛的既有益又有趣的金书》，后人将此书简称为《乌托邦》。莫尔在这本书中描写了当时发生在英国以至整个欧洲的"圈地运动"。

什么是"圈地运动"？在15世纪末到16世纪上半叶，由于欧洲通往亚洲的印度新航线开航和美洲新大陆的发现，英国的对外贸易迅速增长，羊毛出口业和毛织业发展很快。羊毛价格不断上涨，养羊业成为获利丰厚的事业，牧场收益可以高达耕地收益的两倍。于是，英国的地主贵族起先圈占公有地，后来圈占小佃农的租地和公簿持有农的份地改作牧场。在宗教改革中，国王把没收的教会领地赐给亲信宠臣或卖给乡绅、市民、商人和工场主；这些新贵族也开始大规模地圈占农民土地。在英国产业革命之后，由于城市工业不断发展，城市人口急剧增加，城市对农产品的需求迅速增长。当时的新兴资产者为提高土地的产出能力，就与地主、贵族结成了利益共同体，通过议会立法的方式，使促进土地集中的“圈地”合法化。到 18 世纪初期，条播机的发明进一步推动了农业生产技术的革命，土地集中更成为迫切之需。这个“圈地运动”在英国一直持续到 19 世纪中期；在欧洲的其他国家，如德国、法国、俄国以及丹麦、捷克、波兰等也都出现过政府法令推动的“圈地运动”。

莫尔虽然没有看见在他身后持续了二百余年的历史进程，但他已经淋漓尽致地揭露了“圈地运动”下小农经济被摧毁、失土农民流离失所的悲惨境况。他把这种境况归结为“羊吃人”。

马克思在《资本论》中多次提到“圈地运动”和这个“羊吃人”的过程。但是，马克思不仅从中看到了暴力、血腥、悲惨、压迫、掠夺和资本的贪婪，而且看到了生产关系的巨大变革。马克思将这个过程称为资本的“原始积累”。

此前，我们曾提到过，把“原始积累”理解为获取“第一桶金”，这是不正确的。马克思所说的“原始积累”是指资本彻底摧毁农民与生产资料直接结合的生产方式，一方面造就了以资本为核心的工厂制度，另一方面造就了大批自由劳动力，也即雇佣劳动者的过程。这个过程是资本主义生产方式，即劳动被迫受雇于资本的生产方式的生成过程，因此叫做资本的“原始积累”。在这里要格外强调一个理论命题：“原始积累”过程积累的不是钱，不是财富，而是一种生产方式，是一种不断被再生产出来的生产关系。

【18-3-2】作为小生产者的农民和土地分离，这是不是历史的进步与必然？如果答案是肯定的，那更为重要的是，我们中国能否走出一条不以劳动者的痛苦和尖锐的社会阶级对立为代价的城市化、工业化之路？

我们不在这个政治经济学的基本概念上过多延伸。重要的是，作为小生产者的农民和土地分离，通过企业、工厂、城市等媒介物，形成与生产资料的新的结合方式，成为社会化大生产和工业化的参与者，这是不是历史的进步与必然？如果答案是肯定的，那更为重要的是，我们中国能否走出一条不以劳动者的痛苦和尖锐的社会阶级对立为代价的城市化、工业化之路？

这个问题才是中国农民工住房问题的实质，才是中国城市化进程所面临的真正挑战。

我们多次说过，在男耕女织、自给自足的自然经济、小生产基础上，我们绝对建设不起一个强大的经济体，绝对不会有让中国老百姓都过上现代化生活的物质基础。城市就是打破小生产、采用现代科学技术、发展社会分工的必然产物。可以毫不含糊地说，农民和土地分离是城市化的必然趋势、必然要求。马克思在尖锐地批判“羊吃人”的过程中，同样明确指出，工业化造就的自由劳动制度、工厂制度以及城市化进程是不可避免并且符合客观规律的。为什么呢？因为生产力的进步是不可阻挡、不以人的主观意志为转移的。我们曾说过，马克思在经济学上的最重要贡献之一，就在于他把历史唯物主义、辩证唯物主义思想引入了经济学。对“圈地运动”的认识，就是这种思想的体现之一。

【18-3-3】我们的任务，就是要找出一条和谐渐进、符合中国国情、让社会成员能够共同分享好处的，而不是让一部分人承担痛苦和风险、让社会充满危机的城市化之路。

以上的话，并无任何为资本的野蛮辩护之意。那是什么意思呢？我们不能指望通过“退回去”的方式避免社会痛苦。田园诗式的“桃花源”只能是一种幻想，而不可能成为最终的民族振兴之路。我们的任务，就是要找出一条和谐渐进、符合中国国情、让社会成员能够共同分享好处的，而不是让一部分人承担痛苦和风险、让社会充满危机的城市化之路。

找到这样一条路并不容易。

在欧洲的工业化兴起之后，世界上很多国家在自己的工业化进程中都先后面临了对小农经济进行改造的问题。苏联尝试了集体农庄方式，结果随着公有制的解体，资本最终仍旧成了土地的统治者。日本迄今坚持对小农经济进行补贴的方式，虽然一定程度上维持了农民和土地的直接结合关系，但也形成了发达的特大工业城市和凋敝农村并存的“过密化”“过疏化”格局。在其他后起国家，例如南美和亚洲一些国家，则出现了人口过度向城市集中的城乡“二元结构”。

咱们中国的情况比较特殊。特殊在哪里呢？从新中国建立以后，我们首先面临的不是瓦解自然经济，而是强化农民和土地之间的内在经济联系。为什么呢？因为在过去很长一段时间内，我们的生产力基础还停留在手工劳动为主的阶段、经济发展的首要任务还是吃饱饭。在这样的生产力基础上，调动农民的积极性、发展农业生产的最好办法，就是让农民与土地建立直接的经济联系。新中国建立之后的土地改革和改革开放初期的“联产计酬责任制”等都取得了立竿见影的生产力发展效果。但是现在不同了，现在我们需要大力推进城市化，需要让农民通过进城务工经商获取工资性收入，需要依靠“城市反哺农村”来推进新农村建设。中国的工业化已经走到了一个新阶段。一方面，我们绝不能重走欧洲工业化过程中暴力掠夺农民土地的老路；另一方面，我们又要避免重蹈一些新兴经济体农村严重落后、城市贫困积累的覆辙。这对我们的城市化是一个新的考验。解决农民工住房问题，关键之一，就是要解决好农民和土地分离过程中的平稳过渡，实现城乡协调发展。

最近一些地方尝试通过“土地入股”的方式实现土地资源集中与保护农民长远利益的协调。不过，在实践中，这个“股”能不能买卖流通，仍然困扰着制度探索者。不过，从长远看，可以认为这种土地资本化的尝试是有生命力的，因为这个方向意味着农民的土地所有者身份与直接的农业生产者身份可以实现分离。还是前节说过的，我们现在还不能确切知道这个大题目的答案，但我们相信说了多年的两句老话。一句是，实践是检验真理的标准；另一句是，发展是硬道理。

4 “保不起”与“买不起”的矛盾需要在长期发展中化解

- 乌托邦固然美好，但我们不能立足于乌托邦式的理想。
- 大力发展中小城镇，就近实现农民宅基地与城镇住房的置换。

【18-4-1】我们不能立足于乌托邦式的理想，我们需要在现实的基础上寻求符合中国国情的发展之路。这个现实就是，在土地问题之后，农民工应当通过什么样的方式在城市中获取住房。

我们前面提到的《乌托邦》一书，不仅描述了欧洲的“羊吃人”过程，而且还设想了一个充满公平、福利和一切美好事物的理想社会。莫尔憧憬，在一个完全理性的共和国中，一切生产资料都归社会成员共同所有，生活用品按需分配，所有人都积极从事生产劳动，而且还有充足的时间从事科学研究和娱乐；那里没有酒店、妓院，更没有堕落和罪恶；他甚至提出了婚姻自由、安乐死、尊重女权、信仰多元等充满社会革命色彩的理想。不过莫尔也没能走出局限，他设想出现战争时，乌托邦会去雇佣其他国家的雇佣兵而不使用本国公民。莫尔对这个理想国的设想，后来成为空想社会主义的起源摹本。

乌托邦固然美好，但那是一个无法实现的理想社会。我们希望造就一个以人为本、和谐发展的社会，但不能立足于乌托邦式的理想。我们需要在现实的基础上寻求符合中国国情的发展之路。这个现实就是，在土地问题之后，农民工应当通过什么样的方式在城市中获取住房。

【18-4-2】农民工大多从事的都是低端的就业岗位，不大可能积累起买得起房子的钱。除了城乡接合部土地被城市征用的农民外，我们的城市财力尚远不足以为数以亿计的农民工提供充分的保障性住房。

城镇居民获取住房的途径，无非是买房住、租房住或者政府提供保障房住等有限的几种。但这几种形式对农民工来说，除了租房住外，其他都不具备现实的普遍意义。

2009 年时，我们曾对进城农民工的住房问题做过一个有一定代表性的调查。打算在城市中买房，并且买得起商品房的人所占比重微乎其微。这个结果是预料中的。因为人们很容易理解，农民工大多从事的是低端的就业岗位，不大可能积累起买得起房子的钱。那由政府提供保障房如何？也不现实。除了城乡接合部土地被城市征用的农民外，我们的城市财力尚远不足以为数以亿计的农民工提供充分的保障性住房。

这个“买不起”又“保不起”的矛盾，需要一个长期的发展过程才能化解。从目前研究看，需要政策鼓励、支持的思路主要有以下几条。

一是鼓励雇主提供住房。实际上，目前一些劳动密集型的制造业采取这种方式的比较多。另外，城市中一些小企业也有不少从租赁市场租房供雇员居住的。

二是政府建设专门的公共租赁住房。前面说过，一些地方的开发区大都采取这种方式。

三是大力发展中小城镇，在县城和中心镇等地加快土地制度的改革，就近实现农民宅基地与城镇住房的置换。

四是规范和加强城乡接合部农民出租屋的管理，允许农民有管理地建立专门满足外来农民工居住需要的租赁市场。

第十九讲

节约资源是个大战略

20世纪60年代末，一个旨在研究“全球性问题”的国际民间学术团体在意大利的罗马成立。这个学术团体就是鼎鼎大名的罗马俱乐部。1972年，罗马俱乐部发表了它的第一部研究报告《增长的极限》。在这份报告中，罗马俱乐部最先提出了人类即将面临资源枯竭的警告。罗马俱乐部认为，由于不可再生资源的有限性，人类必须立即使世界经济进入“零增长”，否则到20世纪末，人类赖以生存的石油、天然气就将被消耗殆尽，世界将面对末日灾难。仿佛为验证罗马俱乐部的预言，1973年，世界恰好爆发了第一次石油危机。由此，罗马俱乐部的警告在全球引起了极大关注。《增长的极限》这本书被翻译成三十多种语言，卖出了三千多万册。当然，后来世界经济的实际发展证明，罗马俱乐部的预言是过于悲观了。从20世纪70年代以来，世界经济不仅并未进入“零增长”，还出现了以中国、印度等新兴经济体为代表的世界“第二次工业化高潮”。另一方面，人类现在已掌握并可供开采的不可再生能源储量反而比罗马俱乐部预言时更多。但罗马俱乐部最先提出的“可持续发展”概念、把全球看成是一个整体的系统思想、人类必须自觉保护环境和资源的呼吁等都引起了全世界的高度重视。人类面对“全球性问题”的时代已经来到了所有国家面前。

2008到2009年，全球爆发了一场“活着的人谁都没见过”的世界金融危机。迄今，人们对这场金融危机的原因作出了各种各样的分析，例如资本的贪婪、衍生品市场缺乏监管、世界范围的流动性泛滥等。这些分析都有道理，但都流于表面。最本质的原因是什么呢？是资源在全球范围内的重新配置。

在过去二百多年世界工业化历史中的绝大部分时间内，支持工业化的各种资源，以及技术进步所带来的各种成果，实际上主要为发达国家的人群所享有。目前所谓“发达国家”一共只有11亿多人口，而全世界则有70多亿人口。在20世纪80年代之前，全世界的石油、天然气、铁矿石以及别墅、高速公路、私家车、空调、喷气式客机、电脑、互联网等，主要是供当时发达国家的7亿多人口享有的。1980年，美国一共有2.3亿人口，一年要消耗8.5亿吨石油；要知道，当年全世界的石油产量一共才30亿吨。但从20世纪80年代末、90年代初开始，13亿人中国人、10亿印度人，还有1.6亿巴西人和4000万南非人等，就是所谓的“新兴经济体”国家，也要加入这个叫做“工业化”的俱乐部。20世纪80年代末，中国的老百姓大踏步地进入了“冰箱彩电”时代。五年左右，我们就在城市中普及了冰箱、彩电。90年代初，中国有了第一条高速公路，即“沈大高速”；2019年中国的高速公路通车里程已达14.96万公里，远超美国的9.59万公里而居世界第一。2002年可称是中国的“汽车元年”，那一年中国私人购车第一次超过公务、商务用车；2019年中国私人轿车保有量达1.37亿辆。

1980年中国的钢产量只有3700万吨，在世界总产量中所占比重不过区区5%；2019年，中国钢产量达到9.96亿吨，全世界其他国家的钢产量加在一起也没有咱们中国一个国家的钢产量大。

这样一来，一个明显的事实就摆在了世界经济面前。什么事实呢？世界上这么多人都要用家电、开私家车、跑高速路、住好房子，全世界的资源远不够分的了。原来主要满足发达国家需要的资源，现在要由多得多的国家和人口来分，这个不平衡仅仅靠渐进式的调整不能实现了，就得靠强制性的危机性调整来实现。油价暴涨解决不了问题，迫使人民币升值解决不了问题，热钱到处乱窜解决不了问题，发美国国债向全世界借钱也解决不了问题，最后不管人们愿意不愿意，就只能由市场用自己的方式，也就是“全下岗、重上岗”的危机方式来解决问题了。这才是这场金融危机深层次的根源。

这一讲，我们就要认真地议一议中国的资源和住房之间的关系。

1 我们面对的是地大物“薄”的国情

- 妨碍老百姓改善住房条件的最主要障碍是资源匮乏的约束。
- 我国所面临的资源约束比任何一个大国都要大得多。
- 在我国的资源禀赋中威胁最大的是油气资源短缺。
- 在过去近 20 年中，我国每年石油消费的增量部分几乎全部都要依赖进口。
- 我国的重化工业仍要向沿海一带集中，因为要吃进口矿。

【19-1-1】我们不得不坦言，中国实在算不上一个“物博”的国家。不仅“物”不“博”，应当说我们是一个自然资源匮乏的国家。我们恐怕得把那个广博的“博”字换成薄厚的“薄”字，叫做“地大物薄”才对。

妨碍老百姓更快改善住房条件的最主要障碍是什么？估计很多人会说，是高房价。这个说法并不错。房价与人们收入之间的尖锐矛盾的确是重要妨碍之一。但这还不是最根本的。一个显然的事实是，随着中国的经济发展，我们的城市住房一定会越盖越多，老百姓的收入一定会不断增长。在供给增加和购买力不断增长的基础上，房价和收入之间的矛盾一定会趋于缓和，而不是相反。

那么，什么才是最根本的障碍呢？资源。资源匮乏的约束。

大家上小学时，老师一定教过你，说我们的祖国是个地大物博的国家。现在看，“地大”还不存在争议。960多万平方公里土地，虽然不是世界第一，但起码也是辽阔的大国。人多更无疑义：14亿人口，世界第一。唯独“物博”这两个字，我们真的担当不起。我们不得不坦言，中国实在算不上一个“物博”的国家。不仅“物”不“博”，应当说我们是一个自然资源匮乏的国家。我们恐怕得把那个广博的“博”字换成薄厚的“薄”字，叫做“地大物薄”才对。

【19-1-2】我国的淡水资源人均占有量仅为世界人均的四分之一，居世界第121位；我国耕地面积只占全世界耕地资源总量的7%，而我国的人口占世界人口的22%。

一个国家的资源禀赋是不可改变的自然状况，是不以人的意志为转移的事实。我们重点说自然资源。

中国的资源状况如何？

人类生存要依赖两个最基本的资源。一个是水，一个是土地。

从水资源看，我国是世界上13个贫水国之一。我国的淡水总资源虽位居世界第六，但人均占有量仅为世界人均的四分之一，居世界第121位。我国的北部和西北很多地区，最大的经济发展难题就是缺水。我国每年平均干旱面积达4亿亩，缺水300亿立方米。正因如此，我们不得不启动一个非常巨大的可持续发展工程，叫做“南水北调”。把长江水调到北方一些地区来。不仅农业生产严重缺水，很多重要的经济中心城市、工业城市都依靠对地下水的“超采”来维持运行。进入21世纪以来，我国有400个城市存在供水不足的问题，缺水量达60亿吨。农村居民生活和农业也严重缺水，目前农村居民仍有4000万人饮水困难。

国土面积不等于可经济利用的土地，特别是可耕地。中国的国土面积中，高山、荒漠化地区等不适宜人类居住的占大多数。在从 2000 年起就启动的西部大开发战略中，我们不是要把东部地区的人口西迁，反而要努力把西部一些自然生态环境脆弱地区的人口迁出来。我国的最大国情是人多地少，目前耕地面积只占全世界耕地资源总量的 8%，而我国的人口占世界人口的 18%。不仅如此，我们今后的发展方向还不能是开垦荒地，反而要大量的土地资源“还荒”。非如此不能实现我国国民经济的可持续发展。

【19-1-3】从 20 世纪 90 年代后期的“九五”计划以来，我国在资源勘探上的投入力度和规模比此前任何一个时期都要大得多。我们得承认，我国的自然矿产资源是相当匮乏的。从目前的勘探结果看，一个基本结论是，支持工业化的 45 种主要矿产品，我国有 25 种严重短缺。

咱们再重点说说和城市化、和住房建设密切相关的自然矿产资源状况。

我国国民经济的战略发展有个心腹大患：我们所面临的资源约束比任何一个大国在工业化过程中所受到的约束都要大得多。从 20 世纪 90 年代后期的“九五”计划以来，我国在资源勘探上的投入力度和规模是比此前任何一个时期都要大得多的。不仅投入大，取得的成果也是最多的。但是即或如此，我们还是得承认，我国的自然矿产资源是相当匮乏的。从目前的勘探结果看，一个基本结论是，支持工业化的 45 种主要矿产品中我国有 25 种是严重短缺的。

这 45 种矿产品并不是我们自己定的，而是全世界公认的。这些完成工业化不可缺少的资源包括黑色金属、有色金属、石油、煤炭、稀土等多方面。在这其中有 25 种，我们是严重短缺的；而且这 25 种还不是小矿种。每一样都是致命的、至关重要的。

中国的钢铁业需要依靠进口矿石，这不是短期、偶然的现象。从长期看，更多地吃进口矿已成定局之势。从 2004 年起，我国的铁矿石供给中超过一半要依靠进口。为什么呢？这不仅是因为我们的铁矿资源少。中国的铁矿资源虽然少，但还是有一些的。铁矿的储量比石油强一些。但我国的铁矿大多品位低、杂质多，无法满足生产高精尖产品的要求。在我国的铁矿储量中，难以直接利用的贫矿占到80%以上，含铁平均品位只有33%。目前世界上铁矿资源富集的国家主要是澳大利亚，我们进口的优质铁矿石主要是“澳矿”，另外还有南非和南美一些国家也是铁矿石主要出口国。在金属矿产资源中，铁矿石的短缺还不是最严重的。我们的有色金属资源比黑色金属更不乐观。除了少量的小金属我们富裕一点外，铜、铝等大量需要的矿产资源我们都是匮乏的。目前已知范围内，我国铜资源的人均储量只有18.3公斤。这个指标只相当于世界平均水平的15%，相当于美国的12%，加拿大的8%，俄罗斯的4%。从1996年起，我国就有2/3以上的铜需要进口。我们的铝土资源比铜矿还短缺。我国人均铝土矿资源只有714公斤，只相当于世界平均水平的16.9%，而且我们自己的铝土矿几乎全部为很难选、冶的硬铝石。目前我国的氧化铝需求已有一半以上依赖进口。

【19-1-4】我们的后备资源只有人均2.5吨。人均2.5吨又是个什么概念呢？如果我们的人均石油消耗量达到美国现在的水平，把全部后备资源包括边角余料都采出来，也只够我们用10个月的。

再重点说说能源。

2019年，我国一次能源生产总量达39.7亿吨标准煤。标准煤是把各种一次能源形式，例如煤炭、石油、天然气、水电、核能等都按热值折合后的一种计量单位。应当说，我国的能源产量增长速度是惊人的。1980年我们的一次能源总产量只有6.4亿吨，2000年也只有13.5亿吨。我国自己的能源生产规模和产量增长速度的确是骄人的。但依赖于自然禀赋的能源产业发展，核心问题还不是现有生产能力有多大，而是未来有多少资源可采。

我国的能源家底是怎样的呢？

在我国的资源禀赋中，对国民经济威胁最大的是油气资源的短缺。从1996年起，我国就已经成为石油净进口国。2002年我国的原油进口总量是6941万吨，2010年为2.38亿吨，2019年达到5.06亿吨！与进口量大幅增长形成对照的是，2002年我国自产原油1.67亿吨，2010年2.03亿吨，2019年1.91亿吨，始终在两亿吨上下徘徊。显而易见，过去近20年我国油气消费的增量部分几乎全部是依靠进口。从长期看，在未来的发展过程中，如果东海、南海的国际争端能够解决，海上石油有明显的突破，我国的石油产量或许会有微弱的正增长；如果海上石油没有大的进展，未来20年我们恐怕连这两亿吨的产量也保不住。为什么？因为我们没有后备资源可采。现在即便我们加大开发力度，有更多的资金投入到石油产业中去，石油产量也很难增长。这是我们面临的最尴尬之处。

从理论上来说，我国陆基石油已探明储量为220亿～250亿吨。但是已探明储量并非都是可采的。通常探明储量最多只有三分之一可用于工业开采，叫做已探明可采储量。我们已探明可进行工业开采的储量只有35亿吨。这个数字是个什么含义呢？我们有14亿人口，用人口数一除，我们的后备资源只有人均2.5吨。人均2.5吨又是个什么概念呢？如果我们的人均石油消耗量达到美国现在的水平，我们把全部后备资源包括边角余料都采出来，也只够我们用10个月的。

煤炭的后备资源储量如何呢？目前在我国的一次能源构成中，煤炭超过四分之三，油气能源加在一起只占12%左右。“以煤为主”的结构是一种很不利的能源结构。在国际经验中，还没有一个大国以煤为主力能源完成工业化的先例。但我国的资源结构决定，我们自产能源增长几乎只能靠煤。我国一次能源产量中煤炭所占比重从1980年的69.4%一直保持到2019年的68.5%。煤这种能源形式有很多缺点，如热值低、灰分大、运输量大、对环境破坏严重等。但大家别以为我们的煤很多。我们中国的人多，按照人均水平一算，我国的人均煤炭资源占有量只相当于世界平均水平的三分之二，美国的七分之一。

【19-1-5】西部的资源前景远不乐观。除去早就探明的一些大江河上游的水力资源外，西部几乎没有找到什么特别值得夸耀的资源。至少没有找到任何一种资源，其储量能够根本影响我国某种资源的前景。

我们不是现在才知道中国是一个自然资源禀赋很差的国家的。多年来，我们一直希望能找到更多的地下矿产资源，一直希望能有奇迹出现。

我国从2000年初开始，启动了一个叫做“西部大开发”的区域战略。当时启动这个战略出发点就是，希望占国土面积60%的西部十二省区能够成为我国的后备资源产地。但希望归希望，现实归现实。仅仅四五年后，到“十五”计划中后期，也就是2004年左右，我们就清楚地知道，西部的资源前景远不乐观。除去此前早就探明的一些大江河上游的水力资源外，西部几乎没有找到什么特别值得夸耀的资源。至少没有找到任何一种资源，其储量能够根本影响我国某种资源的前景。这个判断不是主观随意地得出的，是有比较充分的客观依据的。

我们曾经设想，将钢铁、有色、化工、石油等一些传统基础产业向西部转移，东部一些较发达地区让出这些产业。比如上海就曾设想逐步淘汰钢铁、石化等高资源指向型的产业，专门发展高科技、金融等产业。2008年，我们已经确认，上海的战略重心是“国际金融中心”和“国际航运中心”。上海成为国际金融中心，这人们很容易理解。但为什么上海要建成国际航运中心呢？道理很简单，我国的重化工业仍要向沿海一带集中，而且是向东南沿海一带集中，因为要吃进口矿。吃进口矿就得向沿海具备港口条件的地方集中布局。这个港口条件还不是靠海就行，还得是能停靠30万吨以上矿船的深水港，因为依靠进口矿石时，必须用30万吨以上矿船，运费才经济。如果大船倒小船，小船倒火车，这样折腾几番后，运费就已经决定了其产品的成本不会有国际竞争力。现在大家知道，上海已经建成了一个超大型的深水港，就是吴淞口外的洋山港。在那里建港还得修一座17公里的跨海大桥。不仅如此，我们还在杭州湾上修建了一座世界最长的跨海大桥。为什么修这个桥呢？因为宁波是我国海岸线上少有的天然深水良港。这些投入，都是为了大量进口海外资源准备的。辽宁是我国钢铁和石化生产能力的主要聚集地。近年来，大连声称要把自己建成东北亚国际航运中心，其实主要就是要通过人工疏浚，建成能够停靠30万吨矿船的深水泊位。

2 资源之争已成为国际竞争的主战场

- 世界上的大国都已经参与到一场资源战争中去了。
- 涉及我们的重大利益，我们是决不会轻易退缩的。
- 世界石油市场上的暴涨暴跌是被人操纵的。
- 我国国民经济运行的平稳程度已经愈来愈多地受到国际竞争的影响。

【19-2-1】一些年来国际上的政治、经济以至历史遗留问题引起的对抗、冲突始终不断，几乎所有引人注目的事件背后都有资源争夺的背景。

进入21世纪，世界面临三大竞争。一是饭碗之争，也就是对就业岗位的竞争；二是资源之争，就是对全世界有限资源展开新一轮大国竞争；三是货币定价权之争，货币定价权实际上决定着股价、债市、汇市的价格，决定着全球资产配置的主动权。世界金融危机把这三大竞争推到了激化的程度。我们仔细琢磨一下，金融危机中一切现象，背后实际上都是围绕这三大竞争展开的。

这三大竞争并非因金融危机才存在、才发生。我们多次用了一个时间界定词，“进入21世纪以来”。以资源为例，过去一些年中全球因政治、经济以至历史遗留问题引起的对抗、冲突始终不断；但几乎所有引人注目的事件背后都有对资源争夺的背景。2008年7月国际油价暴涨到每桶147美元，2009年1月又暴跌到34美元；为什么？不是价格和供求关系的问题，是大国对资源控制权的竞争导致。日本为什么要把自卫队升格为“自卫军”？真实意图和东海石油问题密切相关。前些年，俄罗斯对欧盟、北约、美国持很强硬态度，凭什么？凭在资源上的优势。2003年的伊拉克战争、最近几年日益尖锐的伊朗核问题、俄日间不断提起的“北方四岛”问题等，无一不和潜在的资源利益、石油利益密切相关。世界上的大国，包括美国、英国、俄罗斯、德国、法国、日本，也包括中国，都已经参与到一场世界范围的资源战争中去了。在一个没有硝烟的领域，正在进行一场以获取资源为目标的竞争与对抗。

【19-2-2】西方大石油公司很眼红，就总想把中国人挤走，好让他们来独霸这块优质资源。正好那里又爆发了一次比较严重的种族冲突，这些西方政治势力就把“屎尿盆子”硬扣到中国人头上。其实就是想让我们把“肥肉”让出来给他们吃。

再举个例子。2008年北京奥运会之前，国外一些政治势力掀起一股“抵制”北京奥运会的风潮，借口是什么“达尔富尔人权危机”问题。这个事件究竟和中国有什么关系呢？达尔富尔是苏丹的一个地名。这个地方有石油。全世界都已经注意到，在海湾石油、俄罗斯石油之后，非洲可能是一个新的石油富集地。但 2001 年美国在“9·11”事件之后曾宣布过一个“黑名单”，说这个名单上的国家或者组织都是恐怖国家或恐怖组织，美国将可能不经宣布就对这些国家或组织采取打击行动。苏丹就在这个黑名单上，由此成为国际地缘政治上的高危地区，那些国际石油垄断资本一时未敢贸然进入。在这个时候，我们的中石油果断买下了这个位于达尔富尔的油田，并且取得了非常好的经济效益。

达尔富尔的人权危机是怎么回事呢？那个地方土著的黑人和过去很长时间以来陆续迁入的阿拉伯人之间，因为土地资源、水资源等问题一直存在着尖锐的矛盾，经常爆发种族冲突。这个矛盾由来已久，本来和中国人、和北京奥运会没有任何关系。这个种族冲突既不是中国人引起的，我们也未牵扯进去。

在中石油进入这个地区采油，并且取得很好效益后，西方大石油公司很眼红，就总想把中国人挤走，好让他们来独霸这块优质资源。正好那里又暴发了一次比较严重的种族冲突，这些西方政治势力就把“屎尿盆子”硬扣到中国人头上，说你看，你们中国人要不到那里采油，他们哪里有钱买新型武器互相残杀呢？你们中国人应当对那里的人权危机负责。其实就是想让我们把“肥肉”让出来给他们吃。

后来这个事件怎么平息的呢？为不影响奥运，我们派了一个特使去苏丹，任务就是由中国人出钱，对两边劝和。从这个事件中也可以看出，在这场国际石油竞争的较量中，存在着多么复杂、尖锐的矛盾。当然，我们中国人也不是那么软弱好欺负的，涉及我们的重大利益，决不会轻易退缩。

【19-2-3】期货市场本来是人们在市场经济中发明出来规避风险的一种工具。人们可以在生产投入之前，就以一定的价格先把将来才能生产出来的产品卖掉，锁定价格，期货是规避价格风险的工具。可人们没想到，这个规避风险的工具被发明出来以后，又演变成了放大风险的杠杆。

进入21世纪以来，由于种种原因，国际石油价格多次呈现极端的暴涨暴跌走势。很多人惊呼：“第三次石油危机就要来了。”这种说法有些过度夸张。国际油价的变化并非真的是由石油供求失衡引起的。

国际油价变动并不是什么新鲜事。仅在过去二十年内，国际油价就曾经历过多次暴跌暴涨、暴涨暴跌的反复波动过程。1999年1月时，国际油价曾跌破了10美元一桶的12年来历史低位。到2008年7月，因为美国又扬言要打伊朗，国际油价暴涨到了147美元一桶。为什么在过去几年中世界石油市场上会反复出现价格的暴跌暴涨、暴涨暴跌？因为这个市场是被人操纵的。被什么人操纵呢？被三个大的国际资本集团。

这三个大的国际资本集团，一个叫国际垄断资本，就是我们在20世纪70年代以后已经很熟悉的那些石油跨国公司。当前国际上资源富集的大油田仍主要掌握在西方的国际垄断资本手中，世界前20家大型石油公司垄断了全球已探明优质石油储量的81%。这些跨国公司不仅垄断了全球最富集的油田资源和最主要的石油生产能力，而且把他们的触角延伸到了流通领域，在石油市场上翻手为云、覆手为雨。其代表就是埃克森美孚、壳牌、BP、道达尔等。

再一个大的国际资本集团是国际投机资本，就是在亚洲金融危机之后人们渐识“庐山真面目”的索罗斯之流。索罗斯们掌握的“对冲基金”专门进出国际上的各种虚拟市场，比如股市、汇市、期市、油市等，在那里兴风作浪。

在国际投机资本背后是第三个大的国际资本集团：国际金融资本，就是那些西方大银行。近年来国际金融市场的每一次波动，背后都有国际投机资本和国际金融资本相互联手的影子。怎么联手呢？也给大家说点经济学知识。

我们经常说到的石油价格，实际上指的都是石油期货价格。期货就是一种一手钱没有一手货的交易，一种远期交割的买卖。期货市场本来是人们在市场经济中发明出来规避风险的一种工具。在市场价格波动大的产品市场中，人们可以在生产投入之前，就以一定的价格先把将来才能生产出来的产品卖掉，锁定价格，这叫“套期保值”。期货交易是规避价格风险的工具。可人们没想到，这个规避风险的工具被发明出来以后，又演变成了放大风险的杠杆。

期货既然是远期交割，人们很快发现，这个交易实际上可以先买后卖，也可以先卖后买；而且买卖双方实际上也不需要每笔交易都真的到期交割，因为人们只要在合约到期之前做一个与自己持仓方向相反的交易，结算差价就行。例如买进一手合约的石油，只要在到期之前再卖出一手合约的石油来对冲，结算差价即可。

这个发现可不得了。从此以后，石油期货市场上的价格就变得和实物层面的石油供求关系完全脱节了。买油的并不真的需要油，卖油的也不真的有油可供。假定说，将来某一天全世界只有一桶石油可供交割，但每天持有那天交割的石油期货仓单仍然可以有无限多桶，因为不论赔赚，只要在交割期前对冲平仓即可。双方赌的就是未来石油价格的涨跌。而石油价格的涨跌也不再取决于实物层面的供大于求还是供不应求，而是取决于在期货市场上看多和看空的双方谁的钱多。谁的钱多，持仓量就大，价格就听谁的。你想想，这个市场的价格还有谱吗？油价在 2008 年 7 月暴涨到每桶 147 美元，在世界金融危机并发后的 2009 年 1 月暴跌到 34 美元一桶，半年时间内价格的暴涨暴跌，和实物层面的供不应求和供大于求其实完全无关。

【19-2-4】十年前，美国在世界金融危机后的“量化宽松”货币政策就曾给我们出过一个“两难”的问题。什么“两难”呢？当时我国要么被迫承受石油等资源进口价格上涨，从而忍受通胀的压力；要么允许人民币大幅度升值，从而忍受对出口产业价格竞争力的抑制。

2010 年，影响国际油价的一个新的重大因素又引起了人们的广泛关注。大家可能听说了，美国为尽快走出金融危机的阴霾，实行了一个叫做“量化宽松”的货币政策。什么叫做“量化宽松”呢？其实就是美联储超量增发货币。美元超量增发，等于往美元资产中“掺水”，由此就引起了美元贬值。美元贬值和油价有什么关系呢？大家应当注意到，我们所说的油价，都是用美元标价的。因此实际上，在很多时候，未必是油价真的变动了，而是美元自身的币值变动了。美元对国际主要货币贬值，就表现为油价涨。因此，国际石油价格变化其实在很大程度上是美元币值波动的反映。

人们可能听说过“货币战争”的说法。这不是传说，货币战争已经实实在在地发生了。十年前，美国在世界金融危机后的“量化宽松”货币政策就曾给我们出过一个“两难”的难题。什么“两难”呢？当时我国要么被迫承受石油等资源进口价格上涨，从而忍受通胀的压力；要么允许人民币大幅度升值，从而忍受对出口产业价格竞争力的抑制。道理很简单。美元贬值导致石油、粮食等大宗商品价格暴涨，自然会传导到中国，形成一种叫做“输入型、成本推动型”的通胀。中国要想抵制这种来自外部因素的通胀也容易，人民币大幅度升值就行。例如石油价格 70 美元一桶时，如果美元和人民币的比值关系为 1∶7，那我们买一桶石油需付 490 元人民币；石油价格涨到 80 美元一桶，如果人民币升值，和美元的比值关系变为 1∶6，那我们买一桶石油只需付 480 元人民币，反而可以省 10 元。大家想想，如果 1 桶油多要我们 1 美元，一吨石油就要多付 7 美元（一吨石油大约合 7.3 桶），我们进口五亿多吨石油得多付多大代价！近年来，人民币汇率呈现出升值和贬值的反复交替，其背后也是日益尖锐的国际竞争影响。

3 中国必须走资源节约型的住房改善之路

- 中国的工业化进程不断加速的确让国际上一些人不舒服。
- 中国的工业化已经发展到必须突破有限资源限制的阶段了。
- 生活改善引起的资源需求是呈几何级数增长的。
- 我国在越来越大的程度上依赖进口，买资源是不可避免的。
- 对我国石油安全威胁最大的因素是国际市场的价格风险。

➲ 我们唯一的选择就是必须走一条资源节约型的住房改善之路。

【19-3-1】世界上关于“中国威胁论”的说法日益甚嚣尘上，大概有几十种版本。有说“中国正在抢全世界饭碗”的，有说“中国正在非洲推行新殖民主义”的，有说“中国是气候变暖的祸首”的。其中最耸人听闻的，是说“中国正在耗光全世界的资源”。

进入 21 世纪之后，世界上关于“中国威胁论”的说法日益甚嚣尘上，大概有几十种版本。有说“中国正在抢全世界饭碗”的，有说“中国正在非洲推行新殖民主义”的，有说“中国是气候变暖的祸首”的。其中最耸人听闻的，是说“中国正在耗光全世界的资源”。

说“中国耗光全世界资源”，和“中国人抢全世界饭碗”一样是并无根据的无端指责。为什么呢？简单数据就可以说明。

前面说到过，2019 年我国一次能源生产总量达 39.7 亿吨标准煤，同年我国一次能源的消费量是 48.6 亿吨标准煤。也就是说，我国能源需求中有 8.9 亿吨标准煤是进口的，进口能源在我国一次能源消费总量中所占比重是 18.3%，我国能源供给的主体仍是自产。另一方面，中国不仅是能源消费大国，而且还是能源生产大国。根据国际能源署（IRA）发布的《世界主要能源统计》（KWES）中数据，在 2017 年时，中国一次能源产量在全球产量中的占比为 22%。也就是说，我国能源产量对全球的贡献率并不低于我国人口在世界人口中的占比。我国 14 亿人口，2019 年，我们一年的石油消耗量为 6.60 亿吨。美国 3 亿人口，一年消耗 9 亿吨以上的石油。中国的人均石油消费量远远低于美国。

中国的工业化进程不断加速，的确让国际上一些人不舒服。中国人过好日子，发展经济，碍他们什么事呢？因为他们担心中国成为其强劲的竞争对手。说中国的工业化正在耗光全世界的资源，是没有根据的。

【19-3-2】中国老百姓的生活改善正在从“衣食”为主向“住行”为主转变。如果我们14亿中国人的城市化率、住房水平和汽车普及程度达到美国现在的水平，那的确是全世界的能源都给中国用也不够。

驳斥国际上一些人对中国的无理责难是一回事，充分认识中国经济发展与资源之间的矛盾是另一回事。我国的经济发展对国际资源的依赖程度在不断加深，这确实是一个事实。一个14亿人口的大国，不可能像日本当年那样主要依靠外部资源就能度过工业化、城市化阶段。

一个简单的估计就能说明问题。进入21世纪以来，中国老百姓的生活改善正在从“衣食”为主向“住行”为主转变。从世界金融危机过程中让全球目瞪口呆的中国车市火爆，到社会对住房市场的普遍关注，已经可以清楚地证明这一点。如果我们14亿中国人的城市化率、住房水平和汽车普及程度达到美国现在的水平，那的确是全世界的能源都给中国用也不够。美国人均年消耗石油3吨，全国每年消耗9亿吨石油。全世界一年的石油产量只有40亿吨。我们有14亿人口，要是中国的人均石油消耗水平达到美国现在的水平，那得42亿吨石油才能满足中国的需要。这显然是无论如何办不到的事。

中国正处于工业化、城市化的高潮阶段，根据客观规律和国际经验，这个阶段叫做“高资源指向”阶段。中国的工业化已经发展到必须突破有限资源的限制、获取更大资源支持的阶段了。我们前面说到，机器体系的普遍应用不仅带来了生产效率大规模提高，而且一定会带来对资源的大规模消耗。不仅如此，这个阶段还要大规模建设城市，改善基础设施。过去一些年中，高速公路、高速铁路的建设是最引人瞩目的发展成就。老百姓生活改善的体现形式之一就是“有房有车”，以致北京等特大城市不得不用“控牌”限购来减缓车辆增长。住房建设就更是明显。房地产之所以引人瞩目，就因为人民群众对住房改善的要求已经非常强烈。从2005年到现在，每年欧盟主要城市的住宅竣工总量加在一起，都比不上北京或者上海一个城市的竣工总量大。所有这些，都一定会导致对能源、资源需求的快速增长。

【19-3-3】面对资源压力，近年确有声音说，如果我们回到20世纪六七十年代去，让人们都去“学大寨”，上虎头山去战天斗地，修水平梯田，不就不会有这些资源问题、环境问题了吗？这个回头路万万走不得。

大家想想，哪一公里的高速路、哪一平方米的住房不得是钢筋水泥堆起来？工业化、城市化发展到现在这个程度，一定需要大规模自然资源投入支持。

不仅经济建设与经济发展需要资源的高投入，而且生活改善引起的资源需求更是呈几何级数增长的。咱们就以居住耗能为例。

40年前，一户居民家庭住一间房子时，电力需求也就一到两盏灯。那时一个居住多户居民的宿舍区、大杂院都不用装分户电表，收电费时数灯头就行。到一户居民住两间房子时，冰箱彩电就成了普及性的家电用品。到一户居民住三间房子时，空调、电暖器、微波炉、电热水器、除尘器等各种电热器具、动力器具就全用上了，电吹风、电饭锅、电熨斗等小家电更是数不胜数。现在家庭住房装修，没有人能说清你们家一共需要预留多少电源插座。

广东过去不管夏天多热，祖祖辈辈都没有用过什么“空调”。广东在建筑分区上叫做“冬暖夏热”地区，由于冬天不冷，建房子从来不需要考虑内外保温。只要能够遮挡强烈的阳光紫外线辐射，能够通风防霉变，在沿海地方能够结实到别让台风吹跑了，那就是好房子。现在不行了。广东早就普及了空调，连卖盒饭的大排档都得在门上写“空调开放”，否则连农民工都不进去。广东地区一年中，仅使用制冷空调的时间就有八个半月。从完全不用空调到家家户户普遍用空调，我们一共只用了十余年时间。仅此一项电力需求的增长速度得多快？

我国另一个经济发达地区是长三角。在历史上，我国长江中下游地区的住房是不设取暖设施的。那里冬天屋子里冷不冷呢？冷啊。而且是潮湿的阴冷，冬天的室内温度也就是 5 到 8 度，尽管冻不死人，但被褥冰冷，手都要冻裂口。以前贫困，人们也就只好忍受了这种袭人骨缝的阴冷，家里有老人、产妇，最多用个炭火盆。现在不行了。人们说，凭什么北方地区室内暖气的温度烧不到 18 度就可以找市长投诉，我们就得忍受 5 到 8 度的低温呢？于是冷热空调、电暖器、红外线取暖器、电热毯等各显神通，家家户户都已经充分普及。长江中下游，那可是中国人口最稠密的地区。

在前些年，我国多次出现煤电油运紧张，不得不拉闸限电。其中电力供应最紧张的时间，就是天气最热、居民普遍打开空调的时间。我曾经有次在夏天应上海电力的邀请去参观他们的调度室。下午五点后，电力需求的红线陡升。

既然工业化、城市化进程给我们带来这种难以应对的资源制约，那我们停止或者减缓这个进程行不行？不行。近年确有声音说，如果我们回到 20 世纪六七十年代去，让人们都去“学大寨”，上虎头山去战天斗地，修水平梯田，不就不会有这些资源问题、环境问题了吗？这个回头路万万走不得。中国走向现代化，走向世界科技发展的前沿，走向国际市场最具竞争力的地位，中国老百姓享受现代物质文明，实现城乡协调发展，这个征程绝不应停步。但实现这样的追求，注定我们得解决一个天大的难题，这就是资源约束。

【19-3-4】目前对我国石油安全构成威胁的因素还包括价格安全。我们得承认，迄今在国际油市上，我们还没有形成对价格的影响力和发言权，基本上是人家怎样左右价格，我们只能被动地防御、化解。

既然工业化、城市化是一个“高资源指向”的阶段，那发达国家这个阶段是怎么度过的呢？欧洲的早期工业化国家主要靠抢，也就是殖民掠夺。美国靠两次世界大战造就的强势美元和跨国公司实行不等价交换。战后日本的工业化、城市化高潮时，恰逢海湾石油大发现。20 世纪 60 年代，日本成为世界钢铁大国、1964 年举办东京奥运会、大修“新干线”、老百姓住房从战后脱困期向改善期转变等等，那时的国际油价只有不到两美元一桶。

我们今天也走到了这样一个不可回避的历史阶段。我们不可能重走发达国家的掠夺之路，也不能指望 20 世纪 60 年代初中期世界“石油大发现”的历史机遇重现。我们怎么办？

一个显然的选择是“买”。更大程度地参与到国际市场中去，通过符合游戏规则的交换来分享全球的资源。应当说，买是个不错的主意。我们自己的自然资源匮乏，今后必将在越来越大的程度上依赖进口。买资源是不可避免的。以石油为例，我们可以有个比较乐观的基本判断，就是世界有油卖，中国有钱买。

先说世界有油卖。从实物层面看，别看油价剧烈波动，其实全球石油市场的供给是充裕的，供求关系的基本状况始终是供略大于求。这样一种供求关系格局包括过去几年，也包括未来一个较长时期。在可预见的一个战略周期内，即或考虑到中国以及整个亚洲的石油需求增长，世界石油生产能力仍是能够满足供应并且有余的。在今后一个较长时期内，世界石油市场上供给增长的因素要明显多于需求增长的因素。

目前国际上的石油生产能力能够保证当前条件下全球对石油的需求。很多人可能不相信这个判断。因为过去很多专家都分析说，全世界的石油资源很快就要告罄。这个分析没有错。煤、天然气、石油等一次能源，我们统称为化石能源，也称为不可再生能源。从长期看，由于石油自身的不可再生性，随着全球石油需求规模不断扩大，工业化不断普及，石油确实可能用不了几十年。但就目前的市场形势看，供求基本平衡，供略大于求的基本格局也是确实存在的。在过去 10 年中，全球已探明石油储量一直是逐渐增长的，尽管增速有一定的波动；2019 年全球已探明储量为 17383 亿桶。近年来，国际油市正在经历美国对世界最重要的产油国俄罗斯、委内瑞拉、伊朗等的严厉制裁，而油价几无明显波动并始终在低位徘徊。2019 年，曾是世界第一大石油进口国的美国，70 余年来首次实现月度数据上从净进口国转变为净出口国。

再说中国有钱买。从我国的实际情况看，长期、大比重进口石油的支付能力是具备的。在正常的市场情况下，靠买油来弥补我们的供求缺口，中国是买得起也用得起的。

买油得用外汇。中国的外汇储备情况怎样呢？1980年，我国的外汇储备是负的13亿美元；1990年，我国的外汇储备增长到111亿美元；2000年为1656亿美元，2010年为2.85万亿美元，2019年为3.11万亿美元。尽管从2017年以来因种种内外因素影响，我国的出口增速出现较为明显的滑坡，但满足资源、能源进口的外汇支付能力是不存在问题的。

更多利用海外资源，并非仅仅因为我们自己的资源有限。努力开拓国内外两个资源供给源，是加快发展国民经济、实现现代化的重要战略举措。

利用国际市场资源并不只限于买。我们从1999年就已经清楚地知道，中国能源战略的根本出路在于“走出去”。过去一些年中，我们已经在“走出去”上取得了不少的成绩。尽管迄今我们获取海外资源的规模仍不很大，但在新的国际竞争形势下，这个战略方向仍需更大力度地开拓。

石油是全世界所有经济、政治势力争夺的战略物资。目前对我国石油安全构成威胁的因素还包括价格安全。我们得承认，迄今在国际油市上，我们还没有形成对价格的影响力和发言权，基本上是人家怎样左右价格，我们只能被动地防御、化解。这也是我们不得不频繁调整国内成品油价格的重要原因。积极参与风险市场的国际竞争，也将成为我国能源、资源战略新的组成部分。

【19-3-5】我们一年的住房建筑面积要比同期所有发达国家建筑面积的总和还多。现在中国每年新建的30层以上摩天大楼数量都要相当于三个纽约。这样大的建筑总量所需的能源，包括建设过程的直接能耗和建材生产引起的间接能耗加在一起，已经成为我国能源需求增长的最大因素。

仅靠“开源”的途径有限，另一出路就是“节流”。从2006年起，我国资源、能源战略的重心，已经从“走出去战略”转变到“节约战略”。节约已成为最重要的战略。开发重要，技术进步重要，进军国际市场重要，参与产权竞争和风险市场竞争重要，但这些方面的重要性都比不上节约。

还是重点说能源。经济系统中，能源消耗的“大头”主要是三个方面，一是工业耗能，二是物流耗能，三是建筑与居住耗能。工业耗能、物流耗能我们不去延伸，只说建筑与居住耗能。

中国不仅是一个人口大国，而且是一个正处于城市化高潮和老百姓居住条件大规模改善期的建筑大国。在过去二十年中，我国城乡每年新建房屋面积高达 20 亿平方米以上。连续多年，我们每年的住房建筑面积都要比同期所有发达国家建筑面积的总和还多。这还只是住房。事实上中国每年的体育场馆、星级酒店、高层写字楼、大型商厦、医院、学校等公共建筑建设总量也是世界第一。现在中国每年新建的 30 层以上摩天大楼数量都要相当于三个纽约。这样大的建筑总量所需的能源，包括建设过程的直接能耗和建材生产引起的间接能耗加在一起，已经成为我国能源需求增长的最大因素。

建设城市，扩张城市，不仅建设能耗会快速增长，而且建筑物的使用能耗增长更快。所谓使用能耗包括用于局部温度调节的采暖制冷、热水供应、照明、炊事、家用电器、电梯等方面的能耗，还包括现在城市中普遍采用的建筑景观照明。粗略估计，仅仅建筑使用能耗，现在已经占到我国能源消费需求的 28%以上。这已经是一个不容忽略的能源消费比重了。

建房子、住房子不仅耗能，还要消耗土地资源、水资源，还会对环境、气候形成巨大影响。过去一些年，城市的“热岛效应”问题已经引起人们的普遍关注。实际上，城市地下水超采、建筑垃圾与生活垃圾猛增等问题已经成为我们很多城市严重威胁可持续发展的大问题。

突破资源瓶颈，坚定不移地推进城市化，坚定不移地支持老百姓住房改善，我们的出路何在？唯一选择就是，我们必须走一条资源节约型的住房改善之路。

4 建筑节能是个系统工程

- 建筑节能还要包括节地、节水、节材以及与环境友好。
- 仅仅是技术因素并不能达到最好的节能效果。
- 建筑节能的更大系统目标是保护环境，改善居住质量。

【19-4-1】传统的“节约”是以降低成本为目标的。改进技术工艺、加强管理、采用规模经济生产等都是在这一目标下实现节约的有效手段。而建筑节能并非仅仅为了降低成本。追求建筑节能的目标在于节约资源、保护环境和改善居住质量。

在人类二百余年的工业化和市场经济发展过程中，节约始终是个不衰的话题。但传统的“节约”是以降低成本为目标的。成本降低，就会取得更高的盈利，就会获得更有利的市场竞争地位。改进技术工艺、加强管理、采用规模经济生产等都是在这一目标下实现节约的有效手段。而我们今天讨论的“建筑节能”，则并非，或者并非仅仅为了降低成本。在有些时候，采取节能措施时建筑成本还会上升。如果不为降低成本，不为获得市场竞争力，不为谋求利润增长，那人们追求建筑节能的目标何在呢？在于节约资源、保护环境和改善居住质量。

建筑节能实际上是节约资源的代表性说法。我们所说的建筑节能并非只追求节能，还要包括节地、节水、节材以及与环境友好，叫做“四节一环保”。有人说，那干脆叫“绿色建筑”或者“绿色住宅”得了。叫“绿色”也不是不可以，但“绿色”涉及的范围要更广泛得多。真正能达到“绿色”标准的建筑，应当是实现资源几乎全部可循环利用，无任何的破坏环境排放，对使用者和社会都高度安全，实现人与自然和谐共生等。当然，从目前的技术水平看，这还只是理想化的目标。我们这里不可能过于充分地说明绿色建筑的含义，咱们还是以能源为重点说，所以本节叫“建筑节能”。

【19-4-2】随着技术发展，能源结构以及新型能源也成为节能的重要指向。合理选择煤、气、电等不同能源形式，为人们所重视。太阳能、风能、地热能等也在大踏步地介入生活用能领域。

就住宅说，最狭义的建筑节能主要指的是住宅在居住、使用过程中的能源节约。现在，在一些发达国家，人们又把这个目标概括为“提高建筑物的能源利用效率”。从理论意义上说，后一个概括确实更准确。

提高居住、使用过程中的能源利用效率，最基本的方式是改善建筑的“围护”结构，例如屋顶、墙体、地基、密封材料、门窗等，减少建筑使用过程中的能量损失。人们很容易理解，把房子内外温度隔开就是最基本的建筑节能。夏天尽量不让屋子外面的高温传导到室内，冬天尽量不让室内的温度散失到室外，这主要靠墙体、门窗、屋顶等方面的改进。在这方面，各种内外墙保温材料、涂料，密闭性能更好的新型门窗，以及屋顶保温技术已经比较普遍。

在提高能源利用效率的过程中，人们发现，还需要改进居住使用过程中的设备。节能空调、节能灯具、节能灶具就应运而生。

随着对建筑节能的认识拓展，人们又注意到，建筑材料的改进意义重大。

新型建材不仅可以进一步提高使用过程的能源利用效率，而且可以在建材生产过程中更广泛地利用可再生资源，尽量减少建材生产对环境的不利影响。现在，破坏耕地的黏土砖已被禁用，为了取代高能耗、高污染以及大量消耗不可再生资源的建材，各种新型建材不断涌现。

在不断的节能努力中，人们又注意到，改进建筑设计、制定合理标准也是建筑节能的有力措施。在新型建筑中，人们日益注重利用山体、朝向、地形、绿地、季风、自然光线等因素减少能量损失。我国已经明确制定了不同地区民用建筑阴面和阳面窗户在墙体面积中所占比重的标准。

随着技术发展，能源结构选择以及使用新型能源也成为了节能的重要指向。不仅传统的集中供暖、供热更为普遍应用，而且合理选择煤、气、电等不同能源形式也为人们所重视。太阳能、风能、地热能等也在大踏步地介入生活用能领域。

仅仅考虑技术因素并不能达到最好的节能效果，人们又从形成节能生活方式入手，为减少不必要消耗，采取了改进电、热、水的计量方式、制定公共场所温度控制标准等措施。

【19-4-3】形成健康合理的住房消费理念也是一个大系统。改善和增加社区共享资源，选择适度大小的居住面积，提倡节约资源的消费方式等都是我们面对的大课题。

建筑节能是一个系统工程。上述内容已经是一个系统，但还有更大的系统。

城市规划就是建筑节能的一个大系统。人们很容易理解，城市的人流交通是和居住分布密切相关的。即使人们都住到技术意义上充分节能的房子里，但每天上班还得长距离使用私家车，那么建筑节能的成果实际上会被交通耗能所抵消。尽量减少因居住引起的交通流量也是建筑节能。

形成健康合理的住房消费理念也是一个大系统。改善和增加社区共享资源，选择适度大小的居住面积，提倡节约资源的消费方式等都是我们面对的大课题。

建筑节能不仅仅是为了少消耗资源，一个更大的系统目标是保护环境，改善居住质量。节能就意味着污染排放减少，意味着与环境的友好，同时也就意味着人们居住质量的改善。

我们回到本讲开头的故事上来。前不久，罗马俱乐部的秘书长乌维·莫勒公开表态："我们希望能拥有来自中国的会员。"他说："在经济全球化的大背景下，各国在经济与日常生活各方面的相互依赖度正日益提高。中国人口众多，经济发展迅速，它在环境保护方面走出的任何一小步，对于整个世界来说都意义重大。"他说对了。中国目前的建筑存量达 400 亿平方米，但在节能上达到世界先进水平的建筑不超过 1%。中国在建筑节能上哪怕迈出一小步，不仅对世界意义重大，而且对中国的长远利益、可持续发展也同样意义重大。

第二十讲

日本的教训究竟何在

在过去一些年中，不断有人用“日本的教训”警告我们，说中国即将步日本的后尘，陷入“泡沫经济”的危机，说房地产绑架了国民经济。2010年初时，甚至有人排出了一张时间表，言之凿凿地预言，对比中国和日本的房地产业发展的周期后发现，中国在2012年就将出现房地产市场“崩盘”。这个预言很让一些媒体爆炒了一段时间。有一次在北京电视台的“财经五连发”栏目做个房地产节目，主持人就拿出这个表来问我“怎么看”这个预言。因节目时间的限制，我没法做出较为具体的说明，只说了一句话：干吗老拿别人更年期的病来吓唬我们十七八岁的少女呢？

前几年，由于人民币升值的话题成为国际竞争中的一个焦点问题，又颇有一些人说，日本就是因为1985年的“广场协议”走上日元升值之路，并由此造成了日本经济的“泡沫化”的。这些人断言，人民币升值之始，就是中国重蹈日本覆辙之时。这个说法也广为流传，不知多少记者问过我类似的问题。每次我都会反问，你从哪里知道日本这么糟糕的？谁告诉你日元升值是从“广场协议”开始的？我得到的回答几乎千篇一律：网上都这么说。

“网上都这么说的”就一定是事实吗？

中国有两个成语，一个叫做“人云亦云”，出处是苏轼的《次韵定慧钦长老见寄八首》中“我醉君且去，陶云吾亦云”一句；也有人考证说出处是蔡松年《槽声同彦高赋》诗中“槽床过竹春泉句，他日人云吾亦云”句。另一个叫做“以讹传讹”，出处是宋朝一个叫俞琰的人所写《席上腐谈》中“世上相传女娲补天炼五色石于此，故名采石，以讹传讹”一句。

做学问，研究规律，绝不能“人云亦云”“以讹传讹”。坦率说，相当一批时评家其实并未认真地了解、研究过日本经济以及日本的城市化、住房建设、房地产业发展过程等，就在那里三人成虎、众口铄金地把自己的想象洋洋洒洒地生发开去，结果是导致谬种流传。

告诉你一个真实的日本。

日本在战后几乎一片废墟的基础上，用30年时间完成了老百姓住房从脱困期到改善期两个阶段的发展任务。

日本是在城市化过程中唯一没有形成贫民窟的发达国家，也是迄今唯一没有在社会中形成“无家可归者”（homeless）群体的发达国家。

日本是在城市化过程中同步地完成住房建设和基础设施现代化任务的少数国家。

日本在1971年后日元持续大幅度升值的20年中不仅没有因此形成严重的失业危机、出口危机，反而形成了最有国际竞争力的企业群体。

日本是在1973年和1979年两次石油危机中唯一没有陷入严重衰退的发达国家。

日本是在城市化和住房改善过程中实现资源节约和保护环境目标最好的国家。

日本是发达国家中住房保障体系最完善的国家。

日本是最好地利用高速公共交通体系缓解土地稀缺和大城市居住需求之间矛盾的国家。

日本老百姓没有住在大街上，日本普通百姓的生活没有像一些人给我们描述的那样困苦不堪，日本经济迄今仍是世界上最有竞争力的经济，日本的国民财富、海外资产仍在以远超出我们想象的速度扩张。

日本的经济发展过程有没有教训，甚至是严重的教训呢？确实有。这个问题我们在本讲中陆续涉及。

1 “广场协议”究竟是怎么回事

- 日元升值远不是从“广场协议”开始的。
- 布雷顿森林体系解体后，日元对美元不得不实行浮动汇率。
- 1971 ～ 1985 年是日元升值的第一阶段。
- 对我国真正有借鉴意义的，首先是日元升值的第一阶段。
- 广场协议并非只针对日本，而是针对多国货币对美元的关系的。
- 日本从来没有过“引进外资”的阶段，外资并未获得过多大机会买日本的房地产。

【20-1-1】我国房地产业市场的确出现了价格过快上涨现象。但把房价问题和人民币升值联系起来，并断言“中国将步日本的后尘”，这种联想缺乏客观依据。

从进入 21 世纪起，特别是中国加入世界贸易组织以来，国际上关于压迫人民币升值的声音曾多年不绝于耳。世界金融危机以后，美国和欧盟等国更是对此迫不及待。在各种国际场合，这些国家的领导人见到中国领导人的第一个问题往往就是，中国的人民币怎么还不升值啊？2010年时美国采取的“量化宽松”的货币政策更是把人民币升值与反通货膨胀密切联系了起来。

前几年人民币升值问题的确使我们的经济政策面临重大考验。但颇有不少人把人民币升值与房地产业发展联系起来，论证说，当年正是“广场协议”迫使日元升值，导致了日本的房地产业出现了“泡沫”；现在我国正面临日本在1985年“广场协议”后的情况，房地产业将因人民币升值而出现大量“泡沫”，日本持续衰退的教训有可能在中国重演。

我国房地产业市场的确多次出现过价格过快上涨现象，但把房价问题和人民币升值联系起来，并断言“中国将步日本的后尘”，这种联想缺乏客观依据。

我们有必要先把日元升值和日本经济发展的历程认真地梳理一下。

在日元升值与房地产之间关系的讨论中，一些爆炒“新盛世危言”的舆论普遍存在一个相当偏颇的前提，就是把1985年的“广场协议”当成了日元升值的起点，并由此来分析我国可能面临的问题。

这个前提本身就是错的。因为日元升值远不是从“广场协议”开始的。

【20-1-2】日本人认为，按照美国人的设想，日本将永远是跟在美国屁股后面的“小弟弟”，永远实现不了经济赶超，永远成为不了世界一流的经济强国。

第二次世界大战后，1947年时的美国驻日占领军司令叫道奇。他秉承美国政府的意见，按照美国人的想法，以美国为主导，制定了一个“日本战后复兴计划”。这个计划后来被人简称为“道奇计划”。在这个计划中，美国人为日本勾画了一幅几乎完全复制美国经济制度的蓝图。例如强调自由经济、竞争优先等。但在后来的实际发展中，日本人基本上没有接受美国人的这个计划。当时日本有过一场经济学界的大辩论。日本人认为，按照美国人的设想，日本经济的确可以获得较快的发展，的确可以分享国际分工带来的好处。但按照这个设想的最大坏处是，日本将永远是跟在美国屁股后面的“小弟弟”，永远实现不了经济赶超，永远成为不了世界一流的经济强国。后来，日本按照自己的国情，创出了日本自己的产业扶持理论和管理理论，走出了一条全新的经济赶超之路，到 20 世纪 80 年代，日本已经成为美国最强劲的竞争对手。

日本也不是完全排斥“道奇计划”，其中唯一接受的一条，是日元贬值以及实行日元和美元挂钩的汇率政策。1949 年，日本对此前动荡不止、投机盛行的汇率市场痛下杀手，一下子将本币贬到 360 日元比 1 美元，并执行固定汇率。

日元和美元的这个固定汇率一直执行了 22 年。在这 22 年中，这个固定汇率极大地促进了日本外向型经济的发展，并且帮助日本的钢铁等基础重工业大量引进了国外先进的技术工艺。到 20 世纪 60 年代末、70 年代初时，日本已经成为一个出口大国。但此时，日本的出口额虽然突飞猛进地增长，可出口产品仍停留在低端的价格竞争基础上。那时的日本产品是和低档、廉价联系在一起的，谈不上什么品牌、质量、技术研发能力等。日本产品之所以能够大量出口，就是因为在长期低估的汇率政策保护下在国际市场卖得便宜。

【20-1-3】由于世界格局发生了巨大变化，美元对黄金进入了浮动比值状态。1973 年“布雷顿森林体系”解体，英镑、法郎、西德马克以及日元等都进入了对美元浮动汇率的时代。美联储“量化宽松”的货币政策实际上就是利用浮动汇率下的美元贬值来转嫁美国的财政赤字和国内失业的经济难题。

到了 20 世纪 70 年代初期，这个依靠长期低汇率政策的发展之路走不下去了。1971 年，当时的美国总统尼克松突然宣布了一个“新经济政策”。什么“新经济政策”呢？就是美元和黄金脱钩。

美国在战后曾呈现为不可一世的状态，美联储甚至敢在美元纸币上印上：凭此券可到美国联邦储备银行按照 35 美元兑换 1 盎司黄金的固定价格兑换实物金。也就是说，美国敢称其发行的纸币与贵金属的黄金等位。人们持有美元纸币和持有黄金是一样的。这叫做“金本位制”。美元又叫做“美金”，这个名字就是这么来的。但到了20世纪70年代初期，由于世界格局发生了巨大变化，再加上通胀、通缩的常态化，美国的“金本位制”也撑不住了，于是美元对黄金就进入了浮动比值状态。

美国的这个“新经济政策”对日本冲击很大。实际上美元要脱钩的并非仅仅是对黄金的固定比值关系，还包括对日元、西德马克等一些国际货币的挂钩关系。因为这些外向型经济发展较快国家已经开始形成对美国的竞争威胁。1971年11月，在美国的压力下，日本不得不同意日元对美元大幅度升值，但此时日本仍想继续绑定美国，再争取一段有利于日本外向型经济发展的时间。所以日本一方面把日元与美元的汇率升值为306：1，但另一方面，仍坚持日元对美元的固定汇率。

日本的这种有限妥协没能维持多久。1973年2月，作为当时发达国家国际货币关系最重要基础的“布雷顿森林体系”解体，英镑、法郎、西德马克以及日元等都进入了对美元浮动汇率的时代。这个“布雷顿森林体系”的主要内容就是当时一些西方货币和美元挂钩。2010年时，世界金融危机后国际上一些人呼吁重建“布雷顿森林体系”，指的就是重新建立国际货币之间的某种相对稳定关系。当然，这个呼吁是很难实现的。因为货币大国、国际贸易大国、国际债权大国都各有利益，很难实现调和、统一。我们前面提到的美联储“量化宽松”的货币政策，实际上就是利用浮动汇率下的美元贬值来转嫁美国的财政赤字和国内失业的经济难题。

1973年“布雷顿森林体系”解体以后，日元对美元也不得不实行随行就市的浮动汇率。但这个浮动汇率对日元来说不是有升有降的浮动，而几乎是单边升值。

【20-1-4】日本的石油、铁矿石等能源、原材料几乎全部依靠进口，国际油价暴涨立即对日本经济形成极大冲击。日元升值、油价暴涨、国际市场萎缩，可以说日本面临的是一个生死攸关、内外交困的局面。

美国主导的“广场协议”是1985年的事，比上述时间晚得多。从1971年美国“新经济政策”到 1985 年的“广场协议”，这中间相隔 14 年。在这 14 年中，日元对美元的汇率从最初的 360∶1 逐步升值为 240∶1。也就是说，日元在这 14 年中出现了 50%左右的大幅度升值。

1971 ~ 1985 年，这是日元升值的第一阶段。这个阶段才是我们真正应当高度关注的阶段。为什么呢？因为我国的实际经济发展水平和这个阶段的日本相似。

我们来看看从 1971 年到 1985 年这长达 14 年的过程中日本发生了什么事。

日元升值给日本带来的，首先是出口产品的价格竞争力快速丧失。日本在战后曾一直以“国际贸易立国”为基本战略。无疑，日元的持续快速升值对日本经济的冲击是极其巨大的。但本币升值还不是危机的全部。就在日元进入大幅度升值区间后，1973 年和 1979 年，连续两次“石油危机”使美、欧等国的经济陷入了前所未有的停滞，市场萎缩导致国际贸易总量急剧下降。1973 年的第一次石油危机使国际油价从不到两美元一桶暴涨到超过 10 美元一桶，1979 年伊朗“伊斯兰革命”引起的第二次石油危机更使油价再度暴涨到 20 美元一桶。大家知道，日本是一个国土狭小、资源匮乏的国家，石油、铁矿石等能源、原材料几乎全部依靠进口，国际油价暴涨立即对日本经济形成极大冲击。日元升值、油价暴涨、国际市场萎缩，可以说日本面临的是一个生死攸关、内外交困的局面。

但是，就是在这样极度不利的内外环境中，日本反而出现了一个后来被称之为“奇迹”的持续增长高潮。到 20 世纪 70 年代中期，日本普通钢、热轧薄板和冷轧钢板的成本分别只相当于美国同期成本的 56%、70%和 68%。在既没有铁矿石，也没有能源的日本，钢铁业一举成为优势产业。到 1975 年，日本跃居世界第一大汽车出口国。到 1981 年时，日本尽管实行对欧美市场的“自主限制”，汽车出口仍达 605 万辆。同年排世界汽车出口第二位的联邦德国仅出口 215 万辆，而一向号称汽车大国的美国当年仅出口了 69 万辆。在这 14 年中，日本在所有工业化国家中最成功地应对了 70 年代两次严重的全球性石油危机；在这 14 年中，日本建成了包括新干线在内的基础设施系统；在这 14 年中，日本完成了东京、大阪两大都市圈的城市化建设，完成了老百姓住房从“脱困期”向“改善期”的转变；也在这 14 年中，日本发动了一场全新的管理革命，创造出了“全面质量管理”“价值工程”“量本利管理”等运用系统思想的管理理论。日本企业的生产效率由此迅速提高，产业竞争力得到极大增强，并由此造就了一大批享誉世界的名牌企业和名牌产品。

【20-1-5】从挑战方面看，我国的外向型经济在人民币升值的压力下，也已经面临从粗放式的扩张向提高核心竞争力转变的任务。我们今天也面对着国际能源、原材料价格的暴涨形势。

从20世纪70年代初期到1985年广场协议才是日元升值的第一阶段，我们特别强调这一点是有意义的。因为我们目前的发展任务和面临的挑战，与日本在这个阶段相当。当前对我国真正有借鉴意义的，首先是日元升值的这个第一阶段。

我们略举几个例子来对比说明一下。1964年日本举办了东京奥运会，1970年在大阪举办了有77个国家参加的万国博览会；我们在2008年举办了北京奥运会，2010年举办了上海世博会。日本在20世纪60年代末成为世界钢铁大国，产业结构的“重化学工业化”初步完成；中国进入21世纪后钢铁工业出现了突飞猛进的发展，2010年的钢产量是2000年五倍，2019年是2000年的八倍。日本在20世纪70年代完成了以“新干线”为代表的重要基础设施建设，轨道交通在全国连接成网；我们现在有几十个城市在建地铁、城轨，京沪高铁于2011年建成通车，到2018年末，我国高铁营业总里程达3万公里，营业里程超过世界高铁总里程的三分之二，居世界第一位。日本在20世纪60年代中后期度过了战后的住房“脱困”阶段任务后，老百姓的住房需求在70年代全面进入了改善期；我国从20世纪80年代到世纪末的住房制度改革前，基本完成了“大多数人有房子住”的“脱困”期任务，最近几年的房地产市场发展，面对的主要需求是改善性需求。日本在20世纪70年代成为全球汽车大国；我国的汽车产量在2009年成为世界第一，2019年生产汽车2555

万辆，2019 年私家车保有量达 1.37 亿辆。

这还只是发展任务的比较。再从更明显的挑战方面看。日本在 20 世纪 70 年代初期，在日元升值的压力下，开始了外向型经济从低端的价格竞争向高端的非价格竞争的转变；我国的外向型经济前几年在人民币升值的压力下，也已经面临从粗放式的扩张向提高核心竞争力转变的任务。日本在 20 世纪 70 年代面对两次石油危机的挑战；进入 21 世纪的前十余年，我们一直面对着国际能源、原材料价格的暴涨形势。

如果稍微细说一点，这种比较能够说出很多，我们只是简举一下，不再更多延伸。下面简单说下广场协议是怎么回事。

【20-1-6】在谈判中日本人的态度总是很好，说要“反省”，要自我限制。第二年日美汽车贸易的顺、逆差还是“涛声依旧”。年复一年地谈，一直到 1985 年，日本各产业几乎全部拥有了对美国的绝对竞争力，美国人才发现自己有多么的幼稚和天真。

20 世纪 70 年代日本的迅猛发展形成了对美国和欧洲发达国家的激烈竞争。特别是美国，在两次石油危机的打击下几乎呈现为一蹶不振的态势。经济增长停滞，失业高涨。由此就引发了日美之间后来长达 20 余年的“汽车贸易摩擦”。在这一过程中，日本政府用“口惠实不至”的办法极尽对汽车产业的保护。美国人对 400∶1 的悬殊进出口比例非常恼怒，1981 年以后，日美间几乎每年都要就日本汽车“自主限制”的问题进行谈判。在贸易谈判中，日本人的态度总是很好，再三鞠躬说，对不起，是我们不对，我们怎么能抢美国老大哥的饭碗呢？我们要“检讨”，我们要“反省”，我们回去后一定要自我限制。美国人就相信了日本人的话，等着他们自我限制。第二年，日美汽车贸易的顺、逆差还是“涛声依旧”。日本人态度仍然很好，又是深刻检讨，说我们回去批评企业了，号召他们到美国投资就地生产，通产省也发了“红头文件”，只是政策的力度不够，这次回去我们一定采取有效的措施。美国人又相信了日本人的话。年复一年地谈，但美国对日的贸易赤字年年不见好转。就这样三拖两拖，一直到 1985 年，日本各产业几乎全部拥有了对美国的绝对竞争力，美国人才发现自己有多么的幼稚和天真。

日本的拖延战术终于让美国人失去了耐心。1985 年 9 月，美国召集其他一些发达国家的财长和央行行长在纽约一个叫“广场饭店”的地方开了一个秘密会议。这个会议的主题就是各国采取联合行动，迫使日元升值。这就是所谓的“广场协议”。“广场协议”尽管有助于缓解美日贸易摩擦，但此时，日本汽车和其他各种产品在美国和世界市场上的地位已经稳固。

需要说明的是，“广场协议”、日元升值对日本后来房地产业的“泡沫”的产生及其破灭是有影响的，但把它们之间的关系夸大到必然因果关系则不符合事实。因为“广场协议”并非只是针对日本，而是针对多个发达国家货币对美元的关系的。其内容主要是五个发达国家政府联合干预外汇市场，“有秩序地使世界各国主要货币对美元升值，解决美国的贸易赤字”。也就是说，其目的是美元对世界主要货币贬值而不是单纯的迫使日元升值。战后，西德马克对美元汇率固定为 4.20：1，到 1987 年底升至 1.58：1，累计升幅达 166%，同期日元也升值了 193%，升幅大致相近。但当时的西德并未因此出现“泡沫”经济。

【20-1-7】广场协议之后，日元进入了第二个升值阶段。亚洲金融爆发之后，日元借东南亚多国货币大幅贬值之机，顺势对美元贬值。进入 21 世纪后，日元对美元的比值关系数次起伏。到世界金融危机前后，日元对美元汇率再次屡创新高。

为什么很多声音把“广场协议”后的日元升值说成是造成日本房地产“泡沫”的原因呢？一些人从想象出发，认为在本币升值的预期下，外币会大量涌入国内，导致包括房地产在内的资产价格上升而形成“泡沫”，一旦升值预期减弱，外资撤离必定会导致房价大跌和“泡沫”破灭，由此会带来国民经济的长期衰退。很多评论文章持的都是这个逻辑。

这个逻辑听起来是成立的，但是人们在叙述这个逻辑的时候显然忽略了一个历史的真实：日本从来没有过“引进外资”的阶段，始终奉行的是排斥外资进入的政策。即使“广场协议”之后，外资也并未获得过多大机会买日本的房地产，更不要说投资日本的房地产业。事实上，日本到 1997 年才出台、1998 年 4 月才正式实施新《外汇法》。由此才真正实现了内外资本交易的自由化，银行以外的机构和个人才可以自由进行外汇买卖，日元和外汇之间或外汇和外汇间也才实现完全自由兑换。

1985 年的广场协议之后，日元进入了第二个升值阶段。到 1997 年亚洲金融危机之前，日元对美元的比值曾一度升值到 84∶1。20 世纪末的亚洲金融爆发之后，日元借东南亚多国货币大幅贬值之机，顺势对美元贬值，企图向他国转嫁国际市场萎缩的危机，日元对美元的比值曾一度回到过 140∶1 的水平。20 世纪最后两年，要不是中国坚持实行了“人民币不贬值”的政策，稳定了区域金融形势，亚洲金融危机早就演变为世界金融危机了。进入 21 世纪后，日元对美元的比值关系数次起伏。到世界金融危机前后，日元对美元汇率再次屡创新高。在过去数年中，日元汇率大致稳定在 80 ~ 90 日元兑换 1 美元的区间。

2 90年代后的日本经济停滞是房地产惹的祸吗

- 广场协议后的日本经济出现了一轮战后持续时间最长的景气状态。
- 20 世纪 90 年代初期泡沫经济的后果是严重的。

- 房地产泡沫的原因在于资本过剩和政府政策的严重失误。
- 急于赶超欧美的住房政策在泡沫的形成和破灭上难辞其咎。
- 日本的教训不是市场错了，产业错了；是政府错了，政策错了。
- 政府在战略上的摇摆不定是导致后来持续不景气的根本原因。

【20-2-1】20 世纪 80 年代中期，日本不仅国民生产总值超过了当时的苏联，人均国民收入超过美国，而且一举成为世界头号债权国。在这样一个基础上，日本开始了一段长达五年的经济繁荣期。这个阶段后来被称为“平成景气”阶段。

我们先来看看 20 世纪 80 年代后期到 20 世纪末的日本究竟发生了什么事，再来讨论日本的教训究竟何在。

日本人习惯于把经济周期性波动中的繁荣高涨称为“景气”。例如，在 20 世纪 50 年代初期朝鲜战争时的“特需景气”，从 1954 年底到 1957 年 5 月的“神武景气”，从 1958 年 6 月到 1961 年末的“岩户景气”，1963 年到 1964 年“奥林匹克景气”，以及从 1965 年 10 月到 1970 年 7 月的“伊奘诺景气”。此后，就是从 1986 年 12 月至 1991 年 4 月的“平成景气”。

“广场协议”后的日本经济不仅没有滑向“下坡路”，相反却出现了一轮战后持续时间最长的景气状态。20 世纪 80 年代中期，日本不仅国民生产总值超过了当时的苏联，人均国民收入超过美国，而且一举成为世界头号债权国。在这样一个基础上，日本从 1986 年 12 月开始了一段长达五年的经济繁荣期。这个阶段后来被称为“平成景气”阶段。“平成”是日本明仁天皇的年号。这个明仁天皇实际上是在 1989 年 1 月才即位的，但不知为什么，日本人仍把从 1986 年末就开始的经济繁荣称为“平成景气”。

“平成景气”究竟有多“景气”？

1985 年末时，日本股票市场的日经指数为 13128 日元。进入 1986 年后一路上扬，高歌猛进。1987 年 10 月，在美国华尔街股市大崩溃前，日经指数涨过了 26000 日元，几乎涨了一倍。1987 年美国股市的股灾对全世界资本市场形成重大影响，唯独日本股市，略作回调后不退反进。1988 年末，日经指数涨过 30000 日元。1989 年 12 月 29 日，日经指数涨到了 38915 日元。这一天是日本股价的历史最高峰值，日本股市的总市值达 630 亿日元，差不多相当于 1985 年的 3 倍，是当年日本的 GNP，即国民生产总值的 1.6 倍。

与股票价格的快速上涨相伴随，同样作为资产价格的地价也出现了异乎寻常的价格暴涨。日本土地资产总市值从 1985 年底时的 1004 兆日元上涨到了 1990 年底的 2389 兆日元。

资产价格的上涨带来了极大的财富效应。消费开始迅速膨胀，进口奢侈品成为人们追求的对象。英国的罗尔斯·罗伊斯牌汽车、瑞士劳力士手表、欧洲的时装成为市场中的畅销品。消费的繁荣反过来刺激了企业开工率大幅上升，企业账面盈利也呈现为不断提高。巨额过剩资本开始向国外寻找出路。1985 年时日本对美国的不动产投资为 18.6 亿美元，到 1988 年时竟达到 166 亿美元。20 世纪 80 年代末时，日本人竟然买下了美国 10% 的不动产。洛杉矶闹市区接近一半的房地产被日本人买走，夏威夷的外国投资中有 96% 以上来自日本。在海外资产收购中，日本的大企业更是雄心勃勃。三菱地产公司以 14 亿美元的价格买下了纽约曼哈顿市中心的洛克菲勒中心，索尼公司以 34 亿美元的价格买下哥伦比亚电影公司，松下电气收购了环球电影公司的控股公司 MCA 等。当时日本上下都对未来经济抱有过度乐观的预期。媒体上充斥着“90 年代将是黄金的十年”“21 世纪将是日本的世纪”等亢奋的言论。那个专门以极右翼言论著名的石原慎太郎就在 1989 ~ 1991 年期间写出了后来在日本高度畅销的《日本可以说不》三部曲。当时有个媒体调查，竟有 72% 的接受调查者认为日本应当成为“亚洲的领导者”。

【20-2-2】说“泡沫”破灭前的日本，东京的地价等于整个美国的地价总和，这其实是一个天方夜谭式的神话。如果要用一个东京买下整个美国，东京的平均地价就必须达到美国的 4600 倍。美国同等地段的地价不可能便宜到这种程度。

然而好景不长。就在“平成景气”仍在持续的过程中，阴影已经悄然降临。日本的股票市场在 1989 年 12 月 29 日达到顶峰之后开始回落。到 1992 年 8 月 11 日，日经指数跌至 14822 日元，跌幅高达 60% 以上。股价回落后，地价仍坚挺了一段时间，但从 1990 年年中开始也呈现出了直线下滑趋势。到 1994 年，东京、大阪等大城市房地产价跌幅已超过 50%。股市和房地产价格的下跌使大量企业陷入困境。1991 年以后，许多著名的不动产企业也因巨额负债而纷纷倒闭。日本亢奋时在海外收购的资产面临的几乎也是灭顶之灾。到 20 世纪 90 年代中期时，日本在美国的投资亏损达到 7000 多亿美元，这个数额差不多把日本在 80 年代的对贸易顺差全部赔光。

日本 20 世纪 90 年代初期“泡沫”经济的后果是严重的。以后，日本在 20 世纪整个 90 年代一直未能走出其阴影。其后的过程我们下面再说。不过有个关于日本经济“泡沫”严重程度的说法很值得怀疑。很多人广泛引用的一个例证是，“泡沫”破灭前的日本，东京的地价等于整个美国的地价总和。这其实是一个天方夜谭式的神话。简单验证就可以证明其不可能。美国的面积达 940 万平方公里，是东京的 4600 倍。就是说，如果要用一个东京买下整个美国，东京的平均地价就必须达到美国的 4600 倍！日本住宅用地的最高价出现在 1989 年的东京千代田区，达 1200 万日元 / 平方米，以当时汇率计算，合 9 万美元一平方米。如果东京地价是美国的 4600 倍，那么美国同等地价将不到 20 美元一平方米。美国同等地段的地价不可能便宜到这种程度。

下面，我们重点说说日本这个教训的原因究竟何在。

【20-2-3】《生活大国五年计划》进一步提出，要“确保国民能用五年的家庭年收入购买一套住房的目标”。前期过度迎合社会急于赶超欧美心理，鼓励住大房子、好房子的政策急剧吹大了需求，膨胀了价格；后期同样过度迎合社会心理，让国民买到便宜房子的政策宣言又一举刺破了“泡沫”，完全打乱了社会价格预期。

从根本上说，造就日本在20世纪90年代初期出现严重房地产“泡沫”的原因在于资本过剩和政府政策的严重失误。

“广场协议”之后，日本为了缓解本币升值对出口的冲击，大幅放松了银根，试图以货币对内贬值代替对外升值。在此政策下，货币供应量持续快速增长。这些货币的去处就是股票与房地产市场。1986年1月起，日本央行连续5次降低贴现率，从5%降低到1987年2.5%的战后最低水平。同时为了减缓日元升值，日本银行持续买进美元卖出日元，由此造成了货币供应量的膨胀。与此同时，各金融机构也将房地产贷款作为最佳贷款项目，无节制地扩大信贷规模。1991年，日本12家大型银行向房地产业发放了总额为50万亿日元的贷款，占贷款总额的1/4。在1987～1989年间，日本企业在国内发行的可转换公司债券和附带认股权证的债券总额为55万亿日元，发行利率在0～1%之间，大大低于当时银行的贷款利率。同期日本在欧洲债券市场发行附带认股权证的债券，由于预期日元持续升值，甚至出现了负利率。过度宽松的货币供给与工业化后期的生产过剩并存，导致了严重的资本过剩。到1990年，日本生产性行业的贷款比重下降为25%，非生产行业的贷款比重上升为37%。大量过剩资本的充斥造就了房地产泡沫的物质基础。

日本急于“赶超”欧美的住房政策在“泡沫”的形成和破灭上也难辞其咎。

战后到50年代初，日本经济百废待兴，住宅供应严重不足，住房紧缺成为当时紧迫的社会问题。为解决这一难题，日本采取了由政府、民间、个人共同集资建房的政策，并通过立法形式把这一政策上升为稳定的制度，由政府强制执行。在这一制度下，日本的住宅建设在国民生产总值中所占比重曾长期保持在6%～8%左右。60年代中期以后，在日本经济的快速发展中，住宅质量也从战后初期的低标准的简易房提高到较高标准的成套住房。到1981年，日本不论在数量上还是质量上都已基本解决了住宅供需之间的矛盾。

日本的历届政府都把改善国民生活作为自己的政治纲领。其中最具代表性的有60年代初池田内阁的《国民收入倍增计划》，70年代田中内阁的《社会经济基本计划》（日本列岛改造论）、80年代中曾根内阁的《80年代社会经济的展望和方针》和90年代宫泽内阁的《生活大国五年计划》等。努力使社会发展实现为与经济发展同步，这本来是一种良性目标。但政治家们过度迎合日本社会急于赶超欧美生活水平的诉求，则为房地产业的过度扩张埋下了伏笔。

80年代初起，日本在继续开发新建住宅区的同时，提出了“向21世纪新城镇目标迈进”的计划，开始加快旧区改造工作，也就是开始了一轮“大拆大建”。政策则在原有的最低居住水准基础上，进一步提出了所谓“诱导性的居住水准”。这个“诱导性居住水准”的居住面积比最低居住标准将近翻了一番。正是这种鼓励人们“住大房子、好房子”的政策，促使了日本的房地产投资规模的急剧扩张和地价的快速上涨。到1990年，日本地产的总价值约为20万亿美元，大约是1955年的75倍。

1990年，日本政府已经意识到过度快速上涨的房地产价格可能给金融和国民经济带来的风险，开始采取措施抑制价格，调整市场。但这个政策采取了“硬着陆”的不当方式。一方面，突然快速抽紧银根，央行通过连续五次加息，把利率从2.5%一下提高到1990年8月的6%。货币政策180度大转弯，银根大幅收紧，房地产市场来不及做出调整而导致了迅速崩溃。另一方面，政府主导大造压低房地产价格的舆论。1990年9月，日本国营广播电视台NHK连续五个晚上在黄金时段播放了有关土地问题的特别节目，提出应让日本的地价下降一半；主张进行土地税制的改革，限制房地产融资。这一节目像颗重磅炸弹，成为社会价格预期的转折点。1991年6月，宫泽喜一内阁提出《生活大国五年计划》，进一步提出，要“确保国民能用五年的家庭年收入购买一套住房的目标”，也就是房价收入比要压低到五年的政策性价格目标。前期过度迎合社会急于赶超欧美心理，鼓励住大房子、好房子的政策急剧吹大了需求，膨胀了价格；后期同样过度迎合社会心理，让国民买到便宜房子的政策宣言又一举刺破了“泡沫”，完全打乱了社会价格预期。这个循环构成了日本房地产“泡沫”从产生到破灭的政策基础。

我们再强调一遍，日本的教训不是发展房地产业发展错了，而是工业化、城市化后期资本过剩阶段的政策错了。强调这一点对认识我国房地产业的发展具有重要意义。简言之，不是市场错了，产业错了；是政府错了，政策错了。

【20-2-4】日本在“泡沫”经济破灭之后的政策就像病人吃药。刚吃了几天，病情已经见好，吃不起了，于是过早停药导致了病情反复。病情反复了还得吃更贵的药。吃了几天见好，又吃不起了，又过早停药，结果病情进一步加重。日本的这个教训值得我们汲取。

我们再多说一点，为什么在 20 世纪整个 90 年代日本仍然迟迟不能走出前期“泡沫”经济破灭的阴影呢？根子还是政策的错。

20 世纪 90 年代中后期日本的经济政策，重点是针对经济衰退的宏观调控政策。

事实上，日本早在 80 年代后期就已经认识到过度依靠外向型经济有可能导致有效需求不足的紧缩危险，并在 1988 年就提出了“扩大内需”的战略。但日本政府在这一战略上的摇摆不定是导致后来持续不景气的根本原因。

1987 年，日本经济企划厅明确提出了“从外需依存向内需主导转换战略”。1988 年，通产省提出了“构筑内需型产业结构”的设想，提出了“建设和完备国民生活环境”的设想。但在此后的 10 年中，日本并未把扩大内需的战略坚决贯彻始终。在此过程中，政策呈现为紧缩、扩张、再紧缩、再扩张的反复循环。与此相应地，日本国民经济的增长速度也就呈现为了从 1990 年的 5.6%下滑到 1993 年的 0.2%，又恢复到 1996 年的 3.9%和再次下滑到 1998 年的 –2.5%的循环状态。

日本提出扩大内需战略后，第一次反复出现在 1989 年。为应对老龄化社会到来和改善财政状况，日本开始征收消费税。增税无疑是紧缩性财政政策，这在很大程度上抵消了扩大内需的政策努力。1990 年，为抑制房地产“泡沫”，日本将银行准备金利率一下提高到 6%。财政政策与货币政策的双重紧缩形成了“多米诺”骨牌效应，房地产、股票等投机市场出现连续暴跌，银行的大量贷款成为不良资产。衰退就此开始。国民经济的年增长率从 1990 年的 5.6%急剧下滑为 1993 年的 0.2%。

1994 年，为了应对国民经济增速下滑，日本不得不重拾刺激需求的扩张性调控政策。这一年，政府实行了针对个人所得税的 4.5 万亿日元“特别减税”政策。所谓“特别减税”，就是当年一次性的减税。这一政策从 1995 起又改为 3.5 万亿日元的永久减税和每年 2 万亿日元“特别减税”。刺激消费的财政政策还不够，政府又进一步加大货币政策的扩张力度。到 1995 年，日本商业银行的平均年贷款利率由 1990 年的 7.68%陆续下降到 2.71%。

扩张性政策很快见效。1995 和 1996 年，日本的国民经济增长速度从 1994 年的 0.5%分别回复到 2.5%和 3.6%。1997 年初时，日本社会普遍开始对经济回升持乐观看法。就在这个关头，日本政府迫于巨额补贴对财政的压力，过早停止了扩大内需的政策取向，再次选择了紧缩，推出了“重建财政优先”的政策体系。1997 年 3 月，“特别减税”政策被停止，消费税由 3%提高到 5%。在收入增长和消费受到政策抑制的同时，政府又迫不及待地提出了削减养老金数额、退休年龄由 60 岁推迟到 65 岁、削减国民医疗保险负担的医药费份额等减少政府补贴、改善财政状况的政策。这些政策使社会的支出预期严重恶化，消费需求急剧萎缩。1997 年中，亚洲金融危机爆发。在内外因素的影响下，这一年日本经济增长率从上年的 3.9%骤降为 –0.6%，出现了战后的第二次负增长。

1998 年，由于亚洲金融危机不断深化，防止衰退已经刻不容缓，紧缩政策被迫中止，日本不得不对“重建财政”政策做出全面调整。“财政结构改造法”被冻结，扩张性财政政策被再次推出。其具体措施，包括扩大公共基础设施投资、削减以个人所得税为税基的多种税赋、向老人和儿童发放购买食品等物的购物券、冻结医疗改革方案、企业法人税分三年从46%减到40%等。1998年底时，日本扩大内需的补充预算就达40万亿日元。但由于世界金融形势的动荡和1997年错误政策的影响，1998年日本的经济增长率仍惯性下滑至-2.5%。

我们打个通俗的比方。日本在“泡沫”经济破灭之后的政策就像病人吃药。刚吃了几天，病情已经见好，吃不起了，于是过早停药导致了病情反复；病情反复了还得吃更贵的药，吃了几天见好，又吃不起了，又过早停药，结果病情进一步加重。日本的这个教训，也值得我们汲取。

3 我们能从日本的经验中学点什么吗

- 如果没有大量人口向特大城市过度集中，房价是炒不起来的。
- 指望短中期内就能满足大多数人住房需求，良好愿望可能会和经济规律发生矛盾。
- 东京奥运会时，大城市的主要需求已经从脱困转为了改善。
- 日本的住房保障体系是世界上最完备的体系。
- 日本的办法是用完善的立体交通体系缓解人口与土地的矛盾。
- 节约资源是日本住房建设中的首要原则。
- 日本的住宅非常注重美化和提高生活质量。

【20-3-1】70年代初期日本就提出，要通过新建一批中、小城市以及调整产业布局，解决人口过于集中特大城市的问题。真的能够从50年前就坚决贯彻这个战略，后来的房价危机以及“泡沫”经济就有可能避免，至少是大大减轻。

别人的教训我们当然应当汲取，以免重蹈覆辙。除了“泡沫”经济外，日本在城市化和住房建设上还有其他一些弯路、缺陷以致失误值得我们重视。举几个与中国情况有类似意义的例子。

一是大中小城市发展失衡。早在20世纪70年代初期，当时的田中内阁就在著名的《日本列岛改造论》中提出过，要通过新建一批中、小城市以及调整产业布局，解决人口过于集中特大城市的问题。现在看，这的确是一个很重要的区域发展战略思路。如果日本真的能够从50年前就坚决贯彻这个战略，后来的房价危机以及“泡沫”经济就有可能避免，至少是大大减轻。因为人们所说的日本房地产价格的“泡沫”化，其实主要发生在东京、大阪等特大城市。如果没有大量人口在短期内向这些特大城市过度集中，房价是“炒”不起来的。由此导致了日本区域经济发展至今未能充分纠正的一个不良态势，就是所谓的“过密化”和“过疏化”格局。

20世纪70年代，有个日本男影星叫高仓健，在中国很有点观众缘。他主演过的两部电影，《追捕》和《远山的呼唤》，当时在中国差不多达到脍炙人口的地步。在这两部电影中，男主角都为躲避警察的追捕而跑到日本的北海道等地的“乡下”，于是也就表现出了日本农村地区青壮短缺、经济凋敝、发展不足的情况。这两个故事我们不再多叙了。一直到现在，在日本的北海道、熊本、青森等地，铁路拆毁、教育医疗设施短缺、只剩妇孺留守、产业发展滞后的情况仍非常普遍。葛优主演的《非诚勿扰》也表现了日本大城市以外的农村地区经济发展的困境。坦率说，在咱们中国，解决房价问题的根本措施，不是宏观调控，不是“限购”和提高“首付”比例，而同样在于二三线城市、中小城镇的较快发展。

【20-3-2】固定资产税是从价计征的，本意为抑制投机性需求、过度需求的政策，首先伤害的却是中小企业和中低收入群体。一大批中小企业因资产税暴增而无法维持，固定资产税又推动了房租等迅速上涨，中低收入群体陷入租买两难境地。

二是在住房改善上的政策过于急于求成。解决居民住房问题的制度设想要有长远安排。人多地少，从一个住房严重危机的状况起步，在这两个国情上，日本和中国很相像。而日本房地产“泡沫”破灭的原因之一，就在于政府太急于在一个短时期内改善整个社会的住房条件，不顾国民经济运行的均衡性而急于求成。我们可以把前面说过的时间表再回顾一下。在 20 世纪 80 年代初期，远在日本资产价格膨胀的五六年前，日本政府就提出了“向 21 世纪新城镇目标迈进”的计划。这个计划的本意，是在基本完成住房“脱困”任务后，尽快把住房建设的目标转变到“改善”上来。但政府提出的改善性目标的水平比此前的最低居住标准一下子提高了一倍，这就埋下了“住房过度超前”的隐患。我们中国是一个发展不平衡的大国，满足人民群众的住房需求需要一个长期的发展建设过程。指望短、中期内就能满足大多数人的住房需求，良好愿望可能会和经济规律发生矛盾。

三是单一目标的政策导致副作用频发。日本政府的很多政策，思路、目标是不错的，但过于“单打一”，缺乏系统考虑，由此导致副作用频发。我们说过，“扩大内需”战略是日本最早提出来的。20 世纪 80 年代中期的“前川报告”和“第四次全国综合开发计划”中就提出了“内需扩大”的思想。扩大内需是日本当时面对国际贸易矛盾加剧、日元升值压力加大的形势下具有远见的选择。但日本被应对两次世界石油危机的成功冲昏了头脑，错在企图“一蹴而就”，为了这个目标不顾其他。为刺激消费而采用激进的低利率政策，由此产生的严重副作用就是直接刺激了资产价格的大幅上涨。还有一个具有现实意义的例子。在 20 世纪 80 年代末时，日本政府也在一定程度上采取了抑制地价过快上涨的措施，例如从严计征固定资产税。但没想到的是，固定资产税是从价计征的。本意为抑制投机性需求、过度需求的政策，首先伤害的却是中小企业和中低收入群体。由于地价、房价上涨，固定资产税也迅速增加，一大批中小企业因资产税暴增而无法维持；固定资产税又推动了房租等迅速上涨，从而使得一般住户负担日益加重，中低收入群体陷入租买两难境地。

【20-3-3】为了尽快度过住房危机阶段，日本政府采取了政府、民间、个人共同集资的政策。多少有俩钱的人都必须建房子，不建不行，由政府强制执行。另一方面，政府直接出钱建设了大量称为“团地”的保障性住房，对低端群体、住房困难群体实行全覆盖的保障。

当然，咱们也别光说人家的教训。别人的成功经验同样值得我们认真总结。这里也举几个对我们中国有现实意义的例子。

一是形成有比较完善的住房保障体系和官民一体的住房建设体制。

战后，日本很多大城市可以用“残垣断壁、满目疮痍”来形容。战争的创伤极为深重。在太平洋战争的最后阶段，美国虽然没往东京扔原子弹，但当时被称为“空中堡垒”的 B29 轰炸机可没少往那里扔凝固汽油弹。到二战结束，东京除了“皇宫”，几乎没有什么完整的住房了。也就是说，日本的城市住房建设差不多是从零开始的。现在网上还能查到不少当时的照片。一些从战场遣返的士兵只能在东京街头用雨衣搭个棚子度日。一直到 20 世纪 50 年代中期，住房短缺一直是困扰日本社会的一个严重问题。为了尽快度过这样一个住房危机阶段，日本政府采取了一系列重要政策。一方面，政府鼓励私人建房，政府给予资助。这种政府、民间、个人共同集资的政策甚至采取了立法的方式。多少有俩钱的人都必须建房子，不建不行，由政府强制执行。另一方面，政府直接出钱建设了大量称为“团地”的保障性住房，对低收入群体、住房困难群体实行全覆盖的保障。在 20 世纪 60 年代末之前的二十多年中，日本住宅建设在国民生产总值中所占比重始终保持在6%～8%左右。当然，这是一个以住房“脱困”为目标的阶段，政府扮演主角的住房建设是以简易住房为主的。

到20世纪60年代初期，日本经济进入了快速发展期，其经济实力迅速增强。与此同时，战后的住房危机状态已经渐行渐远。到1964年东京奥运会召开时，东京等大城市的主要需求已经从“脱困”转为了“改善”，政府建设的保障房也从最初低标准的简易房改为设施齐全比较齐全的成套住宅。到20世纪80年代初期，日本老百姓住房的改善期任务大致完成，不论从数量上还是从质量上，供求矛盾基本缓解。这个基本缓解是什么意思呢？就是从住房资源总量上说，日本已经不缺，或者不那么缺房子了，已经可以让全日本的老百姓都住到符合当时社会经济发展水平，且具备改善性功能的房子里了。

【20-3-4】80年代，日本实际上形成了一个加速私人财富累积的狂热高潮。股市、房价的暴涨，是人们争相加入“以钱生钱”游戏的必然结果。“穷人乍富”和指望“一夜暴富”的心理成为社会主流思潮。日本人不但疯了似的加入到“全民”炒股买房的行列，而且这十年成为日本出国旅游、买高档奢侈品爆发增长的十年。

人们可能会质疑，既然到20世纪80年代初，从总量上说日本已经不缺住房，那为什么此后日本的房地产价格反而形成连续暴涨局面，为什么还会形成严重的房地产“泡沫”呢？

这个问题不难解释。这个后果是发展不平衡造成的。我们前面多次说过，日本在城市化中的一个缺陷是“过疏化”和“过密化”。人口过度涌入东京、大阪等少数大城市，是导致这些城市房价暴涨的根本原因。供求关系在总量层面已经基本平衡，但在局部出现了严重的失衡。

此外，另一个社会经济发展特定阶段的原因也不可忽视。如果说，20世纪五六十年代日本经济发展带给老百姓的主要是收入的增长，那么在“国民收入倍增计划”完成后，人们已经不再满足于“挣更多的钱”，而要求拥有更多的“财富”，有更多的私人资产。从20世纪70年代开始，有能力获取财产性收入的“中产”家庭所占比重不断提高。到80年代，日本实际上形成了一个加速私人财富累积的狂热高潮。股市、房价的暴涨，是人们争相加入“以钱生钱”游戏的必然结果。在整个80年代，“穷人乍富”和指望“一夜暴富”的心理成为社会的主流思潮。日本人不但疯了似的加入到“全民”炒股买房的行列，而且这十年成为日本出国旅游、买高档奢侈品爆发增长的十年。这里特别提出这两条是很有意义的，大家可以想一想，我们中国这些年是否存在类似的问题？

【20-3-5】日本是所有发达国家中唯一没有在城市化进程中形成“贫民窟”的国家，日本住房保障体系的“无缝”覆盖功不可没。

从战后最初主要由政府建设的提供实物型保障房开始，日本的住房保障体系不断完善，到20世纪80年代初期时基本定型。这个制度大致分为两大层次。中等以上收入家庭的住房需求主要通过市场化方式得到满足，也就是靠个人到市场上去买。政策意义上的保障只在于由政府出面组织住房储蓄。住房储蓄享受减免个人所得税的税赋优惠。供给则完全由开发商按照市场化原则提供。中等偏下以及低收入家庭则由政府提供不同的资助来获取住房。其中，中央政府负责保障中等偏下收入家庭的住房，地方政府负责保障低收入者、单亲家庭及有特殊困难的家庭和个人的住房。保障的基本方式是政府对中低收入家庭住宅项目给予财政补贴或政策性金融支持。如由政策性的住宅金融公库投资的“金融住宅”，中央政府投资的“直属住宅”，都市整备公团建设的“公团住宅”，地方政府建设的“公营住宅”等都享受国家财政补贴。政策性金融主要是大藏省通过邮政储蓄、保健年金和国民年金等对公团、公库的住宅项目提供1%～2%的贴息贷款。另外住宅公团和住宅金融公库还可由政府担保发行住宅债券。简单说，基本措施就是通过政府补贴的方式，让中低收入家庭买到便宜房子。

日本的住房保障体系是世界上最完备的体系。我们前面提到，日本在所有发达国家中是唯一没有在城市化进程中形成“贫民窟”的。日本住房保障体系的“无缝”覆盖功不可没。我们无法占用太多篇幅去详述日本住房保障体系，只举两个例子。

我们先说个“夹心层”的保障。前面讲到过，日本的基层政府机构叫“市役所”，大概相当于中国城市中的街道办事处。那里通常都会在醒目的地方悬挂有一些政府提醒市民的“看板”，就是提示栏。其中专门提示刚刚步入社会的年轻人，你千万不要以为人生可以轻松而过，你一定要牢记人生三大任务，并从自己职业生涯的第一天起就要为这三大任务不断做好准备。这“三大任务”，一是子女教育，二是购房，三是养老。那政府的这种提示是什么意思呢？是否仅仅是对年轻人一种警告呢？不是。用咱们中国人的话说，政府是在告诫年轻人，“人无远虑，必有近忧”。每一个初登社会舞台的年轻人都应当对自己的未来生活负责。只要你愿意为应对这“人生三大任务”未雨绸缪，那政府可以为你提供很多政策性的支持。例如，政府规定有专门的政策性金融工具，如果年轻人自愿往专门应对这三大任务的政策性账户中存钱，政府就可以提供一定的“个税”减免优惠。

再说个比较近期的。进入 21 世纪后，随着社会经济不断发展和住房保障标准的提高，日本政府正在大规模地进行实物型保障房的“整备”工作，就是把原来档次低、功能差的保障房收回改造，完善基础设施配套条件，增加包括互联网在内的新功能，然后再提供给需要的家庭。2006 年，我们的课题组曾专门到日本进行过调研，看到过一个最新的政府保障标准表。在那个表上，不仅列有享受政府实物型保障的家庭收入“门槛”，而且有非常详尽地按照年龄、家庭人口数、代际数、性别等各种因素划分的，应当享受多大面积保障的规定。例如三口之家可以区分为一对夫妇带一个孩子，单亲母亲或父亲带两个孩子，三代人同住，一个成年人供养两个老人等多种情况；供养两个老人还要分为这两个老人以及供养人的性别组合情况，三代人同住的多种性别组合等。正是这种尽数列举的“笨”办法，让其规定具有了非常强的可操作性。

【20-3-6】东京的普通老百姓都住在距离东京核心市区80～150公里半径的周边地区了。时至今日，日本职员开车上班的，用“凤毛麟角”来形容一点也不为过。东京的“上班族”，包括绝大部分高级白领都是搭乘高速轨道交通上班的。

二是城市发展与基础设施建设同步进行，依靠完善的立体交通体系缓解大城市的住房压力。

日本本来就是个人多地少、国体面积狭小的国家，再加上人口过度向大城市集中，住房保障体系再完善，东京、大阪也住不下那么多人。那怎么应对呢？日本的办法是用完善的立体交通体系缓解人口与土地的矛盾。

日本拥有世界上最完善的城市立体交通体系。这一点在国际上没有争议。咱们略微比较一下。美国的洛杉矶是世界上最大城市之一，但整个大洛杉矶地区几乎找不到一条标志性的街区，因为那个城市的上空被纵横交错、密如蛛网的高架路所占据，城市建筑只能见缝插针地建到哪算哪。纽约的地铁是大容量、高效率的城市公共交通工具，但“地球人”都知道，纽约地铁也是全世界城市中犯罪率最高的地方。巴黎的地铁方便快捷，但其远不能和整个法国以及欧洲大陆的轨道交通实现方便连接。这些别的国家、城市做不到的地方，日本的城市立体交通体系全都可以做到。

东京是世界上房价最昂贵的城市，“寸土寸金”一点也不夸张。那东京的普通老百姓都住在哪里了？住在距离东京核心市区80～150公里半径的周边地区了。住得这么远，那怎么上班呢？这就要说日本最有特色的高速轨道交通体系了。

日本在赶超欧美的过程中，私人轿车早已普及。1965年被日本人称为“汽车元年”，那一年日本的私人购车出现了爆发式增长。可以说，日本的“轿车进家庭”就是从那一年开始的。但时至今日，日本职员开车上班的，用“凤毛麟角”来形容一点也不为过。为什么呢？一方面开私家车上班，那么远的路程，成本不经济不说，关键是时间没法保证；另一方面，高速轨道交通体系非常便捷通畅，100 公里距离，只需 40 分钟左右。东京的“上班族”，包括绝大部分高级白领都是搭乘高速轨道交通上班的。因此，日本人选购住房，并不很在意距离市中心远近，关键是离“电铁”、地铁车站多远。日本的售房广告中很少有“豪宅”“欧陆风格”等这种华而不实的字眼儿，但必不可少的一句是“距站几分”。这句话的意思是步行几分钟可到车站。这个因素是决定房价的关键因素之一。

日本的城市轨道交通有多发达？我们举几个例子。在东京市内任何一个十字街头举目四望，差不多都能在 200 米距离内看到地铁入口的标志。而且日本的城市地铁是高度互通的，任何一条线、任何一个入口上车，不用出站再买票，可以很方便地换乘到你需要的另一条线。那换乘不同公司的车，他们之间怎么结算呢？这不用乘客操心，这些公司之间自有非常有效的结算办法，你只管走你的路就是。即使乘车距离超过了从最初上车地所买的票，那也完全不用担心，出站口有“精算所”，那里的职员会立即告诉你补多少钱的票即可。日本的城市轨道交通不仅覆盖广泛、换乘方便，而且还真正承担着城市立体交通体系的功能。行人过街地道、天桥以及地下步行道通常都是和城市轨道体系密切结合在一起。街边的大型商厦经常从二楼、三楼就有直接通向街道对面的跨街连廊、天桥。

如此复杂的城轨系统，不熟悉的人怎么使用呢？日本的城轨管理也是全世界最好的。那里，在所有进站口、商厦等，到处都有免费取用的城轨地图卡片。在这个图上，每一条线路都用固定的一种颜色代表。进到站内或地下通道后，头顶、墙壁、地上都会标志有不同颜色的小圆圈，你只要跟着相应颜色的圆圈走就不会走错。

日本还是最早与城轨系统结合建立大型地下商业街的国家。在城市地铁中配置商业网点并不新鲜，但最早在城市下面建设现代化的大型商业街区，日本人是开了先河的。这些商业街区的档次、规模、业态以及多样化程度，一点也不逊于地面街道。城市的一部分商业功能就此转入地下。从系统的观点看，这一招儿不仅节约了城市土地，更重要的是把大量的城市步行交通流量转入了地下，提高了地面交通的通行效率。

【20-3-7】日本轨道交通的最大缺点就是拥挤。在人流集中的大站，每个车门口都需要在站台上安排若干专人往车里面推人，不然车门关不上。日本人早已习惯了这种拥挤。大家都是无动于衷地闭目养神，任你推搡，绝不会因此抱怨争吵。所谓“挤成相片”的笑话，在日本的轨道交通中成年累月地每天都在重复上演。

以上说的还只是城市内的轨道交通。日本立体交通体系在缓解城市住房资源短缺上的最大特点，还在于城轨的外向辐射。日本的“上班族”在大城市上班，而居住到100公里半径的郊区，主要就是依靠这些从城市核心区放射状向周边延伸的高速轨道交通体系。从高档写字楼下班，直接就可以乘电梯下到地铁站。城内地铁与城郊联络线换乘也非常方便。方便到什么程度呢？出这个车门，对面就是另外一条联络线的车门。顺便说，日本的轨道交通正点率非常高。人们出行，即使是很远的距离，也可以非常准确地把握自己到达时间。日本轨道交通不仅可以大半径地实现外向辐射，而且可以精确地实现城际交通的公交化。

当然，日本的轨道交通也不是没有缺点。最大缺点就是拥挤。拥挤到什么程度？在上下班高峰时，在人流集中的大站，每个车门口都需要在站台上安排若干专人往车里面推人，或者叫“塞人”，不然车门关不上。好在日本人早已习惯了这种拥挤，不管是衣冠楚楚的高级职员还是年轻时髦的姑娘，你只管身贴身地挤、推，大家都是无动于衷地闭目养神，任你推搡，绝不会因此抱怨争吵。所谓“挤成相片”的笑话，在日本的轨道交通中成年累月地每天都在重复上演。

最后再说一个日本轨道交通的优点，就是安全。一般说，你不用担心抢劫，碰到小偷的机会都很少。

【20-3-8】日本人没有以大为荣的心态。日本式住房把室内面积利用到了极致。哪怕再小的房间，功能也非常齐全。日本没有美国那样的贫富分区。人们也从不标榜自己的房子是什么“豪宅”。建筑物的外立面几乎找不到和居住功能无关的“炫富”元素。

三是注重资源节约、保护环境和提高生活质量。

日本人有着非常强烈的危机意识。人多地少、资源匮乏的国情是每个小学生都牢记在心的普遍国民意识。因此，节约资源是日本住房建设中的首要原则。

怎么节约呢？首先是依靠科技进步。传统的日本建筑是很不节能的，保温性能很差。日本又是个季风国家，冬冷夏热。过去几十年来，日本在建筑保温材料上的研发、生产是走在世界前列的。近年来，日本的居住节能更进一步向新能源方向发展，太阳能在家庭中的应用达到了相当普及的程度。人们在屋顶装上阳光采集材料，利用太阳能电池的自动控制系统调节室内温度、供应热水等。现在，日本的智能化住宅已经达到60%以上。其次是形成具有日本特色的居住小区模式。日本的小区和美国相比有个明显特点，就是相对集中，而且商业设施配套到小区，中小型超市遍布任何一个居民居住地，不像美国人，买棵白菜要开车到20英里以外。这样既方便了生活，减少了分散居住的交通耗能，也便于高效率、低成本、成规模地利用地下管网、垃圾处理系统和公共交通体系。再次是注重简约。日本人的住宅，不论室内室外，从来不过度添加多余的部分。日本人没有以大为荣的心态。日本式住房可以说是把室内面积利用到了极致，哪怕再小的房间，功能也非常齐全。日本没有美国那样的贫富分区，人们也从不标榜自己的房子是什么“豪宅”，建筑物的外立面几乎找不到和居住功能无关的“炫富”元素。最后是资源的循环利用。在这一点上日本也是世界上做得最好的国家。垃圾分类不用说，各种废物利用更是全社会的普遍共识。

别以为日本人的节约资源就是尽量简化生活环境。恰恰相反，日本的住宅非常注重美化和提高生活质量。尽管日本人的住宅少有像美国人那样的前后花园、附带游泳池等，但几乎家家户户的窗户、很狭窄的墙边都布满花草，而且这些花草是极其讲究美观和艺术性的。日本的建筑还有一个特别有意思的地方，就是注重“借景”。不论从窗户向外望去还是从外部看自己的住房，周边环境的美好色彩、造型、轮廓以及远山近水，都可构成与建筑和谐一体的景观。日本的居住小区通常是按照园林规划的要求来设计的。在各个小区内，人们随处可以看到独具匠心的街角“绿化小品”。

日本还有一些成功经验，例如努力实现资源在产业间的优化配置、加快产业结构升级、提高产业的国际竞争力、实现各产业间的协调发展的产业政策，以注重人的精神需要和立足系统论思想为特点的“第二次管理革命”，外向型经济发展与民族传统的继承和保护等，限于时间和篇幅，我们不再一一介绍。

4 日本文化在反危机中发挥着怎样的独特作用

- 房地产泡沫破灭后，日本社会并未因此出现大的危机。
- 日本是一个不需要监督就会高度敬业、忠于职守的民族。
- 日本的工会会代表员工主动与老板谈判降工资。
- 日本把系统论思想引入管理中来，迅速成为质量、品牌大国。
- 我们需要认真思考别人度过危机的社会基础与文化条件。

【20-4-1】这种持续不断的危机文化，锻造了日本社会的危机耐受力。即使在经济出现大的起伏时，日本的社会也不会出现大规模的群体性恐慌、混乱和“争相逃命”的景象。相反，越是危机，日本社会和企业的向心力越强，全民团结一致共渡难关的文化越会昭显。

在我国的舆论环境中，人们普遍注意的是日本的房地产“泡沫”怎么高涨，后果怎样严重等，很少有人思考和讨论一个重要的问题，即，为什么在所谓的房地产“泡沫”破灭后，日本社会并未因此出现大的危机？在过去30年中，日本老百姓的生活一直是稳定有序并持续改善的，社会并未出现任何“崩溃”现象。富裕、发达和安居乐业的景象并无任何改变。

这个问题和日本独特的社会文化传统密切相关。战后，有个美国社会学家写过一本著名的书，叫做《菊与刀》。在这本书中，作者提出，国际社会一定要充分了解日本独特的文化传统，才能真正认识在日本发生的各种事件的必然性。我们这里只简举几点。

一是全民的危机意识、责任意识。

日本人的危机意识是深入骨髓的。从小学起，老师就会不断对学生进行“人多地少、资源匮乏”的危机教育。在20世纪70年代两次石油危机后，日本的前经济企划厅厅长就出过一本小说叫《油断》，非常详尽地描写了一旦石油进口中断，日本会面对怎样一个极度混乱的崩溃局面，警告日本社会必须对能源危机未雨绸缪。20世纪“冷战”结束前，有个日本人还写过一本畅销书，叫做《苏军在日本登陆》，甚至设想日本亡国，日本热血青年流亡到中国来组织志愿军帮助中国抵抗苏联的入侵。至于两度被拍成电影的《日本列岛沉没》，更是为中国人所熟悉。正是这种持续不断的危机文化，锻造了日本社会的危机耐受力。所以，即使在经济出现大的起伏时，日本的社会也不会出现大规模的群体性恐慌、混乱和“争相逃命”的景象。相反，越是危机，日本社会和企业的向心力越强，全民团结一致共渡难关的文化越会昭显。1995年极为严重的阪神大地震后，全世界都从电视画面看到了，在那里没有发生任何趁灾打劫的犯罪事件，人们极为有序地自发组织起来自救互救，把有限的食品配发给等待救援的妇孺。这就是日本和日本文化。

与危机意识相伴相随的是责任意识。可以这样说，日本是一个不需要监督就会高度敬业、忠于职守的民族。既然各种环境条件决定，日本不可避免地要不停地面对危机，那应对危机的唯一办法就是全体国民同心同德和尽职尽责。举个例子来说明日本人的敬业精神。在任何一个公共场所的任何时候，你伸手去摸窗台门脚，不会有尘土，因为每一个做小时工的清洁女工都会每天认真负责地擦遍每一个角落。正是这种无人“弃守而逃”的社会氛围，确保了经济再动荡也不会出现社会崩溃的局面。

【20-4-2】卡拉OK这种娱乐形式只可能诞生在日本而不可能诞生在欧美。因为只有日本职员才会在下班后还一起去喝酒娱乐。背叛企业的人很难再为社会所接纳。

二是劳资协调体制与团队精神。

日本也有很强大的工会组织。但日本的工会不仅会代表员工向老板要求涨工资，还会主动与老板谈判“降”工资。例如因为日元大幅升值，一些企业面临严重困难，工会就会找到老板说，我们员工议定了，愿意接受每人只领60%的工资，每人每周只上三天班，条件是不要裁员，有饭大家吃。这可不是一个企业，是全日本的企业都会这么做。在日本，这叫做“劳资协调体制”。这种体制是符合社会共同认同的价值观的。

再举一个团队精神的例子。日本人自诩是一个具有“集团行动性”的民族。忠于企业，忠于团队是在日本文化传统中非常根深蒂固的一种共同行为规范。卡拉OK这种娱乐形式只可能诞生在日本而不可能诞生在欧美。因为只有日本职员才会在下班后还一起去喝酒娱乐。背叛企业的人很难再为社会所再接纳。

【20-4-3】日本人在机械表上竞争不过最具技艺传统的瑞士人，在照相机上竞争不过工艺精湛的德国人，他们就另辟蹊径，靠石英表和“傻瓜”相机一举成为世界市场的优胜者。

三是创新精神与追求完美。

日本文化的一个非常值得肯定的一点，就是非常注重学习别人的长处和勇于创新。20 世纪日本经济在起飞、赶超阶段，大量的技术工艺是从欧美引进的。但日本在引进之后，更注重消化、吸收和创新，并且在新一轮竞争中超过“老师”。这曾经让美国人非常恼怒又无可奈何。这里举两个创新的例子。日本人在机械表上竞争不过最具技艺传统的瑞士人，在照相机上竞争不过工艺精湛的德国人，怎么办呢？他们就另辟蹊径，靠石英表和“傻瓜”相机一举成为世界市场的优胜者。日本企业是怎么度过 20 世纪 70 年代的日元大幅升值的出口危机的？其中一条是把低端的价格竞争转变到质量、品牌等高端的非价格竞争上来。怎么转呢？日本把系统论的思想引入到企业管理中来，创造出了“全员、全要素、全过程”的“全面质量管理”等制度，使日本迅速成为质量大国、品牌大国。

日本人的创新是和追求完美的精神密切相连的。日本企业为设计向亚洲出口的手机外壳形状，可以调查几十万个亚洲妇女的手型。在和美国的汽车产业竞争中，日本人最先提出了“价值工程”的思想，认为降低质量、减少功能也是有意义的改进。于是日本就造出了发动机总成、变速箱总成、油路及电路总成、外壳及车内饰等各个部分寿命近乎同步的汽车，一点多余的功能质量都不留，以此实现了降低成本、节约资源的最优化目标。

最后的这一节并非不重要。我们别总是在那里议论别人曾遭遇到的危机，恐怕还要认真思考一下别人渡过危机的社会基础与文化条件。

第二十一讲

购房目标要讲系统论

我们经常说，中国正处于工业化过程中。工业化是什么？工业化就是用机器取代手工劳动的过程。

经济学理论早就发现了一个机器生产的重要规律，在绝大多数产业中，单位产品成本会随着批量规模的扩大而降低。这就是规模的经济性。例如，年产40万辆汽车的汽车厂，单车成本一定比年产4万辆的低；100万吨的乙烯装置，单位产品的成本一定比20万吨、30万吨的便宜。我们大家生活中熟悉的，买衣服鞋帽都要讲“号”。为什么要有“号”呢？因为把大小胖瘦等尺码标准化为一定的“号”，才能适应成批大量生产，才能降低成本，获取规模效益。与此规律相应，单位产品成本最低的规模就叫做“经济规模”或者“最优规模”。20世纪初，美国引领了第一次管理的革命。这个管理革命的核心，就是通过“泰勒制”、定额、流水线等管理方法来最大限度地利用规模的经济性。那时人们认为，最优规模就是单位成本最低的规模。可别小看这个叫做“科学管理”的革命。美国之所以能够在半个多世纪内走完欧洲工业化一个半世纪的路，实现经济赶超，在很大程度上就归功于这场管理的革命。以后微观经济学还总结出了一个公式，最优规模为边际成本等于平均成本的规模。说清楚这个公式得讲概念、列方程、画曲线，还得用到微积分，太复杂。大家知道这么个说法就行了，我们不再过多延伸。这个公式用定量化的方法把规模经济的最优化标准发展到了极致。

到了20世纪60年代时，日本在经济赶超中发现，单位产品成本最低的规模不一定是最优规模。例如，年产4万辆汽车时，单车售价可能达20万元；但年产40万辆汽车时，要说服40万个消费者把这些汽车都买掉，单车售价可能就要降到7万元才行。在这个例子中，规模经济所带来单位产品成本降低的好处可能会被市场价格的更快降低完全吞噬。因此，日本人就发明了一种叫做“量本利管理”的方法，把单位产品成本与售价、利润综合到一个数量模型中来寻求最优。这个“量本利管理”就是把系统论思想引入到管理中的一个例子。日本就是依靠把系统论思想引入到管理中，引领了第二次管理的革命。同样别小看这个“第二次管理革命”，日本能够在战后实现对欧美的经济赶超，在很大程度上就是受益于这场新的管理革命。日本把系统论思想引入管理的例子还有很多，例如“全面质量管理”“价值工程”“看板管理”等，我们这里不一一介绍了。

系统论是追求最优化的决策方法，但系统思想并非在什么时候都追求最优化。我们此前曾讲到过，很多诺贝尔经济学奖得主并不是经济学家而是心理学家。1978 年的诺贝尔经济学奖得主叫赫伯特·西蒙。这个西蒙是美国卡内基·梅隆大学的教授，他就是个心理学家。管理心理学有个重要分支，叫做“组织行为学”。西蒙写过一本“管理行为”的书，正是在这本书中，他提出了一个在经济学上极有意义的概念，叫做“满意解”。

什么叫做“满意解”呢？要用“决策理论”来解释可就复杂了。但举个例子大家就很容易明白。在一个有限的数量集合中，一定有一个数是最大的，在数学上，这叫“极值定理”。依此就可以推论，一亩玉米地中，一定有一穗玉米是最大的。假如一个人的决策目标是最优化，非得是这个最大的玉米，否则不吃，那这个人在饿死之前能否把这个最大的玉米找出来暂且不说，就是能够找出来，这个优化成本也是过度高昂了。那怎么办呢？差不多大的玉米就可以吃了，用不着非得找到最大的那一穗。这就叫“满意解”。人们在决策时，合理目标并不一定是“最优解”，更多时候应当把目标设定在“满意解”上。

咱们这一讲，就从“最优解”到“满意解”，用系统论来尝试一下关于购房目标的决策问题。

1 “炒房”的秘密就是层“窗户纸”

- 人们追求自身利益的最大化是合理的。
- 力求最低价格并非是一个合理的决策方法。
- 不断放大地动用金融杠杆是资产和利润规模加速上升的关键。
- 只要截断金融杠杆就可以有效地抑制为卖而买的投机性需求。
- 房地产泡沫其实就是社会信贷规模脱离真实需求时的过度负债。

【21-1-1】如果房价真的跌了，在符合预期的价位上你买到房子了，你还希望房价继续下跌吗？毋庸置疑，回答一定是“不希望”。矛盾就在这里了。其实相当多大声疾呼“降房价”的人，只是希望房价在自己买到房子之前跌。

近年来，为什么人们对房价的关注度特别高呢？因为人们在购房时总是力图在最低价格买入，同时在买入后获得最大的升值利益。这个想法并不错。代价最小，收益最大，当然是人们经济决策时最重要的追求目标。但这个想法中有个矛盾。什么矛盾呢？你希望不希望房价跌？回答是“希望”。你为什么希望房价跌呢？回答是“我想便宜地买到房子”。但再问，如果房价真的跌了，在符合预期的价位上你买到房子了，你还希望房价继续下跌吗？毋庸置疑，回答一定是“不希望”。矛盾就在这里了。其实相当多大声疾呼“降房价”的人，只是希望房价在自己买到房子之前跌。

我们这里不讨论这种想法是否合理，是否“自私”。这没意义。因为人们追求自身利益的最大化，只要在合法合规范围内，就是合理的。我们只讨论一个问题，谁能有把握地说，自己能买到最低价位的房子？

答案有点让人郁闷。谁也不能。

尽管从数学意义上，按照我们前面提到的“极值定理”，在一个有限的时间段内，与任何市场价格一样，房价一定有一个最低点。进一步说，只要真的有这个最低的成交价，就一定有人在这个价位上买到了房子。但这个买房人只是偶然的“幸运儿”而已，并非他有什么特别的方法能掐会算。

我们说上述这个道理想证明什么呢？我们想说的是，就是从投资意义出发，单纯地以收益最大化为目标，力求最低价格也并非是一个合理的决策方法。这里，我们就讲个“炒房”的原理。

【21-1-2】房子的价格明天还会涨，后天还会涨，应当卖掉还是继续持有？从最优化目标看，如果房价还会继续涨，就一定要卖掉。

近年来，人们对“炒房”这个词儿已经耳熟能详。但究竟什么是“炒房”，其实大多数人并不甚了了。许多人认为，非自住目的地多套购房，在房价上涨后卖出去就是“炒房”。严格说，这种“炒”法只能算“初级班”。这里我们举例说明一点专业的“炒”法，利用这个例子来揭示“炒房”的秘密，同时也是阐述一点“最优化”决策的道理。

假定一个人花 100 万元买了一套房子。我们再假定这 100 万元购房款是三成首付，七成按揭，也就是说购房人自己只掏了 30 万元，另外从银行贷款 70 万元。大家记好这个假定的初始条件。

咱们再假定，这个房子的价格涨到了 130 万元，而且没有悬念、没有疑义地，明天还会涨，后天还会涨，涨到 150 万元、160 万元、170 万元都非常可能。现在的问题是，在 130 万元的价位上，这个房子应当卖掉呢，还是应当继续持有？

恐怕很多人都会想，既然房价肯定还会涨，当然应当继续持有啊。错了。应当卖掉。从最优化目标看，如果房价还会继续涨，就一定要卖掉。

卖给谁呢？卖给你太太。130 万元价格卖给你太太，如果仍是三成首付、七成按揭，你太太就可以从银行贷款 91 万元。替你还掉银行的 70 万元贷款，你已经“套现”21 万元。如果房价真的继续涨，例如涨到 160 万元，再让你太太把这套房子卖回给你。同样是三成首付、七成按揭，你可以从银行贷款 112 万元。替你太太还掉银行的 91 万元贷款，你又“套现”21 万元。这时，你们两口子已经收回 42 万元，不仅最初投入的 30 万元全部收回，而且房子还在你们手上。这时，就是房价下跌也没关系。从 160 万元跌到 150 万元，甚至 140 万元也无妨。140 万元卖掉，还掉银行 112 万元贷款，你仍再可收回 28 万元。

有点意思吧？这还是保守的“炒”法呢。再说一个激进的“炒”法。

【21-1-3】“最优化”的关键问题就在这里了。如果房价确定无疑地会继续上涨，那么持有 130 万元的房子和持有 200 万元的房子，哪个收益更大呢？这是一个任何人都能明白的显然答案。

初始条件和上面的例子一样。100 万元买的房子，三成首付、七成按揭，房价涨到 130 万元了，预期房价仍将上涨。这时卖掉房子，收回 130 万元售房款。还掉银行 70 万元贷款，现在你手里还剩多少现金呢？ 60 万元。咱们上午卖下午买。再继续买一套房子。这次如果同样是三成首付、七成按揭，60 万元现金可以买多少钱的房子呢？很容易算，200 万元的房子。

“最优化”的关键问题就在这里了。如果房价确定无疑地会继续上涨，那么持有 130 万元的房子和持有 200 万元的房子，哪个收益更大呢？这是一个任何人都能明白的显然答案。

事情到此仍未结束。买了 200 万元的房子，我们仍然可以继续“炒”下去。假定房价真的又上涨了，例如涨 30%，涨到 260 万元，那么如法炮制，再卖掉，用收回的 260 万元售房款还掉银行的 140 万元贷款，手持现金可达 120 万元。仍是上午卖下午就买，同样是三成首付、七成按揭的话，这次可以买 400 万元的房子。这个游戏继续做下去的话，房价再涨 30%，涨到 520 万元，再卖再买，三成首付、七成按揭，可以买 800 万元的房子。当然，依此类推，房价再涨三成，涨到 1040 万元，卖掉再买，按照三成首付、七成按揭的方式就可以买 1600 万元的房子。我们不再推演下去。

【21-1-4】 不加节制地让房地产市场自由“炒作”，在任何国家都将是灾难。那时房价和需求将完全脱离实际上的住房资源总量与真实住房需求之间的对比关系，房价就会在金融杠杆的推动下变成一场没有止境的资本游戏。

这是一个理论化的最优“炒房”模型。当然，如果都能按照这样一个方式“炒”下去，人人都会很快成为亿万富翁。实际上这不可能。因为房价并非只是一个单边、匀速变化的过程。而且大家也会质疑，持有房子的过程中还要有物业费、取暖费等成本，交易过程还要有税费，贷款还要付银行利息，银行利息还有利率的不同。更重要的是，上涨 30%还需考虑时间周期，是 3 个月上涨 30%还是 3 年上涨 30%，显然收益程度会大不一样。我们说的只是一个理论模型。真正的操作性模型，还需要按照上述这些因素设定很多修正系数，才能最后求出最优解。

但这样一个理论模型具有很重要的意义，从中我们可以解读出房地产投资活动的很多秘密。

第一个秘密，不断放大地动用金融杠杆是资产规模和利润规模加速上升的关键。“炒”房的关键是动用金融杠杆，放大自己的资产增值能力。在上述例子中，第一次购房贷款 70 万元，第二次购房贷款 140 万元，第三次购房贷款 280 万元，第四次购房贷款 560 万元，依此类推。如果离开金融杠杆，购房人完全依靠自有资金买房，其实是无所谓“炒”的。这里也就可以揭示一个重要的政策原理，只要截断无限放大地贷款买房的金融杠杆，就可以有效地抑制为卖而买的投机性需求。

第二个秘密，在这个最优化模型中，购房人的资产规模、利润规模都是以 2 的 n 次方的几何级数在增长。大家可以再回味一下，第一次买 100 万元的房子，第二次买 200 万元的房子，第三次买 400 万元的房子，第四次就买 800 万元的房子了。这个 2 的 n 次方的几何级数在增长速率上有多厉害呢？我们给大家一个参照系。一个围棋棋盘，横着 19 个格，竖着也是 19 个格，如果在第一个格子中放 1 粒米，第二个格子放两粒米，第三个格子放 4 粒米，依此类推，到最后一个格子时，我们得放多少粒米？说出来很吓人，全世界当年产的粮食都放进去也不够！显然，不加节制地让房地产市场自由“炒作”，在任何国家都将是灾难。那时房价和需求将完全脱离实际上的住房资源总量与真实住房需求之间的对比关系，房价就会在金融杠杆的推动下变成一场没有止境的资本游戏。

【21-1-5】迅速增大的负债和风险，只需很短时间就可以远远超出购房人自身的承受能力。这些超出购房人承受能力的负债和风险最终要由社会的金融系统，甚至整个国民经济来承担。

第三个秘密，动用金融杠杆的资产模型听起来很美，但人们经常忽略的一点是，在资产和利润以几何级数增长的同时，购房人的负债和风险也在同样以几何级数的速率增长。这个迅速增大的负债和风险，只需很短时间就可以远远超出购房人自身的承受能力。如果市场中充斥着这样的疯狂炒作，那么这些超出购房人承受能力的负债和风险最终就要由社会的金融系统，甚至整个国民经济来承担。真正的房地产“泡沫”，其实就是社会信贷规模远脱离住房真实需求为基础的合理规模时的过度负债风险。

第四个秘密，开发商“暴富”的秘密同样隐藏在上述模型中。只不过我们所举的例子是买卖一套房子，开发商是同时建、售数百套、上千套房子。为什么一些开发商入市时只有两三千万元资产，没几年就成了身家数亿元，甚至数十亿、上百亿元的富豪了呢？秘密就在于他们在更大规模上动用金融杠杆，使自己的资产规模呈现为几何级数的增长。

2 升值潜力并非是买房居住的根本决策依据

- 不是“为卖而买”，那么升值潜力并非买房决策的最重要依据。
- 使各方面需求的满足程度尽可能地一致是最优的结构。
- 在一定意义上，效用理论恰好体现着系统的思想。
- 郊区的房子升值30%，核心市区房子升值可达100%。

【21-2-1】对一个已经能够吃饱饭的人来说，食物的效用，或者说食品需求的迫切性，已经大大降低。这时如果他有钱，这个钱花在穿衣上的效用可能要比吃饭更大，或者说更迫切。

买房子要考虑资产升值，这没有疑义。但买房的主要目的是自住，而不是“为卖而买”，那么升值潜力并非买房决策的最重要依据。

在不同的社会发展阶段、规模不同的城市、年龄不同的人群，人们对住房选择的依据会有很大不同。这不奇怪。因为住房需求本来就是一个多样、多元、多层次的需求。

经济学有个效用理论，这个理论是商品价值理论中很重要的一个流派。这个理论强调，商品的价值取决于对不同人的效用大小。我们这里简单介绍几句。例如，对一个已经能够吃饱饭的人来说，食物的效用，或者说食品需求的迫切性，已经大大降低。这时如果他有钱，这个钱花在穿衣上的效用可能要比吃饭更大，或者说更迫切。很多人在旅游中可能有过这样的经验，爬到一座名山顶上时口渴难耐，这时你无法计较买一瓶矿泉水的价钱高低。这时候以一定代价满足喝水的需求就叫做“划算”。人们在决策自己的支出结构时，使自己的各方面需求的满足程度尽可能地一致的结构才是最优的结构。

【21-2-2】由生活常识可知，人们总会比较均衡地把自己的支出配置在吃穿用等各方面，不会只顾一头不顾其他。这个道理并不简单。系统思想的“最优化”所追求的，从来不是某个单一指标的极值化，而一定是系统整体的效用最大化。

效用理论曾在经济学发展过程中饱受质疑。因为这个理论过于依赖人们的主观感受、个体判断，无法找到普遍适用的依据和客观的验证方法。这的确是效用理论的一个致命缺陷。但我们也别小看这个效用理论，在一定意义上，这个效用理论恰好体现着系统的思想，什么系统思想呢？局部追求“满意解”，整体追求“最优解”的思想。

为更容易说明问题，我们举个经济以外的例子。假如离高考还有 10 天了，这 10 天用来复习政治，可以增加 30 分；用来复习数学，可能增加 3 ~ 5 分；如果用来复习外语，能不能增加 1 分都是未知数。怎么配置这宝贵的最后 10 天？答案显而易见。其实，人们在经济决策时的情况与此相同。生活常识可知，人们总会比较均衡地把自己的支出配置在吃穿用等各方面，不会只顾一头不顾其他。这个道理并不简单。在运用系统思想的“最优化”所追求的，从来不是某个单一指标的极值化，而一定是系统整体的效用最大化。

效用理论的贡献并非仅仅说明了人们经济决策要兼顾方方面面，要力求整体效用最大。这个理论还提出了一个非常有意义的原理，叫做“边际效用递减”原理。什么叫“边际效用递减”呢？咱们也用个例子来简要说明。

假定电视机在接受信息、娱乐、教育以及开阔眼界等所有方面的功能相加是100%，家里有一台电视机时，这些功能的85%基本可以得到满足；如果有两台电视机，人们从电视机中所能获取的满足程度可以提高到95%；如果有三台，那功能满足程度可以提高到99%；四台呢？满足程度可以达99.5%。这个假定的例子说明，如果第一台电视机的效用是85个百分点的话，第二台的效用会急剧降低到10个百分点，第三台的效用只有4个百分点，第四台的效用恐怕只有0.5个百分点。这种现象就叫做“边际效用递减”。

不管人们怎么质疑效用理论对主观性的依赖，在现实的经济生活中，效用理论所说明的现象确实普遍存在，而且在人们的经济决策中确实具有很重要的意义。从大处说，老百姓挂在嘴边的一个词是“吃穿用住”。这个词里面就包含效用理论的思想。人要活着，先得吃饱穿暖。在社会发展水平较低的阶段，温饱一定是人们的第一追求；买房子、住好房子、资产增值一定得在社会发展到温饱问题基本解决之后，才会成为社会的普遍诉求。从小处说，除非你是“发烧友”，孩子的教育费尚且没着落时，你会大把花钱买高档照相机吗？

【21-2-3】同样总价，在靠近公司写字楼的商业区、城市核心区，可以买一套60平方米的房子；在远郊区县，可以买一套120平方米的房子。买哪一个呢？一定要买靠近职场的那套60平方米的。

那这个效用理论和买房子有什么关系？有重要关系。下面，我们就用这个效用理论来说点购房决策中的“满意解”与“最优解”。

前面说过，人们普遍关心房价，其中一个原因是想买房的人希望买到最低价。这是一个“最优化”的目标。但用系统论的眼光看，房子的功能并非就是用来“高抛低吸”的投资品，哪怕就是纯粹投资，追求最低价也未必是收益最大的决策依据。

咱们先把一个结论性的认识说在前头。

如果以自住为主的需求为例，给大家一个忠告。什么忠告呢？在 25 岁到 35 岁这个年龄区间买房子的话，一定要尽量靠近职场，也就是你上班的地方；35 岁到 45 岁买房子，要尽量靠近学校，靠近优质的教育资源；45 岁到 55 岁买房子，就要尽量靠近父母；55 岁到 65 岁买房子，那可就得尽量靠近医院了。至于 65 岁以上买房子，靠近不靠近最终归宿地已经不重要了，因为人生最后一段的路费肯定不用你付钱。

别看这个结论通俗易懂，要解释清楚其道理，还真得用到理论。

假如在 25 岁到 35 岁这个年龄层的人要买房子时，同样的总价，有两个选择，一个是在靠近公司写字楼的商业区、城市核心区，可以买一套 60 平方米的房子；另一个是在远郊区县，可以“一步到位”地买一套 120 平方米的房子。买哪一个呢？一定要买靠近职场的那套 60 平方米的。

【21-2-4】放弃每天 90% 以上的欢娱感、幸福感，换取 10 个百分点的住房需求的满足程度，这当然很不划算。

为什么呢？道理其实并不复杂。60 平方米的住房，其功能已经可以满足年轻的小两口家庭 90% 左右的基本需求。年轻人，下班后有多少人是在晚上 10 点钟之前回家的？回家的主要目的就是休息。60 平方米，安排一个比较舒适的卧室，有洗澡、做饭的地方，能够上网，放下一张写字台，这些要求完全可以满足。当然，120 平方米的房子会更好，可以有个适度大小的客厅，可以有带化妆功能的卫生间，厨房也会宽大很多，甚至还能有个书房。假定这样的房子能够满足小两口 100% 的住房需求，单从性价比来说，当然是 120 平方米的房子最优。但是与靠近职场的 60 平方米的房子相比，获得最后这 10 个百分点的需求满足程度，代价是非常高昂的。这个代价可能是每天在上班的往返路上多耗费两个小时以上的时间。而对于这个年龄段的年轻人来说，每天的幸福感有 90%要来自这宝贵的两小时。因为在一天 24 小时中，有 8 个小时需要花在睡觉上，有 8 个小时需要在办公室看你上司的脸，再扣除吃饭、上厕所的时间，真正用于自由自在地社交、逛街、娱乐的时间并不多。放弃每天 90%以上的欢娱感、幸福感，换取 10 个百分点的住房需求的满足程度，这当然很不划算。

这个分析就是一个基于效用理论的经济学分析。我们可以很明显地感到，其中很多因素是人们的主观感受。但这个主观感觉有没有意义呢？确实很有意义。其实，事情还不止于此。我们还可以大致判断，在北京、上海这样的特大城市中，如果若干年后郊区的房子会升值 30%的话，核心市区房子的升值幅度可能将达 100%。

限于时间、篇幅关系，咱们只就 25 岁到 35 岁买房子的决策问题做上述说明。其他各年龄段，大家自己分析吧。

3 房价直线上升并非是投资者的福音

- 房子将多得卖不出去的看法是陷入了思维逻辑的陷阱。
- 局部的现象放大到全局，则完全荒谬。
- 房地产经常会遇到在数量关系上把人忽悠糊涂了的问题。

【21-3-1】很多媒体都被一个有关房子的题目弄糊涂了。不仅自己糊涂，还焦虑万分地去告诉读者，忧心忡忡地去请教、采访专家。很多官员、学者也都对此深信不疑，并以此谆谆告诫年轻人们，甭着急买房子，很快中国城市中的房子将多得卖不出去。

新西兰有次求职面试，考官出了个数学题，曾难倒了一大片求职者。这个题目是这样的：有 3 个人去酒店投宿，酒店的服务生说，三人间一晚上的价格是 30 元。于是这三个人“AA 制”，每人拿出了 10 元，合计 30 元交了房钱。服务生把钱交给酒店老板时，老板说今天优惠，三人间的价格只要 25 元。但服务生并未把多收的 5 元全部退给客人，而是自己偷偷藏起了 2 元，只把剩下的 3 元钱退给了那三个人，也就是每人退 1 元。问题就出在这里了。三个客人每人掏了 10 元，又退回 1 元，也就是说每人只出了 9 元钱，一共付了 27 元，加上服务生私自藏起的 2 元，这才 29 元啊。当初客人拿出的可是 30 元，那么，还有 1 元钱到哪儿去了？

这其实算不上一个数学题，最多只能是个“脑筋急转弯”题。答案很简单，三位客人合计所花的 27 元中，其实已经包含了服务生私藏的 2 元，这 27 元加上被退还的 3 元，不就是 30 元吗？很多求职者的思路被考官“牵着鼻子走”了，顺着考官故意设置的错误思路，你无论如何也想不出那 1 元究竟去了哪里。

别以为这种问题只是娱乐小学生的。在过去几年中，我们很多媒体都被一个有关房子的类似题目弄糊涂了。不仅自己糊涂，还焦虑万分地去告诉读者，忧心忡忡地去请教、采访专家。什么问题呢？有人说，现在中国城市中大都是独生子女家庭，家庭结构呈现为人们所说的“四、二、一”形态，即一对中年夫妇要面对四位上辈老人，一个独生子女。如果这个独生子女要结婚时小两口再买一套住房，那这个小两口姻亲双方的家庭一共可能会拥有七套住房。这很容易计算，假定三代人都有自己的住房，那么男方和和女方的爷爷奶奶、姥姥姥爷各拥有一套住房，这就是四套住房；双方父母再各有一套住房，这一共就是六套住房了；如果再加上小两口的那一套，将来这里外七套住房最终都要落到均为独生子女的小两口手里，那时中国城镇的住房岂不是要大大地富余出来了吗？

别以为我在编故事。大家可以上网查查，我们的很多官员、学者也都对此深信不疑，并以此谆谆告诫年轻人们，甭着急买房子，很快中国城市中的房子将多得卖不出去。

其实，这个问题和那个“1 元钱到哪去了”的新西兰考题属于同一类，都是陷入了思维逻辑的陷阱。在一个家庭中，的确有可能出现孙辈前后要继承到六套房子的情况。但把这个局部的现象放大到全局，则完全荒谬。为什么呢？简单说吧，这个传说实际立足于一个根本不可能出现的假定前提。这个前提就是，在未来 10 ~ 20 年左右的周期内，中国的城镇人口减少七分之六！这可能不可能，恐怕答案不言而喻。

其实，不论有多少独生子女，只要我们的城镇人口是增长的，而且是快速增长的，我们就一定需要更多、更快、更好地建房子，而不是相反。

【21-3-2】某发达国家特大城市的房价在过去 100 年中上涨了 100 倍。但人们往往忽略，这个城市的房价在前 50 年中上涨了 50 倍，后 50 年其实只上涨了 1 倍！如果一笔投资在 50 年中才能增长 1 倍，那这个投资无论如何都不能算是一个划算的投资。

在思考房地产问题时，我们经常会遇到类似的、在数量关系上把人“忽悠”糊涂了的问题。再给大家举两个例子。

一个例子是，某开发商为了说服购房人，证明为投资而买房子是如何划算，特意举出很多国际大城市房价在长期过程的上涨数据。开发商引用的数据对不对呢？很对。开发商没造假。例如，某发达国家特大城市的房价可能在过去 100 年中上涨了 100 倍，这确有历史数据可以证明。但人们往往忽略的一点是，这个城市的房价在前 50 年与期初相比上涨了 50 倍，后 50 年其实只上涨了 1 倍！如果一笔投资在 50 年中才能增长 1 倍，那这个投资无论如何都不能算是一个划算的投资。

再一个例子是，如果把某城市的房价在未来 10 年、20 年甚至更长时间内的变动轨迹画在一张以年份为横轴、以价格为纵轴的坐标图上，假如这个轨迹是一条毫无波动的向右上角上升的 45 度直线，也就是说，这个城市的房价始终只涨不跌，那投资这个城市的住房一定划算吗？你可能未必想到，不一定划算。因为这条直线意味着，这个城市的房价上涨速度在向着趋向于零的方向逐年下降！道理不复杂。假定第一年的房价是 10000 元一平方米，上涨 1000 元时，上涨速度是 10% / 年；但第二年房价已经是 11000 元一平方米，再上涨 1000 元，上涨速度可就降低到 9% 了。以此类推，显然，随着基数的不断增大，这个城市的房价上涨速度一定是逐年下降的。

最后，特别给年轻人一个忠告。其实也不能算是忠告，只是一个简单的经济学道理。凡是言之凿凿预测房价的，十有八九是江湖术士。因为此类“高人”如果真有那么大的功力，何不就此发财，或者直接把预测卖给大投资机构要个大价钱呢？其实，如果一定要预测，你自己也能办到。当你周围几乎所有人都急切地问“房价什么时候降”的时候，房价恐怕是很难降下来的，因为有太多的人正憋着买房子呢；当你周边的人更关心什么时候房价涨的时候，房价才真的会降呢，因为这时卖房子的市场力量已经远超过买房子的市场力量了。

第二十二讲

税收能在多大程度上调控房地产

工业化与市场经济发展过程中存在着四个贯穿始终的矛盾，即供给与需求的矛盾、积累与消费的矛盾、竞争与垄断的矛盾以及政府和市场的矛盾。这一讲，我们以“税”为线索，主要讨论其中一个矛盾，政府和市场的矛盾。

从市场经济诞生的第一天起，人们就一直力图整明白政府和市场究竟是个什么关系。但到今天，这个问题仍是经济学探索的最前沿，但又是最基本的难题，仍处于“否定之否定”的不断循环认识过程中。

我们前面讲过，在19世纪欧洲工业化借助市场经济之力迅速发展的过程中，曾有个著名的思想流派，叫做“无政府主义”。这个“无政府主义”思潮认为，人类社会的专制、不平等、暴力、压迫、掠夺等种种罪恶现象都是源自政府。有了市场竞争基础上的自发调节机制，政府已经成为多余，应当全部打倒。这个“无政府主义”可不是光说不练，他们结成团体，开展社会宣传，甚至组织对专制统治者的暗杀。与此同时，另一种叫做“空想社会主义”的思潮也广为传播。“空想社会主义”的政治主张同样具有否定政府的特点。他们认为平等的人类社会不需要基于暴力、等级制度的政府，在一个人人平等、共同占有财富的社会中，只要有社会成员民主形成的“公社”型管理机构就足够了。“空想社会主义”也不是坐在屋子里空想，他们曾到南美大规模购置土地，按照人人平等、共同占有生产资料的理想方式组织社会经济生活。这两种思潮的共同特点都是根本否定拥有强制权力的政府。与这些思潮相对，强调要建立拥有绝对权力的政府、根本否定市场竞争、否定私有制的“社会主义思想”也在不断兴盛。由此就诞生了“十月革命”后苏联的公有制与计划经济体制。人们希冀建立一个无所不知又无所不能，直接掌握一切社会资源，对社会全体成员高度负责的政府，靠政府的一统权力来实现人类解放。

我们强调，不论是“无政府主义”还是“空想社会主义”，都是有进步意义的。这些思潮坚决打破了几千年来人类社会对神权、王权的崇拜。我们在“国际歌”中唱的，“从来就没有什么救世主，也不靠神仙皇帝”，就是对神权、王权的否定。这个思想，就是从“无政府主义”和“空想社会主义”那里继承、发展而来的。

“无政府主义”和“空想社会主义”的共同点是都企图找到解决社会统一力量与市场自发力量之间关系的出路。但是他们都注定是失败者。为什么呢？可以打个比方说明他们的根本缺陷：他们都企图搏击大海，却没有真正造出过船。

在他们以后，人们对市场的认识发展为两极。一极是对市场力量迷信得登峰造极，就是所谓的自由资本主义的发展；另一极是彻底否定市场的、以计划经济为基本特征的社会主义制度的兴起。

19 世纪末期到 20 世纪初期，美国在赶超欧洲的过程中，新兴资本势力对市场自发竞争的崇拜发展到了极致。那时在美国，诞生了一大批“铁路大王”“钢铁大王”“化工大王”“报业大王”“汽车大王”等。人们认为，市场经济足以把无穷无尽的财富神话般地带到人类社会中来。但好景不长，1929 ~ 1933 年那场席卷全球的世界经济大危机把这种“市场崇拜”击得粉碎，由此就诞生了以政府对市场经济下总量平衡关系进行政策干预为主要思想的“凯恩斯主义”和宏观经济学。以后，20 世纪 60 年代，日本在对欧美的赶超过程中，又形成了政府对产业结构进行干预的产业经济学。

宏观经济学诞生之后，市场经济国家的人们认为，他们已经根本解决了政府与市场的关系。自 20 世纪 30 年代的“罗斯福新政”起，“凯恩斯主义”一直盛行到了 20 世纪 70 年代初，终于遇到了一个强大的挑战者，这就是著名的美国经济学家，1976 年诺贝尔经济学奖获得者米尔顿·弗里德曼。

这位弗里德曼先生可不得了，从 20 世纪 70 年代起，他的思想曾极大地影响过美国前总统尼克松、福特和里根以及英国前首相撒切尔夫人的经济政策，人们盛赞他是“20 世纪最伟大的经济学家之一”。

那这位弗里德曼先生说什么了？他说的最重要的一句话就是，管治最少的政府乃是最好的政府。美国前总统老布什评价他说，“他的工作证明了自由市场是经济发展的强大引擎。他的著作奠定的基础促成了全球多国中央银行的改变，并帮助各国实现了经济稳定和生活水平的提高。他的理论改变了美国，也改变了世界”。

在弗里德曼时代，政府又变成了魔鬼。他坚决主张，政府应当压缩财政预算、紧缩货币，反对一切给市场打“强心针”的政府政策。他认为，政府的干预只会加剧经济的波动。英国前首相撒切尔夫人评价他说，“弗里德曼是有知识的自由斗士，他在经济保守主义盛行的年代，复兴了自由经济主义思想”。

此后，弗里德曼的思想对发达国家的经济政策影响日深，放松管制成为政策主流。直到 2008 年，一场席卷全球的世界金融危机爆发，发达国家政府不得不强力出手干预经济。这场危机让全世界的经济学家又得从头再来，重新回答这个古老的经济学命题：政府和市场的关系，究竟是个什么关系。

税收和房地产的关系，本质上就代表着政府和市场的关系。

1 税收能否成为调控房地产的手段

- 指望“一税定天下”显然是过于天真了。
- 富人住好房、占大房要多缴税，这在各国皆然。
- 税收调控房地产不仅有抑制性的征，还包括鼓励性的减。
- 过度依靠行政权力配置资源，一定会导致寻租腐败。
- 人们希望政府做的所有事，最终还是要老百姓“埋单”的。

【22-1-1】有一种或可成为“税派”的声音，认为这个领域的一切问题都可以通过征税来解决。这种动辄“以税治市”的想法，从根子上说，是一种指望一个无所不能的政府取代市场的想法。其不仅夸大了政府的作用，而且也过度夸大了税收的调节、调控职能。

近年来在房地产调控中，有一种或可成为“税派”的声音，认为这个领域的一切问题都可以通过征税来解决。他们建议，不仅要对价格暴涨的房子征收土地增值税，对短期持有的投机性需求征收营业税，对“炒房致富”征收个人所得税，而且还应对开发商征收“暴利税”，对闲置房征收“闲置税”，对持有住房征收“物业税”，甚至有人提出，对拥有第二套住房的家庭一律征收高额的“资产税”。

指望“一税定天下”，这显然是过于天真了。这种动辄“以税治市”的想法，从根子上说，是一种指望一个无所不能的政府取代市场的想法。其不仅夸大了政府的作用，而且也过度夸大了税收的调节、调控职能。

税收的确可以调控房地产。其必要性或功能可主要概括为四个方面。

一是维护国民经济稳定运行。“过冷”“过热”以及“通胀”“通缩”在经济运行过程中交替出现是市场经济中的常态。经济过冷、投资不振，就需要运用税收手段刺激经济；反之，经济过热、投资过旺，就需要用税收手段抑制经济。市场经济下，政府调控经济运行状况主要是两个手段，财政政策和货币政策。税收手段就是财政政策中的一个最重要组成部分。在所有发达国家，房地产投资都是社会投资构成中最活跃、最敏感的部分。那首当其冲地，税收手段当然会涉及这个领域。我国正处于工业化、城市化的高潮过程中，改革和发展两重任务导致，房地产业客观上很容易成为社会投资的主要指向。过去一些年中，人们不断争论于房地产投资规模是否“过大”，或者房地产是否“过热”的问题。有人说“过大”，有人说“不过大”。其实大家说的可能不是一回事。从中国经济发展的战略过程和长期需要看，我国的房地产投资规模并不过大；但从短期看，国民经济对不平衡发展的承受能力是有限的，金融系统对信贷规模的风险承受能力是有限的，原材料的供应能力、社会需求的支付能力都是有限的。此外，因为城市化进程引起的一些社会矛盾，例如城乡之间在土地问题上的矛盾，也需要逐步化解。长远目标要一步一步地达到。中国人说，“一口吃不成个胖子”，英语里有句话，“罗马不是一天建成的”，都是这个意思。短期内，房地产业的发展就得服从国民经济稳定运行的需要。调控的手段之一，就是税收。

二是维护社会公平。穷人和富人都需要住房子。保障穷人的住房权力，不能让一部分人占有过多资源而另一部分人没房子住，这也需要税收手段来调整。富人住好房、占大房就要多缴税。政府把这部分钱用来完善住房保障体系，这在各国皆然。

三是价格异动时调整需求结构。短期内、局部地区出现了不正常的价格波动，其原因可能是在需求结构中存在着过量的投机资本炒作。这种形势下就要采取包括税收手段在内的调控措施，抑制投机需求，保护正常的自住性需求，维护中低收入群体的利益。

四是促进节约资源和优化资源配置。中国 14 亿人口，目前城市常住人口已达 8.48 亿人。这么多人都住大房子、好房子，我们的土地、能源都不可能满足需要。这就要在住房问题上合理引导享受性需求，抑制奢侈性需求，保护和鼓励适度消费。怎么体现这个政策呢？就要利用税收手段。不仅如此，税收还可以在发展节能省地型住宅和公共建筑上，在调整城市土地资源的优化配置上发挥重要作用。

【22-1-2】税收对调控房地产有重要作用，但不能越过一个合理边界去征税。是药三分毒，税收这剂“药”也是一柄“双刃剑”，它不仅不能包治百病，而且吃错了、吃多了还会有很严重的不良后果。

在世界各国，“税”和“房地产”之间的关系都是非常密切的。我们后面还会讨论，美国用“减税”来刺激需求，日本用“征税”来节约资源。一段时期以来，我国也在不断探索利用税收调控房地产的途径与办法。前期为抑制投机性需求而在交易环节设置的“营业税”，近来人们高度关注的持有环节的“房地产税”等，都是利用税收调控房地产的具体措施。其实，利用税收调控房地产不仅有抑制性的征，还包括鼓励性的减。在 2009 年“保增长、保就业、保稳定、保民生”的过程中，我们就动用过减免契税、印花税、营业税以致土地增值税等手段。

税收对调控房地产有重要作用，但不能越过一个合理边界去征税。俗话说，是药三分毒。税收这剂“药”也是一柄“双刃剑”，它不仅不能“包治百病”，而且吃错了、吃多了还会有很严重的不良后果。

税收是政府集中资源的主要途径。把资源集中在政府手里好不好呢？也好也不好。在一定范围内，政府掌握一定资源，可以更好地提供公共产品，救助、保障低端群体。但政府并非是一个高效率的资源配置者，离开市场优胜劣汰的竞争机制，优化和效率是无法充分实现的。而且过度依靠行政权力配置资源，一定会导致权钱交易的寻租腐败。

【22-1-3】“天下没有免费的午餐”。弗里德曼希望人们明白，那些不断向人们许诺诸多民生诺言的政治家是不能凭空变出钞票来的。要实现经济的稳定，就必须根治“福利社会”的顽疾，对现行的高福利体制痛下狠手。

我们再重提一下刚才提到的经济学大师弗里德曼。弗里德曼并非一概排斥政府作用。他强调，政府有四项义不容辞的责任，一是维护国家和社会安全；二是保护每个人都不会受到其他人的非法侵害或压迫；三是建设和维护公共事业、公共设施；四是对那些“不能对自己负责”的社会成员提供保障。与此同时，他又强调，政府权力的集中，必将削弱人们的自由。人们今天常说的“天下没有免费的午餐”这句名言，最初就出自弗里德曼之口。

弗里德曼专门写过一本书，书名就叫做《天下没有免费的午餐》。什么意思呢？发达国家的“福利社会”制度让人们对政府的期望越来越高，政府的权力就越来越大。政府权力增大的结果，就是市场机制被抑制，人们不得不更多地服从政府的指令，丧失自由权力。这是“天下没有免费午餐”的第一层意思。政府怎么才能满足人们被不断吊高的“胃口”呢？只有收税。人们希望政府做更多的事，但又反对政府收更多的税。那政府怎么办呢？于是就偷偷增发货币。由此导致通货膨胀。这是“天下没有免费的午餐”的第二层意思。弗里德曼希望人们明白，那些不断向人们许诺诸多民生诺言的政治家是不能凭空变出钞票来的，人们希望政府做的所有事，最终还是要老百姓“埋单”的。因此他认为，要实现经济的稳定，就必须根治“福利社会”的顽疾，对现行的高福利体制痛下狠手。这是“天下没有免费的午餐”的第三层意思。弗里德曼建议废除那些让纳税人不堪重负的保障政策，只划定一条收入标准线，收入高于此线的缴纳所得税，低于此线给予补贴。这就是让他声名鹊起又饱受争议的所谓“负所得税”方案。

介绍弗里德曼的思想，我们想说明什么？想说明的问题就是，认识税收调控房地产的作用要恰如其分，千万不要神话政府政策和税收，别把房地产健康发展的“宝”都押在收税上。记住，“天下没有免费的午餐”。

2 房地产税究竟是个什么税

- 对持有环节征收的房地产税，其性质是财产税，或者叫资产税。有资产就要征税。
- 房地产税的第一个职能就是把闲置的存量资源动员到市场中去。
- 所有叫做“税”的东西，都具有调整社会公平尺度的职能。
- “又要马儿跑，又要马儿不吃草”是无论如何也办不到的。
- 财产税的征收有个特点，这个财产得增值了才能征税。

【22-2-1】房地产税对房价有没有影响作用呢？肯定有。但我们也要明确无误地强调，房地产税不是用来调控房价的税种。针对不动产征收资产税，这是一项长期的制度建设。一旦开征，将来不论房价的高低涨落，这项税都将存在下去。

在2011年初时，上海、重庆分别开始了对住房持有环节征税的试点，当时叫“房产税”。在此前后，社会对此给予了高度关注，各种“解析”满天飞。一些媒体热炒，说“房产税是抑制高房价的‘杀手锏’”；很多人也确实寄希望于房产税成为调控房价的“利器”。现在这两个城市的试点还在进行，但由于效果甚微，成本巨大，实际上已经名存实亡。

2013 年后，国家有关文件不再提“房产税”，取而代之的是“房地产税”的提法。以下讨论中，我们所提到的房地产税都是指对住房持有环节征收的税种。

把对住房持有环节征收的房地产税说成是调控房价的工具，这个说法其实是对这个税种性质的误解。房产地税的性质什么？是财产税，或者叫资产税。有资产就要征税，这在各国皆然。但从来没有听说哪个国家是用此税种来调控房价的。在 2008 ~ 2009 年世界金融危机中，美国经济在“次贷危机”“两房危机”后陷入严重低迷。但即使如此，有谁听说美国哪个州的州政府用减免物业税来刺激经济了吗？这里说明一下，美国对住房持有环节征收的税叫物业税。这个税是各州的地方税，联邦政府对此没有决定权。

开征房地产税对房价有没有影响作用呢？肯定会有。从短期看，一方面由于房地产税的开征，一些手握多套房子的人因为持有成本的上升，可能会把闲置的房子推向市场。也就是说，市场的供给会因为闲置的存量房加入而增加。另一方面，房地产税也使一些原准备买大房子的人顾及未来长期纳税的负担而改为选择较小的房子，由此而来，市场需求会相对缩小。供求关系的这种变化，当然会反映到房价中。但即使如此，我们也仍要明确无误地强调，房地产税不是用来调控房价的调节税。针对不动产征收资产税，这是一项长期的制度建设。一旦开征，将来不论房价的高低涨落，这项税都将存在下去。

资产税是个什么税，为什么征？为什么说对不动产征收资产税是一项长期的制度建设？这里，我们对资产税作点解释。

在我们国家，整个税赋体系是以间接税为主的。而在发达国家，税赋体系是以直接税为主的。什么叫间接税呢？就是向企业征收的税赋。那什么是直接税呢？就是向自然人征收的税赋。

我国之所以形成以间接税为主的税赋体系，这是历史原因造成的。在经济发展程度很低，人们的收入连衣食尚不能充分保证的时代，政府是几乎没法向自然人，也就是每个个人收任何税的。那政府的收入从哪来？只能向企业征税。由于企业向政府缴纳的税赋其实也只能是员工创造的，员工创造的新增社会财富需要曲折地通过企业这个社会经济组织向政府缴纳，所以叫间接税。当社会发展了，人们的收入普遍提高了，政府就可以向自然人征税了。自然人直接向政府缴税，这个税就叫做直接税。

为什么发达国家的税赋体系会以直接税为主呢？因为间接税与直接税相比其实是很不利于贯彻社会公平原则的。这有三个基本原因。一是因为企业缴税时是无法确切区分每个员工个人收入的高低的。二是因为企业所缴税款实际上主要和依靠工薪收入的员工贡献相联系，而难于和资本收入，也就是靠钱挣钱的收入相联系。三是企业缴税时是无法区别不同员工家庭负担、赡养支出的大小的。

直接税主要包括两个部分。一是收入税，例如个人所得税。二是资产税，也叫财产税。向住房持有环节征收的税就是资产税。人们不必再问“房地产税会不会征”这种问题了，只要向市场经济转变的这个改革方向不变，这个税就一定会征。需要问的，只是何时征和怎样征而已。

【22-2-2】我国城市现在缺房子吗？说缺，是因为从长远看，我们的城市住房总量还远不能满足全面小康社会的居住水平和城市化发展的要求。说不缺，相当一批住房被人“雪藏”和待价而沽，被闲置的存量住房和不断产生的投机、投资性需求不仅造成很大的资源浪费，而且加剧了市场的供求矛盾和市场风险。

资产税是市场经济下必不可少的一项税种。有资产就要征税，我国很多人对此感到不解。这不奇怪。因为退回 40 年，我们这个国家中几乎所有人都是“无产者”，家家都只能靠微薄的工资吃饭。那时，这个社会的基本制度是公有制，几乎所有能叫做“资产”的财富只有一个所有者，那就是国家，或者叫做政府。当全社会所有人都是“现挣现吃”一族，每月的工资最多只能维持温饱时，政府是没法再向个人征收任何税的。随着改革开放的发展和人们收入水平的提高，大多数人的收入能够实现“衣食有余”了，政府就可以针对“有余”的收入部分，向那些收入超过一定水平的人征收个人所得税了。如果这个“有余”的部分不断增大，大多数人都可以到银行存钱了，也就是说，人们开始拥有金融资产了，政府就可以针对金融资产征收利息税。利息税本质上就是资产税。社会又发展了，相当一部分人不仅拥有金融资产，而且可以拥有不动产了，政府就可以针对不动产这种资产征收房地产税。

房地产税不是用来调控房价的，那这项税的作用是什么呢？从我国的现实情况看，房地产地税的职能，或者说作用，主要是四个方面。

一是提高存量资源的利用效率。我国城市现在缺房子吗？也缺也不缺。说缺，是因为从长远看，我们的城市住房总量还远不能满足城市化发展的需要和人民群众对美好生活的需求。说不缺，我们也看到，在过去几十年的住房建设中，相当一批住房被人“雪藏”和待价而沽，被闲置的存量住房和不断产生的投机、投资性需求不仅造成很大的资源浪费，而且加剧了市场的供求矛盾和市场风险。这种情况是不正常的。就是在远比我们收入水平高的发达国家，除了比尔·盖茨那样的富豪，很少有人会超出自己的实际居住需要买房，或者买了房子既不自住也不出租，长期空置在那里。在美国，别说超出自住需要的“二套房”一定会设法租出去牟利，就是自家实际居住的房子中有空闲的卧室房间，他们也一定会想方设法租出去。很多有过在美留学经历的人都尝试过这种住到美国人家里面的“Live in”租赁方式。当然，中美文化还是有一定差异的。这种房东和房客合住在一套房子中的租赁方式，很多中国的房主恐怕不易接受。房地产税的第一个职能，就是通过对持有环节征税的方式，把那些闲置的存量资源动员到市场中，以此促进存量资源的优化配置，提高资源的利用效率。

这里请注意，征收房地产税时，不会因为你有第二套房而征，而是因为你让第二套房闲置而征。因闲置而征的房地产税一定是惩罚性的税率，而把房子租出去让需要的人住进来，那一定是鼓励性的税率。

【22-2-3】“二次分配”与“一次分配”相区别的最大特点是，分配的原则与竞争、与贡献、与优胜劣汰无关。“二次分配”的目标就是社会公平。同样，房地产税也是调整社会公平尺度的工具。

二是调整社会公平尺度。所有叫做“税”的东西，都具有调整社会公平尺度的职能。人们常听说“一次分配”和“二次分配”的说法。“一次分配”指的就是直接生产财富的企业经济活动中的分配。政府要通过税收的方式参与到这个分配过程中来。收了税以后，政府再用税收收入来提供公共产品、社会保障等。这就是税务部门经常说的“取之于民、用之于民”。这个“用之于民”就是“二次分配”。“二次分配”与“一次分配”相区别的最大特点是，分配的原则与竞争、与贡献、与优胜劣汰无关。从本质上说，“二次分配”的目标就是社会公平。在国家的各种税收中，不论这个税种叫做什么，只要是税，就一定具有“二次分配”的功能。同样，房地产税也是调整社会公平尺度的工具。多占资源、占有优质资源的富人不仅要按照多占的资源缴税，而且要按照较高的税率缴税。富人多缴，穷人受益。政府可以把房地产税的收入用于改善环境和为低端群体建设保障房等。这种带有“劫富济贫”特点的税收机制是一种社会文明的体现，多缴税是富人应当尽到的一种社会责任。

【22-2-4】地方政府用于地方长远发展的投入应当从哪里来钱呢？国际上这个问题早就有明确答案，一靠发市政债，二靠对存量不动产征收资产税。在几乎所有国家或地区，对不动产持有环节征收的税都是地方税，而且这个税种通常是地方政府的主要收入来源。

三是调整中央和地方的财税关系。这一条在我国现阶段具有很强的现实意义和迫切性。过去很多年，人们对地方政府依赖“卖地”收入的“土地财政”现象多有抨击，认为地方政府是不断推高地价，从而导致房价猛涨的“推手”。那地方政府为什么要热衷于推高地价呢？因为现有税种设置，以及中央和地方的税收分成比例下，地方政府的钱远不够花。现在中央和地方之间的税收分配格局还是 1994 年“分税制”改革时确定的。在这个格局下，地方政府的经常性收入最多只能满足日常的经常性支出，用于推进城市化、投资基础设施以及建立和完善社会保障体系的支出没有相应的税收来源。那赋予地方政府的挖地铁、建设城市公共设施、建设保障房、实行城市全民医疗保障等任务的钱从哪里来？地方政府只能依靠税外收入，就是卖地。这个问题多年前就已经暴露出来了。前些年一些地方政府提出的所谓“经营城市”，其实就是依靠城市的土地增值收入来满足发展需要的思路。

那地方政府用于地方长远发展的投入应当从哪里来钱呢？在国际上，这个问题早就有明确答案。一靠发市政债。例如开奥运会、世博会得修地铁、挖过江隧道，那就发行 30 年期、50 年期，甚至 70 年期的市政债券。政府只要“贴息”，就可以在很短时间内筹集起巨额的建设资金。二靠对存量不动产征收资产税。根据国际经验，在几乎所有国家或地区，对不动产持有环节征收的税都是地方税，而且这个税种通常是地方政府的主要收入来源。“又要马儿跑，又要马儿不吃草”，那是无论如何也办不到的。

这里还需要特别强调一点。从长远看，房地产税与房价实际上是一种正相关的关系。地方政府收了不动产税干什么呢？用于改善城市基础设施和老百姓的居住环境，提供更好的社会保障。这些事情做好了，当地的房价当然就会上涨。地铁通了，绿地多了，配套设施更完善了，房价能不涨吗？房价上涨，地方政府就能够征收更多的不动产税。因为各国的不动产税有个共同点，都是从价计征的。地方政府在这样一个循环中，自然乐于不断改善城市的环境和基础设施，提高城市的竞争力。

四是推进资源节约。从本质上说，房地产税的目标其实还不是想方设法让政府多收钱。因为这个税种设置一定要有一个体现鼓励性、保护性、抑制性和惩罚性的区别化税率。对节能省地、在合理必要范围内的资产一定得实行鼓励性、保护性的税率，不征或只象征性地征税。对过度占有资源一定会实行抑制性税率，对奢侈性住房则采取惩罚性税率。这是一个在所有国家都通行的原则。政府绝不会为了多收税而去鼓励人们无节制地去买大房子、好房子，相反，税率设置一定是通过优惠税率去鼓励人们居住节约资源、与环境友好、更多分享社区共享资源的住房。

有必要澄清一个近年来颇为流行的错误认识。经常有媒体有意无意地把对持有环节征收的房地产税视为是对超出自住范围持有住房的一种惩罚税，提出应对人们持有的第二套及以上的住房从重征税。这种认识是不对的。2017 年党的十九大提出，我国的住房制度要租购并举，要努力实现多主体供应、多渠道保障。如果没有人持有第二套或者更多的住房，那谁来当租赁市场的房主呢？没有人当房主，那租赁市场怎么发展，租购并举和多主体供应又将如何实现？对这个问题，我们将在“房住不炒”和发展住房租赁市场的章节中再专门讨论。

【22-2-5】住房增值，其实只是房子所占用的土地增值了。在中国，土地的所有者是政府。也就是说，房地产税本来应当向真正增值的土地这种要素的所有者征，也就是向政府征收。这个问题是我国特有的一个问题。

当然，目前在房地产税征收上还有不少的理论性、法律性问题尚待进一步探索、解决。大家是否注意到，我们上述关于房地产税性质的讨论中用了两个概念，一个叫“财产税”，一个叫“资产税”。为什么用了两个概念呢？因为这里面有个值得深究的理论问题。针对公民的财产所征税种统称为财产税。没有财产自然不用缴纳财产税。把房地产税的性质定义为财产税没错。但财产税的征收有个特点，这个财产得增值了政府才能征税，而且只能针对增值的部分征税。例如，人们通过合法收入获得一笔现金，如果老百姓把这笔放在家里，政府不能对这笔钱再征税。因为这些钱是人们缴纳了个人所得税后的“税后”收入。政府再征，就是重复征税了。但是如果人们把钱存到银行，谋取利息收入，政府则可通过利息税的方式对这笔财产征税。既然只能在财产增值时才能征收财产税，这个税种其实就应当叫做资产税。我们此前曾说过，能够带来收益的财产才叫资产。

但把房地产税叫做资产税又会带来新的问题。住房增值，其实只是房子所占用的土地增值了。房子只有越住越旧，逐年折旧后房子的价值本应不断降低啊，住房本身怎么会增值呢？住房增值，其实增值的只有房子下面的土地。在中国，土地的所有者是谁呢？是政府。也就是说，房地产税本来应当向真正增值的土地这种要素的所有者征，也就是向政府征收啊。这个问题是我国特有的一个问题。因为只有我国，城市住房用地是“租”而不是“买”的。目前，很多学者正在力图为这样一个矛盾现象找出合理解释。其实，我国房地产税试点的理论基础中还有很多薄弱环节。我们也得承认，很多制度进步是无法事先设计出十全十美的方案的，只能先做起来，有问题再在实践中完善。目前上海、重庆的试点肯定不能说是成功，但至少，之所以试点，就是因为我们知道还有很多不确定的问题需要进一步探索、解决。

3 房地产领域的“税改”该怎么走

- 我国的问题是实际税率和名义税率存在很大差别。
- 缴税是买公共产品，只要物有所值，无所谓贵不贵。
- “清费、正税、明租”这六个字已经获得了比较高的共识。

- 税赋结构调整的重点是流转环节和持有环节的结构调整。
- 短期目标和长期目标经常会存在矛盾。这不奇怪。

【22-3-1】名义税率的确很重，但实际税率则和名义税率存在很大差别。很多经济发达地区的地方政府也会采取“藏税”的政策，有意不让税收在一年内增长过快，避免下一年度基数过高给本地带来的利益损失。很多地方税务部门对企业税收也是采取“估税”“包税”的方法。其实大家都对这种状况司空见惯、心知肚明。

很长时间来，人们一直有个争论，中国的企业和个人是否是世界上税赋负担最重的。近年来在房地产领域，涉税的政策越来越多，这个问题同样引起了人们的普遍关注。我们举一些房地产和税收相联系的例子。前些年，舆论曾强烈批评房地产企业是纳税“侏儒”。很多开发商很委屈地辩解说，房地产领域的特点是，纳税主体通常是一个个分散的项目公司，这些项目公司的单个纳税额当然不能和中石油、中石化等全国性大集团比。在政策上，政府先后出台过预征企业所得税、清算土地增值税、交易环节加征营业税，以及严格征收住房转让过程中个人所得税等措施。一直以来，关于房地产业是否税赋过重，政府是否有重复征收等问题始终是人们争论的焦点。

房地产是个新兴领域。这个领域的税该怎么征，现有的税制该怎么改，的确有很多值得深入探讨的地方。我们这里从三个层次来分析。

第一个层次是税赋重不重的问题。这个问题的核心，其实并不在简单地对税率进行国际比较，真正的问题在于三个方面。

首先是名义税率和实际税率严重不统一。我国的问题是，名义税率的确很重，但实际税率则和名义税率存在很大差别。这不仅在于企业钻税收体系的空子，甚至违法偷税漏税，很多经济发达地区的地方政府也会采取“藏税”的政策，有意不让税收在一年内增长过快，避免下一年度基数过高给本地带来的利益损失。此外，实际上很多地方税务部门对企业税收也并非是严格核算的，而是采取“估税”“包税”的方法。其实大家都对这种状况司空见惯、心知肚明。

【22-3-2】各地政府要求企业“赞助”已成惯例。门前三包、维稳、交通协管员还都是小摊派，甚至涉及经济纠纷时打官司查案子，也需要企业出“办案费”。给政府缴了税却没享受到相应的服务，如果说中国的企业税赋重，主要是重在了这一块儿。

其次是政府收了税后并未提供充足的公共产品。人们缴税是买公共产品的支出。这和买东西购物类似，只要物有所值，无所谓贵不贵。但现在的问题是，企业缴了税后，经常并不能享受到政府应当提供的公共产品和相应服务。各地政府开展各种活动要求企业“赞助”已成惯例。门前三包、维稳、交通协管员等还都是小摊派，甚至涉及经济纠纷时打官司查案子，也需要企业出“办案费”。不仅如此，有时企业还得为政府的“乱作为”买单。最近两年，有些城市的领导忽发奇想，要求整条街，甚至整个城市的商铺都得统一牌匾，企业就得为这个莫名其妙的要求出钱。给政府缴了税却没享受到相应的服务，如果说中国的企业税赋重，主要是重在了这一块儿。

三是税外加费。政府的钱如果不足以履行公共职能，就应当通过合法程序增税。没有法律依据的收费是不合理的。中国的实际情况是，税外加费的情况一直相当普遍。这部分政府收费并未直接计算在税率中，但企业却是要实实在在地缴纳的。各地这种强收的税外费可以说是五花八门。例如，各地普遍存在的一个现象是在市政建设上重复收费。企业缴纳了土地出让金，还要缴纳综合性的市政建设配套费，有的地方甚至还要企业以实物房形式为居委会、派出所、中小学提供用房。尽管中央多年来三令五申严禁和严查这种税外加费，但其实收效非常有限。

【22-3-3】一场足球赛中，球门的位置、宽窄应当是确定和规范的，不能由裁判员任意地在场上移来挪去。但过去一些年来，我们的政府恰好在这个问题上采取了很不严肃的“自由裁量”方式。

第二个层次是税制改革的问题。这个层次可以用六个字来概括，就是“清费、正税、明租”。过去几年来，这六个字已经获得了比较高的共识。

如刚才讲到的，“清费”就是清理税外加费。如果政府确有必要征，那就明文立法收税；如果是没有依据的收费，那就应当坚决废除。这项事说起来容易做起来极难。因为这其中涉及太多部门的利益、人的利益。清理税外加费，原来依靠收费的那些支出从何弥补？原来从事收费工作的那些人员如何安置？还有很多说不清、道不明，无法在财政中列支的花费到哪里去报销？别以为调控房地产就是增税、抑制，减负、规范也是最重要的调控。要知道，政府任何形式的加价，最终都要体现在房价中。

“正税”的含义很有趣。税是经济运行的社会必要成本，该征的当然应当从严计征，不该征的就应明令取消。该征多少税是一种社会共同约定，不是可以随意变动的游戏规则。人们很容易理解，在一场足球赛中，球门的位置、宽窄应当是确定和规范的，不能由裁判员任意地在场上移来挪去。但过去一些年的房地产调控中，我们的政府恰好在这个问题上采取了很不严肃的“自由裁量”方式。需要鼓励购房需求了，就对二手房转让采取“先证后税”的流程，实际上就是对应缴税额采取“睁一眼闭一眼”的态度，缴不缴税“您自己看着办”。需要限制需求了，就立马采取“先税后证”。很多地方还在土地增值税上采取“埋地雷”的方式，需要鼓励房地产投资了，就对此项税故意放宽；需要限制了，就跑出来说要“清算土地增值税”，而且这个“找后账”要向前“清算”好几年。更为普遍的是，在二手房市场，个人所得税、土地增值税的征收上一会儿采取简易变通的方式，一会儿又要求从严计征并回溯清算。例如二手房交易中的个人所得税，一些城市允许按照交易房价的1%缴纳，叫做“简易税率”；

另一些城市则严格按照增值额的 20%征收。这两种征收方式的税额差异会非常大。这种不严肃并非真正合理的“因城施策”，而是对制度的一种破坏。

“明租”的意思就是，该是租金，不要用收费的名义。其中最典型的就是 70 年土地出让金。“出让金”是个什么性质？如果是地租，就应当明确为租。地租和税收具有完全不同的性质。税收是政府以公共事务代理人的身份收取的履行公共职能所必须的费用；租金是政府以国有资产、公共资产的所有者身份收取的资产收益，是所有者权益在经济上的实现。履行公共职能的身份和履行所有者权利的身份应当有明确的界限。

其实，近年来政府“不按规则出牌”的地方还很多。例如把公积金收益用于建设廉租房。公积金是谁的？不是政府的，是公积金缴存人个人的，政府根本无权把别人的资产收益未经所有者同意用于其他用项。而且让中等收入者阶层补贴穷人，也不是一个符合社会经济发展规律的做法。

【22-3-4】“小产权房”要获得商品房的资格，关键是其土地的性质要变为国有土地。所谓变为国有土地，就是国家、政府把农村集体用地、农民宅基地买过来之后，通过一级土地开发的形式再卖出去，从中获得一大块增值收益。

第三个层次是税赋结构调整的问题。这个问题简单说，就是应当在哪个环节收税。涉及房地产的税收环节主要有四个，一是要素环节，二是建设环节，三是流转环节，四是持有环节。

要素环节的税收主要指的是对用于住房建设的土地、资金等征税。名义上，在这个环节设置税种的情况很少。但我国有个特殊国情，所谓“小产权房”的土地“变性”问题，本质上就具有针对要素所征的土地使用税。“小产权房”要获得商品房的资格，关键是其土地的性质要变为国有土地。什么叫变为国有土地呢？就是国家、政府把农村集体用地、农民宅基地买过来之后，通过一级土地开发的形式再卖出去，从中获得一大块增值收益。这个增值实际上远非土地开发带来。

建设环节的税收名目繁多。除了一般工商企业必须缴纳的各项税种外，还有土地增值税等行业特殊税种。另外，“税外加费”主要就发生在这一环节。这一环节的改革方向，主要是调整过繁的税种设置，统一内外税率，避免重复征税，长期看，要尽量向宽税基、少税种、低税率的国际惯例靠拢。

税赋结构调整的重点是流转环节和持有环节的结构调整。在过去很长一段时间内，我国对住房征收的税赋主要集中在流转环节，对持有环节几乎不征税。用老百姓的话说，房子只要不卖，就用不着给政府交税。这种“重流转轻持有”的结构是不符合市场经济原则的，也是与国际上的通行惯例不一致的。因为流转环节的重税不利于有限资源通过不断流转、买卖实现优化配置，不利于鼓励节约资源的合理消费模式，特别是不利于抑制过度占有资源的奢侈性需求。从长远看，我国税赋结构的调整方向一定是提高持有环节税赋、降低流转环节税赋。

【22-3-5】房地产领域需要研究的涉税问题还有，怎样在“税改”和调控中防止加征的税收转嫁到房价上，加重自住性需求者的负担；怎样在抑制投资性需求的同时保护和促进租赁市场的发展；怎样在税种设置上更好地兼顾长远利益和短期利益，防止“竭泽而渔”的短期行为；税收怎样有利于鼓励开发商更多建设精装修房而不是浪费资源的毛坯房等。

在当前现实政策中，为抑制投机性、投资性需求，房地产调控政策实际上是在提高流转环节税赋的。例如持有不足五年的住房转让要按全额征收 5.5% 的营业税。但这只是一种利弊相权的选择。阶段性地看，为抑制投机性、投资性需求，我们有必要在交易环节、流转环节加大税收手段的调控力度。短期目标和长期目标经常会存在矛盾，这不奇怪。

房地产领域需要研究的涉税问题还有很多。例如怎样在“税改”和调控中防止加征的税收转嫁到房价上，加重自住性需求者的负担；怎样在抑制投资性需求的同时保护和促进租赁市场的发展；怎样在税种设置上更好地兼顾长远利益和短期利益，防止“竭泽而渔”的短期行为；税收怎样有利于鼓励开发商更多建设精装修房而不是浪费资源的毛坯房等。我们这里不一一讨论了。

4 购房退税能否成为一项保障性的政策

- 购房退税就是按照购房款全额或部分退还个人所得税。
- 美国式购房退税使富人从这项政策中得到的好处更大。
- 住宅储蓄银行可使政策资源更准确地配置在中低收入群体头上。

【22-4-1】在发达国家，地方政府有积极性通过“购房退税”鼓励人们在本地区购房置业。通过减税鼓励你买房，然后在一个长期过程慢慢向你收税。美国的移动通讯服务商经常是免费为用户提供手机的，因为服务商可以通过长期收取通讯服务费，从用户那里赚取利润。

到这里为止，我们一直在讨论政府怎么收税的问题。那与房地产相关，有没有减税的政策，而且最好不是“保增长”时期的阶段性减税，而是制度性的长期性减税政策呢？当然有。近年来，一些学者不断在讨论一个很有意义的问题，就是能否把“购房退税”作为一项针对中低收入群体的住房保障政策。

什么叫“购房退税”呢？就是老百姓为满足自住性住房需求而购房时，按照购房款全额或部分退还个人所得税。

这个设想其实并非是新发明。这个政策在很多发达国家都有不同形式的采用。例如美国长期实行的一项政策就是，每个美国人一生中第一次购房时，以后缴纳贷款利息的收入部分可以纳入个人所得税免征额。这虽然还不是“全额退税”，但实际上是政府以税贴息，与“购房退税”在道理上是相同的。

美国实行这项政策有两个基本原因。一是因为美国的经济发展早就进入了“后工业化阶段”。在这个阶段中，“供大于求”已经成为社会供求关系的常态，经济持续增长的主要障碍已经从生产、供给领域转移到了消费、需求领域。因此，作为长期性经济政策，促进经济发展的关键在于形成长期性的需求和促进消费结构升级。二是在美国，中产阶级已经占据了社会人口的主要比重，社会主流的利益诉求已经从一般地“提高收入”转向了“私人财富累积”。

其实，美国等发达国家不同程度地实行“购房退税”还有一个重要原因。在发达国家对不动产征收的税中，持有环节征收的税是主要税种，而且这些针对持有环节征收的税种通常是地方税的主要来源，因此，地方政府自然就有积极性通过“购房退税”鼓励人们在本地区购房置业。简单说就是，通过减、退“个税”鼓励你买房，然后在一个长期过程慢慢向你收物业税。打个比方更容易说明这个问题。美国的移动通讯服务商经常是免费为用户提供手机的。为什么这么大方啊？因为服务商可以通过长期收取通讯服务费从用户那里赚取利润。道理相同。

【22-4-2】只要把思路稍微放开一点就可以很容易地想到，把中低收入群体租房的租金、购房的贷款利息纳入个税免征额，实际上就等于实施了政府的贴租或者贴息，这是一个简便易行、操作性很强的减税政策。

美国式的“购房退税”本意是政府援助中低收入群体、年轻的“夹心层”满足住房需求。但这个政策设计也有一个明显弊端，就是购房越大、越贵，从这项政策中获取的好处就越大。这就造成富人可能从这项政策中得到的好处更大。但美国人认为，即使有此不足，这个政策也是利大于弊。因为对发达国家来说，过剩已经成为供求关系中的常态，刺激消费就成为政府调控政策中的一个经常性目标。当经济运行中出现供大于求的普遍失衡时，对国民经济发展最有意义的事就是找到一个能够容纳相对过剩产品的“蓄水池”，以实现社会再生产的良性循环。鼓励富人把他们的金融资产转换为实物资产，承担起这样一个“蓄水池”的职能，这对社会有益无害。

我们得从中国的国情出发去思考这项政策。因为我国最需要的，是要让中低收入群体成为政策的主要受益对象。我们前面讲过，住房保障体系可以分为救助型、援助型、互助型和自助型四个层次。其中在援助型政策中，就包括政府的贴息、贴租。只要把思路稍微放开一点就可以很容易地想到，把中低收入群体租房的租金、购房的贷款利息纳入个税免征额，实际上就等于实施了政府的贴租或者贴息。从 2019 年开始，我国已经对这两项实行了纳入“个税”免税额的政策。

【22-4-3】住宅储蓄银行不是让人们被动地等待、呼吁、依赖政府的保障性政策援助，而且鼓励个人自己对自己的住房需求负责。这个政策实际上还具有动员需求者亲朋好友等社会关系等多方面个人资源的作用。

在国际经验中，还有一些比“免税贴租”或者“免税贴息”更简便的政策方式，其中最具操作性的就是我们以前提到过的住宅储蓄银行。住宅储蓄银行是一种“自助性”的住房保障政策方式。顾名思义，自助性保障就是在政策鼓励、扶持下自己帮助自己的一种保障方式。其基本运行方式是，个人自愿在住宅银行开立账户、自愿存钱，存入这个账户的钱可以享受减或免个人所得税的政策优惠，但这部分储蓄的最终用途必须是自住性的住房消费。这种自助性保障政策的实质，就是政府通过减免税赋的形式提供购房补贴，购房人获得的政策支持要比“免税贴息”大得多。因为在住宅储蓄银行形式下，不仅按揭贷款的利息可以纳入个税免征额，而且购房自付的“首付”，甚至全额付款时的本金也都被纳入了个税的免征额。

其实，住宅储蓄银行在本质上与“购房退税”无异。不过前者是限定用途、直接减免、逐步累积，后者是特定用途、先缴后返而已。相比之下，住宅储蓄银行比“购房退税”更具积极意义。因为住宅储蓄银行不是让人们被动地等待、呼吁、依赖政府的保障性政策援助，而且鼓励个人自己对自己的住房需求负责。不仅如此，这个政策实际上还具有动员需求者亲朋好友等社会关系等多方面个人资源的作用。由于购房人的收入存入特定用途的账户可以减免“个税”，人们很容易想到，通过亲朋对日常生活支出的帮助，就可以尽量多地享受政策性补贴。这个过程实际上就增大了社会整体的购房支付能力。再进一步说，住宅储蓄银行的政策方式比较容易限定可享受政策的收入阶层，因而可以使政策资源更准确地配置在中、低收入群体头上，避免“购房退税”方式下富人更多得好处的弊端。

目前在我国的住房保障体系中，自助性保障部分尚缺乏制度性的形式。在对“购房退税”政策的讨论中，把视野扩大到与完善公共政策、促进住房保障体系建设联系起来，这个讨论就能够获得更加积极的成果。

第二十三讲

金融创新之路还有多长

经常出差，也就经常能在飞机场碰到一个有趣的现象。你若看见一个或穿着整齐讲究，或举止怪异反常的中年人踱步向你走来，那其第一句话准是，“大哥，我看您面相不俗啊”。你只要一接话，奉承之后肯定是警告，“您命犯地煞天罡，或将面临血光之灾”。你若再问解法呢，给100块钱就告你“天机”。答案其实挺简单，“赶快回去把你家房子卖掉”。

这话听起来耳熟不？这些年来，给中国的房地产市场“算命”的声音就没消停过。若问前途呢，一定是“命犯地煞天罡，血光之灾在即”；若问解法呢，千篇一律地都是让老百姓“赶紧把房子卖了”。2005年时，有位“大师”为证明自己的道行了得和所言不虚，公开宣布自己已把在上海的房子卖了。不过后来再一打听，敢情人家是卖了旧的买新的了，只不过买新房没公开宣布罢了。2010年时，有个据说是“世界著名经济学家”可我从没听说过的美国人断言，“中国房地产的泡沫比迪拜大一千倍”。很多媒体记者问我“对此怎么看”。我说，这么高明的学问，我只能闭上眼不看。2015年上半年，深圳有位据说是国家某部委顾问的专家厉声疾呼，赶快把房子卖到一套不剩，包括自住的。结果那年下半年深圳的房价上涨一倍。

这个世界从来不缺江湖术士。洋人也一样，抱个水晶球就能预测未来，这类人在英文中叫做“fortune teller”。你说“下届美国总统谁当”的问题要都能让他们给算出来，那能给美国省多少竞选费用啊。可有一样，这个职业要是百试不爽了，那些靠设局吃饭、赌博为生的人得多郁闷啊。

不知道刚才提到的这位洋预言家是否清楚迪拜的房子是干什么使的？迪拜那房子根本就不是给人住的。谁会没事跑到那个人工岛上去生活啊？那个地方连淡水都没有，出趟门儿得打直升机的“飞的”。迪拜的房子只有一个功能，那就是给全世界富人一个炫富的机会，一个证明身价的标志。您说您都是世界“首富”了，那您在迪拜咋没买个房子啊？这多让人不好意思啊。前些年中国有个挺有影响力的大片，叫做《建国大业》。导演很骄傲地说，出演这部影片的全是明星“大腕”，而且全都不要片酬。这让听惯了“天价”片酬的老百姓很不适应地意外了好些日子。其实这个秘密并不复杂。那个导演早就放出风来，“本片用的都是中国一流影星”！这句话太狠了点儿。您想啊，那些明星“大腕”为何演个“民工甲”“匪兵乙”什么的也哭着喊着非去呢？因为谁要不能在这部电影里露个脸儿，那可就连“一流影星”也当不成了。兹事体大，遑论片酬啊。

咱老百姓甭操心迪拜的房价是涨是跌，阿布扎比的资金链会否断裂。那些自诩掐准了中国房地产“命门”的中外高人们，既然几无例外地都是在拿金融说事儿，咱们这一讲就讲讲房地产金融。

1 房地产金融是中国最大的短板

- 中国房地产业存在于一个房地产金融极不发达的市场环境中。
- 房地产市场诸多异动的原因就在于房地产金融始终是最大短板。
- 发达国家银行提供开发贷款、按揭贷款时通常是有退出通道的。
- 成熟市场上直接融资主要采取项目债、企业债等债权融资方式。
- 在发达国家，开发商并非是直接面对一个一个分散的购房人的。

【23-1-1】媒体三天两头给消费者讲“美国老太太和中国老太太在天堂相遇”的故事，版面上通栏大字标题都特具挑战性:“你敢花明天的钱圆今天的梦吗？”银行纷纷设立专门的“个贷”部门。那时，让老百姓借钱买房子差不多就是房地产金融的主要内容。

房地产这行当和钱的关系有两个特点，一是缺钱干不了，二是离开借钱、负债干不了。别说开发商建房子离不开开发贷款，购房人买房子得借助按揭贷款，就是贫困山区的农民盖房子，也免不了要借遍左邻右舍、远近亲朋。实际上，在成熟的市场经济中，房子这种东西在其整个“生命周期”中，始终要和负债联系在一起，也就是说，房地产离不开金融。

当今的中国，房地产业的规模堪称世界之最。在过去 20 年，上海或者北京一个城市每年的开盘总量都比欧盟主要城市当年的开盘量加在一起还大。可这么大的一个房地产投资规模、建设规模、交易规模，却存在于一个房地产金融极不发达的市场环境中。

在过去二三十年的周期内，有这么几件事，大致可以说明我们这个市场对房地产金融的理解水平。

20 世纪 90 年代末，亚洲金融危机爆发，中国为应对市场普遍性的供大于求和通货紧缩，启动了“扩大内需”战略。住房和汽车成为当时政策重点鼓励的需求对象。那时的媒体三天两头给消费者讲“美国老太太和中国老太太在天堂相遇”的故事。版面上通栏大字标题都特具挑战性：“你敢花明天的钱圆今天的梦吗？”动用消费者个人信用资源成为国家战略的重要组成部分，银行纷纷设立专门的“个贷”部门。那时，让老百姓借钱买房子差不多就是房地产金融的主要内容。

到了 20 世纪末，一些人发现，只要“摆平”银行行长，弄到一笔开发贷款就能当开发商。于是，房地产企业如雨后春笋般出现，不知多少人与银行联手玩“空手套白狼”的游戏。贷款买地，然后卖“楼花”，这差不多是当时开发商起家的共同模式。与此同时，上海为了鼓励个人购房，还出台了一系列优惠政策，其中包括“契税减半再减半”，即把国家规定的 3% 契税减到 0.75%；本市居民购房减免个人所得税；外地人到上海购房给“蓝印户口”。此外还有一条，叫做“零首付”。这条“零首付”的政策很快就被金融监管部门“叫停”了。这就是我国房地产金融起步时的水平。

【23-1-2】2008 年末到 2009 年，世界金融危机爆发。房地产忽然又从“弃儿”地位变成了维护国民经济稳定运行的支柱。为了满足“出手要快，出拳要重”的要求，银行释出了巨量贷款。正是这些短期内涌出的巨额贷款，成为当时“地王”频出的真正推手。

2002 年，央行发了个“121 号文件”，对获取开发贷款的自有资金比例做出了明确的规定。此后，房地产企业上市融资成为一股潮流。不仅在国内 A 股市场上上市，还有相当一部分到香港特区、美国上市；不仅力求 IPO，即首发上市，而且“借壳”“买壳”上市。股权融资成为大开发商“自有资金”的重要来源。

2005 ~ 2007 年，中国的开发商还真学会了不少金融手段。一大批上市公司抢着买地。为什么呢？扩张上市公司的资产规模，以此就可以获得更多贷款或者再融资的资格。中国土地价格节节攀升就始于这样一个资本游戏。

2007 ~ 2008 年初，股市和楼市的暴涨引起人们的广泛关注。“流动性过剩”成为解释资产价格上涨最常见的理由。在“回收”和“分流”流动性的政策中，除了升息、提高准备金率、发行大盘股、买美国国债、成立“中投”公司去买美国股票、鼓励海外投资，甚至大发“QDII”，就是面向老百姓的海外投资基金等措施外，提高开发商贷款的自有资金比例和提高按揭贷款首付比例也被用于“防止偏快转过热”。

2008 年末到 2009 年，世界金融危机爆发，为“保增长、保就业、保民生、保稳定”，房地产忽然又从“弃儿”地位变成了维护国民经济稳定运行的支柱。在降息、减税等调控措施之外，对房地产还采取了降低首付比例、按揭贷款利率七折优惠等专门措施。此外，为了满足“出手要快，出拳要重”的要求，银行释出了巨量贷款。正是这些短期内涌出的巨额贷款，成为当时“地王”频出的真正推手。

从 2010 年起，制定房地产调控长效机制的话题被反复提起。在差不多 10 年的时间里，有关长效机制的方案经多个部委研究起草，前前后后形成过多次文稿，而且有若干次不是在原有基础上修改，而是差不多推倒重来，有次甚至都到了最后要上报国务院的环节，后又被搁置。这么长时间的反反复复，真正的长效机制并未见到，反而在房地产金融上各种短期手段被不断运用。

2010 年 1 月 10 日，国务院办公厅出台《关于促进房地产市场平稳健康发展的通知》，明确二套房贷首付不得低于 40%。仅三个月后，二套房贷款首付又被提高到不得低于 50%，贷款利率不得低于基准利率的 1.1 倍；各商业银行暂停发放居民家庭购买第三套及以上住房贷款；对不能提供一年以上当地纳税证明或社会保险缴纳证明的非本地居民暂停发放购房贷款。2011 年 1 月，二套房贷首付比例再被提至 60%。2012 ~ 2014 年，在提高首付比例的同时，“限贷”和“限购”等措施也陆续出台。在这一区间，房地产调控几乎都是围绕着对需求方施以金融手段展开的。

从 2015 年起，“去库存”开始成为政策调控的新目标。“稳定住房消费，支持居民自住和改善性住房需求”又重现各项文件。各地对抑制需求端的金融措施出现各种松动。2015 年一年内，央行五次降息，四次“降准”。2016 年，“去库存”政策继续延续。央行与银监会发文，允许在不实施限购的城市首套房首付比例最低降至两成，二套房首付比例最低可付三成。二手房交易环节降低契税、营业税等财政手段也相继出台。

2017 年，政策再转向。围绕“房子是用来住的，不是用来炒的”这一新的政策核心点，房地产金融政策的重心转向对供给端的调控，严控信贷资金以及银行理财资金等流入房地产成为主要措施。

【23-1-3】在过去多年中，这种极不合理的融资结构不仅没有随着房地产业的规模扩大而有所改善，企业的市场化直接融资反而经常成为政策抑制的对象。政策制定者似乎很乐意维持这种状况。政府总是希望通过规定首付成数、利率、开发商自有资金比例等方式来对房地产业产生影响。

从上述过程中我们得出一个判断，在一定意义上说，我国房地产金融还处于“初级阶段”水平。这些年来，导致我国房地产市场诸多价格异动的根本原因之一，就在于房地产金融始终是产业发展的最大“短板”。这个“板”究竟“短”在哪里？为什么说我国的房地产金融仍处于“初级阶段”水平？具体说，可以有如下分析。

一是直接融资长期未能发展起来，间接融资仍然是房地产融资的主渠道。

房地产业是一个高风险的行业。按照国际经验，这个产业应当主要依靠以资本市场为媒介的直接融资，例如发行项目债券、企业债券等债权融资，或直接发行股票的股权融资等，而不应当主要依赖于以银行为媒介的间接融资。但在我国的实际情况是，迄今银行仍然是房地产业主要的货币供给者。房地产开发、交易、持有的各个环节，银行的开发贷款、按揭贷款成为基本的融资手段。在过去多年中，这种极不合理的融资结构不仅没有随着房地产业的规模扩大而有所改善，企业的市场化直接融资反而经常成为政策抑制的对象。一个奇怪的现象是，政策制定者似乎很乐意维持这种状况。在对房地产业的调控中，政府总是希望通过规定首付成数、利率、开发商自有资金比例等方式来对房地产业产生影响。这种政策取向实际上是把银行当成了操控房地产业的“闸门”，不断强化着房地产业对银行、对间接融资的依赖。

【23-1-4】银行是保守的货币供应者，安全性是其选择资产结构的第一原则。而债市的投资者为追求更高的收益，通常有着相对大的风险偏好。信贷资产通过证券化方式转让给资本市场上的投资者，可以有选择地优化银行信贷资产的结构，降低风险。

二是风险分散的渠道严重缺失，银行信贷资产的证券化进程处于几近停滞的状态。

在发达国家，银行也是经常作为房地产业的货币提供者的。但是，银行在提供开发贷款、按揭贷款时通常是有退出“通道”的。这个“通道”就是信贷资产的证券化。简单说就是，银行把贷款的债权“打包”，在资本市场上卖掉，让证券市场的投资者承担这些债权的风险。银行信贷资产的证券化是出于四个基本目的。首先是分散风险。银行是保守的货币供应者，安全性是其选择资产结构的第一原则。而债市的投资者为追求更高的收益，通常有着相对大的风险偏好。把一部分，甚至大部分对房地产业的信贷资产通过证券化方式转让给资本市场上的投资者，可以有选择地优化银行信贷资产的结构，降低风险。其次是提高流动性。银行通常并不愿意持有长期性的债权。但按揭贷款一般年限较长，这和银行追求流动性的目标存在矛盾。证券化方式可以有效地提高银行资金周转的速度。再次是实现顺畅退出。当银行获得更有利的贷款项目，或者需要紧缩信贷规模，或者认为资产的安全性存在较大不确定性时，可以通过资产证券化的通道顺畅退出，避免坏账规模不断扩大。最后是扩张信贷规模。资产证券化实际上是银行债权的一种贴现方式。银行通过资产证券化的通道，可以有效突破自己的资产规模的限制，放大对经济发展的支持作用。在我国，尽管银行资产证券化的呼声早就非常强烈，但迄今并没有取得多少实质性的进展。

【23-1-5】 购房人用自己的个人信用成为开发商的“担保人”。按揭贷款的介入大大摊低了银行的风险。在住房交付之前，按揭贷款的购房人还得为开发商承担部分资金的利息。这是一个对银行和开发商“双赢”的游戏，唯一的代价承担者是购房人。

三是风险配置严重不均衡，消费者、购房人成为金融风险的主要承担者。

开发商没有直接融资的机会；银行缺乏分散、规避风险的手段，又没有顺畅的退出通道，怎么办？唯一办法就是把本来应当转移给资本市场投资者的风险，转嫁给按揭贷款的购房人。

在我国住房按揭贷款发展的最初若干年中，银行曾和保险公司串通起来，制定了一个非常不公平的霸王条款，强制要求个人按揭贷款的贷款人必须为保证还贷“买保险”。这实际上是让诚实守信的贷款人为还不上贷款的人“买单”，让贷款人为银行承担本应由银行承担的贷款风险。这个显失公平的霸王条款后来被取消了。但银行迫于风险压力，又和开发商串通起来，通过把开发贷款和按揭贷款“绑定”的办法，把本应由银行和开发商承担的开发贷款风险转嫁到按揭贷款的购房人头上。按照国家规定，购房人需要按揭贷款时是有权自由选择贷款行的。但在我国房地产市场的实际操作中，购房人通常只能选择开发商指定的银行做按揭贷款。为什么呢？因为开发贷款的风险要远高于按揭贷款。在实际运行中，开发贷款的违约率要高于按揭贷款数倍。银行就要求申请开发贷款的开发商绑定按揭贷款的购房人。在开发商所需资金中，银行只提供一定比例的开发贷款，其余部分让购房人出面以按揭贷款的方式从银行借，然后再以预付款的方式交给开发商。在这个资金流动的过程中，实际上货币的提供者仍是银行，货币的使用者仍是开发商。但其中，购房人在很大程度上用自己的个人信用成为开发商的“担保人”。按揭贷款的介入大大摊低了银行的风险，即使预售房出现了逾期或者其他问题，按揭贷款也是要由购房人偿还的。不仅如此，在住房交付之前，按揭贷款的购房人还得为开发商承担部分资金的利息。这是一个对银行和开发商双赢的游戏，唯一的代价承担者是购房人。他们得在很大程度上为预售期间的房价变动、为开发商的信用高低、为在建住房的质量和交房期限等风险“买单”。

其实，银行转嫁风险的招数还远不只这些。“浮动利率”也是迄今银行用得最多的一招儿。在发达国家，浮动利率还是固定利率，贷款人是可以和银行协商并自行选定的。但在我国的实际操作中，按揭贷款的购房人几乎完全没有选择权，迄今我国住房按揭贷款的绝大部分都是“浮动利率”。这种貌似公平的“浮动利率”，实际上是把长达几十年的按揭贷款周期中通胀导致利率上升的风险，完全转嫁给了购房人。

【23-1-6】由于制度限制，房地产企业无法充分利用债权方式融资，于是就“剑走偏锋”，更多追求IPO首发上市、买壳上市、增发股票等方式融取资金。股权方式融取的资金仍不能满足需要，很多开发商就想出了一个以固定资产为杠杆扩大融资规模的办法。

四是融资机制异化，股权融资变成了资本扩张的手段。

房地产企业的融资具有不同于一般企业的特点。人们很容易理解，开发商借钱，尽管形成的产品是不动产，但对开发商来说，这个房子是要卖掉的。因此，房地产企业融取的资金，本质上是有一定特殊性的流动资金。这和工业企业盖厂房、买设备的固定资产融资不是一个性质。理论上说，房地产企业是没有多少固定资产的。这个特点决定，在成熟市场上，房地产企业直接融资主要采取项目债、企业债等债权融资方式，一般不采用发行股票的股权融资方式。因为股票融资主要适合那些资金密集型的基础重工业。在这些工业企业中，需要长期占用资金的固定资产在企业的资产结构中占有主要比重。但在我国规模有限的直接融资中，由于制度限制，房地产企业无法充分利用债权方式融资，于是就“剑走偏锋”，更多追求 IPO 首发上市、买壳上市、增发股票等方式融取资金。股权方式融取的资金仍不能满足需要怎么办？很多开发商就想出了一个以固定资产为杠杆扩大融资规模的办法。用股市上融取的资金大量买地，自有资金买到的土地在企业资产负债表上就表现为“固定资产”，然后再以这个自有的土地为信用资产向银行融取更多资金。由此一来，市场化的直接融资异化成了一种资产扩张的“游戏”。

在房地产调控中，人们经常指责开发商“囤地”，以为开发商就是力图从土地自然升值中赚取好处。其实在很大程度上，开发商土地占有规模和开工建设规模经常不成比例的原因之一，在于开发商需要把持有的土地作为自己向银行借贷的筹码。

五是金融市场的参与者缺位，机构投资者和公众参与的投资工具尚未形成规模。

在成熟市场上，在银行、开发商、购房人之外，房地产金融还需要一个重要的参与者，这个参与者就是大型投资机构以及信托、房地产投资基金等投资工具。在发达国家的市场中，开发商并非是直接面对一个一个分散的购房人的。在大多数情况下，中介的代销机构会以一定资金参与进来，对开发商的产品“包销”。房子主要是由这些专业化的代理机构面对分散的购房人卖出去的。这和股票市场的券商作用类似。在股票市场上，发行股票的企业并非是直接面对分散的投资者卖股票的，通常要由券商代理发行，如果股票卖不掉，代理的券商有义务按照约定价格把卖不出去的股票买下来。还不只如此。在发达国家，以获取长期稳定回报的大型投资机构、房地产投资基金等还是商业地产以及租赁性住房的主要持有者。分散的投资者很少采取个人买商铺的方式投资，一般都是借助房地产投资基金等投资工具来实现投资获益的。

2 “次级债”是怎样推倒“多米诺骨牌”的

- 美国人认为，欧洲的高福利制度并非是一种好制度。
- 美国错过了最佳救治时机，不得不付出高昂代价来应对危机。
- 全世界投资者的钱支撑着美国房地产市场的高涨繁荣。
- 中国的最大风险不是把钱借给了老百姓，而是借给了美国人。
- 这场世界金融危机的确“消灭”了一大批亿万富翁。

【23-2-1】一说起房地产金融，就让人们有种“谈虎色变”的感觉。在相当多的人心中，似乎房地产金融是万万碰不得的陷阱。世界金融危机爆发后，颇有声音庆幸说，幸亏我国尚未发展起大规模的房地产金融。

美国“次贷危机”以及“两房危机”是引发世界金融危机的导火索，是被推倒的第一张“多米诺骨牌”。因此在我国，一说起房地产金融，就让人们有种“谈虎色变”的感觉。在相当多的人心中，似乎房地产金融是万万碰不得的陷阱。世界金融危机爆发后，颇有声音庆幸说，幸亏我国尚未发展起大规模的房地产金融。

房地产金融是“魔鬼”吗？回答这个问题，我们有必要说说美国的“次级债”以及“两房债”是怎样推倒金融体系的“多米诺骨牌”的。

我们在此前的各讲中多次说过，发达国家都以不同方式建有相对完善的社会保障体系，其中包括住房保障体系。但美国的社会保障体系与欧洲等地的发达国家不同。欧洲国家的社会保障体系实际上早就从救助性体系演变成了福利性体系。这些国家就成了我们所说的“福利国家”。而美国不同。长期以来，美国的社会保障体系一直采取的是“高门槛”和低保障水平的制度。美国人认为，欧洲的高福利制度并非是一种好制度。因为这种制度有三个基本弊端，其一是养“懒人”，如果不工作可以领取 1700 欧元的救济金，很多人就不会去干只有 2300 欧元的工作。因为起早贪黑地去上班，辛辛苦苦地为老板卖命，也只多挣了 600 欧元而已。其二是滥用了公共资源。高福利导致欧洲几乎所有国家的社保基金都是长期入不敷出的，政府不得不大量提供补贴，财政包袱极其沉重，苦不堪言。“天下没有免费的午餐”。政府财政的赤字，最终还是要靠纳税人来“买单”的。这种高福利实际上是一种对公共资源的无节制滥用。其三是害了穷人。美国人认为，很多人经过个人努力和职业学习，本来是可以提高自己的市场竞争力，获取更多更好的报酬的。但高福利让他们安于现状，不肯参与到竞争中来，也就无法实现向更高社会层次的移动。由此造成穷人永远是穷人，永远处于社会的底层。因此，美国的社会保障水平远低于欧洲等发达国家。例如，美国是发达国家中唯一没有全民医疗保险制度的。在美国，有 30% 的人群没有基本医疗保险。30% 是多少？ 4500 万人！那这部分人得了病怎么办？得了病就只能挨着、扛着、挺着，听天由命。大家可能听说过，奥巴马当上总统后曾力图积极推进的一项改革，就是在美国建立全民医保制度。但特朗普接替奥巴马当上总统后，又把这项改革给废除了。原因是因为中产阶级反对这个加重他们负担，却又不能从中受益的改革。今后美国的医保怎么发展，尚没人知道。医保制度是各项社会基本保障制度中最难管理的一项。这是因为低保、失业甚至住房的保障标准容易认定，而疾病的保障标准很难认定。不仅如此，更大的难题还在于，医生和患者很容易串通起来共同过度消费医疗保障资源。因为多开药，多做检查，对供求双方都有好处，“买单”的是第三方的医保基金。所以迄今还没有哪一个国家敢说已经找到完善的医疗保障体系的管理制度。当然，医保问题并非是我们这里要讲的内容，我们只是借此说明美国社会保障体系与欧洲等发达国家的区别。

【23-2-2】2004 年 7 月 ~ 2006 年 6 月的 1 年零 11 个月中，美联储曾连续 17 次提高利率。这么大幅度地提高利率，相当多的“次级债”债务人就吃不消、还不上“月供”了。违约率大幅上升，这种债券的市场价格自然就会暴跌。这就是“次级债”危机的最初发端。

美国社保的保障标准低、“门槛”高，由此就造成了一个既无力依靠自己的力量获取足够生存资源，又不能享受基本社会保障的“夹心层”。这个“夹心层”就是美国“次级债”的主要指向对象。

严格说，次级债的对象并非是真正意义上的“穷人”，而是所谓的“低信用群体”。这部分人群有劳动能力，有工作，有收入来源，但他们的工资水平很低，糊口而已，基本攒不下钱。攒不下钱就买不了房，收入没有富余银行就不会给他们提供贷款。由于美国的保障覆盖面很小，门槛很高，这部分“半穷不穷”的人群既无法享受政府提供的公屋，也没能力像中产阶级一样依靠自己的力量买房、供房。那怎么办呢？美国的商业银行就发挥了功能“代偿”作用，提出了一种无须资产信用的房贷产品，叫做“次级债”，专门提供给这个“夹心层”买房子。当然，由于这种贷款的贷款人信用较低，也就是还款能力较弱，违约风险较高，相应利息也就较高。进入 21 世纪以来，大约有 200 万左右的美国家庭依靠这种贷款买了房子，圆了自己的住房梦。请注意，美国的银行并不是做好事、发“善心”。他们并不长期持有这种高风险的“次级债”，而是通过债市把债权转让给了投资者。由于这种债券的利率较高，自然有风险偏好较高的投资者愿意持有。我们中国的商业银行也曾一度持有过四五十亿美元的这种债券。

那“次级债”又怎么会有危机了呢？ 2003 年，美国在走出了“9・11”事件的阴影后，经济呈现为高涨繁荣的局面。经济增速、就业、消费以及地产市场都是高歌猛进。在这种形势下，美国货币当局，也就是美联储，为了防止过度繁荣导致的通货膨胀，就开始收紧货币供应。从 2004 年 7 月 ~ 2006 年 6 月的 1 年零 11 个月中，美联储曾连续 17 次提高利率。这么大幅度地提高利率，相当多的“次级债”债务人就吃不消、还不上“月供”了。到 2007 年下半年，“次级债”的危机已经明显显现。逾期率、违约率上升到 13% 以上。违约率大幅上升，这种债券的市场价格自然就会暴跌。这就是“次级债”危机的最初发端。这时，如果美国政府及时采取有效的干预措施，一切还都来得及。因为“次级债”总规模也不过 2000 多亿美元，别说还不是所有债务人都还不上，极而言之说，就是美国政府把这 2000 多亿美元的债务全包下来，这个政策代价也是美国政府付得起的。如果如此，金融系统的“多米诺骨牌”也许不会倒，至少不会马上倒。但不幸的是，由于“次级债”规模并不很大，最初的危机并未引起人们重视。在长达将近一年的时间里，尽管国际债市已经出现反复的震荡，但人们仍存侥幸心理，希冀市场能够自发“摆平”这个信用缺口。美国政府错过了最佳的救治时机，结果后来不得不付出极为高昂的代价来应对危机。“管涌”未堵，溃堤了才知道后果的严重。

【23-2-3】到 2007 年末和 2008 年上半年，“两房危机”也已若隐若现。美联储已经明确提出，美国经济面临“流动性短缺”并开始降息。我们国内还在“防止偏快转过热”，还是一片“流动性过剩”的呼声，还在升息。坦率说，我们实际也在一定程度上错过了最佳的反应时机。

其实不只是美国人，当时就是在我们中国，也颇有很多专家在媒体上发声音说，美国的“次级债”危机无须担心，对国际金融秩序影响不大，更不会对我国产生什么影响。正是在这种轻率的舆论环境下，中国的 A 股市场在 2007 年仍然是涨声一片，没有人注意到国际金融体系已经潜伏着的重大风险和危机。当时不仅股民和散户投资者轻率，就是我们的大商业银行以及高层决策者，也并未重视这种危机端倪。到 2007 年末和 2008 年上半年，“次级债”之后的“两房危机”也已若隐若现。美联储已经明确提出，美国经济面临“流动性短缺”并开始降息。我们国内还在“防止偏快转过热”，还是一片“流动性过剩”的呼声，还在升息。在这种判断下，坦率说，我们实际也在一定程度上错过了最佳的反应时机，到 2008 年下半年，特别是当年第四季度，国内的经济增速也开始出现急剧下滑时，我们的政策才不得不一百八十度大转弯，“出手要快、出拳要重”地保增长。正是这种判断迟滞，导致我国商业银行持有的数千亿“两房债券”未能及时从国际债市上退出。

【23-2-4】很多美国人甚至把购房和持有住房当成了个人消费的“提款机”。100 万美元买了个房子，当房价上涨到 130 万美元时，美国人绝不会让这升值的 30 万美元资产信用闲置，最可能的行为是找银行“再贷款”21 万，然后把这 21 万美元花掉；再涨再贷，再贷再花。

在“次级债”所推倒的“多米诺骨牌”中，首先推倒的是“两房债券”。

这个“两房债券”是怎么回事呢？“两房”指的是叫做“房利美”和“房地美”的两家投资机构。“房利美”和“房地美”是有着美国政府背景的、专门投资住房贷款的投资机构。这两家持有的美国住房按揭贷款债权在美国同类贷款中所占比重达四成以上，接近一半。但这两家贷款机构有个特点，他们一般并不直接面对购房人发放按揭贷款，而是收购商业银行此类贷款的债权，也就是给银行贴现。这个操作流程受到了银行的热烈欢迎。因为一方面，银行发放按揭贷款时不必担心风险，把款贷出后转手就可以把债权加价卖给“两房”，何乐而不为呢？由此银行向外发放按揭贷款的积极性就大增。另一方面，由于有“两房”的反复贴现机制，银行发放按揭贷款的规模就完全突破了存款总额的限制。理论上说，只要“两房”能不断反复地贴现下去，银行就能放出无限大的住房按揭贷款！

正是在这种金融流程的推动下，美国的住房信贷规模急剧膨胀，由此就推动了美国房地产市场的高涨繁荣。美国房地产市场的高涨繁荣，又推动了美国经济整体的高涨繁荣和就业水平的改善。国民经济整体的高涨繁荣和就业水平的提高，又极大鼓舞了人们的乐观预期，消费、购房也就呈现为一浪高过一浪的高潮。在这种情景下，很多美国人甚至把购房和持有住房当成了个人消费的“提款机”。这个道理也不复杂。假定有个美国人 100 万美元买了个房子，和银行商定的贷款协议是三成首付七成按揭；当房价上涨到 130 万美元时，这个美国人绝不会让这升值的 30 万美元资产信用闲置，其最可能的行为是，找银行“再贷款”21 万，然后把这 21 万美元花掉；再涨再贷，再贷再花。多好的一副图景啊。在这个贷款规模不断膨胀，房价不断上涨的过程中，似乎每个人都在得好处，没有一个人希望看到这个“游戏”的结束。但是，市场的意志不可违。终于有一天，有人在看到“次级债”债券价格暴跌时，联想起“两房债券”的危险。人们忽然想起，这个“两房”哪来那么多的钱去给银行贴现的呢？这一看不要紧，看出了一个大漏洞。“两房”从哪里来的钱呢？是靠从国际债市上发行“两房债券”融来的钱。是谁买了这些“两房债券”呢？是国际上的大银行、投资机构等投资者。也就是说，是全世界投资者的钱在支撑着美国经济和美国房地产市场的高涨繁荣，支撑着美国人不断“再贷款”的负债消费！这层窗户纸一捅破，马上就有人开始“逃跑”。一个人的惊恐带动了周边人共同惊恐，大家都开始不计代价地抛售“两房债券”，国际债市上的“多米诺骨牌”就此推倒。这时，这个“骨牌阵”的倒塌已经无法阻止，无可挽回了。大批国际投资机构的不良资产在这个危机中急剧增加。大家可能记得，后来 AIG 这个世界保险业的龙头老大，也就是美国国际集团，突然出现巨额不良资产，美国政府不得不投入数千亿美元的“医药费”去抢救。当时气愤已极的国会议员们甚至把 AIG 的掌门人揪到国会去质询，说你们怎么搞的，怎么会闯出这么大的祸来？你们就没有一点风险评估和控制机制吗？ AIG 的掌门人一脸无辜，说我们每一笔投资都是经过充分论证的啊，我们想不到的是，不是哪一笔投资出了问题，是整个市场出了问题啊。所谓市场出问题，就是股市投资者常说的“系统性风险”爆发。

【23-2-5】金融危机并未在“两房危机”处止步。国际债市的暴跌引发了金融衍生品市场、股市以及油市、汇市、贵金属市场和国际大宗商品市场的巨幅波动。金融系统的危机蔓延和波及到实业领域。金融市场的危机还形成为一些国家的财政危机。

很不幸的是，这个“两房债券”引起的危机对我们中国影响甚大，而且是多方面的。上面说过，在2007年下半年，“次级债”危机已经明显露头时，我们国内一些人还在大叫“流动性过剩”。在此判断下，政策选择了继续强力回收和“分流”流动性。怎么分流呢？就是把国内市场上认为过剩的货币转移到国外去。在这样的政策导向下，我们的商业银行持有了高达4500亿美元左右的“两房债券”。这笔投资究竟能否“全身而退”到现在都还很难预料。2010年，“两房”股票已经被逐出纽约股市；2011年，美国政府已经在研究是否要关闭，或者说怎样关闭“两房”了。在过去几年中，在一定意义上说，中国房地产金融的最大风险不是把钱借给了中国的老百姓，而是借给了美国人！

后来发展为全球性的金融危机并未在“两房危机”处止步。国际债市的暴跌引发了金融衍生品市场、股市以及油市、汇市、贵金属市场和国际大宗商品市场的巨幅波动。到后来金融系统的危机已经蔓延和波及到实业领域，例如，美国大名鼎鼎的克莱斯勒汽车公司被整体卖掉，多年的全球汽车“老大”通用汽车不得不申请破产保护。还不仅如此，金融市场的危机还形成为一些国家的财政危机，例如2010年延续爆发的欧洲一些国家主权债务危机。这个后续过程已经远超出了房地产金融的范围，我们不再过多延伸，只简单说几句所谓的“金融衍生品市场”。因为这个问题和我们后面要讲的金融创新有一定关系。

世界金融危机给很多人留下一个印象，认为“金融衍生品”实在是个祸国殃民的“坏”东西，庆幸我们还没有这种祸端。其实，这种认识并不全面。

金融衍生品的确是个风险“放大器”，而且在世界金融危机中扮演了推波助澜的重要作用。什么叫金融衍生品交易呢？给大家打个比方。张三欠李四 100 块钱。“一手钱”和“一手货”在时间上分离，这是市场经济下常有的事。不论这 100 块钱是李四给张三发了货张三还没付款，还是李四下了定金张三还没交货，总之是张三欠李四 100 块钱。在理论上，我们就称此为一次信用参与其中的交易。不论张三怎么有信用，这笔钱还上还不上，或大或小总是存在着一定的不确定性。存在着不确定性，就有风险；有风险就可以对这个风险事件进行投资。于是王五就和赵二麻子发明了一种投资品种，对张三是否还得上李四这个事情投资。他们俩打赌，一方说“还得上”；另一方说“还不上”。他俩下了 10000 块钱的注。这就是金融衍生品。本来张三还得上还是还不上这 100 块钱，在整个社会信用链条中是个无足轻重的事。就是张三真的还不上，李四也能承受得起；就是李四承受不起，这个信用缺口也断不至于连锁反应成整个社会信用链条的处处断裂。但有了王五和赵二麻子打赌的金融衍生品，这个信用缺口的风险就被放大了 100 倍！事情还不止于此。皮特和约翰俩人又创造出了一种金融衍生品的衍生品。他俩对王五和赵二麻子的赌局下注。一方说王五能赢，另一方说赵二麻子能赢，俩人下了 100 万块钱的注。这一来，张三负债的不确定性风险就被层层放大了 10000 倍！一旦张三真的还不上李四的钱，这个信用缺口就通过这种衍生品链条立即形成为全局性的信用危机。“次级债”的有限信用缺口演化为“两房危机”以至世界金融危机，就是这个“多米诺骨牌”的原理。恐慌引起了国际债市价格的暴跌，债市的暴跌又引起了股市的暴跌。一场波及全球的金融危机就此爆发，全世界的大投资机构、大银行因此普遍蒙受了巨大损失。

【23-2-6】这个产权的高度市场化制度一方面给资本带来了通过产权溢价获取资产规模急剧扩张的机会；但另一方面，也给资本带来了资产急剧贬值的巨大风险。

有个让很多中国人想不通的事。俗话说，“瘦死的骆驼比马大”，那些世界500强榜上有名的大公司，以前好像钱多得想买谁就买谁，金融危机前还因为可口可乐高价收购娃哈哈的事引起中国舆论很大风波呢，就是耗也应能耗一阵子吧？金融企业还好理解，那些实业领域的大企业，个个都是拥有规模巨大的固定资产的，怎么也说不行立刻就到了资不抵债、破产拍卖的程度了呢？

这里简单说几句市场经济下的资本风险问题。美国是个市场经济发展到“熟透”了程度的经济体。那里不仅产品、生产要素是高度市场化的，就是产权也是高度市场化的。也就是说，美国的企业产权几乎全部都是可以很容易地通过市场不断交易、买卖、流动的。而且美国的公开产权市场，也就是股市，价格波动是“上不封顶、下不保底”的，不像我们中国的A股市场还有个涨跌停板制度。这个产权的高度市场化制度一方面给资本带来了通过产权溢价获取资产规模急剧扩张的机会，也就是我们所说的“资本运作”；但另一方面，也给资本带来了资产急剧贬值的巨大风险。为容易说明起见，给大家举个例子。

我们假定有个实业领域的大公司，总资产是1000亿美元；我们再假定，这个公司的负债率是60%。也就是说，其总资产中有400亿美元的净资产，或者说叫自有资产，有600亿美元的负债。用理论语言说，股权与债权的这个比例关系叫做产权结构。正常情况下，对固定资产规模巨大，也就是我们所说的“资本密集型”企业来说，60%的资产负债率并无什么不正常。但金融危机一爆发，股市大跌。而在完全自由涨落，价格“上不封顶、下不保底”的美国股市上，一夜之间，甚至在两个小时之间，股票价格的暴跌就可以把这个公司的净资产部分全部“蒸发”。例如在我们这个例子中，总资产1000亿美元的大公司，如果股票价格从10元暴跌到6元，公司资产的总市值就会立即跌到了资不抵债的临界点，也就是得破产偿债的临界点。这时股东手里的股票实际上已经是废纸一张，一分钱都不值了。克莱斯勒之所以在脖子上插个“草标”被迫卖了，就是因为债权人不肯承担资产进一步贬值的风险，只好“自卖自身”，卖资产偿债。而通用汽车“破产保护案”，就是因为通用的净资产在市场上已经差不多全部跌光，为了挽救通用，避免其重蹈克莱斯勒的覆辙，美国政府出面重组通用的产权结构。现在的通用汽车，从其产权结构上说，已经完全是一个新通用了。这个新通用的产权已经和老股东无关，因为那些老股东的权益已经全部跌光、赔光了。现在新通用的股东是原来通用的债权人通过“债转股”而来的股东。美国政府的作用，就是按照一个政策保护价收购那些不愿意“债转股”的债权人债权，并持有新通用的股权。这个“破产保护案”实施后，美国政府持有了新通用大约六成的股权。从这个例子中，我们就可以理解，为什么在美国等发达国家，很多亿万家财的富翁怎么会一夜之间就变成身无分文的“穷光蛋”了。这场世界金融危机的确“消灭”了一大批亿万富翁。在危机最严重的时候，我们也陆续听说了若干令人扼腕的消息，一些投资失败、资产顷刻灰飞烟灭的投资人不能承受这种压力而轻生弃世。

3 师人之长是一条捷径

- “阴谋论”的说法不利于我们总结经验，提高自身的竞争力。
- 发达国家市场不仅有预售制，而且很普遍。
- 发达国家的购房人不需要为是否提前还贷而烦恼。
- 对固定利率约定“罚息”是必要的游戏规则。
- 我国房地产按揭贷款的风险来自于个人信用评价体系的滞后。
- 个人信用评价并非仅依据信用记录，更看重的是今后可能的风险。
- 美国人不仅要把生前的钱花光，还会把身后钱也挪到生前花掉。

【23-3-1】美国老百姓在信贷扩张下的买房行为支撑了美国房地产市场的高歌猛进，美国房地产市场的高歌猛进又支撑了同期美国经济的高涨繁荣。原来美国老百姓买房子的钱最终是从中国老百姓这里借的，美国房地产市场的那一段黄金时期是靠从中国借钱实现的。

美国的“次级债”危机、“两房危机”的确是这场世界金融危机的罪魁祸首，至少是引发危机的导火索。而且这两个与房地产相连的金融危机事件也确实给我们中国造成了不小的损失。仅仅是我们的商业银行持有的“两房债券”就达 4500 亿美元之巨。联系这一点，我们还可以从上述危机流程中窥出一点很值得思考的问题。中国的银行大量持有了“两房”债券，“两房”把从国际债市上融来的钱贴现给了美国的商业银行，美国的商业银行把钱贷给了美国的老百姓买房子，美国老百姓在信贷扩张下的买房行为支撑了美国房地产市场在 2004 ~ 2006 年的高歌猛进，美国房地产市场的高歌猛进又支撑了同期美国经济的高涨繁荣。也就是说，原来美国老百姓买房子的钱最终是从中国老百姓这里借的，美国房地产市场的那一段黄金时期是靠从中国借钱实现的。

这听起来确实有点让人匪夷所思，但这的确是事实。此前，一些了解这个真相的学者甚至激愤地把这个事实指责为美国人企图搞垮我们的“阴谋”。对这场危机前后的过程，我们的确有很多值得反思的问题。但我不赞成“阴谋论”的说法，这有些“泛政治化”。一味抱着“非我族类其心必异”的眼光看问题，不利于我们在日益开放的过程中不断总结经验，提高自身的竞争力，也不利于我们在复杂的国际环境中成为胜者。在应汲取的教训中，我个人的看法是，我们自己对国际金融的风险认识不足，缺乏经验占三分之一；对发达国家金融系统的缺陷缺乏警惕，未能做到未雨绸缪占三分之一；剩下的三分之一是市场难以避免的或然风险，是任何正常投资都不得不承担的风险代价。

【23-3-2】这个金融设计很公平。银行，开发商、购房人三个方面的参与者各自为自己的经济行为承担必要的风险，谁也不能把自己的风险转嫁到其他市场主体的头上。

避免车祸伤人的最彻底办法是禁止汽车上路；避免市场风险的最彻底办法是远离市场。但这显然不是一个正确的选择。我们没必要因为世界金融危机就完全否定发达国家房地产金融的很多有益经验和做法。相反，在我国的房地产市场发展过程中，我们很有必要师人之长，克己之短。如同我们在本讲开头所说，房地产金融恰恰是我国房地产市场发展的最大“短板”。发达国家在房地产金融上有哪些值得我们学习借鉴的呢？这里简举几个例子说明。

第一个例子，预售制下的房地产金融。若干年前，央行曾出过一个研究报告，建议取消房地产市场上的预售制。前文中我们曾经评论过，这是一个很虚伪的建议。因为中国商品住房预售制的最大受益者恰恰是银行。在央行的研究报告之后，颇有很多人论述，说预售制万恶不赦，说发达国家从来没有这种让消费者承担风险的预售制。这个说法恐怕有些武断。发达国家市场不仅有预售制，而且很普遍。只是他们的预售制与我们不同，开发商并无法通过预售款获得购房人的“无息贷款”，银行也并不能通过“绑架”购房人信用把开发贷款的风险转嫁给购房人。

我们举个美国的例子。美国的开发商也会在房子尚未盖好之前预售。但在预售过程中，购房人只交定金，而且这个定金并不交给开发商，而是交由律师等第三方中介机构保管。购房人违约，定金不退；开发商违约，双倍返还。这是一般商业契约共同的“游戏规则”。那这种预售对开发商有什么好处呢？有很大好处。一旦认购数量达到一定比例，开发商就可以拿着购房合同去找银行贷款，这时银行会很乐意向开发商提供开发贷款。因为这些合同已经保证了贷款的两个最重要的安全系数，这两个安全系数就是销售比例和价格。因为有了一定程度的销售比例，有了锁定的价格，银行无须担心房子卖不出去的情况下开发商还不上贷款。如果在交房之前出现了价格下跌，购房人因房价下跌而退房，银行也并无风险，因为有购房人的定金在。

这个金融设计很公平。银行，开发商、购房人三个方面的参与者各自为自己的经济行为承担必要的风险，谁也不能把自己的风险转嫁到其他市场主体的头上。有质量、有信誉的开发商可以很容易地从银行获得资金支持，银行也不用因发放开发贷款而担心承担过度风险，购房人更可以避免开发商不守承诺带来的损失。

【23-3-3】一旦需要用钱，直接“刷”银行的授信卡就行。在授信额度内，借多少钱承担多少利息。用完即还，借多长时间承担多长时间的利息。在这种情况下，购房人完全不必为存贷款的利差郁闷，也就完全避免了是否提前还贷的两难。

第二个例子，灵活的授信额度和利率的自由选择。近年来，每逢利率调整，不论升降，我国媒体总要热议一番“提前还贷是否划算”的话题。不仅如此，一些银行还经常对提前还贷设限。有的银行是用每个月的提前还贷“指标”来卡，这个月没指标了，购房人就是想还银行也不接受了。还有的银行用“罚息”办法来抑制提前还贷，强制地要购房人承担“违约金”。其实，在发达国家的房地产金融中，这类问题是基本不存在的。

为什么发达国家的购房人不需要为是否提前还贷而烦恼呢？在这些国家中，房地产按揭贷款通常有种类似“授信额度”式的贷款品种。银行在评估了购房人所抵押的房产之后，会给购房人一个授信额度。购房人可以在这个授信额度之内，根据需要灵活地决定自己贷款的多少和贷款时间的长短。例如，假定一个购房人有足够的钱去全款购房，不贷款吧，担心一旦另有他用时手头没钱为难；但贷款吧，自己的资金闲置着却去承担银行贷款的利息，又会觉得很不划算。那怎么办呢？取得银行授信额度后，这个问题就很好解决了。先把自己的钱用于购房，一旦需要用钱，直接“刷”银行的授信卡就行。在授信额度内，借多少钱承担多少利息。用完即还，借多长时间承担多长时间的利息。在这种情况下，购房人完全不必为存贷款的利差郁闷，也就完全避免了是否提前还贷的两难。

还不只如此。在发达国家，购房人是可以就按揭贷款是浮动利率还是固定利率自行选择的。浮动利率自然简单，贷款期内利率变动的风险双方各自承担。固定利率则有些复杂。因为一般说，在市场利率较低时，固定利率会高于浮动利率；相反，在市场利率较高时，固定利率有可能低于浮动利率。购房人要自己判断，在一个长达二三十年的贷款期内，市场利率水平高于或低于约定的固定利率的机会有多大。银行通常不会对浮动利率的贷款人提前还贷“罚息”，只会对固定利率的贷款人约定“违约罚息”。因为这个“罚息”的意义在于，一旦市场利率下降，贷款人有可能从别的银行获得利率较低的贷款。这显然对固定利率约定下的银行不公平。为了防止这种银行间竞争带来的不公平，对固定利率约定“罚息”是必要的“游戏规则”。那为什么对浮动利率的贷款人提前还贷无须罚息呢？因为从理论上说，浮动利率下贷款人一般无法从其他银行获得更低利率的贷款。当然，在实际操作中，不论固定利率还是浮动利率，各银行的利率实际上总是有差别的。因为各银行对贷款人的信用评价不一样，对抵押物的风险评价也会各有差异。

【23-3-4】这种担心看起来很有“警世恒言”的意思，其实多有片面，片面在用短期分析为出发点的一般金融视角去审视具有长期性特点的房地产金融。根据国际经验，个人住房按揭贷款在银行信贷余额中所占比重就应当不断增大，这是一个符合规律的必然趋势。

第三个例子是完备的个人信用评价体系。一些年来，总有人为个人住房按揭贷款余额的上升忧心忡忡，说在银行的信贷余额中所占比重如何大啦，银行风险如何高啦，房地产“绑架”了国民经济啦，很是吸引眼球，也颇能博得媒体的热炒。持这种说法的多半是些金融领域的人士。这种担心看起来很有“警世恒言”的意思，其实多有片面。片面在哪里呢？在于用短期分析为出发点的一般金融视角去审视具有长期性特点的房地产金融。根据国际经验，个人住房按揭贷款在银行信贷余额中所占比重就应当不断增大。这是一个符合规律的必然趋势。

在过去很多年中，我国的金融体系主要是为产品市场的生产、流通服务的，例如企业的流动资金贷款、固定资产更新或技术改造贷款等，几乎没有产权金融，即专门为产权交易服务的贷款品种。别说在计划经济年代，就是在改革开放的最初二十年中，服务于产权交易的金融也只限于个案，几乎找不到专门服务于资产并购、资本运作、企业兼并重组等的金融品种。在20世纪，能称为较大规模产权金融运作的大概就是朱镕基当总理时“债转股”了。但随着市场经济的发展和资源优化配置的客观要求，产权运作所需资金不可避免地要在银行信贷资产中占有非常重要的比重。从本质上说，个人按揭贷款也是产权金融的组成部分。不仅如此，与一般消费贷款相区别，个人按揭贷款一定是长期性贷款为主。随着城市住房资源总量和老百姓私人购房的规模不断扩大，这部分贷款在银行信贷资产中所占比重一定是长期只增不减的。再进一步说，中国老百姓刚刚群体性地踏入私人财富累积的阶段，他们的个人资产信用正在日益加速地表现为以不动产信用为主。同样从发达国家的经验看，要扩大内需、扩张消费，工业化的初、中期主要靠提高收入，中、后期主要靠开拓个人信用资源。从这个意义上说，扩张以房产为资产信用的个人按揭贷款对我国国民经济的长期稳定发展具有非常重要的意义。

我国房地产按揭贷款的风险其实并不来自于规模的扩张或者增速的加快，而是来自于个人信用评价体系的滞后。银行就是做货币生意的企业。银行并不怕放贷，怕的只是把钱借给了不适当的对象。我国房地产金融中，最薄弱的环节恰恰就在于迄今尚未建立起最低成本、最高效率地把不适当对象排除掉的信用评价体系。

有人曾说过一个乐观的看法。在个人住房按揭贷款最初推出时，最先走进银行的100人中，大概要有30个是骗子。为什么呢？因为骗子的胆子最大。在普通老百姓还在为“花明天的钱，圆今天的梦”犯嘀咕时，骗子已经开始实施“花别人的钱，圆自己的梦”了。随着银行信贷规模的扩大，走进银行的贷款人增加到1000人时，其中的骗子大概只有100人，这时骗子在贷款人中所占比重会从 30%下降到 10%。当走进银行的贷款人增加到 10000 人时，其中的骗子大概只有 300 人，其所占比重会下降到不超过 3%。如果走进银行的贷款人达到 100 万，1000 万，那么其中骗子的比重就会降到微乎其微。从这个意义上说，银行其实不用担心贷款对象的信用，只要信贷规模保持足够的扩张速度，银行的风险就会不断降低。尽管这个说法听起来太过儿戏，但在我国现在的实际经济运行中，不断扩大的个人房贷规模确实在银行降低个贷不良资产率中发挥着很大作用。我们的银行现在靠什么来评价个人信用呢？最主要的信用依据就是单位开出的个人收入证明，此外就是查查是否还有在其他银行未还清的贷款。其他什么贷款人家里有几辆机动车啦，银行存款几何啦的辅助信用证明其实无足轻重。这样的信用评价当然是很粗糙、很初级，也是很不可靠的。

【23-3-5】一个企业高管的信用得分可能要比他的下级低很多，尽管他有比下级高得多的收入，有多处房产。因为资料显示，他在某处的房产中住着一个情人，这个情人意味着将来他的财产有可能被分割！

很多人对发达国家的个人信用评价体系评价很高。但可能人们还不很了解，这个体系其实不过是个私人公司，并非人们以为的那样是个政府专门机构。但这些个人信用评价公司通常具有一定的垄断性，要取得政府的特许经营权。一般在一个国家，甚至在若干国家内只有一家个人信用评价公司。这些公司一定要拥有完备的个人信用信息库，要严格遵守国家法律对私人信息保护的规定，要有公正客观的评价标准，要有信息收集分析的能力和效率等。

发达国家的个人信用评价体系都要收集哪些信息呢？可以说，五花八门、包罗万象、天罗地网。有些和人们的通常理解一致，例如个人信用卡的消费记录以及还款记录、个人资产的拥有状况、受教育程度、收入水平、赡养人口、债务规模等。但有些则和人们的通常理解不一致，例如，纳税记录一般并不在收集的范围内，因为政府不能把涉及个人隐私的信息透露给私人公司。信用评价公司对个人纳税信息的收集最多只限于对涉税的法院判决。再如，这些公司还会广泛收集个人的度假旅游信息、个人嗜好取向、日常的邮件数量、每个月的水电及通讯费支出等方面信息。了解了这些信息，就知道了这个人的支出结构、消费习惯，以及共同生活的人数等。

了解这些庞杂的信息又怎么评价呢？其实并不复杂。通常这些公司都会设计一套自己独有的表格，在这个表格中对应各栏有不同的打分，评价时只要按照表格填好打分即可。这就保证了评价的客观性、标准的一致性，避免了人为的主观影响因素。表格中的内容，以及表格打分的标准和方法都是严格保密的。提供给客户的信用评价报告其实只有一个分数，客户是无从知道某人的信用分数是怎么来的，依据是什么等内容的。

在这些发达国家，个人信用评价并非仅仅依据收入和以往的信用记录，而更看重的是今后可能的风险。例如，一个企业高管的信用得分可能要比他的下级低很多，尽管他有比下级高得多的收入，有多处房产。为什么呢？因为资料显示，他在某处的房产中住着一个情人，甚至还有一个非婚生子女。这个情人或者非婚生子女都意味着将来他的财产有可能被分割！当然，这些信息不会告诉包括本人在内的任何人。对个人信息高度保密是这些信用评价公司的生命线，一旦在这方面的声誉受损，其本身的信用就会大打折扣，企业甚至会因此彻底倒台。

那么谁是这些信用评价公司的客户呢？主要是银行。银行是否向贷款人发放贷款，很大程度上依据贷款人的个人信用评价。当然，同样的信用得分，各个银行对贷款人信用评价的取舍程度也是不一样的。因此，同样的信用得分，甲银行不肯放贷，并不意味着乙银行也不放贷。正因为银行是主要客户，通常这些信用评价公司的主要股东也是银行。但法律规定，信用评价公司的股东不能只是一家银行，否则这家银行的风险偏好就会影响个人信用评价的公正性、客观性。有些个人信用评价公司还是上市公司，因此就会有很多公众股东。但不论股东是谁，不论在股权结构中占有多大份额，股东都不能干涉评价标准、评价结果。个人信用评价公司的客户不只是银行，保险公司、公司雇主、债权人等都会需要这个报告。个人信用评价也对社会公众开放。任何人只要花不多的钱，都可以方便地买到一份自己或他人的信用报告。

【23-3-6】美国人不会尽量把钱留给儿孙，而是要在自己活着的时候尽量把钱花光。不仅要把生前的钱尽量花光，还会设法把身后的钱也挪到生前花掉。以房养老，本质上就是把身后的钱挪到生前花。

第四个例子是以房养老。20 世纪 90 年代末，很多人都听过一个美国老太太和中国老太太在天堂相遇的故事。美国老太太说，自己从年轻时就贷款买房，因此一辈子住大房子，到离开人世前总算把房贷还清了。中国老太太说，一辈子住小破房子，含辛茹苦地攒钱，到离开人世前才把买房子的钱攒够。这是个过时的老版故事，而且这个故事所描述的美国老太太其实也并不是美国人的典型。这里给大家讲个新版、升级版的美国老太太和中国老太太的故事。

在美国的银行中，通常有个专门向已退休，或者将要退休的老人发放个人住房贷款的部门。为什么要向这些收入已不可能增长，且年龄原因长期还贷风险很大的老人发放贷款呢？因为这些老人名下一定有一所属于他自己的住房。银行通常会和保险公司联手去说服这些老人把房子抵押给银行。怎么说服呢？银行的业务经理会说，老人家，您看您一个月的退休金才 3000 美元，晚年生活是不是有点太清苦了些呢？在美国，3000 美元的月收入，其生活水平以及所处的社会阶层，和在北京月收入 3000 元人民币的人群基本一样。银行经理接着说服，说您看您这所房子现在价值 50 万，甚至 100 万，您这不是守着金碗没饭吃吗？只要您把房子抵押给银行，在这份文件上签个字，我保证今后每个月再给您送 3000 美元来。老人一听就急了，把房子抵押给银行，那我住哪里呢？银行经理说，您别误会，房子您照样住，您活多长，这房子您就住多长，绝不会有人来打扰您；而且您活多长，我们每月 3000 美元的钱就送多久，绝不食言。只是有一样，有一天您离开这个世界呢，您归上帝，房子归我们，好不好？这就是大家可能听说过的“以房养老”模式。当然，这个模式一定需要和保险公司联手。因为尽管每个人的寿命长短是个随机事件，但人群总的寿命分布是有规律的，保险公司根据这个分布规律可以比较清楚地精算出自己的盈利空间。如果只是银行单独操作，那就变成了单纯的再贷款。一旦人还活着，房子的再贷款却被用光，那老人就会无地可居。

这个以房养老模式和美国老太太有什么关系呢？美国老太太到了天堂，和中国老太太说，我一直活到 102 岁，生前把我那所房子所值的钱不仅全部吃光，而且吃了两遍，把保险公司经理的脸儿都吃绿了，真是太划算了。中国老太太说，我从 60 岁就一直靠买便宜菜过日子，总算把我那所房子的产权完完整整地留给了我儿子。

这个美国老太太才是典型的美国人。中国老人不管怎么咬牙吃苦，也要把自己一辈子攒下的财富尽量留给子孙。美国人不会这样，他们不会尽量把钱留给儿孙，而是要在自己活着的时候尽量把钱花光。不仅要把生前的钱尽量花光，还会设法把身后的钱也挪到生前花掉。以房养老，本质上就是把身后的钱挪到生前花。其实，美国人花身后钱的办法并不只是以房养老，保险的赔付钱也会尽量挪在生前花。大家知道，寿险的赔付原理是投保人去世后才赔。美国人认为，死后赔付的钱和我有什么关系呢？应当把这个钱挪到自己生前来花掉。怎么挪呢？就是把寿险的受益权提前卖掉。专有公司做这个生意。这些公司在老人生前按月支付一定的补充养老金，老人去世，公司就以受益人身份获取保险公司的赔付。这个原理和以房养老基本是一样的。这些公司“赌”的就是老人的寿命。当然，老人也并不吃亏，生前的生活可以因此大为改善。从这个例子中，我们也可以一定程度地看出什么叫做“熟透”的市场经济。

当然，我们上述所举的都是和个人购房、持有住房等相关的房地产金融。房地产金融中更重要的是直接融资、银行退出机制、风险均衡配置、利率市场化、多样化金融工具以及大力开拓信用资源等。因为这些在此前已经陆续有所涉及，这里就不再专门介绍了。

4 创新是规避风险的根本之路

- 利率风险救助机制是由政府建立针对中低收入人群的贴息机制。
- 帮助他们保住住房，是社会、家庭、银行等各方面皆赢。
- 房地产价格指数交易是一种用于规避价格风险的投资品种。
- 政府可以通过价格平抑基金来影响指数，引导社会价格预期。

【23-4-1】我国的国情决定，大多数普通购房人对利率风险的承受能力很低。把这个风险完全交给市场，简单地等待市场规则的后果，听任中低收入群体从逾期、违约到失房过程的自行发展是很危险的。

前面说到我国房地产金融短板问题以及国际经验时，实际上讲的就是我们需要创新的地方。可以这样说，我国的房地产金融才刚刚起步，需要完善的地方几乎处处可及。这里说几点和政策联系密切，且比较迫切、对社会整体利益影响大的方面。

一是尽快建立利率风险救助机制。

前面曾多次说到，从长期看，我国一定会面对一个利率上升期，而且在通胀出现时不可避免的利率连续上升很可能不经警告就会不期而至。就房地产领域说，利率提高引起的重要风险之一，就在于中低收入群体的房贷逾期率、违约率可能迅速上升。

我国的国情决定，大多数普通购房人对利率风险的承受能力比较低。把这个风险完全交给市场，简单地等待市场规则的后果，听任中低收入群体从逾期、违约到失房过程的自行发展是很危险的。美国的“次级债危机”就是从这样一个过程开始的。这不仅会给社会造成严重不稳定，而且也会严重损害普通老百姓的利益。

作为房地产金融安全体系的一个组成部分，我国有必要尽快建立起一个利率风险救助机制。什么叫利率风险救助机制呢？简单说就是，由政府建立一个针对中低收入人群的贴息机制。当利率上升到有可能引发较大规模房贷逾期的临界点时，可以启动针对特定收入群体的政府贴息。通过政府贴息，对那些一时无力偿还月供的家庭提供救助，帮助他们应对还贷困难，保住房子。

需要特别说明一下，为什么中国需要这样一个救助机制，为什么政府有义务建立这个机制。我们的社会经济发展目标是让更多的老百姓住上房子，而且让更多的普通居民拥有自己的住房。这个目标应当无须论证。由于我国经济发展的总水平不过是刚刚走出温饱阶段的时间不长，相当多已经购买了住房的普通居民承受利率大幅度上升的能力还非常有限。我们前面说过，利率从目前水平上升 80% ~ 100% 是很容易出现的。如果这种情况发生，现在每月 5000 元的房贷月供就可能上升到 9000 ~ 9500 元，一些已购住房的家庭就可能出现无力还贷的情况。但是，这些家庭一时还不上贷款，不等于将来仍还不上贷款；这一代人还贷困难，或许一年半载，其子女工作之后就可以帮助父母还贷。帮助他们保住住房，是社会、家庭、银行等各方面皆赢；任由他们因一时还贷困难而失去住房，是各方面皆输。从这个意义上说，这种救助体系的公共产品性质是很显然的。

当然，既然是特定情况下的救助，而不是长期补贴，政府的贴息就要有退出的方式。这个退出方式并不难设计。救助性贴息的水平随利率升降而升降，利率降低到一定程度，自然也就不贴了。另外，家庭收入提高了，政府救助也就应当退出。

【23-4-2】媒体上经常有“猜”开发商的资金链什么时候会断裂的声音。因为人们找不到一个能够真实显示资金供求情况的市场窗口。在这种情况下，实际上很多针对房地产市场的金融政策很难避免盲目性。

二是提高房地产金融的市场化水平。

近年来，媒体上经常有“猜”开发商的资金链什么时候会断裂的声音。为什么要“猜”呢？因为人们找不到一个能够真实显示资金供求情况的市场窗口。在这种情况下，实际上很多针对房地产市场的金融政策很难避免盲目性。我国目前的房地产金融，不论从融资方式、利率形成还是风险配置上，还远谈不上市场化。开发企业融资的最主要方式就是从银行贷款，通过资本市场直接融资要受到政府政策的多方限制，银行贷款时的自有资金比例要由政府确定，利率形成也是政府说了算。这种格局下，资金的供求关系实际上是无法真正通过市场机制真实地显现出来的，由此形成的利率也并非是真正反映供求关系、风险大小的市场化利率。

提高房地产金融的市场化水平，最主要的就是要把风险配置的权力交给市场。这就要形成一个多元、多样的市场化资金供应主体，其中包括资本市场上的股权、债权融资，包括发展房地产信托、投资基金，包括担保、典当等中介机构，包括销售代理商制度等。

这里稍微说一点销售代理商制度的含义。在发达国家，开发商通常是不做“零售”的，卖房子有专门的销售代理商。早在房子建设过程中，就会有销售代理商和开发商谈好代理销售的条件。这和券商投行业务中为上市公司承销股票的情况类似。开拓市场、宣传产品主要是代理商的事。代理商如果不能在代理期限内把房子卖出去，就得按照约定价格自己先把这些房子买下来。这种专业分工不仅可以大大降低社会总的销售成本，而且也可以有效降低提供开发贷款的银行和开发商的资金风险。在完善的市场体系中，在销售代理商身后经常还有一个专业化的主体，这就是坐市商。什么叫坐市商呢？就是专门在房地产市场出现供大于求、价格大幅下滑时大量收购，在市场出现供不应求时加价吐出的投资主体。在一定意义上说，这种坐市商的职能就是投机。但这种投机力量的存在，恰好成为市场供求关系中的“蓄水池”。坐市商投机的客观作用就是降低供求失衡条件下的价格波动幅度。不仅如此，坐市商还经常可以成为销售代理商的最后退出通道。代理商万一碰到房子卖不出去，“砸”在自己手里的情况时，可以通过止损出让的方式把房子卖给坐市商。在这一系列环节中，房地产市场的风险可以在资本市场的投资者、银行、担保机构、开发商、销售代理商、坐市商等各个主体之间自发地实现均衡配置。

【23-4-3】人们在担心价格上涨时，不必提前“囤积”实物型房子，只要投资于房地产价格指数，就可以保证在若干年后以现在的价格买到房子。当投资人看涨房价时，不必投资于实物房，只要投资于价格指数即可。由此就减轻了房地产市场上对实物型房子的需求压力。

三是大力发展住宅储蓄银行。我们此前已经多次提到住宅储蓄银行。住宅储蓄银行的基本原理其实就是政府通过减免个人所得税等手段，鼓励个人更多地为满足自己的住房需求负责。但我们前面没有提到的是，住宅储蓄银行的资金，除了贷款给购房人外，还能投向什么地方。

住宅储蓄银行的最大投向，就是通过合伙制参与房地产开发、持有开发企业的企业债券或者项目债券，以及与一般商业银行组成银团贷款等。住宅储蓄银行并非一定是银行，与其功能类似地，还可以采取针对特定群体的基金方式，例如公务员基金、教师基金、退伍军人基金等。其运作模式与政策参与方式，与住宅储蓄银行基本一样。

四是探索风险规避的新型金融工具。

一个值得探索的创新工具就是房地产价格指数交易。从我国过去几年的实践看，房地产市场中有很大一部分需求是为规避价格上涨风险而提前购买的需求。房地产价格指数交易就是一种可以用于规避价格风险的投资品种。

理论上说，人们在担心价格上涨时，不必提前“囤积”实物型房子，只要投资于房地产价格指数，就可以保证在若干年后以现在的价格买到房子。实际上，房地产价格指数交易不仅可以成为老百姓规避价格风险的工具，还可以成为排除房地产市场中投资性、投机性需求的有效工具，当投资人看涨房价时，不必投资于实物房，只要投资于价格指数即可。由此就减轻了房地产市场上对实物型房子的需求压力。

房地产价格指数交易不仅可以有综合性、全国性的价格指数，还可以有分地区、分城市的价格指数；不仅可以有平均价格指数，还可以有分不同档次、类型住房的价格指数。

房地产价格指数交易并非仅仅是一种市场化的投资工具、避险工具，而且还可以成为政策的输入点。例如，政府可以通过政策性的价格平抑基金来影响价格指数，引导和改善社会的价格预期。

第二十四讲

公务员该住什么样的房子

几年前媒体有篇报道，说在伦敦著名的唐宁街10号，英国首相的官邸中老鼠横行，而且有日渐嚣张的趋势。英国两家电视台居然还拍摄到了老鼠在官邸门前乱窜的图像。首相官邸为应对这一“恐怖”威胁，拟公开招聘“官猫”来捉鼠。当然，这一特别招聘肯定不乏响应者。据说是世界知名的动物收容所，巴特西猫狗之家，就邀请英国首相从该中心挑选一名得力捕鼠干将，为唐宁街效力。

英国首相官邸历来不乏趣闻。2007年时，当时的布莱尔首相卸任，财政大臣布朗接替他担任首相。这时，一向不放过任何吸引眼球的媒体才发现，新首相布朗居然已经在唐宁街10号的首相官邸中居住达10年之久了。原来，伦敦唐宁街有两处官邸，门牌分别是10号和11号。其中10号官邸传统地是由首相居住的。1997年布莱尔当首相时，他还是个单身汉。当时接替他财政大臣职位的布朗则家庭人口众多。由于10号官邸较大，11号官邸较小，布莱尔还挺仗义，就把10号换给了布朗，自己住进了11号。当然，布朗这个便宜占得也够辛苦。他在这个正牌的首相官邸里熬了整整十个年头，才从比他小两岁的布莱尔手里接班，名正言顺地当了首相。

官邸是什么？官邸就是一种特殊的公务员住房。

公务员该住什么样的房子？这个问题古今中外都是一个令

人感兴趣的问题。中国有句俗话，叫做“官不修衙门僧不修庙”。和尚修不修庙待考。衙门，也就是官员办公的地方肯定不能不修。但中国古代官员私人不在任职地购房却是真的。因为中国历朝历代都有一个规矩，叫做异地为官。官员是不能在自己的家乡，在籍贯地任职的。不仅如此，若干朝代还明令禁止官员购房、“炒房”。明朝规定，“凡有司官吏，不得于见任处所置买田宅。违者笞五十，解任，田宅入官”。什么意思呢？就是官员若在任职地买房置业，那得开除公职不说，还得打五十大板，没收所买不动产。清朝仍然实行同样的规矩，开除公职、打板子、没收田产，其中还特地加了一句，满人为官，如果在任职地购置田产，当地官员要连坐。

多代封建王朝为什么对官员买房，特别是在任职地买房置业严设禁令呢？因为那时的地方官员是被称为“父母官”的，当地士绅百姓孝敬“父母”还不应该吗？这些官员由此肆无忌惮地贪污受贿起来，房宅田产自然是最好选项之一，因为这类财产比金银更有利于惠及子孙。

现在看，明清两代的统治者可真有眼光啊。

如今的中国，别以为有点级别的大官才有机会广置田产。山西蒲县有个煤炭局党总支书记叫郝鹏俊，官拜科级，严格说都称不上是“官”，也就是个“吏”吧。这位小吏居然在京城、海南拥有38处房产。其中在北京买的35套房子的合同房价款高达1.7亿元！

这就是现代中国被称为“公务员”的官员们。

您可能说，这些例子并不能说明中国的公务员住什么房子，因为人家公务员如果自己有钱，当然可以在市场上购买商品房，只要钱来得正当，只要是公平交易。这话真是一点错都没有。下面这个例子您看看是否是公平交易。

央视等媒体曾曝光过一个在全国引起强烈反响的温州143套拆迁安置

房变身成官员住宅的新闻。购房人中有市人大、市政府、市政协，房管局等机关部门的数十名市、县级干部。由于地处温州的繁华地段，这些“安置房”的市场价要卖到每平方米 4 万元，而官员们是多少钱买的呢？每平方米 1 万元。其实，这种官员、公务员实物房低价配售早就不是什么新闻了。

大家说，这个公务员住房问题值不值得议论一下？

1 公务员住房实行区别化的保障政策有一定必要

- 给予公务员这个群体以一定的区别化保障有一定的必要性。
- 享有社会中等福利水平才能促进人才优先进入公共职能领域。
- 以法律形式确定公务员住房保障政策的只有少数国家。
- 各国公务员区别化保障政策正受到越来越多的社会质疑。

【24-1-1】住房保障制度是一种以公共资源为代价的公共产品。由于政府是公共产品的唯一提供者，而公务员是公共政策的制定者群体，由公共政策的制定者制定有利于自身利益的保障制度，其制度的合法性依据当然就是一个非常重要的前提条件。

公务员应当有住房。这是一个无需论证的命题。不仅公务员，所有公民都应当享受适当住房。没人会质疑这个命题。

那么给予公务员这个特殊的社会群体以一定的区别化保障，应不应该，有没有必要呢？也有一定的必要性。因为公务员是受社会委托维护公共利益的职业群体，这个群体队伍的稳定符合公共利益的稳定和最大化。公务员不是一个通过市场化竞争来获取消费性资源的群体，给予岗位对应的福利保障有利于降低公务员队伍的流动性，维护其稳定性。

但是，如果要把公务员住房形成为制度，形成社会住房制度中的一个特殊分类，那就要在其合法性、合理性上较较真儿。为什么呢？因为住房保障制度是一种以公共资源为代价的公共产品。由于政府是公共产品的唯一提供者，而公务员是公共政策的制定者群体。由公共政策的制定者制定有利于自身利益的保障制度，其制度的合法性依据当然就是一个非常重要的前提条件。

公务员是否应当建立区别于一般社会群体的保障性的住房制度？其实，这个问题在各国并无统一的答案。在大多数市场经济国家，公务员都可以在住房上获得比一般社会群体更多一些的政策性保障。这种保障可以区分为实物型和货币型、产权型和租赁型、重点针对普通公务员型和只针对承担特殊职能的公务员型等。

【24-1-2】要说明区别化的公务员住房保障政策的必要性，关键是要说明，动用公共资源为公务员提供特殊性保障是否符合公共利益，以及公务员群体和其他社会群体的住房需求究竟有何特殊性。

政策性保障一定要占用公共资源，包括土地、财政支出以及政府对市场的干预等。因此，提供“公务员为什么特殊”的理由，也即公务员享受区别化特殊性保障的合理性解释，就成为研究和比较公务员住房制度和住房保障的题中应有之义。

近年来，我国国内有些研究成果认为，“政府通过提供住房、货币补贴、财政、金融等手段，对公务员住房问题进行干预，能够充分发挥政府对市场的干预和调节作用，从而克服私人市场的自发性和盲目性，使公务员的住房问题得到很好的保障”。这个说法实在是很牵强，而且很不充分。克服市场的盲目性和公务员的身份何干？满足非公务员的住房需求就不需要克服市场的盲目性了？

这种研究结论不仅毫无意义，而且近乎狡辩。要说明区别化的公务员住房保障政策的必要性，关键是要说明，动用公共资源为公务员提供特殊性保障是否符合公共利益，以及公务员群体和其他社会群体的住房需求究竟有何特殊性。

参照国际经验，结合我国的实际情况，对公务员提供特殊性住房保障政策的合理性的解释主要有五个方面。

一是稳定公务员队伍。前面说过，公务员不是一个谋取个人利益、企业利益最大化的职业群体，他们的职能是受社会之托，维护公共利益的最大化。这种职业的公共属性决定，公务员不能通过市场竞争来获取个人消费资源。他们的待遇、利益应当是由社会法律制度给定的。为了公共利益的稳定和最大化，就需要维持公务员队伍的稳定，通过与岗位对应的福利保障来降低其流动性。

二是提高中下层公务员的履职能力。公务员的职业特点经常需要他们在住房价格昂贵的大城市、核心市区就近居住。居住选择性狭小的限制，使中下层公务员的居住成本可能远高于他们的实际支付能力。从这个意义上说，一定的政策支持本质上是他们职务消费的一个必要组成部分。

三是适应公务员岗位调动和职位升迁的特殊性需要。公务员的职业特点是地域间调动和岗位升迁相对频繁，提供租赁型或货币补贴型住房政策保障可以较好适应公务员住房的特殊性需求。

【24-1-3】保证公务员的总福利水平终身保持在社会中等阶层，就需要让他们形成一个明确的预期，在因退休、退职等原因退出公务员岗位后，将能够拥有和社会中产阶层一样的资产财富，其中很重要的体现形式就是拥有产权的住房。这种保障对于提高公务员对职务的忠诚度非常重要。

四是改善公务员的长期利益预期。公务员履行公共职能的制度约束，使他们在职业生涯中不能把追求私人财富累积，寻求投资性、财产性利益作为个人利益的追求目标。为了保证公务员的总福利水平终身保持在社会中等阶层，就需要让他们形成一个明确的预期，在因退休、退职等原因退出公务员岗位后，将能够拥有和社会中产阶层一样的资产财富，其中很重要的体现形式就是拥有产权的住房。这种保障对于提高公务员对职务的忠诚度非常重要。

五是促进公务员队伍的优化。在一些步入赶超阶段的国家，由于不可避免存在着较大的社会、经济发展不平衡，这就需要在一段时期内让公务员享有相对稳定，且略高于社会中等水平的福利水平。这是促进最优秀人才优先进入公共职能领域的必要措施。

此外，因为高级领导人的住房代表着国家形象，几乎所有国家都对高级职位提供官邸制的特殊住房。

【24-1-4】区别化的住房保障政策容易导致公务员阶层获得的福利资源脱离公众监督，滋生腐败和侵占公共利益。由于政府维持这些区别化政策的成本居高不下，管理效率很低，导致大量公共资源被浪费。

尽管对公务员住房实行一定的区别化保障确可以说出若干理由，但目前在世界主要国家中，以法律形式确定公务员住房保障政策合理性的仍只有少数国家。

日本国会于 1949 年制定了《国家公务员宿舍法》，对高级公务员和特殊任务公务员群体免费提供住房，对其他公务员采取低价出租的形式。公务员按照级别规定最低住房标准，在同一个层次内按困难状况轮候，对年轻就业者没有特殊照顾。韩国在 1982 年修订《公务员年金法》时，增设了“公务员年金基金”和“公务员年金管理工团”的条款，对向公务员有偿提供住宅首次做出了法律规定。韩国政府同时还出资成立了“公务员年金管理工团”。

特别说明，日本和韩国先后以立法形式确定公务员住房保障制度，和这两个国家当时经济发展所处阶段密切相关。经济赶超、工业化和城市化加速过程中，社会收入水平和结构通常处于高度不稳定期。在这个过程中，社会正处于从大多数人“买不起房”到大多数人“买得起房”的过渡阶段。在这个阶段，稳定公务员队伍、稳定公务员群体的总福利预期，对维护社会整体利益、促进社会公共秩序的建立和完善具有非常重要的意义。

在当前大多数发达国家，区别化的公务员住房保障政策一般只作为过渡性、阶段性政策，通常不上升到法律高度。在这些国家，这种政策已经呈现为逐步弱化的趋势。租赁、货币补贴、特殊性优惠贷款等具有过渡性、阶段性特征的政策日益成为更为普遍的形式。其原因在于，在这些国家，已经实现了“大多数人买得起房”的经济目标，作为中等收入水平的公务员，其收入构成中已经可以较大程度地涵盖居住成本，居住需求已经从“保障有房子住”较大程度地发展为多元化需求、自主性选择。美国在 20 世纪 60 年代，日本在 80 年代，分别制定了住宅法。“人人享有适当住房”已经成为社会基本福利。

有必要指出，各国向公务员提供区别化、特殊性住房保障的政策正在受到越来越多的社会质疑。其主要原因，一是在相当多的发达国家，公务员的收入已经和社会中等阶层没有明显区别，特殊保障已经失去了合法性依据；二是区别化的住房保障政策容易导致公务员阶层获得的福利资源脱离公众监督，滋生腐败和侵占公共利益；三是由于维持这些区别化政策的成本居高不下，管理效率很低，导致了大量公共资源被浪费。

2 国外的公务员住房制度多有值得借鉴之处

- 公务员保障性标准就是其福利水平应在社会中处于什么位置的问题。
- 享受官邸待遇的官员在任期结束后必须将官邸按期交还。
- 美国公务员几乎没有区别于其他社会群体的政策。
- 香港特区政策的主体是专门为公务员群体设立的金融组织和金融品种。

【24-2-1】公务员住房的保障制度不仅要解决公务员在职期间“有房子住”的问题，而且要形成对公务员的廉洁、尽职的约束力和对长期利益的合理预期。这就要回答，公务员住房与其长期利益之间如何建立合理关系。

研究公务员住房，在回答了区别化保障的必要性之后，就要回答第二个问题，公务员的保障性标准应当怎么定。这个标准问题其实就是公务员的福利水平应在社会中处于什么样的位置的问题。这关系到社会公平的原则。公务员住房的保障制度不仅要解决公务员在职期间“有房子住”的问题，而且要形成对公务员的廉洁、尽职的约束力和长期利益的合理预期。这就要回答，公务员住房与其长期利益之间如何建立合理关系。此外，还要回答，公务员住房制度中政策和市场如何衔接的问题等。回答这些问题，不妨从国际经验中寻找些可资借鉴的东西。

咱们先从标准问题入手。

由于区别化的公务员住房政策动用的是公共资源，为不使这种政策变成一种滥用公共权力的“特权”，其标准就必须具有公开、透明、易监督和符合社会公平原则的特点。

由于公务员职业的特殊性，各国在确定其住房标准时都有两个最基本的原则，一是保障在社会中等阶层水平，二是保障履行职责所必须。各国对公务员实行的专门住房政策可以分为实物型和货币型两种。实物型的相对很少，而且一般以租赁方式为主。

实物型保障可分为针对高级公务员官邸和针对一般公务员的普通住宅。在国外，能够享受实物型住房保障的主要是一些具有国家代表意义的高级公务员。这种实物型住宅就是本讲开头所提到的官邸。

官邸制是各国对居于与国家权力直接联系的职位的高级公务员普遍采用的一种实物型住房制度。这类住房一般只针对国家元首、总理、议长、部长等很少的特定岗位人群。其必要性，一是为维护国家形象，二是该类岗位 24 小时随时履职所必须，三是便于实施安全警卫。官邸制住房几乎全部都是由政府所有的，而且日常维护和管理等费用也由政府全部负担。但任期结束，则住房必须交出，由政府配备给继任者使用。这里简举几个官邸制的例子。

【24-2-2】日本近年来不断改革官邸制的制度，总趋势是缩小享受免费官邸的高级公务员范围。目前在政府阁员中，除首相和官房长官外，其他大臣的官邸已基本废除。

先说日本。按照日本的《公务员宿舍法》规定，国会参众两院正副议长、内阁总理大臣以及内阁大臣、最高法院大法官、检察总长、会计检查院院长、人事院总裁、国会图书馆馆长以及驻外使馆大使等可以免费配备、使用官邸制的公务员宿舍。在其官邸中，需配备满足官员本人及其家属正常生活所必需的家具用品。这些官邸维护和修缮，以及水电、煤气等各项费用全部由财政负担。同时规定，享受官邸待遇的官员在任期结束后必须将官邸按期交还，否则将从必须交出的日期开始，逐日收取罚款，这些罚款从退职金中扣除。日本近年来不断改革官邸制的制度，总趋势是缩小享受免费官邸的高级公务员范围。目前在政府阁员中，除首相和官房长官外，其他大臣的官邸已基本废除。

美国和日本有类似之处。法律规定，对民选的联邦、州、市主要官员实行官邸制，包括联邦、州、市主要官员，如总统、副总统、州长、副州长和市长等。这些职位的官员在任职期间可免费享用官邸，但任职期满则应搬出。美国的官邸制分为非住不可和自愿选择两种。基于安全理由，总统、副总统、州长、副州长必须居住官邸。但一般的市长则可选择自愿放弃居住官邸的权利，自购居所居住。官邸的购买、日常使用和维护费均由政府预算支出，居住者则只需交纳象征性的年租金 1 美元。美国还有一个区别于日本之处，对议会的议长以及议员不提供实物型住房，但由财政对联邦、州当选议员实施住房租赁津贴。补贴的原则以“体面、舒适、安全”为基准。钱由政府财政出，具体数额由议会的金融委员会审定。

【24-2-3】英国内阁高官在购买住房时并无任何特权、优惠或政府补贴，完全与普通居民一样按市场原则定价。这些高官购买房产会受到社会、媒体的高度关注，其价格、付款方式、资金来源等都会高度透明和受到公众的严格监督。

英国的官邸只为首相和财政大臣提供。前面说的伦敦唐宁街 10 号是首相的官邸兼办公处。但这个官邸有个有趣的特殊规定，只有兼任首席财政大臣的首相才能住。因为这栋房子最初是英国乔治二世国王于 1735 年作为私人礼物送给当时的首席财政大臣罗伯特·沃波尔的。罗伯特·沃波尔并未将其归为私人所有，而是归为了政府财产，规定作为首席财政大臣官邸。当然，后来不兼任首席财政大臣的首相实际上也居于此处。英国官邸制还规定，财政大臣也提供官邸，这就是与首相官邸比邻的唐宁街 11 号。其他内阁大臣以及各部门的其他高级公务员全部都需自行解决住房问题。这些高官的住房都是私人产权，不由政府提供。值得说明的一点是，英国内阁大臣等高官在购买住房时并无任何特权、优惠或政府补贴，完全与普通居民一样按市场原则定价。如果有什么“特殊性”的话，就是这些高官购买房产会受到社会、媒体的高度关注。其价格、付款方式、资金来源等都会高度透明和受到公众的严格监督。

【24-2-4】法国政府已经提出，将明确限定政府高官享受住房补贴的标准。国家资助的部长公寓最大面积限定为 80 平方米，部长家庭中每增加一个孩子，房屋的面积可以扩大 20 平方米。超标面积的住房费用必须由部长本人承担。

德国的官邸制则比英国宽泛很多。联邦政府成员，包括联邦政府的总理和部长级官员，都有资格享有政府提供的官邸。这些官邸为联邦政府的产权，并有政府根据财力配备作为该住房附属设备的家具。但最为有趣和值得我们注意的是，德国对官邸的维护费用并不全包。官邸维护、维修所需费用究竟是公费还是自费，法律有非常详尽的规定。详尽到什么程度呢？按官邸的不同功能部位区别是政府出资还是居住者自行出资。例如，政府出资维修的部分限制在清扫烟囱，在规定期限内对职务应酬与交际用房的地板和踢脚板擦净并上蜡，对联邦出资购置的窗帘、百叶窗、阳台挡板等清洗、拆卸及重新安装，车库由政府出资维护但车库所用器械由居住者购置并维护，附属于办公室、报告厅等功能部位的通道、走廊、过道、楼梯等的清洁、取暖、供水及照明费用等也由政府财政出钱。联邦政府成员应在其职务终止后迁出官邸，如果在职务终止后的3个月期限内没有或只是部分迁出，离职的联邦政府成员就要从即时起支付该住房或该住房中部分仍被使用房间的房费及附加费用。

法国官邸制的范围宽于英国而窄于德国。法国的总统府是国家元首免费居住的官邸，提供给法国总统居住，政府承担其一切费用。当总统卸职、辞职或被解职时必须及时将住房完整地交还政府。法国对政府各部的部长住房没有统一的规定。大多数政府部门都不为部长提供住房，这些部长需要自己解决住房问题。只有少数部为自己的部长提供住房，但并不是免费住用，部长要支付其工资收入15%左右的费用。由于社会舆论的不断呼吁，法国政府已经提出，将明确限定政府高官享受住房补贴的标准。其中，国家资助的部长公寓最大面积限定为80平方米，部长家庭中每增加一个孩子，房屋的面积可以扩大20平方米。超标面积的住房费用必须由部长本人承担。

瑞典是几乎没有任何专门为公务员提供区别化住房保障政策的国家。瑞典的政府成员包括首相、内阁大臣、部长等，但只有首相享受政府配备的官邸，其余包括内阁大臣在内的任何官员的住房都需自行解决，即完全按市场机制来租赁或购买住房。瑞典政府成员有专门的工资标准表，一般是一职一薪。

【24-2-5】如果享受政策性的官员住房，这个住房的标准要受到严格限制，而且居住者还要接受公众的多重监督。韩国政府的高级公务员一般都拥有自己建造或购买的住宅，住“官宅”或购买工团住宅的人并不多。

亚洲的韩国是公务员住房保障政策覆盖面较大的国家，其官邸制范围也比欧洲宽泛一些。韩国总统和总理在任期间分别住青瓦台总统府和总理公馆，免费，但卸任时须搬出。另外国防部长和外交部长也享有官邸。其他政府官员则不配备官邸。但韩国在官邸之外还有一个为政府高级公务员配备的特殊住房形式，即“官宅”。韩国规定，政府次官以上级别的高级公务员在任期间可居住在政府提供的官宅中，但卸任后必须搬出让给继任官员居住。这些高官也可购买政府政策资助的工团建造的住宅。但实际上，如果享受政策性的官员住房，这个住房的标准要受到严格限制，而且居住者还要接受公众的多重监督。韩国政府的高级公务员一般都拥有自己建造或购买的住宅，住“官宅”或购买工团住宅的人并不多。

【24-2-6】日本公务员“廉租”住宅的租金标准的参照物不是市场价租金，而是公务员工资。一般情况下，政府保障性廉租住房的租金为相应级别公务员工资收入的 10% ~ 15% 左右。

各国针对普通公务员的住房保障制度以货币型为主，少数也提供一定形式的实物型住房。我们重点说说日本。

日本是很少的实行实物型政策的典型国家。日本从 1949 年制定《国家公务员宿舍法》以来，除对高级公务员和特殊任务公务员群体免费提供住房外，对一般公务员也提供实物型的保障性住房。这就是所谓的“公务员宿舍”。这种公务员宿舍有三个特点，一是只租不售，其中对少数承担特殊职能的普通公务员，例如警察署派出机构的人员、三军自卫队、监狱和看守所、国立和独立法人所属医院从事上述工作的人员、从事自然科学研究的需要在研究设施内长时间连续工作的人员以及边远地带执行公务的人员等是只借不售，即不用付租金，基本免费居住；其余“公务员宿舍”采取低价有偿出租的方式，按照公务员的职务和类别分类排序，出租给公务员居住。二是只保障基本住房需求，也即只作为在解决基本住房需求有困难时的过渡性保障。例如按照套内使用面积核定的标准是，部长80平方米，课长55～65平方米，主任科员25～55平方米，单身职员25平方米。三是需要按困难状况轮候，并不保证随时可以获得。日本的公务员住房只根据职务级别和资历，对年轻的国家公务员没有特殊的照顾，一律按职务和资历排队等候。

日本对公务员的实物型住房保障不和产权相联系，只采取“廉租”和“贴租”相结合的方式。日本的廉租政策要根据不同的地段制定不同的租金标准。政府根据住宅所在的地理位置，将住宅分成特级、甲级、乙级和丙级等不同的等级，采取不同的租金标准，而且居住的面积越大，单位面积的租金就越高。日本有关法律同时还规定，公务员住宅附带的停车场车位也按照住宅所在的档次，以低廉的价格出租给相关的住户使用。公务员的住房租金从工资中扣除。日本公务员“廉租”住宅的租金标准的参照物不是市场价租金，而是公务员工资。一般情况下，政府保障性廉租住房的租金为相应级别公务员工资收入的10%～15%左右。除了“廉租”之外，日本的公务员还以住房补贴形式享有“贴租”政策。

日本实物型公务员宿舍的产权归政府所有，理论上说是国有资产，由大藏省统一管理。公务员宿舍所占土地是国有土地。通常是在有建房需要时，政府提出征地计划书，经国会批准后，才能由国家财政支付出资买地。政府购买土地建设公务员住房，也需按照市场化原则，不享有“征地”的特权。

日本的公务员范围比较宽泛，不仅包括履行政府行政职能的人员，而且包括由政府出资、满足公共利益的机构的人员，例如国立或公立学校的教师。按照日本法律规定，国家级政府机关和国有公共产品提供单位的官员和职员均称为“国家公务员”，范围包括国家级政府机关、国会、法院、国立学校和医院及国有企业等单位的所有供职者；地方政府机关和地方企事业单位的官员、职员，均称为“地方公务员”。这也是日本公务员住房制度比其他国家都更复杂的原因之一。

随着社会发展和公务员收入水平的不断提高，日本的公务员保障制度已经受到越来越尖锐的社会批评。由于国家公务员住宅大部分都在交通便利、周边居住环境良好的地区，而且价格要比当地同等质量的民间住宅便宜得多，引起了当地居民的强烈不满。社会舆论认为，这些廉价高级住宅实际上不仅已成为公务员的额外收入，而且严重偷逃了国家税收。近年来，由于公务员住房价格与市场价格悬殊，由此引发的公众抗议活动非常频繁。为了平息国民的不满，日本大藏省已经在逐步提高公务员住房的租赁价格，一次提价幅度在20%～40%之间。尽管提价幅度已经很大，但高级住宅区的公务员住房租金仍不到市场价格的五分之一。

【24-2-7】韩国在一开始就把实物型住房保障和“有偿”，即公务员购买和获取产权密切联系在一起，由此奠定了韩国此后公务员住房政策一直延续的“实物加出售”的基本格局。这种“产权型”保障在迄今发达国家中是比较少见的。

与日本类似，韩国在经济赶超阶段，由于经济发展不平衡条件下社会工资水平的制约，也对公务员阶层采取了覆盖面较宽的区别化住房政策。与日本相同或接近的是，韩国的公务员住房制度也在较大程度上采用实物型方式，对年轻、单身、下层公务员只租不售，标准上只以满足基本住房需求为限。韩国与日本相区别的特点是，这些公务员住房由政府委托专门的非营利机构建造和管理，而不是由政府财政直接拥有产权和支付成本；采取公务员个人政策性集资和政府补贴方式合建；公务员最终可以购买和拥有产权。

在经济赶超和快速发展的初、中期阶段，由于普通公务员的工资水平要受到社会一般收入水平的制约，公务员阶层与社会其他职业的中层阶层一样，在住房获取上面临较大的经济压力。为了保证执掌公共事务的岗位获取优秀人才，稳定公务员队伍，20 世纪 60 年代中期开始，韩国建立起了专门针对公务员阶层的区别化的住房保障制度体系。1966 年，韩国政府决定试行公务员公益住宅制度，由政府出资，先后建设了三百余套住宅有偿分给公务员。但由于政府公共资源所能用于自身福利的财力受到法律的严格限制，很快这个做法就被迫终止了。尽管财力不足使这项制度并没有全面铺开，但值得注意的是，韩国在一开始就把实物型住房保障和“有偿”，即公务员购买和获取产权密切联系在一起，由此也奠定了韩国此后公务员住房政策一直延续的“实物加出售”的基本格局。这种“产权型”保障迄今在发达国家中是比较少见的。

1982 年，韩国政府在修订涉及公务员整体福利制度的《公务员年金法》时，把公务员住房的福利预期透明和制度化。这个“年金法”首次对政府向公务员有偿提供住宅做出了法律规定。这项法律规定中，最重要的是两件事。一是政府出资创设“公务员年金基金”。由于这项年金基金的基本任务就是筹资为公务员建房，因此通常又被称为“公务员住宅基金”。二是设立政策性的“公务员年金管理工团”，负责建设和管理实物型的公务员住房。韩国的公务员年金基金并非是一个政府“包办”的基金。其本质，是一个政府政策援助下的、具有“公积金”性质的公务员互助、自助性住房基金。韩国公务员个人也要对享受这个住房保障政策承担一定责任。其中，一是个人要从工资中缴存年金，二是最终购买时由个人自行出资。韩国的实物型公务员住房是由年金管理工团实施建造和管理的。年金管理工团是一个没有行政性权力的非营利性基金管理机构，其主要任务之一是代表政府管理和使用公务员住宅基金，利用基金为公务员建造住宅。

韩国的“工团”模式具有一定的创新性。其中一是和公务员获取一定的私人财富累积机会相结合。韩国在 20 世纪 60 年代后经济快速发展过程中，社会普遍进入了私人财富积累阶段。为让公务员也有实现经常性收入以外的财富累积途径，韩国的公务员住房保障制度就具有了“卖”和最终产权让渡的特点。二是和利用市场机制密切结合。管理工团不仅在获取土地过程中要走市场之路，在建设过程中依托市场主体，而且在持有过程中上也是将物业管理交由社会物业管理企业负责，工团只负责单身住宅和廉租住宅的维修和物业管理费用，其出租、出售住宅所获得的资金也要重新投入住宅建设，循环往复，滚动发展。

【24-2-8】美国的政府雇员信用组合只是众多针对不同社会群体的、会员制的信用组合中的一个，并非是公务员独享的一种政策性金融机构。政府雇员信用组合作为一种互助合作型的非营利金融组织，可以为政府雇员提供非常多样化的政策性金融帮助，并非只针对住房一项保障。

美国是一个住房制度高度金融化的国家，整个社会的住房开发、建设、持有、交易、继承的全过程都和金融、信用体系的运行密切联系。2007 年以来的世界金融危机，始端就是美国的房地产金融。与这个特征相联系，美国的住房保障体系也就和针对各种社会群体、各个社会利益阶层的金融组织、金融品种、金融市场、金融互助以及金融保险等形式密切联系。例如，美国不仅有专门针对低端信用群体的“次级债”，而且有与养老保障密切结合、由银行和保险公司合作的“以房养老”抵押再贷款；不仅有专门为退伍军人提供多项保障服务的政策性基金，而且有专门为教师、为退休人员提供保障服务的基金。美国最大的住房保障政策是每个美国人一生中都可以享受一次“买房退税”的待遇。除了由政府为最低收入群体、重度残疾人、无人赡养的孤寡老人、家庭暴力受害者等无家可归者提供的救助性保障外，美国住房保障体系中几乎没有实物型的住房保障方式。正是在这种社会住房制度的大背景下，美国公务员的住房制度和住房保障也采取了和其他群体类似的方式，即以金融化援助方式为主，以特定群体的金融互助基金为主。

为美国公务员提供保障性、政策性金融支持的机构是政府雇员信用组合。特别应当强调说明的是，美国的政府雇员信用组合只是美国众多针对不同社会群体的、会员制的信用组合中的一个，并非是公务员独享的一种政策性金融机构。此外，政府雇员信用组合作为一种互助合作型的非营利金融组织，可以为政府雇员提供非常多样化的政策性金融帮助，如家庭储蓄、资产理财、房屋贷款、汽车贷款、子女教育贷款等，这些金融服务都享有优惠的政策性优惠利率，并非只针对住房一项保障。

美国普通公务员的住房都是要自己花钱买或租的，除极少数必须24小时履职的特殊岗位人员外，通常是没有公务员宿舍、公务员公寓等实物型住房保障的。但公务员在购房时可向政府雇员信用组合申请优惠的按揭贷款。

美国的公务员最终获取住房还是要依靠市场。公务员在住房价格、住房位置等方面并无任何特权，与此相应，美国的公务员也没有住房标准的限制。总的来说，美国公务员拥有稳定的收入和优厚的退休计划，因此具有较强的住房消费能力，其置业安居比例也高于美国社会平均住房自有率。正由于美国公务员住房制度几乎没有多少区别于其他社会群体的区别化政策，因此在美国舆论中并无对公务员住房政策的诟病。这也是美国公务员住房制度区别于其他国家的一大特点。

法国是一个“社会主义”思想基础非常深厚的国家，“空想社会主义”就诞生在这个国家，迄今法国左翼政治势力仍在社会政治生活中扮演重要角色。因此在法国，雇员的谈判地位很强，消防队罢工、秘书罢工，甚至狱警罢工等都屡见不鲜。包括政府雇员在内，都有很大的政策影响力。法国又是个典型的欧洲“福利社会”型国家，社会保障体系采取广覆盖、高标准、直接提供的方式，就业、医疗、养老、教育等几乎都是社会全程提供。法国的孩子从出生到上大学，一直享有政府补贴，几乎不需要个人、家庭花钱。因此，法国的公务员住房制度也就具有了相应的“福利化”特征。法国公务员每年可领13个月的工资，还享受着不少于25种的各类补贴。其中，住房补贴、家庭补助和物价补贴为最主要的三项。

法国对特殊职能部门的雇员和低收入公务员直接提供住房。其中，特殊职能部门的雇员主要指职业军人、警察、法官、税收人员等。他们的住房由政府以低于市场水平的租金出租。这部分人的住房由政府直接拨款，只租不售。当他们卸任、辞职或被解职时，须将住房交回政府。政府同时对收入较低的公务员个人和家庭提供廉租住房。法国政府每年都根据实际情况公布享受低租金住房的收入标准。凡个人和家庭平均收入水平低于政府规定标准的公务员都有资格向政府和各级政府下属的服务机构申请低租金住房。法国公务员住房分配不按照级别和任职年限，只根据收入状况和家庭人口住房需求。因此，这一实物型住房政策的最大受益者是任职时间短的年轻政府雇员和低级岗位的公务员。

【24-2-9】与法国养老、教育、医疗等多方面保障体系一样，其公务员住房制度也存在着非常明显的弊端。公共资源存在着滥用和无效率的状况，政府“包下来”的实物型住房保障令财政不堪重负。不要说继续新建，就是每年的维护费用，也已构成巨大的政府支出包袱。

与法国养老、教育、医疗等多方面保障体系一样，其公务员住房制度也存在着非常明显的弊端。其中，一是公共资源存在着滥用和无效率的状况，政府“包下来”的实物型住房保障令财政不堪重负。不要说继续新建，就是每年的维护费用，也已构成巨大的政府支出包袱。这种入不敷出的廉租制度造成其公务员住房维修严重滞后，很多住房都已经破烂到不适合居住的程度。由于退出政策不完善，监督机制缺位，公务员住房实际上有很多被已经没有入住资格的人占用，一些已经提拔到中高端岗位的公务员已经自己另行购房，但由于公务员住房租金低廉，仍占有不退。公务员住房实际存在的隐形收入也成为社会广为批评的一个焦点。

德国虽然和法国同处欧洲，但德国的公务员住房制度并无法国那些弊端，也基本不构成政府财政的包袱。因为除了社会一般性住房保障外，德国公务员所能享受到的区别化住房待遇主要是一种履职保障而非法国那样的福利保障。

德国联邦政府也对部分公务员提供实物型住房，但能够享受这种实物型住房的主要是两类人员。一类是联邦政府特殊部门的人员，如联邦国防军、海关、边防以及联邦财政部、水业和航运管理部门等；另一类是特殊岗位的人员。特殊岗位指那些在工作时间以外也必须能够保证自己随时可以到达工作岗位，因而必须住在与办公室同一栋楼里，或者其住地必须离办公室非常近的公务员；或者由于工作原因须确保其在非工作时间也能随时联系到，居住不能离开单位太远、必须在一定时间赶到工作岗位的公务员。对后一种类型人员提供的住房称为公务用房，实际就是一定岗位配备的履职宿舍。这两类住房都是只租不卖，而且是有偿居住。前一种特殊部门住房一般由政府投资建造，产权属于联邦政府。也有政府在提供一定资金补贴后由政府长期租用的，即政府直接贴租的。后一种公务住房则更是政府财产，对居住人有严格限制条件。不论哪种住房，居住人都必须付租金，而且租金价格要参照市场价格，但一般采取市场价格的最低价。特殊部门住房只供全职从事联邦公务的工作人员，申请人还必须是由联邦从财政拨款中支付薪水的。非直接从事联邦公务的人员不能享受这种住房。公务住房的使用者只有在担任与该公务住房相关联的职务时才能享受相应的公务住房。如果调任、退休或者退出联邦公务关系，那么使用者必须在结束其职务的当月腾空公务住房。除租金外，公务住房的使用者还要自行承担供水、暖气和热水、供电、保洁、宽带设施等公共设施费用。就是说，即使是这两种范围很窄的公务员住房，公务员本身也只能获得一些履行职责的便利，并不能从中获取多少福利或利益。此外，德国联邦政府对公务员没有其他类型的实物型住房供给，也没有特殊优惠的融资政策。

英国是一个社会住房保障体系比较完善的发达国家，除高端特殊岗位的官邸外，基本没有专门针对普通公务员的住房保障性政策。长期以来，英国一直实行市场化住房政策。目前大约有70%的家庭拥有自己的住房。政府公务员也不例外。公务员的薪金中也不包括住房补贴之类的货币型住房福利待遇。他们作为政府部门的雇员，只根据工作业绩和工作表现以及资格程度，拿不同等级的工资或奖金。公务员在抵押贷款购买住房时，也与其他普通居民一样按市场原则，没有特殊优惠或待遇。有困难的公务员住房纳入一般社会住房保障体系中。

瑞典实行全民性住房福利制度，因此其公务员并无任何区别化的住房保障政策，也没有任何特殊的规定和特权。公务员住房与社会其他群体一样，完全由自己负责解决，即按市场机制来租赁或购买住房。有困难的低收入公务员，可以享受和其他同等收入的社会人员一样的住房保障政策。

瑞典的住房保障体系主要体现在财政补贴和税收减免两个方面。一是财政贴息贷款。居民无论是建房、买房还是更新改造旧房都可以享受这种贴息贷款，而且归还这部分贷款的收入可不计个人所得税。二是住房补贴。住房补贴是瑞典社会福利措施的主要部分之一，补贴随家庭收入的增长而递减。

新加坡采取的是公务员工资水平与私人部门工资挂钩的政策。为了能够吸引人才到公共部门来工作，政府保证公务员的工资不低于甚至高于私人部门的同等职位。符合条件的中低收入家庭可以购买政府统一组建的组屋。新加坡的公务员用公积金购买住房，并且政府规定一个家庭不能同时拥有 2 套公有住房。新加坡政府制定了完整的《中央公积金制度》，规定政府公务员按每个月工资的 20% 比例提供公积金，雇主也须等额缴存另一半。也就是说，每个公务员享有工资 40% 的公积金，以个人名义存在银行。这份公积金属于个人所有，但不得随意提取。缴纳公积金的人，可以用公积金储蓄支付购买住房的首期付款，但不得用于支付房租。

我国香港特区现行的公务员住房制度兼有美、欧以及日、韩等国特点。与美国类似地，香港公务员住房政策的主体是金融支持，包括与一般住房信贷金融体系相结合的担保性政策和专门为公务员群体设立的金融组织和金融品种。公务员在向商业银行申请购房按揭贷款时，通常可以享受比社会其他群体更优惠的按揭成数和利率。因为香港公务员的职业风险小，实际上存在着政府对其薪、职的隐性担保，因此很多银行对公务员提供的按揭贷款成数都可高于其他群体。这种商业贷款优惠实际上是以公务员就业保障制度为前提的，因此仍具有一定的政策性内涵。香港特区政府直接对公务员提供的政策性住房金融支持主要是两个方面。一是利用公积金制度对公务员购房提供金融支持，二是在公务员购买香港为中低收入群体所建“公共屋村”的住房时提供 100% 的还贷担保。这两方面做法都增大了公务员购房的融资能力。

目前，一些新兴经济体国家以及东欧一些国家或地区，仍有保留对政府雇员的实物型保障性住房，但总趋势也是逐步向市场化靠拢，必须存在的区别化保障也趋向于货币化、金融化。

3 超国民待遇的公务员住房制度危害极大

- 在任何国家都没有公务员住房享受超国民待遇的经验。
- 公务员群体享受最好居住条件的，除了苏联，一个例证都找不到。
- 社会公共政策要解决的不应是“公务员优先买得起房”的问题。
- 财政明补或暗补的产权房是一种公开侵吞公共资源的行为。
- 公务员住房超国民待遇会对住房消费模式起到恶劣的负面示范作用。

【24-3-1】国际经验真正普遍证明的一点是，政府持有、配置实物型公务员住房的政策往往是低效率、高成本、浪费资源和容易滋生腐败的。在公务员住房保障上采取了相对较多区别化政策的国家，其政府都无一例外地因此项政策受到了社会各界的尖锐指责批评。

在我国，公务员群体在住房保障上正在形成一种“潜规则”，一种超国民待遇的低价配售制度。即便是在福利分房停止以后，一些中央部委和地方政府仍然不时打着保障性住房的名义，以各种形式为公务员建实物型住房。这种超国民待遇的趋势对社会的危害极大。

在上述介绍中我们可以看出，在任何国家都没有公务员住房享受超国民待遇的经验。纵观各国住房保障体系，几乎找不到为公务员提供实物型产权房的保障方式。注意，这里说的是产权房。就是维护国家形象所必需的“官邸制”，也只是和任期相联系的一种职务消费，并不和私人产权挂钩。国外实物型公务员住房保障通常有三个明显特点。一是以只租不售的租赁型住房为主，例如履行职务所必须的特殊岗位宿舍、政府持有产权的公务员公寓等；二是重点保障的对象是年轻或低端岗位的公务员，例如提供给单身或低端公务员租赁型住房通常含有政府“暗补”贴租，因而租金低于市场价格；三是只保障基本住房需求，适当兼顾一定职务的改善型需求，不包括享受型需求，例如实物型保障住房通常都是“小户型”，家庭人口多的一般也只有 60 ~ 80 平方米 / 套。

在大多数国家，公务员住房保障都是纳入社会一般住房保障体系中的。作为一项公共政策，社会住房保障体系覆盖包括公务员在内的社会群体。与其他社会人员相比，公务员在住房上能够享受的特殊待遇非常有限。

特别强调指出，国际经验真正普遍证明的一点是，政府持有、配置实物型公务员住房的政策往往是低效率、高成本、浪费资源和容易滋生腐败的。不仅如此，一些因特定发展阶段的历史条件、政治因素、社会传统等原因，在公务员住房保障上采取了相对较多区别化政策的国家，例如韩国、日本、法国等，其政府都无一例外地因此项政策受到了社会各界的尖锐指责批评。近年来，这些国家都在采取措施逐步收缩原有政策范围、降低保障标准或努力把公务员住房保障纳入社会一般住房保障体系，其中包括高级官员的官邸和普通公务员的“廉租房”。相反，基本没有对公务员实行区别于其他社会群体住房保障政策的，如美国、德国、瑞典等，则很少因此引起舆论对政府的批评。

在世界各国，公务员群体因政策保障而在当地工薪阶层中享受最好居住条件的，不论富国还是穷国，不论大城市还是小城镇，不论历史还是现实，除了苏联，一个例证都找不到。

【24-3-2】以政府搬迁为名，在城市新区另建高档的领导干部集中居住区、公务员小区；一边给公务员发着“住房补贴”，另一边又提供远低于市场价格的“集资房”，货币、实物保障两头享受。这些都是给公务员超国民待遇的腐败做法。

在当前的中国，一个值得高度关注的趋势是，不少地方正在采取“委托代建”“定向开发”的方式，大兴土木地给公务员建实物型住房。这些单位名义上大都打着“集资建房”的旗号，实质上是力图绕过土地公开“招拍挂”的政策门槛，甚至把公务员住房纳入免交土地出让金的“经济适用房”范围，再加上各种明暗的税费优惠，一些部门的公务员往往可以用只有市场价若干分之一的“价格”买到产权房。一些地方以政府搬迁为名，在原有公务员住房政策之外，在所谓的城市“新区”另建高档、奢华的领导干部集中居住区、公务员小区等，高标准、低价格地为公务员配置住房。一些已经享受了福利分房和住房制度改革优惠政策的公务员再次有机会低价买大房子、好房子。还有一些单位，一边给公务员发着“住房补贴”，另一边又提供远低于市场价格的“集资房”，货币、实物保障两头享受。这些都是给公务员超国民待遇的腐败做法。

给公务员住房以超国民待遇的做法有几种冠冕堂皇的理由。

一是“公务员的工资买不起房，所以政府要给予特别保障”。确有很多公务员买不起房，这是事实。但公务员买不起房的比重是否高于社会中等收入者阶层，这才是公务员是否应享受特殊政策的关键。毋庸置疑，我国公务员的工资水平已经达于社会中等程度。如果公务员买不起房，那么全社会中等收入者阶层都处于同等条件。这时社会公共政策要解决的，就是如何逐步实现大多数人买得起房的问题，而不应是“公务员优先买得起房”的问题。事实上任何国家公务员的购房能力都是高于其他社会职业同等收入者的，因为他们的职业风险小、融资信用高。

【24-3-3】公务员“集资建房”之所以廉价的秘密，就在于把公共资源性质的土地通过非市场化的低价“划拨”或无偿地纳入到了公务员福利范围。利用政府对公共资源的支配权，靠压低土地价格、实行财政明补或暗补来为公务员提供低价的产权房是一种公开侵吞公共资源的行为，是和政府的公共职能完全相悖的做法。

二是“经济适用房政策、集资建房政策是国家允许的政策”。一些符合条件的低端、年轻公务员的确有权享受免交土地出让金的经济适用房政策。但是2007年国务院24号文件明确规定：经济适用住房供应对象为城市低收入住房困难家庭，其标准控制为60平方米/套，且要有严格的准入条件，配置过程要对社会公开透明。单位集资合作建房只允许距离城区较远的独立工矿企业和住房困难户较多的企业，各级国家机关一律不得搞单位集资合作建房。任何单位不得新征用或新购买土地搞集资合作建房。单位集资合作建房不得向非经济适用住房供应对象出售。

三是“政府之手对公务员住房问题进行干预，能够充分发挥政府对市场的干预和调节作用，克服市场机制的自发性和盲目性”。这个说法实际上是一种非常笨拙的牵强附会。公务员是行使公共权力、维护公共利益的责任群体，土地等资源是国民财富中最优质的公共资源。动用公共资源为公务员提供特殊性保障，就需要说明这种保障是否符合公共利益。谁都知道，在商品房成本中，占比重最大的是土地成本。各地商品房价格的差异，主要是差在了土地成本上。那些公务员“集资建房”之所以廉价的秘密，就在于把公共资源性质的土地通过非市场化的低价“划拨”或无偿地纳入到了公务员福利范围。利用政府对公共资源的支配权，靠压低土地价格、实行财政明补或暗补来为公务员提供低价的产权房是一种公开侵吞公共资源的行为，是和政府的公共职能完全相悖的做法。

【24-3-4】把中等收入者阶层中购房能力相对较强的人群从市场中分离出去，实行政策特殊补贴的“双轨制”，这尽管同样会产生投资需求、拉动 GDP 的增长速度，但是其结果是彻底破坏市场机制运行的规则，瓦解市场价格形成的基础。

四是“为公务员建集中居住小区是推动城市改造、扩张的一种示范性措施”。城市化进程中，由于集聚效应的产生需要一定规模、一个过程，新城区的开发、发展以至逐步繁荣的确需要有政府政策介入。例如给进驻新区的商业、教育、文化、医疗等单位一定的税赋优惠，给购房人以交易环节或持有环节的税费减免，甚至采取购房免（退）个人所得税等政策，在高新技术开发区、工业园区等特定功能区给引入的优秀企业以分期支付土地成本等政策鼓励，等等，这些都是有意义的探索。但是让公务员“抢驻”，特别是占据最优质的地段、建高档次的住房，形成与社会其他群体分割的社区，这和利用职权买拟上市公司的“原始股”无异。有必要说明，当前世界各国的趋势是，即使是为公务员配置的保障性住房，也要尽量分散在一般居民社区中。

五是“为公务员建住房可以拉动内需，促进经济增长”。这是近来的一个新说法。房地产开发可以拉动内需和促进经济增长，这没有多少疑义。但把中等收入者阶层中购房能力相对较强的人群从市场中分离出去，实行政策特殊补贴的“双轨制”，这尽管同样会产生投资需求、拉动 GDP 的增长速度，但是其结果是彻底破坏市场机制运行的规则，瓦解市场价格形成的基础。20 世纪 90 年代初期钢材等价格的“双轨制”改革尝试曾导致“计划外”价格的暴涨和一轮恶性通胀，其教训应当牢牢汲取。最近在开发商等市场主体中，对保障房影响市场的反响极为激烈，其背后潜台词，就是对公务员以促保障、保增长为名大规模建房趋势的不满。

公务员住房上的超国民待遇危害极大，不仅会造成新的社会不公，导致尖锐的社会矛盾，妨害市场的健康发展和价格的稳定性，而且会对形成健康文明的住房消费模式起到恶劣的负面示范作用。一些国家历史上在公务员住房问题上的不慎做法曾引发严重的社会危机以至政治危机，其教训不可谓不深刻。

4 保障公务员住房必须合法合规合理

- 法未明示，就不能仅以红头文件为依据作为政府行为实施。
- 掌握社会权力的群体应当具有基本的自律精神。
- 我国履职保障的公务员住房是一个明显的弱项。
- 若干年限的公务员落得下一套房子是符合国情的合理利益诉求。

【24-4-1】动用公共资源，纳入住房保障体系，采取区别化的政策去为公务员建拥有产权的实物型住房必须在合法、合规、合理的范围内。任何一级政府，任何一个政府部门都不能在这个问题上滥用自由裁量权，不能靠“打擦边球”去谋取不正当利益。

为公务员建住房是一个并无争议的命题。给任何社会群体建住房都是合理和应该的。但是要动用公共资源，纳入住房保障体系，采取区别化的政策去为公务员建拥有产权的实物型住房，则必须在合法、合规、合理的范围内。任何一级政府，任何一个政府部门都不能在这个问题上滥用自由裁量权，不能靠“打擦边球”去谋取不正当利益。

为公务员建保障房，首先必须在合法的框架内。国有土地、国家税收、财政资金都是国有资产，都是只能用于谋取公共利益的公共资源。为某一社会群体动用这些资源，必须要有法律依据。法未明示可做的，就不能仅以“红头文件”“领导批示”为依据作为政府行为实施。我国已经有公务员法，有法律明示的公务员利益界限。如果需要调整，必须要经过法定的程序，而且要能够证明确实符合公共利益。要对社会公开透明，不能政府自己“开会研究”来确定自己内部职业群体的利益。这是所有国家涉及政府行为、公务员利益的基本法制要求。

【24-4-2】公务员应当在形成健康文明的住房消费模式、促进资源节约上率先垂范，而不能成为社会住房攀比的标杆。城市的土地资源是国民财富中的优质资源，这些资源必须按照公共利益最大化的原则来进行配置，而不能按照某一社会群体利益最大化的原则来进行配置。

为公务员建保障房还必须合规。政府已经以国务院文件形式规定了廉租房、经济适用房、“两竞两限房”等具有政策保障性质住房的适用范围、供应对象、准入限制以及面积控制标准，就应当严格按照相应规定执行。把各种性质的保障房扩大到家庭月收入、现住房条件等明显超过规定标准的人群，把控制面积扩大到中档甚至高档商品房的程度，把满足基本住房需求和适度改善型需求的保障扩大到满足享受型甚至奢侈型需求，把对中低端岗位的保障扩大到中高端职位的领导干部，都是与合规性相违背的。

为公务员建保障房也要约束在合理范围内。我国人多地少、资源匮乏，公务员应当在形成健康文明的住房消费模式、促进资源节约上率先垂范，而不能成为社会住房攀比的标杆。城市的土地资源是国民财富中的优质资源，这些资源必须按照公共利益最大化的原则来进行配置，而不能按照某一社会群体利益最大化的原则来进行配置。在城市规划中，城市资源配置是有巨大机会成本、社会成本的。把可用于城市发展、经济增长和国民福利提高的公共资源以任何名义据为己有，都无异于是一种滥用权力的巧取豪夺。在公共利益和个别利益的关系上，掌握社会权力的群体应当具有基本的自律精神。这种自律性是一种高尚，是应有道德，是促进社会和谐、社会文明的“理”之所在。

【24-4-3】应当明确，公务员住房补贴的根本性质是一种“岗位津贴”，不是工资收入或福利。其目标是要解决公务员“有房子住”这个问题，而不是“买得起房”的问题。明确这个性质，才能建立起补贴的合理标准。

公务员住房问题是一个特殊类型人群的住房问题。总结各国经验，从我国的具体国情出发，中国的公务员住房保障体系的设计目标应当注重以下几个方面。

一是要确保公务员有房子住。公务员阶层在“住有所居”上应当实现应保尽保，而且居住水平应当不低于社会中等收入群体的普遍状况。确保的方式应以货币补贴为主，兼有单身宿舍、特殊岗位公寓等实物型住房。

我国作为履职保障的公务员住房是一个明显的弱项。其中既有严重短缺的一面，例如在福利分房停止之后，必要的单身宿舍、职务必需的特定岗位的租赁型公寓等基本停止供给；又有过于宽泛和缺乏必要政策界限的一面，例如各地普遍存在的“领导干部集中居住小区”。履职保障和福利保障实际上被混为一谈。这种状况应当尽快纠正。

保障“有房子住”的最可靠、合理办法，就是发放能够在当地租到相应级别合理住房的货币化租金补贴。目前，我国实行的住房补贴是按照“是否享受过福利分房”来区分享受范围的，而且补贴标准一定多年不变，补贴被“工资化”，补贴的性质也体现不出究竟是补贴购房还是租房。

应当明确，公务员住房补贴的根本性质是一种“岗位津贴”，不是工资收入或福利。其目标是要解决公务员“有房子住”这个问题，而不是“买得起房”的问题。明确这个性质，才能建立起补贴的合理标准。至于政策享受者究竟是用来租房还是购房，则可允许政策享受者根据自己的情况自行选择。

如果住房补贴的标准是在市场上租赁到合理的住房，那么货币补贴的标准就需要因地而异，参照当地市场化租赁价格发给。简单说就是，什么职级应当住什么房子，就按当地租赁同等水平住房的价格直接发给货币补贴。由于市场住房租赁价格是经常变化的，政策执行部门也需要定期发布当地租赁市场的价格标准，并据此调整补贴标准。在许多大城市中，由于城市面积很大，同样住房的租赁价格因地域、距离存在较大差异时，可以取中并加发一定的交通补贴。

按照市场化租赁价格动态调整地发放住房补贴，应当成为我国公务员住房保障体系中解决“有房子住”这一问题的主要选择。

二是要能满足公务员职务升迁或调动的特点，便于适时调整。公务员的职业特点是经常会遇到升迁、调动。实物型住房加福利分房的弊端之一，就是每当遇到公务员职务变动或调动时，就要重新配置住房。在我国的实践中，公务员多占住房、多处占房的腐败弊端经常就发生在升迁、调动过程中。由于住房不具有同质性，单纯的面积、间数比较并不能充分反映住房的价值，例如核心市区较小的房子可能比距离较远的大房子更昂贵。就是再廉洁的公务员，在这种情况下也很难做出维护自己合理合法利益的最优选择。因此在公务员职业过程中，直接配备拥有产权的住房于公于私都很不经济，而且难于操作。要适应因职务升迁或调动的特点，除了货币化补贴之外，只租不售、具有一定廉租性质的公务员公寓也是非常有效的选择。因此，兴建一定数量的、针对不同职级公务员的公寓是必要和合理的。但选择居住政府贴租的公务员公寓，不应同时再享受货币化的住房补贴。

【24-4-4】如果社会中等收入阶层通过若干年的积累能够买得起一套住房，那么公务员也应当形成与此相应的职业福利预期。实现这一目标的途径，除了逐步提高公务员的工资收入，使其能够具有购买住房的财富累积能力外，还可以建立离职购房补贴制度。

三是要形成合理的终身职业福利预期。以租赁价格为标准的货币补贴和只租不售的公寓，其最大弊端是，公务员可能最终无法获得拥有产权的、属于自己的房子。如果社会中等收入阶层通过若干年的积累能够买得起一套住房，那么公务员也应当形成与此相应的职业福利预期。担任若干年限的公务员，应当

“落得下”一套房子。这是一个符合中国国情的合理利益诉求。实现这一目标的途径，除了逐步提高公务员的工资收入，使其能够具有购买住房的财富累积能力外，还可以建立离职购房补贴制度。

离职购房补贴有两种办法。一是在职期间，通过货币化租赁补贴或公务员公寓实现有合理的房子住；从事公务员职业一定年限后退休或退出公务员队伍时，可以参照当地市场化住房价格与标准价格（例如全国平均价）之间差距，按照离职时职级发给离职购房补贴。另一种是“期权补贴”，按照离职前若干年（例如 10 年）市场平均价制定公务员离职住房补贴的单价标准，按照离职时的任职年限和职级确定应享受的住房面积，乘以单价，发给离职购房补贴。离职购房补贴并不是一件新事物，实际上我国军队干部转业时实行的基本上就是一种离职购房补贴。即在职时住营房，离职时一次性发给一定的购房补贴。这种补贴不仅保障了公务员的终身福利水平，有助于稳定公务员队伍，而且作为一种预期性福利，还有助于促进公务员履职期间的尽责和廉洁自律。凡履职期间存在失职行为，按照制度应当受到惩罚性处分的，就减扣、取消离职住房补贴。

四是要能够多层次、多途径地对购房能力不足的公务员提供有效援助。一般说，在世界各国，大多数公务员并不属于“买不起房”的阶层。但与社会其他群体类似，公务员遇到最多的问题是，在需要买房时，由于积累能力尚不充分而买不起房。也就是说，其财富累积过程相对于住房需求来说存在着“时滞”。因此，公务员住房保障体系要格外注重对购房能力不足的公务员提供有效援助，提高他们的购房能力，化解这个“时滞”。实践中人们已经普遍认可，公务员的职业实际上是一种个人信用资源。在公务员住房保障体系的设计中，应当大力开掘这种信用资源。同样根据国际经验，建立专门为公务员服务的公务员住房基金等互助性金融机构，开设自愿缴存、与减免个人所得税相联系的个人住房储蓄账户，在公务员购房时提供一定比例的信用贷款，即与一般购房按揭贷款不同的无抵押贷款，建立专门的公务员购房贷款担保机构等，都是提高公务员购房能力的有效援助方法。

第二十五讲

也说“房子是用来住的”

我国明代有过一本后世流传甚广的儿童启蒙读物，叫《增广贤文》。此书原作者迄今不详，后经过明、清数百年无数文人的不断增补，已经变成了一部集体创作的著作。这本书收集了我国自古以来民间智慧、百姓感悟形成的大量谚语、格言。用现在的语言说，就是一本“俗话大全”或者“老话儿集锦”。人们家喻户晓的“一年之计在于春，一日之计在于晨”“良药苦口利于病，忠言逆耳利于行”等充满哲理的警句都出自此书。这本书中还有一句，“纵有广厦千间，夜眠三尺之地”。什么意思呢？就是甭管您拥有多大、多奢、多“豪”的房子，晚上躺下睡觉时也就只需三尺宽的一块儿地方。这句话厉害，一语道破了一个浅显不过的道理。什么道理呢？“房子”是干吗的？打根儿上说，就是用来“住”的。

房子是用来住的，这道理还值得专门说吗？

太值得说了。在咱中国的传统文化中，房子代表的含义非常丰富。

人们耳熟能详的“门当户对”，不是说这两家的房子门对门；“门第相当”，也不是说这两家的房子地基、门槛一般高。这俩成语都是说这两个家族的财富、地位、名声等不相上下。另一成语“光耀门楣”，也不是说他们家大门上点了几盏灯笼，而是说此户曾经或现在出了个出人头地的人物，让祖上、儿孙都脸上大为光彩。这可不是仅借房子来比喻的说法，那个“门楣”是要实实在在地安装在房子上的。在这个意义上，您说这房子是用来干吗的？

拿房子说事儿，这并非仅是有头有脸儿的主儿才玩的风雅。芸芸众生也把房子和命运相连。人们同样熟悉的说法就有“上无片瓦，下无立锥之地”“三十亩地一头牛，老婆孩子热炕头”。这里的“片瓦”和“炕头”并非仅仅是指代房子，而且是描述一种生活境遇。

历史名著《三国演义》中有个脍炙人口的故事，三顾茅庐。这里之所以用“茅庐”俩字，并非简单地指诸葛亮他们家的房子残破或简陋，而且是要表达刘备和诸葛亮之间贵族与平民的身份差别。

中文语言博大精深。房子经常并不叫房子。按尊卑分，房子有宫、府、第、宅、舍、庐等叫法；按建筑形式分，有殿、厅、堂、馆、亭、台、楼、阁、厦、轩等名称；按恭谦分，有府上、贵邸和寒舍、贱寓等不同表达。大多数情况下，这些叫法、名称、表达的应用对象或场合具有严格界限，不能相互替代。用错了轻则会被人耻笑，重则会触犯等级大忌。唐代诗人刘禹锡有名句：“旧时王谢堂前燕，飞入寻常百姓家”。其中提到东晋王、谢两大权贵家族的房子得叫“堂”，寻常百姓的房子就只能叫“家”。

同是这个刘禹锡，说他自己的房子连“家”都不配叫，只能叫“室”，而且是“陋室”。可他又不甘居陋室而自艾自怨，就专写了个《陋室铭》。其中也有世人广闻的两句：“谈笑有鸿儒，往来无白丁”，藉房子大抒自己饱有才学、旷达天下的胸臆。

这一讲，咱们就来说说房子究竟是干什么的，以及房子、人、住这三者的关系。

1 房子不是用来“炒”的

- 如果不是为住，人们根本就不必建造这个叫做“房子”的东西。
- 房子能炒，是市场经济发达到一定程度才会出现的。
- 单纯为卖而买的“炒房”需要有若干条件才能存在。
- 不允许拥有多套房并不能让有限的存量资源最大限度地满足“住”的需求。

【25-1-1】房子是为住而造。所以古今中外，上下几千年，不论房子的形状、材质、功能、大小、简奢、疏密等怎么变化，其对人类最根本的有用性就是住。

2016年末的中央经济工作会议在关于房地产调控上提出了一个重要的认识，这就是坚持“房子是用来住的，不是用来炒的”的定位，要“准确把握住房的居住属性”。此后，“房子是用来住的”的提法就一直在所有有关房地产的各项政府文件中被反复强调。

这里，我们就先讨论下关于“住”和“炒”之间的关系。

“房子是用来住的”，这句话中的房子当然是指住宅。以下皆然，免得有歧义。

“房子是用来住的”，如同“粮食是用来吃的”“火车是用来乘的”“衣服是用来穿的”一样无需争议。如果不是为住，人们根本就不必建造这个叫做“房子”的东西。

人有需求，但有的需求并非是非满足不可的，有的需求并非是所有人都需要满足的，有的需求并非是时刻都需要满足的。房子不是。这个“住”的需求是所有人都需要，是人就需要，人活着就需要。因此，我们可以这样理解“房子是用来住的”这句话的最基本含义是，房子是为住而造的。

房子是为住而造。所以古今中外，上下几千年，不论房子的形状、材质、功能、大小、简奢、疏密等怎么变化，其对人类最根本的有用性就是住。不论是遮风避雨、生产生活、家族繁衍还是娱乐休闲，总之都需以“住”为基础。房子的任何其他有用性都不可能离开“住”的使用价值而存在。

【25-1-2】只要人们在分工条件下需要通过市场化的交易来满足各自对不同商品有用性的需求，人们就一定是为取得价值而生产。只要房子是商品，房子的价值属性就“淡化”或“去除”不了。

房子除了能住，还能干吗？还能“炒”。

什么叫“炒房”？简单说，“炒房”就是为卖而买的住房交易行为。交易的目的并不为“住”，而是希望通过投入一笔钱，取出更多的钱来。

房子能炒，是市场经济发达到一定程度才会出现的。

在自给自足、手工劳动的自然经济下，房子已经具备了作为财富、地位、身份的代表或象征的作用。宋代文学家欧阳修曾有“庭院深深深几许”“楼高不见章台路”的名句，表达的就是“侯门深似海”的境况。《水浒》中的柴进庄园、《红楼梦》中的荣宁两府以及历史留存的苏州园林、晋商大院等都属此类。但就是人们以“有房住”还是“没房住”，住奢华府邸还是住陋室茅屋来表达财富、等级时，房子的有用性也并未脱离“住”，人们建房子、拥有房子并不是为了卖。贵族、富豪的房子再大再奢，也还是用来“住”的。

到了商品经济时代，由于社会普遍分工的出现，商品生产者不再是为自己，而是为他人生产商品。这个“为他人”，指的是为他人提供商品的有用性本身。生产服装的不是为自己穿，生产电视机的不是为自己看，开发商投资建房子不是为自己住。那商品生产者图什么呢？图的是取得商品中包含的价值。简单理解，就是为卖出能包含利润的价钱来。古典经济学有个概括，说商品生产者是“主观为自己，客观为他人”。意思是在分工条件下，人们要想为自己获取财富，先得生产出对别人有用的东西，而且这样东西的效用还得比别人自己生产的大，价格比别人自己生产的成本低。马克思主义经济学把这个普遍现象解释为，包含在同一件商品中的价值和使用价值这两重属性出现了分离和对抗。商品生产者要想获得价值，或说挣到利润，就得让渡使用价值，也就是把商品的有用性让给买主去享用。

商品经济、市场经济发展到这一步，也还不能叫“炒”。因为开发商投资建房子虽然仅仅是为了赚钱而不是为了自己住，但他必须得让房子能够满足别人“住”的需求。市场的所有参与者行为都仍未背离“房子是用来住的”这个本质。

有种声音说，坚持“房子是用来住的，不是用来炒的”的定位，就是要淡化以致去除房子的价值属性。明确说，这种认识是对市场经济的无知。只要社会普遍分工存在，只要人们在分工条件下需要通过市场化的交易来满足各自对不同商品有用性的需求，人们就一定是为取得价值而生产。只要房子是商品，房子的价值属性就“淡化”或“去除”不了。

【25-1-3】为卖而买固然有被不确定或虚假信息误导的一面，但自身为价格投机而入市的主观动机也难辞其咎。

“炒房”的出现并非市场经济的“原罪”。完全脱离对房子有用性的需求，单纯为卖而买，靠价格差价谋取价值增值的“炒房”，需要有若干条件才能存在。

第一个条件是短缺。春运时，如果铁路运力充足，车票不存在供不应求的缺口，“票贩子”是难以有机会“倒票”的。与火车票相比，房子的供求关系还有两点特殊性。一是被投机性需求推高的房价会导致担心未来价格风险的恐慌性需求入市，从而进一步扩大供不应求的缺口。但原本并不打算当期出行的人并不会因为担心火车票涨价就跑出来买票。二是总体的供不应求，或者局部大城市的供不应求会使人们误判为三四线城市也存在供不应求，导致开发商到并不短缺的中小城市去大量拿地建房，或者指望价格投机的需求方去这些城市购房，由此造成供大于求或供不应求的虚假失衡。而人们并不会因为甲地的火车票难买就去买并不需要的乙地车票。由于这两点特殊性，房地产市场比其他商品市场更容易因“炒作”而发生供求异动。

第二个条件是出现被人为想象或夸张虚构的需求预期。这两种情况都在现实发展中经常出现，都害人不浅。人为想象的典型例证是2008年成渝综合配套改革试验区成立和2010年海南国际旅游岛建设。这两次分别导致了成都和海南房价的大幅上扬和后来的回落。类似的还有与高铁规划、城市新区开辟等有关的信息导致对未来需求不切实际的人为想象。夸张虚构的典型例证是20世纪90年代中期的海南和21世纪初的鄂尔多斯。人们被毫无根据的虚幻需求预期引导纷纷投机入市，结果是暴涨后的暴跌，以及大量“烂尾楼”的出现。这两种情况下入市的需求固然有被不确定或虚假信息误导的一面，但自身为价格投机而入市，以为房子可以随意被“用来炒”的主观动机也难辞其咎。

第三个条件最重要，那就是脱离“住”的需求而滥用的金融杠杆存在。“炒房”和“炒股”不一样。“炒股”时可以利用价格的上下波动高抛低吸地反复炒作。“炒房”时几乎没有高位卖出再在低位买回的机会。如果只是动用自有资金，那炒房者最多只能利用价格上涨过程低买高卖一次。要想反复炒作，非得有不断放大地动用金融杠杆的条件才行。这个问题我们此前已经讲到过。也正因此，斩断不断放大地动用金融杠杆的途径就可以有效地制止投机性的“炒房”。

【25-1-4】坦率说，有些说法其实不是在针对“炒”而发声，其潜台词是在千方百计地反对让老百姓拥有资产和让更多人民群众获取资产性收入。

在思考“房子是用来住的，不是用来炒的”的定位过程中，也有声音提出，只有一套房的家庭是炒不了房的，因为不论房价怎么涨，人们都不会把自己唯一的一套房卖掉，因此只要不准人们拥有两套及以上住房，就可以杜绝“炒房”。这种说法貌似有理，其实是一种“形而上学”。有人拥有两套或多套房，并不等于非自住的房子就没有实现“房子是用来住的”的定位，不允许拥有多套房也并不能让有限的存量资源最大限度地满足“住”的需求。关于如何让所有房子都住进人和让所有人都住进房子的问题，我们下面就会说到。

还有声音说，既然“房子不是用来炒的”，那么只要对租金收益和住房买卖价格中的升值差价课以重税，让投资房子无利可图，让房子的价值属性彻底丧失，“炒房”自然就会不复存在。这种认识也与市场经济的规律完全相悖。坦率说，在“房子是用来住的，不是用来炒的”的讨论中，有些说法其实不是在针对“炒”而发声，其潜台词是在千方百计地反对让老百姓拥有资产和让更多人民群众获取资产性收入。我们这里不想脱离房子而把讨论引向没有意义的泛化领域。

2 让所有人都住进房子

- 坚持“房子是用来住的”，目的是“让全体人民住有所居”。
- 人人“享有”而不是“拥有”；是满足“居住”的需求，而不是满足“占有”的欲望。

- 改革开放的经验已经证明，政府不可能在满足住房需求问题上“包打天下”。

【25-2-1】我们得明白，“让所有人都住进房子”是个非常美好的理想，是全世界多少国家、民族都希望做到的事，但并非是个可以“一役定天下”的简单事。

“房子是用来住的”，这句话中有三个关键词：“房子”“住”和被省略的“人”。用不着洋洋洒洒、万语千言，“房子是用来住的，不是用来炒的”这句话的内在含义其实很简单，就是让所有人都住进房子，让所有房子都住进人。

三个关键词中，那个被省略的“人”字很重要。离开那个“人”字，“房子”和“住”就失去了根本指向，这俩词儿就缺失了必然联系。2017 年党的十九大明确诠释，坚持“房子是用来住的，不是用来炒的”的定位，目的就是“让全体人民住有所居”。在“房子”“人”“住”这三者的关系中，我们先得从“让所有人都住进房子”说起。

在过去多年，在关于房地产问题的各种讨论中，一直有很多人痛陈“房子是民生问题”的论据。他们或论证政府必须把房价降下来，让大多数人买得起；或吁求政府用社会保障的方式来满足大多数人的住房需求。在这些说法中，“房子是民生问题”没有错，政府对涉及民生的住房问题负有不可推卸的责任，这也没有争议。但其中有个潜台词得商榷一下。政府能否有那么大的本事，能把房价管到随心所欲，或者把大多数人住房需求都包下来？

我们得明白，“让所有人都住进房子”是个非常美好的理想，是全世界多少国家、民族都希望做到的事，但并非是个可以“一役定天下”的简单事。

20 世纪 80 年代时，全世界无论是发达国家还是发展中国家 ，在人居领域、住房问题上都面临巨大压力。由于战乱、贫困、环境恶化、资源贫瘠、城市化、人口等各种原因，当时全世界有 40% ~ 50%的城市居民居住在贫民窟中，有10多亿人缺少住房或居住条件十分恶劣，至少有1亿人无家可归，有6亿人生活在各种危害健康和生命的环境中。为了呼吁各国对人类住房状况的关注，对拥有适当住房的基本权利的关注，1982年召开的第37届联合国大会将1987年定为“无家可归者收容安置国际年”，又称“国际住房年”。1985年12月，第40届联合国大会又一致通过决议，确定每年10月的第一个星期一为“世界住房日”，又称“世界人居日”。更重要的是，这次大会提出了一个人类居住目标，即“人人享有适当住房”。

联合国之所以设立每年一次的“世界住房日”，一方面强调住房是基本人权，另一方面也是在强调，实现“人人享有适当住房”并非一件可以“一蹴而就”的事，需要全人类共同努力、所有国家的政府通力合作才能实现。

【25-2-2】“人人享有适当住房”这个目标不仅把人类生存底线从衣食饱暖升级为居住与环境，把文明进步与工业化、城市化联系了起来，而且极大丰富了人权、平等、公平的内涵。

“人人享有适当住房”这个目标非常通俗易懂，但其内涵却并不简单。

首先，这个目标强调，有权享有住房的不是少数人，甚至不是多数人，而是“人人”，是所有人。

其次，人人“享有”而不是“拥有”，是满足“居住”的需求，而不是满足“占有”的欲望。

再次，“享有适当住房”中的“适当”是指，穷人的房子不应太简，富人的房子不可太奢。这里的“住房”不仅指房子本身，而且包括环境、基础设施和相应的社会服务。

从上述分析中可以看出，“人人享有适当住房”和“让所有人都住进房子”是完全等义的。“让所有人都住进房子”所表达的，同样是让“人”，而且是“所有人”都住进房子，同样是“住”进房子而不是拥有房子。如同党的十九大所强调，其目的就是“让全体人民住有所居”。这就是“房子是用来住的”这句话中，“房子”“人”和“住”这三者的第一重关系。

把“人人享有适当住房”或者“让所有人都住进房子”设定为人类发展目标，是人类文明的重大进步。这个目标不仅把人类生存底线从衣食饱暖升级为居住与环境，把文明进步与工业化、城市化联系了起来，而且极大丰富了人权、平等、公平的内涵。但设定目标仅仅是解决问题的开始，真正的困难在于如何实现这个目标。

根本实现“人人享有适当住房”或者“让所有人都住进房子”当然要靠长期发展过程的艰苦努力，靠生产力和科学技术的不断进步，靠积极稳妥地推进城镇化，靠社会财富的不断累积和人民收入水平的不断提高，靠排除体制障碍的不断改革和创新。这些我们在此前各讲中已经分别涉及。从客观规律和中国的国情出发，我们重点讲讲如何处理好市场和政府的关系。

【25-2-3】别以为“让所有人都住进房子”是一个天经地义就该由外部为你预备好的事。在任何国家、任何社会、任何时代，这个目标一定需要所有人的共同努力才能实现。

国际上的普遍经验早就证明，如果把城市化过程中的住房问题单纯交给市场，那必然导致富人多占、先占、占好资源，导致居住条件的两极分化。发达国家极少有能逃脱富人区与贫民窟并存过程的。就是到现在，无家可归者、居住环境恶劣的群体也仍然是这些国家无法消除的存在。不仅如此，就是有房子住的中、低收入群体，也往往得承受高负债、高风险的压力。至于那些新兴经济体和欠发达国家，贫民窟现象更是普遍存在。

我国过去几十年改革开放的经验已经证明，政府不可能在满足城市化过程中的住房需求问题上“包打天下”。公有制基础上的“福利分房”走不下去了，社会、政府、企业都不堪重负了，我们才有了市场化方向的住房制度改革。过去多年试图通过政府调控“让房价回归合理水平”的反复尝试也并未能使房价成为政府随心所欲的工具。

近年来有学者呼吁，让市场归市场，让保障归保障，政府只要做好应保尽保的“兜底”保障，就不要去干预市场对资源的配置作用。这个认识在“让所有人都住进房子”的问题上，对政府与市场的关系作出了合理的解释。其重要意义在于，一方面强调了政府对低收入人群的住房问题负有“兜底”责任，另一方面强调了大多数人“住进房子”的途径仍需要依靠市场。但对这个意见也还需有两点补充。一是，即使是由市场配置资源的部分，政府也仍要对抑制投机性需求、正确引导预期、协调供求关系、促进资源节约、防范系统性风险、规范市场秩序等方面施以政策干预。二是，即使是主要需依靠市场满足住房需求的群体，政府也仍负有提供不同层级保障措施的责任。

最后再说一句很重要的话。别以为“让所有人都住进房子”是一个天经地义就该由外部、由社会、由政府、由父母为你预备好的事。在任何国家、任何社会、任何时代，这个目标一定需要每一个人自己的努力，需要所有人的共同努力才能实现。

3 让所有房子都住进人

- 在任何国家，不论是盖房子的资源还是存量住房资源总是有限的。
- 出租房屋的房主是供给中的“多主体”之一。
- 社会经济越发达，租房住的人群所占比重反而会越高。
- 租赁市场在“让房子都住进人”上发挥着越来越重要的作用。
- 完善“租购并举”的住房制度就需要支持、鼓励和保护人们拥有非自住的多套住房。

【25-3-1】要让有限的资源尽可能高地满足社会、居民的住房需求，最必要、最有效率的措施就是要“让所有房子都住进人”。

在 2016 年末“房子是用来住的，不是用来炒的”的定位提出以后，很多媒体舆论把这个定位概括为“房住不炒”，认为要准确把握住房的居住属性，政策就应当大力抑制甚至惩罚非自住的“二套房”或“多套房”。其实，紧随 2016 年“房子是用来住的”的定位提出后，2017 年党的十九大就进一步提出了我国城镇住房制度改革的方向，即通过“租购并举”和“多主体供给、多渠道保障”的方式让全体人民住有所居。坦率说，数年来有些声音一直有意或无意地忽略十九大所提出的“租购并举”和“多主体供给、多渠道保障”这个制度方向，其潜在认识仍是把“低价买”放在“充分住”之前。这个认识并未真正准确理解“房子是用来住的”的定位。

在任何国家，不论是盖房子的资源还是存量住房资源总是有限的。要让有限的资源尽可能高地满足社会、居民的住房需求，最必要、最有效率的措施就是要“让所有房子都住进人”。“租购并举”和“多主体供给、多渠道保障”的思路就是通过“让所有房子都住进人”，而不是在产权意义上的占有均等化，来实现“让全体人民住有所居”的目标。

【25-3-2】只要是让房子住进了人，就是实现了住房的居住功能，就是满足了“房子是用来住的”的定位。

“租购并举”和“多主体供给、多渠道保障”是相互联系的两句话。实现“租购并举”中的“租”字，一定需要包括私人占有在内的“多主体”“多渠道”。落实“多主体供给、多渠道保障”，关键是实现“租购并举”中的

“租”。“租购并举”和“多主体供给、多渠道保障”相互联系的基本途径是租赁市场的建立、完善和发展。

得明确，有人把超出自住需求的二套房或多套房租给别人住，实现没实现“房子是用来住的”的定位？只要是让房子住进了人，就是实现了住房的居住功能，就是满足了“房子是用来住的”的定位。如果是以“住”为目的，那房子的供给源就并不仅限于卖房子的开发商或二手房主，而且包括把非自住的多套房租出去让别人住的人。出租房屋的房主就是供给中的“多主体”之一。

特别提示，发展租赁市场并非是十九大才提出来的。但此前的提法是“购租并举”，“购”在前而“租”在后。十九大改为“租购并举”，这并非仅仅是词序的调整，而是在格外强调“租”在落实“房子是用来住的”的定位中的重要性。

【25-3-3】是谁享受了房子的租金收益和房价上涨的好处？是房主；是谁享受了房子的面积、朝向、功能、设施等有用性的好处？是租客。同一所房子的二重属性是由房主和租客两个主体分别实现的。

可能不少人有个误解，以为十九大之所以提出“租购并举”和发展租赁市场，是因为我国的城市化发展程度尚不充分，百姓还不富裕，是发展过程中的权宜之计。这个认识并不正确。可以说，在向现代化迈进的过程中，社会经济越发达，城市化发展越成熟，人们的富裕程度越高，租房住的人群所占比重反而会越高。目前德国租房住人群比重超过50%，美国租房住的人群也接近40%。在发达国家中之所以有这么多人租房住，主要并非因有这么大比重的人群买不起房，而是因为在社会发展过程中，由于人的流动性日益增大，房子的居住属性和资产属性日益呈现出了分离的普遍趋势。

房子的居住属性和资产属性出现分离，这个现象很容易解释。一个美国人在美国东海岸的纽约买了房子，但后来在西海岸的洛杉矶找到了更有利于发展的工作，于是他就把纽约的房子租给别人住，自己在洛杉矶租别人的房子住。其实同样的现象早就在我国很多大城市中出现了。很多人出于就近职场或便于子女上学、照顾父母等原因，把自己的房子租出去而自己另外租别人的房子住。人们在自己身边的同事亲朋中很容易就能找到这样的例证。这种现象好不好呢？非常好。人在住房互租中实现了对就业岗位的优化选择，提高了自己居住的便利性，住房资源在互租中得到了更高效率的利用。其结果，就使全社会各种资源配置的优化程度都得到了提高。不仅人和房子在更大程度上实现了优化配置，连交通资源和通勤时间都可得到节约。

租赁市场在社会发展程度提高的过程中，在“让房子都住进人”上发挥着越来越重要的作用，这可以用马克思主义经济学作出理论解释。当市场经济发展到成熟阶段后，包含在同一商品中的使用价值属性（即商品的有用性）和价值属性（可以简单理解为能带来增值或收益的属性）会发生相互排斥和分离。在我们所讨论的住房问题上，当租赁方式介入其中时，人们很容易理解，是谁享受了房子的租金收益和房价上涨的好处？是房主；是谁享受了房子的面积、朝向、功能、设施等有用性的好处？是租客。同一所房子的二重属性是由房主和租客两个主体分别实现的。在强调住房的居住属性时，人们并不能消灭房子的资产属性。社会越发展，房子二重属性的分离就会变得越普遍。但同样按照马克思主义经济学，在房子的二重属性分离的过程中，其居住属性不仅不会被排斥或弱化，反而会得到更充分、效率更高的体现。这就是马克思主义经济学中所强调的对立统一规律。

【25-3-4】针对持有环节的房地产税一定会有为发展租赁市场的相应细则。例如对房主本来应当缴纳的营业税、土地增值税、收入所得税以及持有环节的资产税等统一为一个鼓励性的简易综合税。

这里很有必要提到一点。很多拥有多套住房的人说，我们愿意为“租购并举”的住房制度作贡献，但我担心政府会对持有自住以外的住房课以惩罚性的重税。这个担心并非多余。如果我们的政府真想按照符合客观规律的方式建立、发展和完善“租购并举”的住房制度，那就需要支持、鼓励和保护人们拥有非自住的多套住房。当然，这个“支持、鼓励和保护”是有前提条件的，那就是您得把多余的房子租出去，让别人住进来。如果您只是把房子闲置在那造成资源浪费，那政府当然会采用包括税制在内的手段对此加以调节。因此，在拟议中的针对持有环节的房地产税中，一定会有为发展租赁市场的相应细则。例如对房主获取房租收入的出租行为本来应当缴纳的营业税、土地增值税、收入所得税以及持有环节的资产税等统一为一个鼓励性的简易综合税。这不是我们的设想或发明，是所有国家都已经普遍实行的制度。这个制度的目的，就是为了提高存量资源的利用效率，让所有房子都住进人。

在十九大提出的“多主体供给、多渠道保障”住房制度中，租赁市场能否对“多渠道保障”也作出贡献？肯定能。

由于我国土地制度的特殊性，土地只有国有和农村集体两个所有者。此前城镇住房曾只能在国有土地上建设，包括保障性的租赁住房。为落实十九大提出的“多主体供给、多渠道保障”要求，国土资源部、住房城乡建设部已于2017年8月发布了一个《利用集体建设用地建设租赁住房试点方案》的文件，确定在北京、上海、沈阳、南京、杭州、合肥、厦门、郑州、武汉、广州、佛山、肇庆、成都等13个城市开展利用集体建设用地建设租赁住房试点。允许集体建设用地建设租赁性住房，这不仅加大了租赁市场的“多主体供给”，也会有利于发展“多渠道保障”。因为各地方政府当然可以根据需要，把这些集体建设用地上的租赁性住房通过政府贴租的方式纳入政策性租赁住房的范围。

既然集体建设用地上的租赁性住房能够纳入“多渠道保障”，那私人拥有的住房能否同样成为保障性住房的“多渠道”之一？当然可以。例如政府可以自建或借助市场化的住房租赁网络平台，私人房主可以自愿在这个平台上将非自住的房子提供给政府作为保障性租赁住房的房源，政府对房主提供一定的贴租补偿即可。这个操作其实和“网约车”类似。

发展租赁市场，就需要有租赁性住房的经营主体。在不少媒体上，对租赁市场的经营主体经常使用贬意的语言，动辄指责什么“黑中介”。其实这是一种偏见。在过去一些年中，我国城市中的租赁市场经营机构不仅已经有了相当成熟的发展，形成了很大的规模，而且摸索出了一套符合中国国情的管理制度。他们的经营活动不仅极大地提高了存量住房资源的利用效率，满足了多层次人群的住房需求，而且对促进我国城市化的发展、促进房地产市场的平稳运行、化解住房交易或租赁过程中的各种风险作出了积极的贡献。在今后的政策体系中，政府应把对这些经营机构的立场从“管”“查”“防”为主转变到“保”“促”“帮”上来要努力促进他们在规范中不断完善和发展壮大，要真正认识到这些租赁市场的经营机构是落实“房子是用来住的”和“租购并举”最重要的市场力量。

4 什么样的房子能让人用来住

- 在世界各国，仍是停留在很原始状态的穷人住房并不罕见。
- 我国地域广阔，自然条件差异很大，各地都形成了很多别具特色的民居形式。
- 从沿海地区到西部山区，“住的人很少，很少有人住”的农村住房普遍存在。
- 人住在房子里，享受的并非仅仅是私密空间，而且还有对文化、历史的感受和对民族性的认同。

【25-4-1】由于石材的耐久性，欧洲有很多数百甚至上千年遗留的古老建筑。中国式建筑一般是木结构，就是皇家宫阙也同样如此。由于木材易腐，所以中国很少见到留存数百年的建筑。

“房子是用来住的”，这个命题并无疑问。但可以进一步发问的是，用来住的房子，用来给人住的房子应当是什么样的房子。更明确说，这个“住”字应当包含什么样的内涵。

用来住人的房子有很多趣谈。

现在很多人都有过出国旅游的经历。去过欧洲的肯定对异域风格的房子印象深刻。欧式建筑大都采用石材。很多传统街区小镇、风车磨坊、历史遗留下来的民居旧屋等经常是用石头垒造的。不仅给人住的房子用石材，给神住的房子更得用石材，辅以精美的各种石刻装饰。著名的德国科隆大教堂始建于 13 世纪的 1248 年，高度达 157.3 米。这个高度几乎达到了石材的最大耐压极限。由于石材的耐久性，欧洲有很多数百甚至上千年遗留的古老建筑。这和咱们中国传统民居有明显区别。中国式建筑一般是木结构。就是皇家宫阙也同样如此。由于木材易腐，所以中国很少见到留存数百年的建筑。在我国黄河以北地区，特别是黄土高原往西，由于森林资源稀少，百姓民居更多是用土坯盖房。在新疆吐鲁番市不远有个“千佛洞”。虽然叫“洞”，但其实是依土山修建的土坯房。由于那个地方常年高温无雨，土坯房也能千年不坏，所以在那些土坯房的墙壁上居然发现有距今 1500 多年的佛教壁画。

欧式建筑还有一个特点，通常没有围墙。包括城堡式的王宫，大都是用房子围成一圈，中间留一个天井。所以人们参观凡尔赛宫、卢浮宫时会发现一个有趣的现象，每个房间都至少有两个门。因为每个房间都兼有过道的功能。建于 20 世纪 50 年代的北京人民大会堂其实也采用了这种格局。围成一圈的房子就是山东厅、河南厅等各个分会议室，中间的天井加上顶，就是大会堂的主会场。欧式建筑还有一个很具科学与美学价值的特点，就是每层窗户的高度不一致。最低层的窗户最高，越往上的窗户高度越矮，到了最高层，窗户甚至变成了扁平的长方形。为什么呢？因为从外面看起来可以给人以一种视觉错觉，让建筑物显得比实际的更高大。在上海外滩，人们就可以观察到欧式建筑的这个窗户特点。

当然，欧式建筑也并非千篇一律。荷兰的阿姆斯特丹是个港口城市，那里的建筑很多是填海而建。当初填海的时候会先纵向打下很多木桩，以此为基础，再在上面盖房。历经一二百年甚至更长时间后，那些木桩早就腐朽，建于其上的建筑物就开始东倒西歪。但现在阿姆斯特丹市有个硬性规定，对这些建筑可以加固，但不准校正，就得让它们继续保持东倒西歪的原状，以留存原汁原味的历史风貌。所以欧洲人常说，住在阿姆斯特丹的人永远喝不到一满碗汤。

在世界各国，仍是停留在很原始状态的穷人住房并不罕见。撒哈拉大沙漠以南的非洲部落里、亚马逊河流域的南美雨林中，人们很容易看到就地取材搭建的“棚户区”。在巴西，政府给这些穷人在居住上的帮助就是给他们提供一艘带柴油机的小船，使他们有个和外界联系的交通工具。1994 年，曼德拉出任曾经长期实行种族隔离政策的南非第一任黑人总统。他上台后曾由政府出资给一贫如洗的黑人盖了一些房子。这些房子外观就像幼儿园小朋友画的图画那样简陋，一间低矮的屋子，屋前中间有个门，门的两边各有一个窗户。

与欧洲不同，北美式的房子大都是木结构。在美国、加拿大，中产阶级的住房通常都是“独栋”，而且很多有用于储藏东西的地下室。这些住房最具特色的地方在于，或于车库，或于后院，通常都会有一个各种工具一应俱全的“车间”。房子的男主人会在这里自己动手造家具、修割草机，甚至发明个什么机器之类。

【25-4-2】这个“牛棚”的名字实际上包含着对精神的侮辱和对肉体的摧残。希望我们这个民族不要忘了社会曾经遭受过的苦难，再也不要让浩劫重演。

中国的住房，特别是北方的住房，一般都要有个院子。不仅农家院如此，北京的紫禁城也如此，一般没有临街朝外开窗的。北京的四合院虽然是院子在整体建筑中间，但“四合”而成为“院子”的这个基本格局还是保持着的，从未见过哪个四合院有向院外开窗的房子。

十多年前曾有个耳目闭塞的日本政治家说，中国北方还有很多人住在山洞里，以此嘲笑中国百姓住房水平的落后。这个政治家实在是无知到可笑。他说的那个山洞其实是山西、陕西等黄土高原地区常见的传统民居窑洞。窑洞虽然叫做“洞”，但其实大都并非是在山体上开凿出来的“洞”。这些窑洞的建造方式一般是依土山先平整出一小块平地，然后用砖石修砌成一个拱形的“洞”状屋体。最后除前面留出的门窗侧外，屋体的周边和顶上都用黄土填埋夯实。由于是依山而建，各家形成为梯田式的错落状。此家的屋顶就是彼家门前的院坪。别小看这种传统的窑洞，拱形屋体可以不用当地稀缺的木材梁檩，而且抗压性非常强大。由于除门窗一面外，屋子整体被厚厚的黄土围填，室内温度与外部不易形成温度传导，因此具有冬暖夏凉的特点，保温节能性非常好。

我国地域广阔，自然条件差异很大，再加上历史过程中的各种天灾人祸、人口迁徙等因素，各地都形成了很多别具特色的民居形式，其中少数民族聚集区和东南沿海传统侨乡的建筑形式最属别具一格。在四川、广东多地，都有留存至今的“碉楼”建筑，就是单户或多户居住的塔形多层碉堡式建筑。这些建筑既有当年百姓为防兵匪之患而设的军事防御功能，也有近代从国外流传而入的各种异国文化元素。

1959年时，我国在黑龙江发现了一个前所未见的大油田，因时逢新中国建立十年大庆，这个油田就被命名为“大庆”。大庆人当年在极为艰苦的条件下创造了一种非常简易的住房，叫“干打垒”。就是在冻土上先挖一个半人深的坑，然后在坑沿用土坯再砌起一截，再用红柳条编制的“柳笆”盖顶，上面再糊上泥。虽然这种住房现在已经难以见到，但“干打垒”所代表的大庆人当年那种艰苦奋斗和甘于奉献的精神仍然值得我们记取。

在一个并不久远的年代，曾有过一个很具民族伤痛意义的住房名称，叫“牛棚”。牛棚并不是真的牛圈所在，而是在20世纪60年代末到70年代中期那个社会动乱过程中，被“下放”到所谓“干校”的一大批知识精英、机关干部住所的别称。这个“牛棚”的名字实际上包含着对精神的侮辱和对肉体的摧残。希望我们这个民族不要忘了社会曾经遭受过的苦难，再也不要让浩劫重演。

【25-4-3】“房子是用来住的”，落实此定位的最大问题其实还不在城市，而在广大农村。政府有必要对此作出长期性、战略性的制度安排。

“房子是用来住的”。但在过去几十年的改革开放中，我们也曾出现过不少并不是真正为“住”而建的房子，而且规模非常大。这里说的主要不是投机性购房的闲置，而是农民房的反复拆建。

众所周知，在过去几十年的改革开放过程中，中国农村劳动力和农村人口出现了向城市大规模迁徙的趋势。但由于体制、就业、社保、子女教育等各种原因，他们中的绝大部分人并未真正在城市中定居落户下来。既是出于传统的理念和对老家的留恋，也是对未来不确定性的担忧，这些背井离乡外出打工的农民工千辛万苦地挣了点钱后，相当多的人首先想到的就是回农村老家建房。

建房当然是为了住。但是给谁住？随着时间的推移，答案从最初的“过几年回去住”渐渐变成了“将来老了住”，再变成“留给儿孙住”。尽管很多人已经越来越意识到那个“住”的可能性几乎再也没有机会实现了，但仍然固执地把“回乡建房”当成自己的追求。在调研中发现，从发达富庶的沿海地区，到欠发达的西部山区，“住的人很少，很少有人住”的农村住房随处可见，普遍存在。要么上下几层的房子只有老幼看家，要么大门紧锁常年无人。

不仅如此，尽管村里的人越来越少，空房越来越多，但已建好几乎没人住过的房子仍经常被拆掉重建。“三年一小拆，五年一大换”的反复拆建在各地农村中普遍存在。大量本意是为了“住”而建的房子，已经和“住”的实际需求离得越来越远了。

2.9 亿已经进城务工经商的农民工，至少涉及上亿个农村家庭。从这个意义上说，“房子是用来住的”，落实此定位的最大问题其实还不在城市，而在广大农村。从广义上说，我们的政府也有很大必要对此作出长期性、战略性的制度安排了。因为这数亿农村转移人口，最终是要在城市实现市民化的。“房子是用来住的”，同样包括用来给转移到城市的农村人口住。

【25-4-4】“让全体人民住有所居”的目标包含两个层次，一个是通过“租购并举”和完善住房保障体系等实现“所有人都有房子住”；另一个是实现越来越多的人从“有房住”向“有好房住”的升级。

尽管党的十九大提出的住房目标还只是“让全体人民住有所居”，但如前面讲到，我们已经实现了让大多数人有房子住。这个“让全体人民住有所居”的目标实际包含两个层次，一个是通过“租购并举”和完善住房保障体系等实现“所有人都有房子住”；另一个是实现越来越多的人从“有房住”向“有好房住”的升级。

满足人民群众对美好生活的需求、实现更多人群居住条件的进一步改善的“好房子”并非就是大房子、奢华的房子。在向现代化转变的战略发展过程中，我们不仅要让人民群众住进房子，而且要让更多的人住进具备下列条件的房子。

首先是安全、绿色、与环境友好的房子。居住安全是改善居住质量的重要体现。安全不仅体现在建筑质量上，而且体现在建筑材料对人体无害、对环境无污染等方面。用来给人住的房子，应当努力达于节地、节能、节水、节材以及和环境友好的“四节一环保”的要求。在未来一个很长的时期内，我国不仅将是世界上住房建设规模最大的国家，而且是世界上存量住房改造任务最繁重的国家。

其次是体现最新科技成果、具有完善公用设施的房子。近年来，人们已经在设想 5G、人工智能等进入生活领域所带来的各种变化了。我们的新一代住房不仅要体现所有这些人类最新科技成果，而且还应引入在发达国家已经实现的很多高科技含量的生活设施，例如能源再生系统、水的循环利用系统、更便捷可靠的电梯系统、空气自动净化系统等。

再次是能够保留文化传承与民族特色的房子。建筑是无声的历史、永恒的文化。人住在房子里，享受的并非仅仅是私密空间，而且还是对文化、历史的感受和对民族性的认同。把现代化的建筑与“中国式”结合起来的住房，从外观视觉到内在功能都能体现出厚重文化传承和强烈民族特色的住房，才是符合我们希望的住房。

最后是满足多样化需求、提供特色管理与服务的房子。近年来，已经有很多人在探讨适老住房与社区及其配套服务系统建设的问题、酒店式管理的公寓住房经营问题、社区劳务医疗保安购物等全方位服务系统建设问题，以及针对特定人群的管家服务等问题。实际上，人们对居住质量改善的要求已日益向多样化、精细化甚至个性化方向发展。新一代住房一定是“硬件”和“软件”同步完善、室内和环境密切结合的住房。

第二十六讲

住房消费也要讲健康文明

曾在网上看到一个卖楼盘的广告，那广告词儿写得很有“创意”。说“不能给她一个名分，就给她一套房子”。这个广告的真实性待考。但确有其事的是某地另一大幅街头广告。广告上画的是一个半掩半露的女郎正在脱衣。广告词很有联想力，说“不能再低了”，用暧昧方式暗示该房价已经便宜到底。这叫什么？这就叫不健康。不健康的销售广告迎合不健康的社会心理。眼球倒是被吸引了，可社会氛围被污染了。

做这样低俗广告的开发商显然应当受到人们的谴责。但在更多的楼盘广告中，“尊荣”“皇家”“顶极”“高贵”“王者”“贵族”“豪宅”等等夸张炫耀性的字眼则比比皆是。这些字眼的普遍存在，只指责开发商恐怕不甚公平。为什么呢？因为在我国目前的社会住房需求心理中，的确存在着某种对财富、对身份、对等级、对占有的强烈欲望和表达诉求。

曾有个“段子”说有了钱怎么办。怎么办呢？“等咱有了钱，买豆浆买两碗，喝一碗倒一碗”。这个“段子”并非完全是幽默，说得很有点社会心理的代表性。报载，中国已经成了世界上最大的奢侈品消费国。上千万元一辆的“豪车”转眼就卖出去。坦率说，一个从温饱不足和极度短缺走来的社会，出现这样的现象并不奇怪。对“豪宅”符号的认同，其实不过是“买豆浆喝一碗倒一碗”心理的另一种极端表现形式。

我们不应简单地批评“豪宅”。这个世界上就有一种住房文化叫做“豪宅”。我们先给大家讲点豪宅的故事。

先说国外的。

第一个例子是世界首富比尔·盖茨的家。那是真正的豪宅。这位盖茨先生的家“豪”的什么程度呢？人家家里不养猫狗宠物，不养花草鱼虫，更不养“二奶”。那养什么？养鲨鱼！专门从大西洋建一条海水管道通到他家。

第二个例子是英国女王的王宫。到伦敦的游客都会去参观英国王宫换岗仪式，王宫的卫兵不论冬夏都得戴一顶高高的熊皮帽子。女王如果在家，王宫顶楼就会升起一面女王的旗帜。女王王宫里珍藏着世界上最值钱的艺术品、珠宝。据说世界上最大的钻石就在女王的收藏中。

第三个例子是迪拜。据说那里的酒店都是“七星级”的，浴缸都镶满黄金。那个填海而建的地方的房子，其实并非是给人住的，其主要功能是让全世界的富人用来炫富、夸富、比富的。

第四个例子比较特殊，是美国一个叫做“赫氏古堡”的地方。其实这个“赫氏古堡”一点都不古老，迄今尚不足百年，比上海国际饭店的历史早不了几年。20 世纪 20 年代，美国在赶超欧洲的过程中涌现出了一大批各色各样的“大王”，如“铁路大王”“钢铁大王”“化工大王”等。其中有个拥有 26 家报纸、8 家电台、13 家杂志的“媒体大王”，叫威廉·赫斯特。他在美国西海岸，面对太平洋的地方建了一座占地 127 英亩，拥有 165 个房间的豪华无比的住宅。这个豪宅的英文名字叫做“Hearst Castle”，华人把它翻译成“赫氏古堡”。这个豪宅有多“豪”呢？你去参观，要买四次门票，参观四次。每张门票只能参观其中的四分之一。

中国也有豪宅文化。也给大家举几个例子。

第一个例子是人们熟悉的苏州园林。苏州那些极具特色的园林建筑当初都是私人住宅。是什么人住的呢？大都是一些政治失意的官员，因种种原因得罪了皇帝，被贬黜回家养老。他们为了自保，往往刻意在自家建筑形式上追求诗情画意，小桥流水，以便向最高统治者或者政敌传达一种“无意东山再起”的信息，免得再招祸端。这是官场潜文化，只可意会不可言传。

第二个例子是黄山脚下的徽商建筑。在中国历史上，徽商的辉煌曾长达数百年。在歙县有个牌坊村，那里有七座非常巨大的石牌坊，是明清两代为旌表该村富商家族中的孝子节妇而建的。这些牌坊的始建年代前后相距数百年。在黟县有个著名的西递村，聚集着多处徽商豪宅。在其中一座豪宅中，亭台花园、秀楼廊厦应有尽有，迄今仍可感到主人当时富甲一方的气势。但这个豪宅的大门开得有意思。开在哪里呢？不是坐北朝南、影壁高阶的形式，而是开在一个街角处。怎么开呢？在一个90度角的两条院墙边上刻意缩进一块。这是什么意思呢？这叫“退一步何妨”。一个建筑细节，把徽商恪守的“世事每逢谦处好，便宜多自吃亏来”的文化思想诠释得淋漓尽致。

第三个例子是近年来广为人知的晋商大院，如祁家大院、王家大院等。这些大院什么特点呢？一代人经商发了财，一定要回家乡建房子，哪怕家乡是穷乡僻壤。下一代再发了财，就围着祖业外面再盖一圈房子。代代相袭。儿孙们只有不断添产置业的责任，断不能卖房卖地。晋商豪宅，体现着中国当初资本萌芽发育过程中和农耕文化那种割舍不断的文化传承。

第四个例子是和殖民地文化相联系的。上海、天津当初在“租界”内盖起的一批“小洋楼”、青岛的“八大关”和庐山等处的老别墅都是这类豪宅的典型。很多人可能不知道，从武汉往北，在河南境内的山里也有一百七十多座老别墅。在中国近代史上，最早用机器生产的近代产业是一批主导“洋务运动”的官员推动的。武汉就是“洋务运动”最早的落脚点，是当时中国对外开放的“窗口”。那些别墅就是当时在武汉的洋商、传教士、买办所建。

上述这些故事中的豪宅，都饱含历史、文化的信息。豪宅有意义。但我们这一讲要讲的，并非是“豪宅文化”，而是健康文明的住房消费模式，或者说，我们这个社会应当追求、提倡什么样的住房消费理念。显而易见，任何时代、任何社会，都不可能把豪宅作为大多数人的居住目标。住房消费，也要讲健康文明。

1 优化自己的财富配置是一种理性文明

- 文明并非就是“大公无私”，追求个人利益也是一种文明。
- 健康文明的住房消费模式首先是力求住房利益最大化的模式。
- 在住房消费上，懂得效用递减原理是一种明智、理性。
- 理财的目标，一个是收益的最大化，另一个是风险的最小化。

【26-1-1】追求个人利益要遵守社会的法律、道德约束，不能损害公共利益、社会长远利益以及他人利益。但即使在这样的前提下，仅就个人利益而言，也还有理性和非理性的区别。理性就是文明，非理性就是不文明。

首先说，文明并非就是“大公无私”，追求个人利益也是一种文明。我们前面说过，支持、鼓励、保护老百姓追求现世幸福是一种思想解放，是人类精神挣脱神权禁锢的解放。当然，追求个人利益要遵守社会的法律、道德约束，不能损害公共利益、社会长远利益以及他人利益。但即使在这样的前提下，仅就个人利益而言，也还有理性和非理性的区别。理性就是文明，非理性就是不文明。

什么是非理性地追求个人利益？人们很容易理解，“吃光穿净”的消费行为就是一种非理性的消费行为。咱们中国人特别讲求过日子要“精打细算”，

“精打细算”就是一种理性的消费行为。人们在购物时总是追求“物美价廉”，力求“物美价廉”就是一种理性的消费行为。

【26-1-2】没有任何一种投资是没有风险的。当人们力求获得财产性收入时，就得同时承担财产性风险。不留余地地负债、忽略对利率变动的承受能力、对职业以及健康等方面风险缺乏认识等，其实都是一种不理智。

回到住房问题上。讲健康文明的住房消费理念，咱们先不说节约资源、保护环境、维护公共利益，这些问题稍待再说。咱们先说说对个人财富、资源的最优化配置问题。在一定意义上说，健康文明的住房消费模式首先是力求住房利益最大化、最优化的消费模式。

一是尽量减少在多余功能上花钱。对咱们老百姓来说，能够用于购房的钱是有限的。这就要把有限的钱理性地花在对自己最有用的地方，或者说，要让有限的钱买到的房子的效用最大化。咱们此前讲过日本管理思想的一个发明，叫做“价值工程”。“价值工程”的核心就是去掉多余功能，降低产品成本，让消费者把钱花在最必要的功能上。很高级的专业级单镜头反光照相机好不好呢？当然好，但是90%的人在90%的场合并不需要这么强大功能的照相机。他们需要的功能是能够在上午9时到下午4时的光照环境下、在3到6米的距离内拍摄出足够清晰的照片。于是日本人就率先造出了只需按下快门的“傻瓜”相机。买房子也一样。人们在住房的居住功能上，85%以上的功能是由卧室、卫生间和厨房三个地方来满足的。大家可以自己观察一下，满足居住需求85%的功能，80到90平方米的面积即可；满足需求的95%，需要120到140平方米的面积；满足需求的99%，需要200平方米以上；要把需求满足程度提高到99.9%，这个住房得大到300到500平方米。我们并不是说健康文明的住房消费模式就是住小房子，而是提倡量力而行。在住房功能的需求上，因人而异、因家庭而异、因年龄而异、因收入而异的特点非常明显。在住房消费上，懂得“效用递减原理”是一种明智、理性。

二是别把自己置于不可承受风险之上。无须讳言，买房子是一种个人资产的配置形式。房子不仅可以住，而且具有获取财产性收入的功能，也就是投资。但人们务必了解，没有任何一种投资是没有风险的。当人们力求获得财产性收入时，就得同时承担财产性风险。不留余地地负债、忽略对利率变动的承受能力、对职业以及健康等方面风险缺乏认识等，其实都是一种不理智。近年来人们日益熟悉的一个概念叫“理财”。银行宣传理财产品的广告词说，“你不理财，财不理你”，这话不错。但银行并未充分告诉人们的是，理财的目标其实是两个，一个是收益的最大化，另一个是风险的最小化。经常会有人问，现在投资什么最有利？回答这个问题得有个前提。这个前提就是，你有多少钱，你有多大的风险承受能力。在最近一些年中，相当多的购房者都是从最好的情况来评判自己的偿债能力的。这种状况令人担忧。咱们中国还是个发展中国家，大多数家庭的财产累积能力和风险承受能力仍非常脆弱。提倡健康文明的住房消费模式，在一定意义上说，就是要提倡主动把住房目标控制在自己的风险承受能力之内的消费理念，以及能够把握自己安全边际的消费行为。

【26-1-3】 坦率说，“一步到位”的观念是一种“贫困后遗症”。用经济学的语言说，这是一种机会成本远高于机会收益的资源配置方式，是一种在自己各年龄阶段不经济地配置资源的方式。

三是别让“一步到位”的观念给自己套上枷锁。二十余年前，很多人买彩电就追求“一步到位”。现在人们都知道了，随着收入的变化、技术的进步、社会经济的发展，彩电早就不是什么奢侈品了。相当多的家庭恐怕已经更新若干次了。在现代社会中，房子同样没必要追求“一步到位”。俗话说，“三十年河东，三十年河西”。三十岁上下的人，谁敢说自己一辈子固守一个地方、一个职业？就是一辈子不改行、不换地方，逐步以小换大、梯次改善也是符合规律的明智行为。为什么在发达国家很少有人在住房上追求“一步到位”？为什么越是在偏远农村，年轻人娶媳妇越得要先盖好房子？因为人们对未来的信心程度存在着差距。坦率说，“一步到位”的观念是一种“贫困后遗症”。用经济学的语言说，这是一种机会成本远高于机会收益的资源配置方式，是一种在自己各年龄阶段不经济地配置资源的方式。

2 住房消费要立足于健康文明的消费心理

- 人在理性地趋利避害的过程中经常是会犯错误的。
- 得从普通人的行为出发来说明什么是健康文明的住房消费观念。
- 攀比心理是一种自尊和自卑心理的综合反映。
- 心理健康也是健康文明的题中应有之义。

【26-2-1】人在趋利避害的过程中总是力求理性的。人与自然种群的区别就是，其行为总是出于理性选择，而并非出于自然本能。银行的钱很多，但人们知道抢银行的法律后果，因而正常思维下人们不会用抢银行的方式来“趋利”。

经济学在研究各种市场现象时有三个假定，第一个假定是，人都是趋利避害的。不然就没法解释涨价时买的人就少，降价时买的人就多的现象。第二个假定是，人在趋利避害的过程中总是力求理性的。人与自然种群的区别就是，其行为总是出于理性选择，而并非出于自然本能。银行的钱很多，但人们知道抢银行的法律后果，因而正常思维下人们不会用抢银行的方式来“趋利”。第三个假定是，人在理性地趋利避害的过程中经常是会犯错误的。中国有句俗语说“一分钱一分货”，可还是有很多自以为理性的人因为图便宜而买了劣质商品。

几乎可以断言，一说人都是趋利避害的，立即就会有人会反驳说，这不等于说人都是自私的吗？而天下有很多人是大公无私的啊。咱们今天不讨论这个哲学命题。因为经济学研究的是普遍规律。这三个前提是所有经济学公认的、在市场经济下合理的假定前提。咱们得从普通人的行为出发来说明什么是健康文明的住房消费观念。其中，咱们重点说说第三个假定，为什么人在力求理性地趋利避害过程中会犯错误。

【26-2-2】我们得承认，很多人在购房时的第一决策依据，并非是自己需要什么样的房子，而是房子可以在多大程度上体现自己的社会身份。如若不然，开发商售房广告中那些夸张、炫耀性的词汇是写给谁看的呢？

有门学科叫做消费心理学，专门研究了人在经济行为中“犯错误”的思维特点。这门学问实际是个经济学和心理学的“跨界”学科，更深层次说，是个研究客观规律和主观思维之间结合关系的学科。这里咱们重点解析几条最容易让人“犯错误”的消费心理，即炫耀心理、从众心理、攀比心理、投机心理和占有心理。

一是炫耀心理。奢侈品的最大功能往往不是商品的功能本身，而是炫耀。我们前面说过，手表的基本功能是看时间，50 元到 500 元的手表足以满足这个功能需求。那为什么 50 万元的劳力士手表也有人买呢？因为其购买者需要炫耀。30 万元的乘用车已经可以比较充分地满足机动性、安全性、舒适性的要求，为什么上千万元的汽车也不乏买主呢？因为这种汽车的需求者需要用这种“豪车”来向世人证明自己的身份。

房子也同样。我们得承认，很多人在购房时的第一决策依据，并非是自己需要什么样的房子，而是房子可以在多大程度上体现自己的社会身份。如若不然，开发商售房广告中那些夸张、炫耀性的词汇是写给谁看的呢？在此前到美国实地调研房地产和住房建设问题时，我们的团队曾拍过很多美国中产阶级典型住房的照片。从这些照片中可以清楚地看到，在美国中产阶级住房的外立面上几乎找不到任何“炫富”的元素。为什么呢？因为美国中产阶级的住房已经普及，人们无须用房子来证明自己的“档次”。

【26-2-3】人们确实经常会依据别人的行为来证明自己决策的合理性。但其实，这种降低风险的企图往往给自己带来的是更大的风险。因为对别人合理的未必对你就是合理的。

二是从众心理。这不需太多证明，这是全世界大多数人都会犯的一个错误。坦率说，咱们中国人尤甚。现在南非卖钻石的都知道，你不需要说服一个中国旅游者团队的所有人，你只要说服其中一个最可能的潜在买主，你就差不多可以期望整个团队都会成为你的主顾。

人们确实经常会依据别人的行为来证明自己决策的合理性。但其实，这种降低风险的企图往往给自己带来的是更大的风险。为什么呢？因为对别人合理的未必对你就是合理的。别人在某地买房子，大多数人买多大的房子，你的同事买什么样的房子，以及你熟悉的某人最近买了房子等，都不能证明你做同样的决策就是对你最有利的。

三是攀比心理。攀比心理谁都有，这没什么不正常。但正常不等于合理。

我们在农房调查中发现一个现象，已经多年外出经商务工的农民，会反复拆建自己在老家的住房。为什么呢？和村里的人攀比。别以为住房上的攀比心理是农村人的“专利”，城里人更甚。不仅看到别人住到什么样的房子里自己要攀比，看到别人拥有两套或者更多住房也要攀比。这种现象在我们目前的房地产市场中普遍与否，大家自己判断。

攀比心理与炫耀心理的区别在于，炫耀心理纯属是做给别人看的，攀比心理在很大程度上是给自己的心理找一种平衡。其实，这种心理平衡是一种自尊和自卑心理的综合反映。俗话说，“包子有肉不在褶上”。如果你足够自信，还用得着攀比别人的住房来证明自己的价值吗？

【26-2-4】谁都希望把握最有利的购买时机，这并不错。但把优惠、打折、让利、附送等促销行为以及“绝版珍藏”“欲购从速”“售罄在即”等广告当作判断有利之“机”的依据，则恐怕不是理智之选。

四是投机心理。有个笑话说，一个母亲很高兴地对孩子说，咱们今天碰到打五折的机会，用一半价钱就买到了以前想买的东西。孩子反问母亲，那我们为什么不再买一个，把那一半钱也省下来呢？

别以为这仅仅是一个孩子的幼稚思维，相当多的成年人也经常犯这个错误。很多女士大概可以证明，家里经常存有在“打折”时买下的用不着的东西，或者因为便宜而过度购买了的东西。这种心理就是“投机心理”。谁都希望把握最有利的购买时机，这并不错。但把优惠、打折、让利、附送等促销行为以及“绝版珍藏”“欲购从速”“售罄在即”等广告当作判断有利之“机”的依据，则恐怕不是理智之选。

上述投机还是小投机。近年来，很多人看到别人买房子确实实现了不小的财富增值，也就积极地参与到了购房大军中来。这其中程度不等地存在着以购房赌财富的心理。我们得承认，在当前房地产市场的需求中，尽管“投机性需求”为人们广泛诟病，但实际上，大部分购房者都或多或少地带有投机的心理因素。

五是占有心理。人并非总是只购买自己需要的东西。在很多时候，人们的占有心理也是一种常见的购买心理。一些女士买下并不适合自己的衣服，理由很简单，就是希望自己也有一件那样的衣服。人们超出自己的实际需要购房，不论你意识到还是没意识到，其实都在某种程度上受到占有心理的驱使。

【26-2-5】人们的主观动机不能简单地用“对”或者“错”来评价。但显然，住房消费应当力避心理误区对自己的误导，应当力求立足于健康、文明的消费心理。

消费心理学研究的就是消费动机和消费行为之间的关系。和消费心理学相伴相随地，还有一门学科叫做销售学。其实说穿了，销售学就是专门研究怎么利用人们的心理误区来诱导人们成为自己商品的主顾的。换言之，销售学就是专门研究如何让需求方在消费过程中“犯错误”的学问。最简单的一种心理销售手段，就是在价格标注中采用“9.99 元”而不是“10 元”的方式。其实谁都知道，“9.99 元”和“10 元”的差别小到可以忽略不计。我们特别说明，揭示人们的消费心理并非就是否定这些心理。很多时候，人们的主观动机并不能简单地用“对”或者“错”来评价。但显然，心理健康也是健康文明的题中应有之义。住房消费应当力避心理误区对自己的误导，应当力求立足于健康、文明的消费心理。

3 绿色环保是一种高尚的自觉文明

- 一条不严实的窗缝就足以抵消墙体保温的所有技术措施。
- 建筑物的使用过程要实现对人本身的安全和对环境的安全。
- 没有效率的管理或成本过高的管理都是无法真正落实到位的管理。
- 技术和管理都是外在的，人们的自觉行为才是内在的。

【26-3-1】如果人们仔细观察，生活中至少有六成以上的照明和用水是白白浪费的。中国人有精打细算的好传统，不应当让“付得起钱”成为放纵自己浪费资源行为的理由。

近年来，节约资源、与环境友好的观念已经为人们普遍熟悉。但真正在自己的消费行为中主动、自觉地贯彻这一原则的，特别是能够从系统思维出发去贯彻这一原则的，则还远不能称为多数。

什么是住房消费中的绿色环保？这里略举几个方面。

一是尽量节约居住过程中的资源消耗。这是人们最容易想到的。例如人走灯灭，节约用水等。这种举手之劳的绿色行为，效果是非常巨大的。如果人们仔细观察，生活中至少有六成以上的照明和用水是白白浪费的。中国人有精打细算的好传统，不应当让“付得起钱”成为放纵自己浪费资源行为的理由。

二是建筑节能。很多人以为建筑节能是设计、建设过程的事。这个认识有很大误区。在设计、建设过程中，尽量选取合理的内外墙保温材料，尽量利用自然光照等可再生资源等，固然是建筑节能不可或缺的组成部分，但更大的节能还在于建筑物本身的使用过程。一条不严实的窗缝就足以抵消墙体保温的所有技术措施。近年来，室内温控的能源消耗日益增长。例如，制冷、制热耗能已经成为生活能耗的最主要构成部分。但其实，真正给人们温度舒适感的，只是人实际所处的一个很小的局部环境中。在发达国家，智能化的温控装置已经非常普及。所谓智能化的温控装置，简单说，其实就是一个人在哪里就只调节那里局部温度的控制系统。

这里特别强调一点，不科学地追求建筑美观，例如过多过大的窗户，过度复杂的外立面，不利于充分利用能源的房屋内部格局设计等，都是导致能源浪费的重要缺陷。大落地窗固然显得一点“气派”，但不论在寒冷地带还是炎热地带，大落地窗都是非常不节能的一种建筑设计。在窗户上多用一条能够防晒、阻温的窗帘，就可以在节能上发挥不小的作用。

【26-3-2】我国住房有个与发达国家相区别的明显特点，就是反复装修过程中的建筑垃圾特别多。在这个过程中，不仅大量有用资源被浪费，而且噪音、粉尘、有害气体、建筑拆卸物等都会对环境形成严重的负面影响。

三是垃圾减量。破坏环境和浪费资源的行为，在很大程度上存在于居住过程中的废弃物排放上。我国住房有个与发达国家相区别的明显特点，就是反复装修过程中的建筑垃圾特别多。在这个过程中，不仅大量有用资源被浪费，而且噪音、粉尘、有害气体、建筑拆卸物等都会对环境形成严重的负面影响。在居住过程中，生活污水中含有有害化学物质的污水无节制的排入地下管道，对城市整体的水环境造成的危害也是极其严重的。垃圾减排的话题比较大。雨水和生活污水的分类处理、污水以及固体垃圾的无害化处理和再循环利用、垃圾分类、生活废弃物的无害化收集运输等都是垃圾减量的重要环节。

四是尽量采用可再生资源和优化能源结构。近年来，使用太阳能、地热能以至风能的建筑物不断出现。但坦率说，迄今使用这些可再生清洁能源的技术尚处于探索、试验阶段，远未成熟到普遍应用的程度。更有意义的，是城市生活能源结构的清洁化、节约化。例如彻底改造烧煤的供暖方式，采取分户计量的供暖措施，合理选用燃气或者用电的能源系统，尽量采取集中供暖的方式等。另外，改造更新老化的设备、管网设施，减少跑冒滴漏损失等也是不可缺少的措施。

【26-3-3】住房面积以满足合理功能为限，这不仅对个人有利，而且也是维护社会公共利益的重要理念。节制居住空间的不当占有，节省的不仅是土地、能源等资源本身，实际上对节约城市公共基础设施的成本和公共管理的成本也有重要意义。

五是注重使用过程的环境安全。在国外，一个完整的绿色居住系统包括建筑材料要尽量采用可再生资源，在建筑物的使用过程中要实现对人本身的安全和对环境的安全，建筑物垃圾排放全部实现无害化处理，废弃物要能自然降解等。其中，安全性是绿色住房的重要指标。

住房的安全性不仅仅是“结实”的概念。近年来我国在若干公共建筑的火灾中发现，一些不当的外墙保温材料在火灾中不仅起着“火上浇油”的助燃作用，而且燃烧时还会释放大量有毒气体。若干年前人们就已经注意到，装修使用的很多昂贵的天然石材存在着严重的放射性污染，住在里面就像不停地照透视。另外，装修、家具产生的化学物质污染也已经引起了人们的普遍注意。还有，杀蟑、灭蝇、灭鼠的药物，清洁厨卫的清洁剂等都在构成对人类和环境的安全性威胁。

六是节制过度占有空间的住房需求。最简单、最容易的绿色环保住房理念就是尽量选取合理的住房面积，不追求没有多少实际意义的过大、过多空间。简单说就是，住房面积以满足合理功能为限。这不仅对个人有利，而且也是维护社会公共利益的重要理念。节制居住空间的不当占有，节省的不仅是土地、能源等资源本身，实际上对节约城市公共基础设施的成本和公共管理的成本也有重要意义。

【26-3-4】我们应当努力形成一个社会氛围，绿色环保的居住理念和居住行为是一种高尚的文明。根本实现健康文明的住房消费模式，最关键的就是要养成人们的普遍自觉行为。

在形成绿色环保的住房消费方式的问题中有三个关键要素，即技术、管理和自觉。首先，技术是物质基础。节能、节水、节材、节地以及和环境友好，最终不是简单地靠回归原始生活方式，也不是靠降低生活质量，而是要靠一系列的技术进步和技术手段。其次，管理是共同行为规范的保证。这其中，不仅需要有完备的法律、规章体系和严格执行，需要有鼓励与惩罚相结合的多层次政策，而且还要有提高管理效率和降低管理成本的必要措施。没有效率的管理或者成本过高的管理都是无法真正落实到位的管理。最后，也是最重要的，是要有全体社会成员的自觉意识。健康是谁都希望的目标，但文明则要依赖于每个人的自觉行为。技术和管理都是外在的，人们的自觉行为才是内在的。我们应当努力形成一个社会氛围，绿色环保的居住理念和居住行为是一种高尚的文明。根本实现健康文明的住房消费模式，最关键的就是要养成人们的普遍自觉行为。

4 良好的社区环境是居住质量的重要保证

- 改善社区共享资源是形成健康文明住房消费模式的重要基础。
- 福利性共享资源促进着小区居住文化的形成和发展。
- 健康文明的住房消费模式不是一种个人行为的简单相加。

【26-4-1】在需求结构升级上，住房和吃饭穿衣有相同的一面，但也有不同的一面。吃饭穿衣的质量改善仍是以个人可支配资源为基础的，但住房质量改善则可以在很大程度上依靠共享资源的增加。

健康文明的住房消费模式，并非就是让人们尽量住得小一点、简一点、省一点。社会发展的目标是让老百姓住得更好，更舒适，更安全，更大程度地满足多方面的居住需求。健康文明的住房消费模式，强调的是要重在改善居住质量，而不是单纯的居住空间扩张。

我们前面说过，在脱困阶段，老百姓居住条件的改善首先要表现在空间的扩大上。就像吃饭穿衣，首先是要实现温饱。但在温饱实现之后，人们不会无限地追求吃得更多、穿得更多。社会群体在衣食上的诉求会从量的增加逐步转变为质的改善。在需求结构升级上，住房和吃饭穿衣有相同的一面，但也有不同的一面。吃饭穿衣的质量改善仍是以个人可支配资源为基础的，但住房质量改善则可以在很大程度上依靠共享资源的增加。不断增加和改善社区共享资源，也是形成健康文明住房消费模式的重要基础。

从国际经验看，家庭住房的面积并非是随着社会经济发展和社会收入水平提高而不断增长的。在发达国家，大部分家庭住房的居住面积分布在80 ~ 200平方米的区间。在此基础上，满足进一步的居住功能就要靠社区共享资源。在我国，由于人口众多、资源有限，提高社区共享资源的必要性就更为明显。例如我国不大可能如发达国家中产阶级的独立住宅那样，让大多数人都拥有独立的车库、花园甚至游泳池等设施。

【26-4-2】我国城市中很多老小区的道路狭窄，规划不合理、公共空间被私人挤占等情况是比较普遍的。因为道路不畅，救火车、急救车开不进去的事件屡有发生。这种公共资源严重不足、配置不合理的状况实际上已经构成了社区公共安全的重大隐患。

社区共享资源可以大致分为四类。

第一类是基础设施资源。包括道路、停车位、电力通讯设备区域，以及必要的减防灾设施等。由于历史原因，我国城市中很多老小区的道路狭窄，规划不合理、公共空间被私人挤占等情况是比较普遍的。因为道路不畅，救火车、急救车开不进去的事件屡有发生。这种公共资源严重不足、配置不合理的状况实际上已经构成了社区公共安全的重大隐患。由于预见性不足，不仅老小区，就是近年来新建的很多商品房小区，也相当多地存在着楼群过密、停车位严重不足、道路规划不合理等问题。近年来，很多喜迁新居的人都遇到了一个令人头疼的大问题，下班要赶紧往家赶，因为要抢占停车位。而且一旦停下就再不敢动，否则开出去再回来就找不到地方停放了。不论你把家里装修得多么有品位，家具家电多么齐全，如果生活在这样一个社区中，居住质量恐怕也说不上多么令人满意。

第二类是环境美化资源。包括绿地、花坛、水面、建筑物的统一格调、带有装饰性的公共照明设施、小区配置的观赏性雕塑以及收集垃圾废弃物的保洁设施等。这类资源对居住环境的改善最直接、最有效，与所有居民的利益都密切相关。尽管维护这类资源需要比较高的成本，但与私属性的美化方式相比，增加共享性的环境美化资源仍然是最经济的环境改善方式。人们很容易理解，大家共享绿地的效果要比分散的私人花园好得多。

【26-4-3】很多小区的福利性共享资源有向“软资源”方向发展的趋势。一些小区在互联网上建有本小区的网页和公共话语交流的论坛，还有一些小区甚至形成了自己的球队、合唱团、旅游团队以及多种功能的互助组织。

第三类是福利性共享资源。包括健身设施、小广场等公共活动空间、小区会馆、公共泳池等。此类资源的公共性和有益性是不言而喻的。我国城市近年新建小区中，这一类资源的配置程度相对比较高。

值得提出的是，很多小区的福利性共享资源有向“软资源”方向发展的趋势。一些小区在互联网上建有本小区的网页和公共话语交流的论坛，还有一些小区甚至形成了自己的球队、合唱团、旅游团队以及多种功能的互助组织。目前，这种“软资源”的价值越来越为人们认识。很多“软资源”正在从最初的自发性、偶然性状态向常设性、稳定性方向发展。福利性共享资源不仅改善着人们的居住质量，而且也在很大程度上促进着小区居住文化的形成和发展。

第四类是配套服务资源。包括商业、教育、医疗资源，以及各种劳务性、服务性机构的存在。很多社区共享资源同时也是重要的商业资源、市场资源。规模稳定、忠诚度高、同档次购买力人群集中的社区消费群体是商家必争的优质资源。社区服务业的发展还是提高生活便利性的重要物质基础。不出小区就可以快捷、方便、价格低廉地最大程度满足各项生活服务需求，这恐怕是几乎所有人都希望获得的居住质量。

讨论社区共享资源，就有必要强调一个很有意义的认识。健康文明的住房消费模式不是一种个人行为的简单相加，它需要一个群体性的生态环境，需要必要的共享资源，需要形成社会共同的行为规范。

后记

这个“后记”是由本书第一版的“前言”修改而来。

“后记”，记两件事。一是这本书的最初由来，也就是为什么写这本书；二是交代下作者在修订过程中的一点感悟。

先说本书的起缘。

2010年1月29日，央视请我去给编导、记者们讲一回房地产的课，让我自报题目。我说，那就讲“房地产经济学ABC”吧。组织者三番五次和我商量，能否不叫“ABC”，改一个更能体现学问的说法，例如叫“房地产热点概念的深层次解析”什么的。

这可真有中国房地产的特色。开发商不是挖个水坑就敢叫“亲水家园”吗？我说抱歉，我只懂ABC。

尽管我坚持，但开讲时，主持人口头介绍时还是不愿说是“ABC”，只说是“房地产经济学若干问题”。我当场声明，就是房地产经济学ABC。我没有小看央视“名嘴”、记者、编导的意思，我坚信在座每个人肯定连“XYZ”也都认识。但就是给高层领导讲课，我个人认为，讲讲ABC也并非多余。

为什么？我们这个社会在过去太多的年头中，人们熟悉的是“无产者”的角色、思维和制度约定，在买房置业、拥有资产这件事上，我们都是小学生。

若干年来，在房地产问题上，在各种公众性信息中充斥着太多似是而非的东西。似懂非懂、半懂不懂、不懂装懂的，都在对房地产发表着各种各样的评论。“盐从哪咸、醋从哪酸”，我们可能真的需要做一点正本清源的功课。

这就是最初写这本书的动机。

再说修订。

我是个学者。77级，十年动乱后恢复高考的第一年上的大学，念的就是经济学专业；以后硕士、博士研究生都是真正国民教育系列，全脱产，不掺水；又曾在日本东海大学、美国斯坦福大学做过访问学者；研究员、博士生导师也是正牌，不是哪个大学“送”的。我曾长期在国务院发展研究中心、住房和城乡建设部等政府的政策研究机构工作，其中任住房和城乡建设部政策研究中心主任八年。以前经常有媒体在发表我的言论时喜欢弄个标题，先标明“建设部官员”，然后冒号，然后说我说了什么什么。我已经上百次地声明，不妨在这里再声明一次，我只是个学者，一个曾在没有任何行政职权的事业单位、研究机构就职的学者。白萝卜就是白萝卜，别弄个“宫廷白萝卜”忽悠人，也不必暗示什么“官员学者”以壮声威。

我于2012年就已退休。但体制职务退休了，学者身份不会退休，没听说哪个学者被称为某大学“前教授”的。因此，当企业管理出版社财经分社总编辑尚元经先生邀约修订本书时，我愿意再为有中国特色的经济学理论与实践发展再疾呼一次。

在修订过程中，我最大的感悟就是，虽然改革开放已四十余年，虽然中国多年来保持了全世界最大的房地产建设和交易规模，但我们的各个群体在房地产这个问题上都还是小学生，我们还得从最基本的概念、理论、规律、制度讲起。本书在这次修订过程中新增了一讲，“也说‘房子是用来住的’”。“房子是用来住的”这句话是2016年末中央经济工作会提出，迄今一直是国家有关文件最为强调的定位。从这句话上您琢磨琢磨，说咱们还都是小学生，过分不过分？

在房地产问题上，我自己也是小学生。多年来，也不过是边看、边想、边学、边议。就是到本书成书，我也深感还有太多尚未思考明白的地方。因此，本书的所议所谈能否经得住长期实践发展的检验，只能就教于各位读者了。

相逢就是有缘。感谢您拿起此书，并且至少翻到了最后。

最后，再次对本书修订出版极尽鼓励与心血的尚元经先生深表感谢。

作者

2021年1月6日于北京